国学经典
名句珍藏

U0597029

诸子百家

名句解析

（上）

天人／主编

内蒙古出版集团

内蒙古人民出版社

图书在版编目（CIP）数据

诸子百家名句解析：全2册／天人主编．-呼和浩特：
内蒙古人民出版社，2016.4

（国学经典名句珍藏）

ISBN 978-7-204-14022-0

Ⅰ.①诸… Ⅱ.①天… Ⅲ.①先秦哲学—名句—鉴赏
—中国 Ⅳ.①B220.5

中国版本图书馆 CIP 数据核字（2016）第 105942 号

诸子百家名句解析（上、下）

主　　编	天　人
责任编辑	蔺小英
责任校对	陈宇琪
责任监印	王丽燕
封面设计	宋双成
出版发行	内蒙古人民出版社
地　　址	呼和浩特市新城区中山东路 8 号波士名人国际 B 座 5 楼
网　　址	http://www.nmgrmcbs.com
印　　刷	内蒙古爱信达教育印务有限责任公司
开　　本	680mm×960mm　1/16
印　　张	30.5
字　　数	560 千
版　　次	2016 年 7 月第 1 版
印　　次	2016 年 7 月第 1 次印刷
印　　数	1-3000 册
书　　号	ISBN 978-7-204-14022-0/Ⅰ·2701
定　　价	55.00 元（上、下）

如发现印装质量问题，请与我社联系。联系电话：(0471)3946120　3946169

❀ 前言 ❀

　　诸子百家是先秦至汉初各学术流派的总称。春秋战国时期，由于各诸侯国出于争霸和生存的需要，极力网罗人才，寻找富国强兵的良方，于是这一时期的学术思想极其活跃，产生了许多学术流派。各家都著书立说，招徒授道，宣讲自己的思想观点，同时游说于诸侯列国之间，千方百计去影响政治，形成"百家争鸣"的局面。当时的主要学术流派有儒家、道家、法家、墨家、兵家、名家、阴阳家、纵横家、杂家、农家、小说家等等。《诸子略》一书著录各家著作"凡诸子百八十九家。四千三百二十四篇"。

　　诸子百家学术观点纷呈，思想在当时来说非常激进，它可以说是我国哲学思想的宝库。在中国思想史上，像先秦"百家争鸣"这样的文化奇观确实是前无古人后无来者的，以至于后世数千年人们只能去研究诸子，运用诸子，却无法超越他们。直到今天，诸子的思想仍然给我们以智慧的启迪。

　　诸如孔子、孟子、老子、庄子、韩非子、荀子等先贤圣哲们对宇宙自然的体悟，对人生世界的深刻认识，对治理国家的独到见解，对人伦天理的创造性的理解和阐述等等，都是我们中华民族思想和智慧的结晶。他们的思想对后世产生了巨大的影响，他们的作品倍受人们推崇，已成为历数千年而不衰的人类经典。书中大量的圣人先贤们的格言警句、妙语佳言，更是其思想精华中的精华，是人类思想、文化与智慧的瑰宝。大到治理国家、造福万民，小到每一个人的立身处世、成就事业，这些认识都有极为重要的指导意义。然而，"诸子百家"之著述浩如烟海，且良莠不齐，文字艰深，阅读起来费时费力，而且有些内容今天已没有必要去阅读。于是我们去其杂芜，取其精华，选取这些经典中的名句精华，汇集成《诸子百家名句解析》，奉献给读者，并对名句加以注释和解析，消除文字障碍，帮助读者阅读理解，使读者能够很轻松地明白这些经典名句的微言大义。

学术上所讲的"诸子百家"一般都是指先秦时期和汉初出现的学术流派及其著作，所以我们只收录西汉以前的诸子及其作品。有的诸子著作作者有争议，甚至被认为是后人之假托，对此，我们暂存异议，一律以《百子全书》所题作者所处时代为准，只要是西汉之前的作品（包括部分西汉的作品）就收入。然而，原作者所著也好，假托也好，这些作品却都是经过时间检验、被大家公认的传世之作。这一点是毫无疑问的。

依据《百子全书》，本书不收儒家的《论语》和《孟子》。对此，另外还有两个原因：一是我们在《四书五经名句解析》里已收了上述两部书的名句；二是我们依据《百子全书》收录了《孔子家语》和《孔子集语》，这两部书本来就是收录孔子等的名言的，其实有关孔孟的思想精华都包括在其中了。

本书选取名句本着以下原则进行取舍：一、体现原书主要观点和思想内容的关键性的句子；二、为今天人们所广为引用的，大家耳熟能详的句子；三、富含人生、社会哲理的句子。总之，尽量选取典型的，且对今人的人生和事业有警醒意义的名句。

为了更好地帮助读者理解名句，我们在解析名句之前，对每种书都加了介绍文字。

本书所选的名句以书来分类。这样分类的原因，一是因为每一种书所言内容相对独立，以书分类就等于是按内容给这些名句归了类，便于读者查找学习；二是将每本书的精华名句抽取出来，放在一起，更集中地体现了原书的内容，有利于读者了解原书的概貌，有利于系统了解原作者的思想。

每一名句都分原句、注释和解析三部分。"注释"的最前边指出该名句所出篇章，然后是难字注解以及原句释义。对简单易懂的句子只指明出处，不作注解和释义。解析是编撰者个人对原句的理解，仅供读者阅读时参考。

由于水平有限，编写中肯定存在许多不足与疏漏之处，恳请方家不吝赐教。

编　者

目 录

儒家类

《孔子家语》 …………………………………… （2）

《荀子》 …………………………………………… （26）

《新书》 …………………………………………… （45）

《孔子集语》 ……………………………………… （50）

《新语》 …………………………………………… （55）

《盐铁论》 ………………………………………… （60）

《新序》 …………………………………………… （67）

《说苑》 …………………………………………… （72）

法家类

《韩非子》 ………………………………………… （81）

《商君书》 ………………………………………… （128）

《管子》 …………………………………………… （146）

《晏子春秋》 ……………………………………… （175）

《邓子》 …………………………………………… （183）

《尸子》 …………………………………………… （185）

道家类

《老子》 …………………………………………… (188)

《庄子》 …………………………………………… (208)

《列子》 …………………………………………… (235)

《阴符经》 ………………………………………… (244)

《关尹子》 ………………………………………… (248)

墨家类

《墨子》 …………………………………………… (253)

杂家类

《公孙龙子》 ……………………………………… (262)

《尹文子》 ………………………………………… (265)

《慎子》 …………………………………………… (267)

《鹖子》 …………………………………………… (270)

《子华子》 ………………………………………… (273)

《计倪子》 ………………………………………… (275)

《於陵子》 ………………………………………… (277)

《鬼谷子》 ………………………………………… (279)

《鹖冠子》 ………………………………………… (281)

《吕氏春秋》 ……………………………………… (283)

兵家类

《孙子兵法》 ……………………………………… (316)

《司马法》 ………………………………………… (334)

《六韬》 …………………………………………… (348)

《吴子》 …………………………………………… (368)

《尉缭子》 ………………………………………… (380)

《素书》 …………………………………………… (403)

条目拼音索引 ……………………………………… (415)

儒 家 类

水唯善下方成海
山不矜高自极天
圣人胸中有大道
得失成败在其中

《孔子家语》

　　《孔子家语》的编纂者是三国时魏国的王肃。王肃字子雍，东海郡郯县人，今山东郯城人，做过黄门侍郎、散骑常侍、秘书监、崇文观祭酒、广平太守、中领军等官职，封邑二千二百户。

　　王肃的生年不详，死于256年较确切。他继承家学，对儒家经典《尚书》《诗经》《论语》《春秋左氏传》《易经》等有较深入的研究。《孔子家语》是王肃不满于经学大师郑玄对孔子的论述而假托孔子二十二世孙孔猛所传家书而作。此书是有关孔子生平事迹的资料汇编，书中大部分内容来源于《春秋左氏传》《国语》《荀子》《晏子春秋》《吕氏春秋》《韩诗外传》《大戴礼记》《史记》《说苑》《新序》等有关孔子的记载，此书"杂取各家之书，分析而自为篇目"。

　　《孔子家语》是研究孔子生平及其思想的重要参考资料，具有极高的价值，尽管过去长期以来被视为伪书而不予重视。这部著作对我们认识历史上真实的孔子具有重要的理论依据意义。王肃把那些散见的资料搜集在一起，为研究者提供了极大的方便。当然在加工制作的过程中，王肃对其中的一部分内容进行了移花接木，也有张冠李戴之处，甚至有不少杜撰的内容，但书中的大部分内容是可靠的，这也正印证了"金无足赤"的古训。通过《孔子家语》我们可以发现孔子不仅崇尚仁义道德，而且有着复杂的思想和多种性格特点，是圣人与凡人的统一体。孔子对自己的才学和信念充满自信，但却时时流露出英雄失落的悲哀；执著于理想的同时不可避免地发生动摇；严肃地对待人生又流露出睿智的天才般的幽默；阐述政治理想的同时又流露出书生的迂腐与天真；兼济天下的同时也独善其身，显示出无私与自私的杂糅；虽对世态有清醒的认识，但并未给自己找到一条游刃有余的穿行之路，对我们了解孔子凡人的一面有重要意义。

　　《孔子家语》有极强的叙事特征，搜集了很多有关孔子的逸闻趣事，具有较高的文学价值，不仅有一定的情节，而且人物性格鲜明，细节描写栩栩如生，读后兴味无穷。

　　书中有关孔子的故事和充满哲理的语言对后人有深刻的借鉴意义。孔子对政治、道德、伦理、为人处世等方面的深刻思考，的确表现了一个哲人、圣人的顿悟能力。

路无拾遗。

【注释】《卷一·相鲁第一》。遗失在道路上的东西,没有人拾取而据为己有。

【解析】这是社会状态的一种理想境界,是对孔子做地方官之后移风易俗、教化百姓的赞美。路不拾遗、夜不闭户一直都是儒家推崇的一种美好的社会状况。只有圣人治天下,天下才能达到这样的理想境界。要想做到路不拾遗,不光要国家富强,老百姓安居乐业,而且要求老百姓都懂礼法、守礼法。这说明社会治理得相当好。这也是孔子王道、仁政思想的体现。

有文事者必有武备,有武事者必有文备。

【注释】《卷一·相鲁第一》。举行和平盟会一定要有武装力量作为其后盾;而进行军事活动,也一定要在宣传、思想、策略方面作准备。

【解析】和平是建立在强大的军事实力基础上的。如若没有厚实而坚强的国防军事力量是不能够实现真正和平的,因为"落后就要挨打"自古而然。同时,如果不得已卷入战争,使用武力,那么一定不能单纯靠武力取胜,一定要作武力之外的准备。这是外交上的一条重要原则。这里孔子实际是强调文武并用的思想方法。治国必须文武兼备。可见,孔子并不迂腐,其权变思想于此可见一斑。

家不藏甲,邑无百雉之城。

【注释】《卷一·相鲁第一》。雉:古代计算城墙面积的单位,长三丈、高一丈为一雉。卿大夫的家中不能私藏兵器铠甲,封地里不能建筑一百雉规模的都城。

【解析】臣下私家地位的上升必然危及国君的地位,可见孔子有见微知著的政治家的洞察力。我国唐代的藩镇割据就属于这种情况,形成尾大不掉,国君无法控制的政治局面。国君害怕诸侯、臣下实力强大,给国家造成危害,因此有这样的要求。

君子祸至不惧,福至不喜。

【注释】《卷一·始诛第二》。

【解析】君子重内心的修养,不为外物所役使,"不以物喜,不以己悲",常常保持一颗平静的心,成熟地应付着繁复的社会人生。正如后来人们所推崇的魏晋风度那样喜怒不形于色。只有经历了生活的大风大浪之后,人才能达到此种精神境界。个性的成熟有待于生活的磨炼。

夫妇别,男女亲,君臣信。三者正,则庶物从之。

【注释】《卷一·大婚解第四》。信:讲信义。庶物:一般的事情。夫妇之间讲尊卑,男女之间讲亲情,君臣之间讲信义,这三件事情做好了,那么其他许多事就做好了。

【解析】孔子的哲学是以人为本的哲学,他把人际关系的处理放在了重要的地位上,认为君臣、夫妇、男女之间的关系处理好了,其他的事便很容易处理了。然而,他对夫妇关系尊卑的界定却给中国社会带来了甚为消极的影响,男尊女卑的不合理观念深入到国人的血液里。直至后世,人们依然重视男性公民的发展权,认为男性在干事业中有突出的优势,而过分张扬女性的局限性。这是其负面的作用。

仁人不过乎物,孝子不过乎亲。

【注释】《卷一·大婚解第四》。仁人不能逾越事物的自然规律,孝子不能逾越血缘亲情的秩序。

【解析】顺物是道家老庄学派的观点,在这里孔子也极为推崇,足以说明此条规律具有普遍性。任何人在规律面前都不能逞强,否则就会受到惩罚,圣人也不例外。"孝"是孔子之"礼"中一项重要内容,以至于后来"孝"成为评价一个人的重要标准。

儒有席上之珍以待聘,夙夜强学以待问,怀忠信以待举,力行以待取。

【注释】《卷一·儒行解第五》。夙:早晨。儒者如席上的珍品以等待别人的聘用,不分昼夜努力学习以等待别人的请教,心怀忠诚信义以等待别人的举荐,勤劳做事以等待别人的重用。

【解析】儒士应以积极入仕的姿态面对社会。他们为自己兼济天下作了充分的准备:加强学识,躬行仁义,竭心尽力为天下苍生谋。在孔子的时代就给他们规定了基本的规范,一直影响到后代的知识分子。儒士把兼济天下作为毕生的理想加以追求。正因为此,当理想不能实现之时,他们便痛感岁月蹉跎,功业无成。屈原、李白、杜甫、白居易、陆游、辛弃疾……大抵都是如此。

同己不与,异己不非。

【注释】《卷一·儒行解第五》。与自己观点相同也不结为帮派,与自己观点不合也不加以诋毁。

【解析】大多数的人愿意与和自己观点相同的人靠近,而不愿意与和自己观点不合的人交往,这叫作"道不同不相为谋"。这很正常,但不要做得过分。这就是孔子所反对的结成帮派,或加以诋毁,这两种行为都不是正人君子所为。

富贵不足以益，贫贱不足以损。

【注释】《卷一·五仪解第七》。益：增加。

【解析】在儒家看来，真正的士人君子，富贵不能给他增加什么，贫贱也不能减少什么，即"富贵不能淫，贫贱不能移"。他们追求的是"达则兼济天下"的伟大理想，为了理想的实现，耐得住寂寞，也守得住清贫。他们以自己完满的高洁人格，特立独行地处于社会纷争之中，称得上是社会的政治精英。

夫君者，舟也；庶人者，水也。水所以载舟，亦所以覆舟。

【注释】《卷一·五仪解第七》。

【解析】民与君的关系是水与舟的关系，水可以用来载舟，亦可以使舟覆没于水中。这是我国两千多年的封建王朝逐渐证明了的真理。任何君主若一意孤行，不考虑民生疾苦，不考虑民生意愿，那么人民把他推翻也是理所应当的。秦始皇幻想自己的王朝可以千万世地继续下去，所以他倾尽民力大兴土木，以至民不聊生，仅二世之后便宣告亡国。隋炀帝奢侈腐化，率领群臣长途旅游，所过之地，耗尽民力，因而隋王朝短命而亡。历史的经验与教训后人当记取。

故弓调而后求劲焉，马服而后求良焉，士必悫而后求智能者焉。

【注释】《卷一·五仪解第七》。悫(què)：诚实，谨慎。射箭必须先调好弓弦才能要求弓箭射出后有力，驾驭马匹必先让它拉上车然后才能要求它的脚力，用人先要求他诚实谨慎然后再要求他聪明能干。

【解析】儒家崇尚人的内在道德修养，在用人上讲先德后才。一个人只有在道德上具备一定的条件，然后才可以谈能力。这在中国人的意识里，是较普遍的一种价值观念，但这样选拔出的人才往往是守成型的，缺乏创造力。曹操"唯才是举"，虽表现出用人原则上的功利目的，却带有一定程度的突破性。

夫君子成人之善，不成人之恶。

【注释】《卷一·五仪解第七》。君子喜欢促成别人的善行而不促成别人的恶行。

【解析】大千世界，善善恶恶，谁也不能逃出善恶这一最基本的衡量是非的标准。只有一心向善才能义正词严地拒绝恶的侵入，这也是儒家对人的道德修养方面的要求。

夫好谏者思其君，食美者念其亲。

【注释】《卷二·致思第八》。喜欢劝谏的人总是想着国君，吃到好东西的人总会想到他的亲人。

【解析】"忠君"与"孝亲"是儒家思想中的两个重要内容。儒士把君主作为实现自己理想的稳定后盾而加以尊崇,忠言直谏是他们最伟大的使命,即使面临被处死的危险也在所不辞。孝顺父母,在任何时候都应想到父母的恩情,尤其是当儿女吃到精美食物、享受生活时,更应记挂父母。这也是儒士的为人准则。

道虽贵,必有时而后重,有势而后行。

【注释】《卷二·致思第八》。道虽然很重要,但必须等待一定的时机才会被人看重,有了一定的有利条件才能实现。

【解析】孔子告诉我们,一个人的成功,光靠自我努力是不够的,还必须善于等待时机。俗语所谓"机遇与实力之和等于成功"。生不逢时,即使是贤明的尧舜也会被埋没。充满纷扰的社会生活给了我们机遇,同时也给了我们挑战,我们必须善于抓住机遇,迎接挑战。

树欲静而风不停,子欲养而亲不待。

【注释】《卷二·致思第八》。

【解析】树想要静静挺立,风却吹个不停;儿子想要孝敬父母,父母却早早死去。这种人间憾事,谁也无法挽回。在中国这个讲伦理的国度里,若没有为父母尽孝心,心中自然非常不安。由此告诫人们,孝顺父母并不是哪一天心血来潮的事,而应该是在平日里随时去孝顺。

君子不可以不学,其容不可以不饬。

【注释】《卷二·致思第八》。

【解析】君子当学是世所公认的,就好像人应该注重自己的容貌一样。君子在注重学识的同时应多注意修饰自己的外表,这是很重要的。一个人的成功是多方面的因素促成的,可能由于你仪表堂堂、风度翩翩,你便多了一次选择的机会;也可能由于你不修边幅而被拒之于成功的大门之外,因为世俗的"以貌取人"也还是有一定道理的。

与人交,推其长者,违其短者,故能久也。

【注释】《卷二·致思第八》。推:推许,看重。违:避开。跟人交往,要看重他的长处,避开他的短处,这样才能长久地交往下去。

【解析】学习他人的长处,看到别人的优点,与人真诚交往,友谊则可天长地久。人无完人,在具备优点的同时,每个人都有缺点,与人交往,当回避他的缺点。当你原谅了他人的缺点之时,不光自己会心底无私天地宽,他人也会从你的宽容中体会到真心诚意的爱的温暖,友谊当然也会地久天长。

君子少思其长则务学,老思其死则务教,有思其穷则务施。

【注释】《卷二·三恕第九》。

【解析】称得上是君子的,若年幼时考虑长大后的问题就要致力于学习,年纪大了考虑死后的问题就要致力于对儿孙的教导,富有时想到穷困的处境就要致力于施舍。每个人都应当有忧患意识,因为"月有阴晴圆缺,人有旦夕祸福",人们当"未雨绸缪",勿临渴掘井。

审其所从之谓孝,之谓贞矣。

【注释】《卷二·三恕第九》。能明白应该服从的才去服从,这才叫孝,即贞孝。

【解析】孔子反对愚孝。父母作为长辈,其教导应该虚心听,但不一定取,对则取之,不对则置之一旁。一味遵从父母的意见,不见得可成为一个真正的孝子。

奋于言者华,奋于行者伐。

【注释】《卷二·三恕第九》。夸夸其谈的人华而不实,喜欢表现办事能力的人常常自吹自擂。

【解析】夸夸其谈的人显露于外的恰恰是他的无知,自吹自擂的人也正反映了自己的浅薄。"桃李不言,下自成蹊",自古而然。是金子总会发光,发光之后就会为人所觉察,所以不必为自己所取得一点小小的成功而沾沾自喜,炫耀于人。

丹漆不文,白玉不雕。

【注释】《卷二·好生第十》。丹漆:朱漆。文:色彩,花纹,这里指文饰。我听说朱漆不必借助别的颜色就已经很鲜艳了,白玉不必经过雕琢则自己已成珍宝。

【解析】这里揭示了一个自然美的问题。天生丽质的东西往往不用费尽心思去文饰、去雕琢。在我们日常生活中,应把自然美作为美的最高境界加以推崇。经过雕饰之后的美已有了人工的斧凿之痕。世界上真正好的东西是用不着去刻意雕饰的。

狎甚则相简,庄甚则不亲。是故君子之狎足以交欢,其庄足以成礼。

【注释】《卷二·好生第十》。狎(xiá):亲近而不庄重。简:急慢,倨傲。

庄:庄重,严肃。与别人太亲近,别人就会怠慢你;对别人太严肃,别人就不会亲近你。所以君子的亲近程度足以和人愉快地交往,严肃程度足以保持人们对他的礼貌。

【解析】君子在别人的眼里是随和的,也是值得尊敬的。这是由于君子在交友原则上能够把握一个度。适当地与人保持距离,却又不拒人于千里之外,既不会使人由于看透了你而厌烦你,也不会使人感到你不好接近而疏远你。

君子有三患:未之闻,患不得闻;既得闻之,患弗得学;既得学之,患弗能行。

【注释】《卷二·好生第十》。君子有三种担忧:没有听说某种东西的时候,担忧没有听说;听说了以后,担忧没有机会学习;有了机会学习,又担忧没有付诸行动。

【解析】君子博学并讲求学以致用,所以君子的忧患意识特别重。漫长的封建社会恰恰使许多的知识分子白首无成,空余满腹牢骚,日夜行吟。理想与现实的矛盾像一座横亘于眼前的大山,无法超越。理想人格在他们的意识里应该是高洁的,是充满自信的,但现实的悲凉,君主的朝阴暮雨,时世的纷繁复杂,又使他们苦闷、彷徨。屈原的品行可与日月争光,却慑于群小,终归为泪洒清泉;李白"仰天大笑出门去",渴望建功立业的豪情是振奋人心的,最终也只是供奉翰林,与倡优无异。

君子而强气则不得其死,小人而强气则刑戮荐蓁。

【注释】《卷二·好生第十》。强气:桀骜不驯,意气用事。刑戮:杀生。荐蓁:接连到来。君子如果意气用事,桀骜不驯,那么就会不得好死;小人如果意气用事,桀骜不驯,那么就会招来接连不断的杀身之祸。

【解析】看来孔子反对意气用事,反对性格上的桀骜不驯。中国人忍辱负重的美德概源于此。直至后世,在国人的意识里,依然把"能忍"作为成事的一个重要条件。能忍一时之辱,则会成就大业。苏轼也曾在《留侯论》中表达过忍则胜,不忍则败的观点。凡事有一利则有一弊,勤勤恳恳、兢兢业业于自己的工作岗位,但缺乏应有的活力和创新精神。"老黄牛"的毅力当然需要,同时,初生牛犊不怕虎的闯劲儿也不可缺乏。

富贵者送人以财,仁者送人以言。

【注释】《卷三·观周第十一》。富贵的人用钱财送人,而讲仁义的人以良言送人。

【解析】"君子之交淡如水",真正的至交是不能用钱财来衡量的。富贵之人富有财富可以施之于人,但钱买不来真正的友谊。仁人讲求仁义,将带有哲理性的金玉良言送给朋友,则可使朋友终身受用。生活中,也许我们周围充斥着很多以金钱包裹出来的各种朋友,但真正能使你的灵魂得以洗涤与净化的朋友又有几个呢?愿我们每个人都能用诚心去寻找。

明镜所以察形,往古者所以知今。

【注释】《卷三·观周第十一》。明亮的镜子可以用来观察形貌,过去之事可以用来了解现在。

【解析】历史是一面镜子。列宁说过:"忘记过去就等于背叛。"以古鉴今,过去的经验和教训可以作为我们现在做出决策的依据,可使我们少走弯路。孔子教导我们不应忘记过去,不应背叛历史。今天的我们当然不能置之不理。了解中国漫长而苦难的过去,面对今天,我们会心里有底,感到踏实而有把握。

无多言,多言多败;无多事,多事多患。

【注释】《卷三·观周第十一》。不要多说话,多说话则可能导致失败;不要多生事,多生事可能会遇到祸害。

【解析】孔子的言论是带有极深社会阅历的老成之言,我们当听取,因为他深刻地意识到了祸从口出,沉默是金的道理。的确,一个人的言论也许是无心而出,可听者有意,说不定在什么时候就会遭到祸患。"人言可畏",如果有谁能够真正做到"发言玄远,口不臧否人物",自然会省却许多麻烦。但是,我们当说时还得说,我们不去说那些带有太强主观色彩的话语,我们当说一些对社会人事发展有利的话语。孔子的老成带有保守性,也具有偏颇的一面。

智莫难于知人。

【注释】《卷三·弟子行第十二》。没有比了解他人更需要智慧的了。

【解析】人是最复杂、最难于了解的,有时连自己都不一定能真正理解自己,更何况他人?大千世界,纷繁芜杂,身处其间的任何个体需带有各种人格面具,才能游刃有余地对付一切。所以,若想真正了解一个人,必然要透过这层层的带有表面现象的人格面具,用深邃的目光去探求其本质。俗语所谓"知人知面难知心",一个人内在的心灵常常游移不定且掩藏极深,所以,了解人是一门最富有智慧的学问。

臣语其朝廷行事,不论其私家之际也。

【注释】《卷三·贤君第十三》。我说的是他在朝廷上做的事,不涉及他私人家庭生活。

【解析】评价一个人当抓住其主要方面加以评析,私生活毕竟是次要方面。

而世俗之人恰恰与之相反，为把一个人置于死地，抓住其中一两件私生活小事乐此不疲地大加讨论，直至最后以道德上的无伤大雅的小毛病而全面否定这个人才罢休，可恶至极。

不修其中而修外者，不亦反乎？

【注释】《卷三·贤君第十三》。不修饰内心而修饰外表的人，不是违反常理了吗？

【解析】评价人不能光靠外表，真正注重的应该是由内心的修养而达到美的境界。那些以貌取人，注重外表的美是浅层次的审美。其实，人也如一本书，有内涵的人，就像哲理深刻的名著，虽然初看上去没有什么，但读深了就会觉得韵味无穷；而那些没有内涵的人恰如流行的地摊小说，往往经不起推敲，时间久了，味同嚼蜡。

爱人者则人爱之，恶人者则人恶之。

【注释】《卷三·贤君第十三》。喜欢别人的人，别人也喜欢他；厌恶别人的人，别人也同样厌恶他。

【解析】这是孔子"恕"的观念的发挥，即推己及人。世界上没有无缘无故的爱，也没有无缘无故的恨。当你得到了别人的爱之时，你不会大吃一惊，一定会找到理由，或是你身上的可爱之处吸引了他，或你对他曾付出过爱。相反，当你得到了别人的憎恶时，你也不必难过，应找找原因。也许是你身上确有烦人的一面，也许是你对他人曾经做出过越礼的举动。"种瓜得瓜，种豆得豆"，你应当具备极强的心理素质去应付生活中的酸甜苦辣。

此事非难，唯欲行之云耳。

【注释】《卷三·贤君第十三》。这些事不难，只要想做就可以做到。

【解析】世上无难事，只怕有心人。再困难的事，只要一心一意地去做，最后的结局定会令人满意。尤其青年人，一定要有"初生牛犊不怕虎"的闯劲儿和冒险精神，因为当今社会不会欣赏坐等机遇的人。积极地投身于社会生活中去，不要等待，也不用犹豫。

治官莫若平，临财莫如廉。

【注释】《卷三·辩政第十四》。平：公平。廉：廉洁。管理官员再没有比公平更好的方法了，面对钱财再没有比廉洁更好的态度了。

【解析】"治官"是对官员的治理，要采取"公平"的方法。其实，处理人际关系的一个重要原则也是"公平"。平等地对待每一个人，这样大家就不会有意见。"临财"即面对钱财,我们当有一颗廉洁之心,屏弃贪欲,以平和的心态对待得失,除去物欲私心的缠绕,这样人生也将不再是那样沉重,充满苦痛。

反本修迩,君子之道也。

【注释】《卷四·六本第十五》。反:同"返"。迩:近。返回到事物的根本,从近处做起,这是君子为人处世的根本途径。

【解析】儒家主张"正心诚意",主张"修身齐家治国平天下",强调为人处世由小到大,由近及远,反对好高骛远,不切实际,其中的深味值得体会。"千里之行始于足下","不积跬步无以至千里,不积小流无以成江海"。我们当踏踏实实地走好人生的每一步,最后以所有的踏实来建构我们无悔的生命。那些不切实际的幻想,不从基层做起的狂妄之行是最要不得的,最后将使你一事无成。

良药苦于口而利于病,忠言逆于耳而利于行。

【注释】《卷四·六本第十五》。

【解析】这句至理名言我们不会感到陌生,富有哲理性,富有启迪性,每一个人都会在理智上承认它的合理性:好药吃起来虽然很苦却能治病,忠心的话听起来不舒服却对人的行为有好处。但是,在实际生活中,人们在很大程度上并不能豁达地去接受别人的批评和指正。国君荒淫误国而不自知,有随声附和的人臣,有忠言直谏的人臣,而君主恰恰喜欢的是阿谀奉承与随声附和,因为它听起来好听,令人赏心,但这却于事无补,甚至大有害处。

君子当功受赏。

【注释】《卷四·六本第十五》。君子因为有了功德才能接受国君的赏赐,而且接受的赏赐应与功劳相当。

【解析】功成受赏,天经地义。言外之意,无功不受禄。有多少功劳,接受多少赏赐。然而,逐利之徒,唯利是图,抓住一切机会去占有,把本不属自己的那份也违心地据为己有。这些人当以孔子之言为鉴。我国古代特立独行的君子大多追求"当功受赏"的人格范式。他们把建功立业作为衡量人生价值的重要准则,如果"功不成,名不就",即使赐给他们良田万顷,对他们来说也无多大价值。

君子慎其所从。以长者之虑,则有全身之阶;随小者之戆,而有危亡之败也。

【注释】《卷四·六本第十五》。从:跟从,这里指所跟从的人。阶:凭借。

戆(zhuàng):痴,傻,愚蠢。君子对待他所跟从的人要谨慎。考虑跟从年纪大的人,就有了保全自己的凭借;跟从愚昧无知的年轻人,就可能有灭亡的危险。

【解析】宋代袁采于《袁氏世范》中说过"老成之言更事多",老人有丰富的阅历,多听老人的话,一个人会在通向成功的大道上少走弯路。年轻人精力充沛、血气方刚,也往往易于冲动,一念之间铸下大错。所以,我们当尊重老人,多向他们请教学习,这是一种人生的智慧。

与善人居,如入芝兰之室,久而不闻其香,即与之化矣;与不善人居,如入鲍鱼之肆,久而不闻其臭,亦与之化矣。

【注释】《卷四·六本第十五》。

【解析】"近朱者赤,近墨者黑",这也即墨子人容易受习染的观点。君子当谨慎地选择他的朋友和生存环境。"孟母三迁"的故事,给了我们生动具体的例子。与善人相处,就像进入了有香草的屋子,时间长了,就闻不到香气,自己完全融入其中。与恶人相处,就像进入咸鱼铺子,时间久了,也闻不到臭味,自己也完全融入其中。

君子居必择处,游必择方,仕必择君。

【注释】《卷四·六本第十五》。君子居住一定要选择地方,出游一定要选择方向,做官一定要选择国君。

【解析】"君子择善而从之"。孔子告诉我们选择环境、选择朋友与选择事业的重要性。纷纭尘事,谁也无法说得清其中的繁杂,只有用清醒的头脑加以选择,才不至于身陷困境。

中人之情也,有余则侈,不足则俭,无禁则淫,无度则逸,从欲则败,是故鞭扑之子不从父之教,刑戮之民不从君之令。

【注释】《卷四·六本第十五》。中人:中等人。鞭扑:鞭打。刑戮:刑罚。一般人的情况是这样的:财物有余,就会浪费;财物不足,就会节俭;没有限制,就会淫乱;没有节制,就会放纵;从心所随,就会失败。所以被鞭打的儿子往往是不听从父亲的教化,被杀戮的老百姓往往是因为不服从君主的命令。

【解析】为人处世当把握一个"度"。这是孔子"中庸"思想的核心之处。"过犹不及",凡事不要过分。

巧而好度必攻,勇而好问必胜,智而好谋必成。

【注释】《卷四·六本第十五》。聪明且喜欢思考的人一定可以攻坚,勇敢且又喜欢提问的人一定会胜利,有智慧且好谋划的人一定可以成功。

【解析】孔子告诉我们怎样才能攻坚、取胜和成功。勤于思考,不耻下问,善于谋划,再加上你的聪明机警,定会立于竞争中的不败之地。大凡成功的智者,总是忙于思考,勤于谋虑。

麟之至为明王也。

【注释】《卷四·辩物第十六》。麒麟的出现是圣明君主出现的征兆。

【解析】麒麟,犹如中国人所崇尚的"龙"一样,也是人世间所不存在的一种吉祥物,它是国家吉祥的象征。它一旦出现,就预示着国家必定有明君出现,以治理天下。所以,后来的封建皇帝们也极为推崇这种吉祥之物。在宫廷建筑中,麒麟的形象被刻于柱石之上,或雕成石雕立于宫廷之中。

凡事豫则立,不豫则废。

【注释】《卷四·哀公问政第十七》。豫:通"预",事先准备。废:失败。大凡做事有了准备就能做成,没有准备就做不成。

【解析】这句至理名言意在告诉人们事先准备的重要性。因为"月有阴晴圆缺,人有旦夕祸福",应未雨绸缪,勿临渴掘井。要达到以上要求,必须事先有个安排和打算,然后定规划,做计划,使人力、物力、财力达到最佳程度的组合,这样才有可能办成一件事情。

鸟穷则啄,兽穷则攫,人穷则诈,马穷则佚。自古及今,未有穷其下而能无危者也。

【注释】《卷五·颜回第十八》。鸟在走投无路时会用嘴乱啄东西,野兽逼急了会用爪子乱抓,人若是陷入困境就会变得狡猾奸诈,马跑得精疲力竭就会走失。从古到今,没有一个君王使他的臣民陷入困境而自己没有危险。

【解析】任何事情的发展都不能超过某一个"度",否则物极必反,向相反的方向转化时,好事可能变为坏事。孔子以鸟、兽、人、马的例子作注脚,意在使国君明白:应当善待百姓,不使自己的臣民陷入水深火热的困境中。百姓若水,君主若舟,水能载舟,亦能覆舟,历史的教训是有深刻的借鉴意义的,它可以使人避免重蹈覆辙。

爱近仁,度近智,为己不重,为人不轻,君子也夫。

【注释】《卷五·颜回第十八》。关心爱护他人接近仁爱,凡事先深思熟虑后再做,可称得上是一个智者,对自己关心不够,对别人则能够体贴爱护,这样的人可称为君子。

【解析】孔子哲学的核心是"仁",要求爱人。人与人若都能够彼此关心、相互照顾,那么社会将会减少许多人为的纷争和仇怨。他认为真正的君子关心他人胜过关心自己,"先天下之忧而忧,后天下之乐而乐",对人奉献的要多而自己索取的要少。这是君子的一种共同的美德。

言人之恶,非所以美己;言人之枉,非所以正己。故君子攻其恶,无攻人之恶。

【注释】《卷五·颜回第十八》。枉:行为不正。攻其恶:攻击自己的缺点。议论别人的缺点并不能因此而美化自己;议论别人行为不正,并不能由此而使自己行为端正。所以真正的君子只批评自己的缺点,而不攻击别人的缺点。

【解析】不要光看到别人的缺点,更不要在看到别人的缺点之后,像发现新大陆那样惊喜地到处传扬,殊不知,那正是浅薄与无知的表现。议论别人的短处,议论别人的缺点与过错,倘自己不引以为戒,只是作为"小辫子"来抓的话,于自己是没有任何好处的,倒不如多关注一下别人的优点,多向人家学习。我们最恨搬弄是非和嚼舌根的小人,讽他人之短,隐自己之短,无聊之极。

彼妇人之口,可以出走;彼妇人之请,可以死败,优哉游哉,聊以卒岁。

【注释】《卷五·子路初见第十九》。那些妇人的嘴可以让人四处逃奔,那些妇人的要求可以让人死亡失败。我还是悠闲自得地过我的生活,安度我的余生吧。

【解析】妇女在中国古代漫长的封建社会里是被歧视的对象,大约从孔子时代就已奠定了其基本基调。她们被视为祸水,因为她们常常以美色迷惑男子,使为政者不顾政事,整日沉湎于酒色之中而不能自拔。这纯粹是男子霸权观念的一种表现:沉湎于声色是他们自己意志不坚定的结果,怎能怪罪于女性?君主一旦身死国灭,总结历史教训之时,往往给无辜的妇女们加上一顶沉重的罪恶的帽子,公平吗?杨玉环吊死马嵬驿,多少有点儿可怜与无辜。

以容取人,则失之子羽;以辞取人,则失之宰予。

【注释】《卷五·子路初见第十九》。若凭容貌来选择人才,那么在子羽身上就会有失误;若凭话语来选择人才,在宰予身上会出现失误。

【解析】以貌取人虽然在理智上大家都一致认为是一种浅薄的做法,可在现实生活中,人们往往犯以貌取人的错误。以言语取人也是愚蠢的做法,因为纷然杂乱的社会生活中心口不一的人太多了,只听其言不观其行,上当受骗,那也只能怪自己天真。所以,孔子教导我们,认识一个人当透过外貌、语言等表面现象深入到本质中去。实在是"知人知面难知心"啊!

君子长人之才,小人抑人而取胜焉。

【注释】《卷五·子路初见第十九》。君子总是崇尚别人的才干,而小人则总是以压制别人的方式来使自己取胜。

【解析】君子有德,可以虚心向他人学习,推崇他人的才干,所以君子在不断的学习中,逐渐地增长着自己的才能。相反,小人无德,因别人有才而生嫉妒之心,根本无暇去学习他人的长处,越这样,越成为小人。且小人在竞争中不择手段,为了自己高升,不惜压制别人。嫉妒之心是人的大敌,它能使人变得狭隘,世人当屏弃嫉妒之心,以广阔的胸怀对待人事和自我的人生。

终日言,无遗己之忧;终日行,不遗己之患。

【注释】《卷五·子路初见第十九》。每天说话,却不给自己留下后顾之忧;每天做事,也不给自己留下任何隐患。

【解析】语言和行动是一个人在社会中生存,用以表现自己的两把利器,用语言表现自己的思想,用行动来证明自己的思想。而社会生活中矛盾重重,欲消除矛盾简直是不可能的。大多数矛盾的产生是由于人们之间观点不同、语言不合。尤其在党派纷争中,一句话、一件事都可能招来杀身之祸。阮籍"发言玄远,口不臧否人物"是为了全身远祸,较为明智。而嵇康在矛盾中由于不注意言语行动而得罪统治者,被冠以"不孝"的罪名,遭到杀害。

芝兰生于深林,不以无人而不芳;君子修道立德,不谓穷困而改节。

【注释】《卷五·在厄第二十》。兰花生长开放于幽深的树林之中,不因为无人观赏而缺少芬芳;君子修养道德,不因贫穷苦难而改变自己的节操。

【解析】真正的君子是能够安贫乐道的。颜回"一箪食,一瓢饮",却能不改其乐。孟子也要求人们"贫贱不能移"。因此,中国古代文士的人格理想中便有了为贫穷解脱的理由,他们不因为缺衣少食而失去对理想的憧憬与追求。陶渊明穷得连双鞋子都没有,依然能够"固穷节"。刺史檀道济赠以粱肉,他"挥之而去",体现了一种高洁的人格风范,于"采菊东篱下,悠然见南山"的闲情适意中优游卒岁。

居下而无忧者,则思不远;处身而常逸者,则志不广。

【注释】《卷五·在厄第二十》。地位低而无所忧虑的人,他一定想得不远;安身立命喜欢贪图安逸的人,他的志向,一定不远大。

【解析】人当有忧患意识,应当居安思危,以严肃认真的态度对待社会和人生。可生活中太多的人却以追求"吃喝玩乐"作为最终目的,不考虑将来,也不立大志。当然,人活着不能光有忧患意识,也应当享受人生,但享受人生不仅仅是过安逸的生活,对高远理想的追求也同样是享受人生的一种方式。

受人施者常畏人,与人者常骄人。

【注释】《卷五·在厄第二十》。接受了别人的施舍常常害怕别人,给别人施舍的人常常看不起别人。

【解析】俗语所谓"拿人手短,吃人嘴短"。拿了别人的东西或吃了别人的食物,常常有一种受制于人的感觉,而给别人施舍,常常表现出盛气凌人的气势。所以,有骨气的穷人为了捍卫自己的人格尊严而不食"嗟来之食"。陶渊明为了维护自己高洁的人格品德而"不为五斗米折腰",更有伯夷、叔齐由于"耻食周粟"而饿死于首阳山。

故君子莅民,不临以高,不导以远,不责民之所不为,不强民之所不能。

【注释】《卷五·入官第二十一》。君子治国不在高高的位置上坐视,不引导百姓去做那些虚妄的事,百姓不愿意做的事,君主不去责备,也不强迫百姓去做他们不能做到的事。

【解析】得民心者得天下,失民心者失天下,自古而然。孔子教导为官者当有一颗包容至大的心灵,全面体察百姓生活,真正做到能够理解他们。秦始皇大兴土木耗尽民力,又迫使人民历经艰辛去修长城,这是对民力的肆意践踏。人民当然不会拥戴他,致使秦朝二世而亡,尽管秦始皇并不算一个无能之辈。

刳胎杀夭,则麒麟不至其郊;竭泽而渔,则蛟龙不处其渊;覆巢破卵,则凤凰不翔其邑。

【注释】《卷五·困誓第二十二》。刳(kū):剖开,挖空。夭:正在成长的幼小生物。如果人们剖腹取胎来杀害幼兽,那么麒麟不会出现在郊外;如果人们排干了水来捕鱼,那么蛟龙也不会出现在水中;如果打翻了鸟巢又打破了鸟卵,那么凤凰也不会在城邑上空飞翔。

【解析】麒麟、蛟龙、凤凰都是有灵性之物,据说只有当政治清平时才会出现于人间。如果政治黑暗,到处是血流漂杵的争战杀伐,社会混乱,人民生活于水深火热之中,这些有灵性之物也不会光顾。孔子用这样的比附来告诫统治者行仁政,为天下百姓着想,做一个为万民所拥护的贤圣明君。这才是人心所向,大势所归。

君不困不成王,烈士不困行不彰。

【注释】《卷五·困誓第二十二》。君主不遭受困厄就不能成就王业,怀有雄心壮志而又重义轻生的勇士不遭受危难,他的行为就不足以彰显。

【解析】"故天将降大任于斯人也,必先苦其心志,劳其筋骨,饿其体肤,空乏其身,行拂乱其所为。"孟子的这种乐观精神亦源出于孔子的自信。确实,人在成就一番大业之前,必先吃尽苦头,体验到人生的各种艰难困苦。俗语有云:失败乃成功之母。一次次的失败一次次地磨炼人的意志,使人走向成熟,并变得坚强。经历是一笔财富,当你有丰富的人生阅历时,你会为它骄傲。

不观高崖,何以知颠坠之患;不临深泉,何以知没溺之患;不观巨海,何以知风波之患。

【注释】《卷五·困誓第二十二》。不观看高高的悬崖,怎么能知道从崖顶坠落的灾祸? 不靠近深渊,怎么能知道溺水的祸患? 不观望巨大的海洋,怎么能明白险浪巨波的灾祸?

【解析】孔子注重亲身经历与体验,即实践。只有你身临其境地经历了某事,你才会有刻骨铭心的感觉。人们都说山崖高入云霄,都说碧水深渊一望无际,但百闻不如一见,只有你以自己的身心全面投入一回,你才会领略其中的奥秘。比如爱情,人们都说它神秘,带有酸酸的痛苦,带有甜甜的忧愁,但光听人讲,毕竟只是隔靴搔痒,只有你亲自去爱一次,你才能完全懂得其中的酸甜苦辣。

过失,人之情莫不有焉。过而改之,是为不过。

【注释】《卷六·执辔第二十五》。人要犯错误,这是作为人所必有的情况。犯了错误能够加以改正的话,这个过失将不再是过失。

【解析】"金无足赤,人无完人",世上没有十全十美的人,因而人就免不了犯错误。犯错误本身并不可怕,可怕的是犯了错误之后不去自觉地改正。若能虚心接受批评指正,竭心尽力改正自己的错误,将会赢得别人的赞赏。作为国君,不让他犯错误也是不现实的,但犯了错误该怎样对待,却是一种帝王的治国之术。有些帝王能虚心承认并接受谏议,如唐太宗李世民。有些帝王却碍于情面,不肯承认自己的错误,不听从臣子的规谏,如残暴的商纣王。

女子者,顺男子之教而长其理者也。是故无专制之义,而有三从之道:幼从父兄,既嫁从夫,夫死从子,言无再醮之端。

【注释】《卷六·本命解第二十六》。再醮(jiào):特指女子改嫁。女子顺从男子的训导,并扩大男子的各种欲望,因此她没有独立自主、自作主张的道理,却有"三从"的责任和应遵守的妇道:小时候在家顺从父亲和哥哥,嫁人以后顺从丈夫,丈夫死后听从儿子。一句话,绝没有再行改嫁的理由。

【解析】"三从四德"给女性套上了沉重的枷锁,使她们的人性在压抑中被扭曲。女子"嫁鸡随鸡,嫁狗随狗",没有自作主张的道理,也没有发表言论的自由和权利。孔子给妇女的权利与选择自由实在太小了,这种观念一直影响我国两千多年的漫长的封建社会,甚至在今人的意识里,依然存在这种观念。

教令不出于闺门,事在供酒食而已。

【注释】《卷六·本命解第二十六》。妇女接受教育的地方不超出内室之门,所做之事也仅仅在于端酒上菜而已。

【解析】"女子无才便是德",她们不用在外接受教育,只在家中读些《烈女传》等便可,最重要的是学会针线纺织、学会顺从、学会侍奉公婆和丈夫的为妻之道。她们在家中所做之事仅在于生儿育女,传宗接代,端酒上菜而已。女性的独立意识在男权观念影响下逐渐淡化,以至于今天的许多女性,她们甘愿做丈夫的牺牲品,为发展丈夫的事业而荒废自己的学业。我们当然不反对为爱付出,但坚决不能将自己的独立性也一并付出,那将是可悲的。

女有三不去者:谓有所取无所归,与共更三年之丧,先贫贱后富贵。

【注释】《卷六·本命解第二十六》。有三种女子不能休:娶来时有家而后无家可归的;为公婆服孝三年的;先贫贱而后富贵的。

【解析】中国古代女性地位低下,男子若有不满意之处,便可将妻子休回娘家,以示解除婚姻关系,根本不必考虑女方的意见。但孔子又给休妻规定了几项附加条件,带有一定的人道主义色彩。无家可归的女子不能休,为公婆守孝三年的不能休,先贫后富的糟糠之妻不能休。

天无私覆,地无私载,日月无私照。

【注释】《卷六·论礼第二十七》。天覆盖万物没有偏私,地承载万物没有偏私,日月普照天下没有偏私。

【解析】孔子要求君王在实行仁政时,应无私地对待下民,使他们能够做到像天覆地载、日月普照那样公平合理。这是为政的一个极高的标准。毕竟,人非草木,人也非天地日月,很难做到无私地对待万物、均衡合理地对待人事。君王若想达此境界,便须以"礼"为准绳,严格地规范自己。可惜,历代王朝像这样的贤圣君王太少了。他们中的大部分连最基本的采纳好的建议都不能很好地做到,更不用说无私地对待一切了。

张而不弛,文武弗能;弛而不张,文武弗为;一张一弛,文武之道也。

【注释】《卷七·观乡射第二十八》。张:弓上弦叫张。弛:弓卸弦叫弛。文:指周文王。武:指周武王。只有紧张而没有松弛,文王和武王都做不到。只有松弛而没有紧张,文王和武王又都不这样做。有松弛,有紧张才是文王和武王治理天下的办法。

【解析】文王与武王治理天下的根本之法是紧张与松弛相结合,由此孔子为帝王治国提供了一个极为可行的办法。这种方法对于任何个体的生存与发展都有其适用性。生活对每一个有忧患意识的人来说都是严酷的,但我们不能整天投身于奋斗之中,我们需要适当的放松和休息,使疲惫的身心得到调整。只去奋斗而没有学会消遣,对生存个体来说是残酷的;只会消遣而不去奋斗和创造,最终只能坐吃山空,于事无补。

万物本于天,人本乎祖。

【注释】《卷七·郊问第二十九》。世间万物都依靠上天而生,而世人又从祖先那里繁衍发展而来。

【解析】在中国文化中,人既崇拜天又崇拜祖先,所以天人合一的观念在中国哲学中占重要地位。天是最高的哲学准则,皇帝才配得上作天的儿子。由于天是一个不可以完全描述的本体,所以向下便尊重人的祖先,祖先崇拜的观念由此产生。祭祖是中国民间各大家族的一项重要活动。皇帝家族更不用说。

刑罚之源,生于嗜欲不节。

【注释】《卷七·五刑解第三十》。刑罚产生的源头是人们对于欲望不加以节制。

【解析】朱熹认为欲乃万恶之源,主张"存天理,灭人欲"。欲望实在是一个可怕的东西,它能使人性变得丑陋。有的人为了满足欲望而去投机钻营,甚至去偷去抢。有的人为了美色之欲而与人争风吃醋,以至于残害他人。俗语所谓"欲壑难填",占有金子之后就想去拥有钻石,越贪越不满足。所以,我们应当以正确的态度对待金钱名位,以积极的态度对待生活,不要一味地去满足私欲,那毕竟太浅薄了。

刑不上于大夫,礼不下于庶人。

【注释】《卷七·五刑解第三十》。先王制定法律制度,刑罚不加到官员身上,礼不下到平民身上。

【解析】孔子认为官员犯罪不能使用刑罚,这叫刑不上大夫,同样孔子认为平民忙于农事及其他的事而不能充分学习礼仪之事,不能要求他们有完备的礼仪,这叫礼不下庶人,体现了孔子对官员和平民的宽容思想。但后人沿用之时,却使"刑不上大夫"的思想发生了变异,导致了官本位思想的产生。其实,法律面前人人平等,君子犯法当与庶民同罪,这才符合科学的法制观念。

圣人之治化也,必刑政相参焉。

【注释】《卷七·刑政第三十一》。圣人治理天下,是刑罚政令和道德教化的结合。

【解析】孔子认为桀纣之世,喜用酷刑;成康之世,明德慎罚。这两种方法需相结合才能使国家长治久安,偏至任何一方都会不符合实际。用今天的眼光来看,孔子看问题是全面而深刻的。社会是复杂的,人心也是复杂的,善恶相兼,鱼龙混杂,用单一的方法加以治理的话,不能照顾全面。我们既讲法治又讲民主,我们的法治是建立在民主基础上的法治,我们的民主是建立在法治基础上的民主。

用器不中度,不粥于市。

【注释】《卷七·刑政第三十一》。粥(yù):通鬻,卖。市:市场。使用的器物质量不合乎规定的,不准在集市上出售。

【解析】在孔子的时代,不重视商业的发展,但孔子已注意到质量的重要性。若质量不合格在市场上销售,被认为是违反法律的。今天的人们当为自己而羞愧。商品的质量问题是困扰人们购买物品的一大障碍。

人不独亲其亲,不独子其子,老有所终,壮有所用,矜寡孤疾皆有所养。

【注释】《卷七·礼运第三十二》。终:指安享天年。用:被任用,即施展才力。矜(guān):通"鳏",老而无妻者。寡:指老而无夫者。孤:幼而无父者。有所养:有人供养。

【解析】孔子注重"恕"的观念——推己及人。他认为,人们不应只敬奉自己的双亲,不只抚养自己的子女,应使社会上的老人都能安享天年,使社会上的青壮年都能施展自己的才华,使鳏夫、寡妇、孤儿和残疾人都有人供养。这同时也是孔子社会大同的美好理想。人们共同劳动,互助互爱,没有剥削、没有压迫,人与人之间充满怜爱。

天生时,地生财,人其父生而师教之。

【注释】《卷七·礼运第三十二》。天有四季之时,地有珠玉之财,而人的身体是父母生养,知识才能则是老师教给的。

【解析】父母给了我们身体,而老师却给了我们知识。孔子自己以身作则甘当人师本身说明了他对教师的重视。父母给了我们生的权利,但老师却给了我们脱离其他动物的头脑。人类发展,教育已被提上了重要日程,社会越来越重视教育。"百年大计,教育为本","十年树木,百年树人"。这一句句发人深省的话告诉我们,教育是多么重要。

何谓人情？喜、怒、哀、惧、爱、恶、欲七者，弗学而能。

【注释】《卷七·礼运第三十二》。什么是人情？喜、怒、哀、惧、爱、恶、欲这七情不用刻意去学就会懂得。

【解析】人生而具有七情六欲，这是与生俱来不学而能的。所以，我们应该理解日常生活中人们七情的流露。魏晋时代，提倡名士风流，名士们注重"喜怒不形于色"，若有喜色或怒气表现于面部，则不配进入名流之中。阮籍闻母去世，仍与友下棋，不动声色，朋友走后，一声哀号，吐血数斗，何必如此！

饮食男女，人之大欲存焉；死亡贫苦，人之大恶存焉。

【注释】《卷七·礼运第三十二》。人们最强烈的欲望存在于饮食和男女性爱之中，人们最厌恶的存在于死亡和贫困之中。

【解析】生的欲望和性的欲望是人和动物都有的，这是自然界的普遍规律。但人又和动物有本质的不同，人有理性，可以控制自己的行为。虽然生是重要的，有时却可为了其他更重要的东西而放弃生命；虽然有强烈的性欲，大多时候大多数人可将自己控制得异常清醒。曾经一度，西方禁欲主义流行，认为人类的罪恶正在于淫欲无度，为了赎罪，压抑本能。这种思想不符合人的自然规律。殊不知，当正常的生理欲求得不到满足的话，人就会变态。

礼之于人，犹酒之有蘖也，君子以厚，小人以薄。

【注释】《卷七·礼运第三十二》。蘖（niè）：酿酒的曲。

【解析】孔子重礼，礼对于人来说，就像酒曲对于酒一样。酒曲薄，酒也薄；酒曲厚，酒也厚。即礼义厚重，人就会成为君子；礼义轻薄，人就会成为小人。礼是治理国家的重要手段，因为孔子认为它是取法于天道的，礼的作用是巨大的。

孔子有所谬然思焉，有所睪然高望而远眺。

【注释】《卷八·辩乐解第三十五》。谬然，即穆然，深思的样子。睪（gāo）然：高远的样子。孔子庄严肃穆地深思，有心旷神怡、志向高远的神态。

【解析】孔子时常教导弟子把学和思结合起来，"学而不思则罔，思而不学则殆"。这句话讲的就是要学思结合。

过而能改，其进矣乎。

【注释】《卷八·辩乐解第三十五》。有了过错能够改正，是有进步的表现。

【解析】"人非圣贤，孰能无过"，没有过错的人在世间根本找不到。犯错误本身并不可怕，可怕的是犯了错误而不自觉，或者自觉了之后又不肯改正。在孔子看来,犯错之后能改正是进步的表现。可见他是不回避错误的。

夫昔者君子比德于玉,温润而泽,仁也。

【注释】《卷八·问玉第三十六》。从前有德行的人把德行比作玉,玉温和柔润而有光泽,是仁者的德行。

【解析】孔子把君子比于玉石,此为比德之说。此后中国的文学中有了比德意识,把文人的品格与自然界的松、菊、玉石等联系起来,找到其相似之处,以此来象征中国文人的高洁品格,因此文人的鲜明形象得以在读者心中确立。左思"郁郁涧底松"以松自比,将自己坚强的个性显露无遗。《红楼梦》中有许多诗词曲赋足以代表人物的性格,"好风凭借力,送我上青云"是薛宝钗人格的写照。

丈夫居世,富贵不能有益于物,处贫贱之地,而不能屈节以求伸,则不足以论乎人之域矣。

【注释】《卷八·屈节解第三十七》。大丈夫生存于世,身虽富贵却不能以道济物,身居贫贱之地却不能暂时委屈自己以求得志向通达的,就不能达到人们所说的大丈夫的境界。

【解析】丈夫处世当兼济天下,若处于不得志的地位,也当积极地、乐观地对待逆境,以待日后的飞黄腾达。如果没有在困难中奋进的勇气,如果没有为天下苍生谋利益的胸襟,则不配称为大丈夫。这也就是所谓的大丈夫"能屈能伸",处于逆境,能屈身以待来日;处于顺境,能进身以施展才华。总之,人生在世,当以积极的态度对待生活,否则就不算是真正的人。

美言伤信,慎言哉!

【注释】《卷八·屈节解第三十七》。巧说令辞会伤害人的诚信,不可不谨慎地使用语言啊!

【解析】老子说"信言不美,美言不信",虽然稍嫌绝对,但也有一定的合理之处。华丽的言辞在很大程度上是失真的言辞,所以历代名君都远离谄媚之臣,他们日日向皇帝进言,所进之言虽然听起来很顺耳,但对于君王的发展来说是不利的,因为他们的最终目的是为了求宠,蔽君王耳目视听,最终使君王变作"亲小人,远贤臣"的暴君。

吾未见好德如好色者也。

【注释】《卷九·七十二弟子解第三十八》。我没见到喜爱美好品德像喜好美色那样的人。

【解析】孔子向来注重人的品德和行为,但"爱美之心人皆有之","欲"本身又是人之七情之一,是与生俱来的,所以"好色"在日常生活中并不罕见。而品德行为是通过外在于人的本性的"礼"来规范的。由于是外在规范,所以它的施行要比发自内心的"本性"的显露要被动得多。因而,好色者总要比好德者多。然而,人类也还总是要走向文明的,这也是不容置疑的。

守道不如守官。

【注释】《卷九·正论解第四十一》。遵循道不如遵循职责。

【解析】孔子在政治上提倡"君君、臣臣、父父、子子",强调"在其位,谋其政",即在什么位置上,便遵守什么样的规定和职责,这样,人守其职,社会才会安定。

言之无文,行之不远。

【注释】《卷九·正论解第四十一》。语言没有文采,就不能流传得久远。

【解析】孔子主张"文质彬彬,然后君子",在文章的写作上要求内容美和形式美的统一。这里正暗合了他对语言美的要求。如果语言不美,不管内容有多么正确,终归由于不吸引人而不能流传久远。纵观那些有生命力的文学作品,除了内容感人之外,形式美也是极为重要的因素。《离骚》《史记》等优秀作品,其感人的思想内容和艺术魅力将是后人永远可以汲取的精华和养分。

古者有志,克己复礼为仁,信善哉!

【注释】《卷九·正论解第四十一》。古人有记载说,克制自己恢复礼仪,这就是仁,说得真好啊!

【解析】用"礼"来克制情欲,以达到"仁"的境界,这是孔子积极用世的主要方法。孔子这种思想的形成也是有其深刻的社会历史根源的,当时社会礼崩乐坏,诸侯争霸,孔子想以他的学说来改变社会。孔子的初衷是美好的,但后来被历代统治者所利用,使"礼教"成为束缚人民的工具。他们打着这个幌子,干尽鸡鸣狗盗之事,所以有魏晋名士"越名教而任自然"的社会风气流行。

为政者不赏私劳,不罚私怨。

【注释】《卷九·正论解第四十一》。执政的人不能奖赏对自己有功劳的人,不能处罚对自己有怨恨的人。

【解析】为政者当以天下为己任,他的所作所为关系着国家的利益和前途,他的一言一行须是大公无私的。任何的私人恩怨对他来说几乎化为零,因为他不能带着私人情感去管理天下,去威慑百姓。对他有恩的人,他不能对其随便行赏或委以重任;对他有怨的人,他同样不能简单而粗暴地对其惩处。

吾闻忠言以损怨,不闻立威以防怨。

【注释】《卷九·正论解第四十一》。我听说用忠言来消减怨恨,没有听说用人为的威严来杜绝怨恨。

【解析】"怨恨"是百姓对于国君为政中过失的不满和议论。国君面对如此局面,当给国民以相当的言论自由,并对百姓的意见择善而行,闻过而改,这样积怨会渐渐消除。若国君听了百姓的议论之后下令防民之口,杜绝人民的议论,以自身的权力和威严来控制百姓的思想,这是一种极不明智的举动。殊不知"防民之口,胜于防川",一旦河水积聚过多,必然造成河堤决口,后果将不堪设想,为政者当以此为戒。

夫火烈,民望而畏之,故鲜死焉。水濡弱,民狎而玩之,则多死焉。

【注释】《卷九·正论解第四十一》。濡:柔顺,柔弱。狎(xiá):不庄重。烈火势猛,人们一看就害怕,所以人们很少死于火;水性柔弱,往往使人对它放松警惕,而去玩弄它,结果死于水中的人就多。

【解析】这是日常生活带给人们的悖论。俗语常谓"淹死的都是会水的"。不会水的人压根儿不敢去涉水,何谈被水淹死?也即人们往往在看似平易的小事上栽跟头,那些能引起足够重视的重大决策,由于谨慎对待,失败受挫的可能性倒相对小些。所以,这则言论告诫我们,世上有诸多潜在的矛盾和危险因素,任何时候在任何问题上都要多长几个心眼儿。

鸟则择木,木岂能择鸟乎?

【注释】《卷九·正论解第四十一》。鸟可以选择树木,哪有树木选择鸟的?

【解析】这是孔子怀才不遇的慨叹。士人君子受不受重用,根本不取决于自己的选择,而完全取决于统治者的好恶。因此,形成了后代知识分子极强的依附意识,他们依附于统治阶级来实现自己的理想,缺乏人格上的独立性,往往在价值选择上造成心理矛盾,由矛盾而生悲哀,由悲哀而生强烈的忧愤和忧患意识。

古之士者,国有道则尽忠以辅之,国无道则退身以避之。

【注释】《卷九·正论解第四十一》。古代有才智的人,国家政治清明就极力去辅佐,国家政治黑暗就躲开。

【解析】"邦有道则仕,邦无道则隐","穷则独善其身,达则兼济天下",这是儒家学派处理出世与入世矛盾的基本准则。古代文人在此原则影响下,强烈的功名欲和出仕理想受挫之后,往往就将自己隐蔽起来,求得心理平衡。这几乎成为中国古代文人的典型范式。陶渊明历经三仕三隐之后,彻底回归田园。李白供奉翰林,自感难以实现理想,便走出官场,四处漫游。

损人自益,身之不祥。

【注释】《卷九·正论解第四十一》。损人利己,自身就不会吉利。

【解析】为了维护自己的利益,不惜损害他人的利益,这种人是最可耻的。武安侯田蚡借故杀害了窦婴和灌夫之后,日日梦鬼,不久去世,其心理承受能力早已不能承受自身的罪恶。王熙凤临死之前恍惚中看到尤二姐来到她的窗前,其实这也正是她心中有愧的表现。做人应当堂堂正正,问心无愧,即使自己的利益受到某种程度的损害,也会由于心灵畅快而倍感舒适。相反,作恶多自然会有报应。

丧亡,与其哀不足而礼有余,不若礼不足而哀有余。

【注释】《卷十·曲礼子贡问第四十二》。举办丧事,与其缺少哀痛而礼仪完备,倒不如缺少礼仪而多些哀悼之情。

【解析】居丧是为显示生者对死者的哀悼和怀念之情。如果光讲礼仪的完备,那就有了舍本逐末之嫌。阮籍是个很有意思的人,其母去世,居丧其间他大吃二喝,人们把他视为不孝子,可他吃喝之后,吐血数斗,其深沉的哀痛之情已到了无以复加的地步。时至后世,仍有一些人,父母在世时,不给应有的吃喝日用之物,不给应有的关心,父母死后却铺张浪费地讲求丧礼的排场,向周围人炫耀其孝心,殊不知真正的孝子是从不向人张扬的。

好外者,士死之;好内者,女死之。

【注释】《卷十·曲礼子夏问第四十三》。我听说喜好在外结交朋友的人,士人君子愿意为他而死;好女色的人,女人愿意为他而死。

【解析】"士为知己者死,女为悦己者容",自古而然。中国古代一向歧视妇女,所以重友情要比重爱情更受人推崇。刘备视妻子如衣服,兄弟如手足,他认为衣服破还可换,手足断不可续,所以关羽、张飞皆为其尽忠效死。柳永喜与女子结交,皇帝赐他一句话"且去填词",堵塞了他的仕进之路,他死后众妓吊柳七。重友谊受人推崇,重爱情也值得赞美,无所谓此高彼低。

《荀子》

　　《荀子》的作者是荀况。荀况,战国末期赵国人,生卒年不详,约活动于公元前298—前238年间。他先后游历过齐、秦、赵、楚,曾在齐国稷下讲学,三次出任稷下学宫祭酒,以后又做过楚国的兰陵令,晚年在兰陵著书,死于兰陵。

　　战国时期是我国封建制度的确立时期,随着封建经济的进一步发展和长期以来不断发生的兼并战争,结束诸侯割据的政治局面,建立一个全国统一的中央集权的政权,已成为当时社会的迫切要求。荀况的《荀子》反映了当时由军功等途径晋升的那一部分地主阶级在政治上、经济上实现统一集权的进步要求。他对春秋战国以来的各派学说都进行了研究,并加以总结,批判与吸收相结合,提出了一套完整的思想理论。《荀子》一书现存三十二篇,是研究荀况思想的主要材料,同时也是研究先秦各派学说的重要资料。

　　在政治理论上,荀况反复强调建立"令行禁止""天下为一"的中央集权的封建统治秩序,而推崇礼教和法制是统一天下的重要手段。"礼"是儒家学派的基本内容之一,荀子加以继承和吸收。"礼"原本是一种道德和礼仪规范,用于调节人与人之间的关系,荀况对此加以改造,使之服从并服务于封建制的需要。他指出:应当按照地主阶级的政治、道德标准重新确定封建的等级关系,使那些赞成地主阶级政治、道德标准的庶人也能够获得封建的等级特权,从而使"礼"成为维护封建等级制的各种规范的工具。荀况认为,必须改变当时诸侯并立,各自为政的割据局面,确立最高统治者——"王"的统治地位。"礼"是为统一天下的政治目的服务的。重视法制的思想,是荀子从前期法家那里吸收来的。他认为封建统治者必须有严明的法度,做到"信赏必罚",从而巩固中央集权的统治秩序。荀况虽属儒家学派,但却强烈地批判了当时孟轲等人的言必称"三代",盲目崇拜先人的不正确思想。他明确提出要"法后王","以近知远",要从现实出发去考察历史。虽也有一定的偏颇之处,毕竟是有内在的新鲜活力的。他把"礼"与"法"结合起来,为建立统一的中央集权政治奠定了坚实的理论基础。

　　在自然观上,荀况提出"明于天人之分"。他认为,天是无意志的自然界,有自己的运行规则,与社会的治乱、国家的兴亡无关。自然的天不因人的意志而改变其运行的常规,同时天也不主宰人事。人事的兴衰更替变化只能从社会本身去找原因,统治者"政令不明""本事不理""礼义不修"等才是乱世出现的最根本原因。因此,他十分重视人为的努力,与"死生有命,富贵在天"的命运论截然不同,也与命运不可捉摸的消极无为思想截然不同。荀况认为,人如果顺着自然的规律去行动,天地万物最终会被人类所利用,即"人定胜天",具有积极的乐观主义精神。

在认识论上,荀子提出"形具而神生"的观点,认为人的精神活动是依赖于物质形体的,并坚信世界是可知的,"凡以知,人之性也;可以知,物之理也",人具有认识客观事物的能力,客观事物也能够为人所知。对于认识过程,他认为认识首先从感官与外物接触开始,经过"心"的思考、检验以后才能获得正确的认识;认识客观事物当克服"蔽于一曲而暗于大理"的片面性的错误,而克服片面性的方法就是"虚壹而静"。荀子认为,人的认识,包括道德观念都是后天形成的,而且人性本恶,在社会生活中当贯彻"化性起伪"的原则,使人性向好的和善的方面发展,具体来讲,就是给予人一定的教化。

荀况的思想有着巨大的进步意义,他大胆创新的精神影响了后来的王充、柳宗元等。但无论怎样,他是站在统治阶级一方的,有所谓"君子以德,小人以力;力者,德之役也"的歧视人民的思想,对他的思想我们当客观地加以分析。

学不可以已。

【注释】《劝学》。

【解析】知识的海洋是无穷的，而人的生命是有限的，怎样以有限随无穷，只能不断地学习。无论在任何方面，我们都应努力，坚决地超过前人，这是历史发展的总趋势，更是人类追求进步的美好愿望。

青，取之于蓝，而青于蓝；冰，水为之，而寒于水。

【注释】《劝学》。

【解析】"青出于蓝而胜于蓝"已成为人们经常引用的名言佳句，事物总是向前发展的，人也是一代更比一代强。这大概也是亘古不变的真理。

君子博学而日参省乎己，则知明而行无过矣。

【注释】《劝学》。参：检验。省（xǐng）：考察。知：同智。君子学习渊博的知识，并且能经常注意检验考察自己的行为，那么他就会变得聪明，而行动上也就不会犯错误了。

【解析】渊博的学识加之谨慎从事，不断地反省自己，那么错误会逐渐减少。荀子鼓励人博学，这是一种极为进步的思想意识。今天，人们更加意识到具有渊博学识的重要性，社会在发展，人类在进步，只有不间断地学习，才不至于被社会所淘汰。

不登高山，不知天之高也；不临深溪，不知地之厚也。

【注释】《劝学》。

【解析】只有亲身体验了的东西，才能更深刻地感受它。这句话道出了体验的重要性。没吃过苦的人，不知甜的畅快；没经历过人生磨炼的人，不知人生的酸甜苦辣。天真的孩童，只懂得饿了需吃饭，困了需睡觉，而饱经沧桑的老人却对人生多了几分沉重的咀嚼与回味。没有体会到爱情苦涩的人，总在幻想着花前月下的卿卿我我，而真正从爱情的炼狱中走出的男男女女却只有"欲说还休，却道天凉好个秋"的慨叹。

君子居必择乡，游必就士，所以防邪僻而近中正也。

【注释】《劝学》。游：外出交游。中正：恰当正确的东西。君子定居时一定要选择好地方，外出必须和有学问、有道德的人交往，这是为了防止受邪恶的人影响，而接近于正道。

【解析】环境之于人的生长和发育有重要的影响，生于书香门第之家，自然被其熏染而具有文化气息；生于农民家庭，也因其感染而具有农民的特点。

言有招祸也,行有招辱也,君子慎其所立乎!

【注释】《劝学》。说话有时会招来祸害,做事情有时会引来耻辱,君子须谨慎地对待自己的行动和立足。

【解析】阮籍"发言玄远,口不臧否人物",得以在司马氏羽翼丰满的乱世存活,而全其天年;嵇康性格耿直,以自己的行动显示了与司马氏的不合作,而被以不孝之罪杀害。一正一反,足以说明君子处世当谨言慎行。人人应当记取的是于纷繁复杂的社会矛盾中游刃有余地穿行,必须要该说的再去说,该做的再去做,否则不仅自讨苦吃,也是自取灭亡。

不积跬步,无以至千里;不积小流,无以成江海。

【注释】《劝学》。跬(kuǐ):举足一次为跬,举足两次为步,故半步为"跬"。

【解析】积半步足以成就千里之途,小小的溪流汇聚而成江海,人类当以自身的坚韧去追求伟大的成功。愚公带领子孙移山,人们赞美的是他的毅力。

锲而舍之,朽木不折;锲而不舍,金石可镂。

【注释】《劝学》。如果停止雕刻的话,连朽木都不能使它折断;如果坚持不停地雕刻,那么再硬的金石也可雕出花纹。

【解析】中国人崇尚顽强的毅力,像老黄牛一样于自己的事业上兢兢业业,并坚信最后的成功定会到来。这是我们民族的美德。

无冥冥之志者,无昭昭之明,无惛惛之事者,无赫赫之功。

【注释】《劝学》。冥冥:幽暗,这里比喻埋头苦干。昭昭:显著。惛惛(hūn):与冥冥意同。没有刻苦钻研精神的人,在学业上就没有显著的成绩;没有刻苦钻研精神的人,在事业上就不能取得巨大的成就。

【解析】机遇只垂青那些有准备的人,任何人的成功都是建立在刻苦的付出基础上的。天上不会掉馅饼,整天耽于幻想的人,终归一事无成。我们当置身于艰难的奋斗之中,才会有收获的喜悦。

非我而当者,吾师也;是我而当者,吾友也;谄谀我者,吾贼也。

【注释】《修身》。非:否定,批评。是:肯定,推崇。贼:害。那些严厉批评我而恰当的人,是我的老师;那些热切肯定我而恰当的人,是我的朋友;阿谀奉承我的人,我却认为他是我的敌人。

【解析】日常生活经验告诉我们,一个人若希望发展和进步,最需要的莫过于别人给予批评和帮助,其次需要的是对过去成绩的肯定,而言过其实的谄媚大概是不需要的。即便是忠言逆耳,我们也当以清醒的头脑去接纳它。谄媚之言虽顺耳好听,但终究是糖衣炮弹,一旦沾染上,将是危险的。我们需要在不断发现错误和改正错误中获得自身的发展。

良农不为水旱不耕,良贾不为折阅不市,士君子不为贫穷怠乎道。

【注释】《修身》。折阅:亏损。市:指做买卖。怠乎道:不严格遵守正道。好的农民不因为缺水旱灾而不耕田,好的商人不因为赔本而不做买卖,士人君子不因为贫穷而背离于正道。

【解析】农民以耕田为业,商人以做生意为业,而士人君子修养自身是最根本的人生准则。既然三种人各自选择了自己的生活道路,那么在遇到困难时,绝不能放弃自己的选择。尤其作为一个真正的君子,要能耐得住清贫,真正做到孟子所谓"贫贱不能移"。只要能够执着于心中的理想,物质上的艰难困苦往往可以忽略不计。颜回身在陋巷,能够"一箪食,一瓢饮"不改其乐,只因其能自得其乐于人格理想之中。

道虽迩,不行不至;事虽小,不为不成。

【注释】《修身》。迩(ěr):近。路途虽然并不遥远,但如果不走的话也不会到达目的地;事情虽然很小,很容易做成,但如果不去做的话也不会成功。

【解析】世上无难事,只怕有心人。若无心而为,再简单的事恐怕也不会成功。

凡人之患,偏伤之也。见其可欲也,则不虑其可恶者也;见其可利也,则不顾其可害也者。是以动则必陷,为则必辱,是偏伤之患也。

【注释】《不苟》。患:病。偏:局部,片面。偏伤之也:片面性造成的危害。大凡人的祸患,都是由于片面造成的。当见到自己想要的东西时,不会想到自己不想要的东西也会出现;当看到对自己有利的事情时,考虑不到对自己有害的事情也会存在。由此而行事必然会陷于困窘和屈辱的地步,这都是由于自己考虑问题片面造成的。

【解析】荀子的思维方式是科学的,他告诫人们考虑问题应当全面。当你身处逆境时,要看到美好前景的出现;当你身处顺境时,也要看到其走向衰败的可能。正如老子所言的"祸兮,福之所倚;福兮,祸之所伏"一样。在日常生活中,正是由于思考问题的片面与浅薄,人们往往容易钻牛角尖,同时也易于在灾难面前束手无策。

盗名不如盗货。

【注释】《不苟》。沽名钓誉、欺世盗名还不如盗窃财物。

【解析】盗窃财物本身已是一种罪恶,而欺世盗名要比它更可恶。荀子强烈地抨击那些沽名钓誉之徒,他们生存于世间必是社会的一大公害。贾宝玉极其厌恶混迹于官场的贾雨村之流,认为他们是沽名钓誉之徒。他们除了削尖脑袋向上钻之外,不再顾及人间的礼义廉耻。他们极有野心,希望得到的不仅仅是世间的财物,更希望得到传扬后世的令名。

与人善言,暖于布帛;伤人以言,深于矛戟。

【注释】《荣辱》。和人用善言交谈,比给人布帛更使人感到温暖;以恶言伤害别人,比用矛戟伤害别人更厉害。

【解析】人与人之间的感情在很大程度上是用言语来维系的。说话交谈可以增进彼此的情感,也可以摧毁早已建立起来的友谊的大厦。懂得了这些,在平时,我们当注意自己的言谈举止。尤其当人处在激动状态之时,很容易说一些不该说的话,而恰恰是这些不该说出的话,给别人的心灵造成创伤,有的可用漫长的时间去弥补和修复,而有的恐怕一生都不会补回来。

自知者不怨人,知命者不怨天;怨人者穷,怨天者无志。

【注释】《荣辱》。有自知之明的人不怪怨别人,懂得人偶然会碰上不幸的事,所以也不怪怨天。喜欢怪怨别人的人总是困穷而缺少办法,喜欢责怪天的人是没有志气的人。

【解析】人生在世会碰上许多不愉快之事,我们应当"不怨天尤人"地坦然面对。只要自己努力地付出过、争取过,如果结局依然不尽如人意,那么也没有必要为此耿耿于怀。"存在的就是合理的",任何事物都有它存在的理由,任何结局的出现都有它的缘由。得到了,我们高兴;失去了,我们也不要过分悲伤。

短绠不可以汲深井之泉,知不几者不可与及圣人之言。

【注释】《荣辱》。绠(gěng):绳子。汲(jí):打水。不几:不近,相差很远。短绳子不可以用以汲取深井中的水,智慧见识相差很远的人不能和他谈论圣人的话。

【解析】荀子告诉人们谈话当看对象,不同的对象应使用不同的言语。与孩童交谈,当以嬉笑之语;与老人交谈,当以尊敬坦诚之语;与同龄人交谈,须平等相待,但主要的是与笨人不能坐而论道。

形相虽恶而心术善,无害为君子也;形相虽善而心术恶,无害为小人也。

【注释】《非相》。形相:人的容貌,体态。心术:心地,思想方法。

【解析】以貌取人是最为愚蠢的用人之道。虽然爱美之心人皆有之,然而表里不一的人充斥于社会的各个角落,为了不至于被心术不正的人所害,我们在用人原则上还必须采取"重心不重貌"的原则。我国古代戏剧,演员一上台,观众便知他是好人还是坏人,是正面角色还是反派角色,因为中国戏剧有脸谱化的特征,但真正的生活与艺术还是不同的。

人有三不祥:幼而不肯事长,贱而不肯事贵,不肖而不肯事贤。

【注释】《非相》。

【解析】荀子认为幼当事长,贱当事贵,不贤当事贤者。其中有正确的因素,也有不正确的因素。幼当事长,这在中国社会是被认可了的伦理规范。而贱当事贵则明显带有统治阶级的思想意识,为什么贫穷的农民就应当侍奉靠剥削富裕起来的贵族?人生而平等,为什么有的人必须为他人劳作?不贤的人应当侍奉贤人,这有一定的合理性,贤者在德行修养上有值得称道之处,不贤者可加以学习并充实自己。

人之所以为人者,非特以二足而无毛也,以其有辨也。

【注释】《非相》。辨:指人与人之间上下、贵贱、长幼、亲疏的等级区分。

【解析】荀子深刻地意识到人与动物之间的最重要区别不是形体上的区别,即不是因为人有两只脚而身上没有毛。他认为,人和动物的最显著区别是人有上下、贵贱、父子、君臣等的划分。从科学的角度讲,人与动物之所以有区别,是因为人有思维。在思维的支配下,用语言进行交流,用礼仪来规范社会秩序,形成了复杂的人类社会。而动物则由于没有思维而处于被人类支配的地位。

以近知远,以一知万,以微知明。

【注释】《非相》。微:细小,微弱。明:明显,广大。

【解析】通过近的而了解远的,通过一小部分而知道大部分,通过细微的而知广大的,这是一种重要的认识方法,需要人类进行客观的判断和推理。

君子之度己则以绳,接人则用抴。

【注释】《非相》。抴(jí):同"楫",船桨,可以用来接引人上船,这里有引导之意。君子在要求自己时用规范的政治、道德礼仪标准,在对待别人时则注重引导且要宽容。

【解析】严格要求自己而宽容地对待别人,这是荀子教给人们的一种重要处世原则。这也就是我们今天依然沿用的"严于律己,宽以待人"的作风。只有严格要求自己,在目标的追求上才不会放松,人才能在不断奋进中获得成功。

而对待别人,我们需要宽容,既能肯定他的优点也能善待他的缺点,加以引导,使他向好的方向发展。所以,能在社会中立于不败之地的人往往是那些可以宽容地善待别人的人,心胸狭窄、没有包容心的人永远不会成功。

人主不务得道而广有其势,是其所以危也。

【注释】《仲尼》。君主不致力于掌握治国之道,而只求拥有很大的权势,这是他之所以危险的原因。

【解析】荀子认为,君主如果不致力于治理国家内部,只想拥有权势,那么国家很快就会灭亡。用最好的方法治理好国家内部是君主最明智的选择,因为人民群众才是历史的创造者。

君子时诎则诎,时伸则伸也。

【注释】《仲尼》。诎:通"屈"。君子处世能屈能伸,该屈时屈,该伸时伸。

【解析】俗语所谓"大丈夫能屈能伸",告诫人们应根据时代的情况而采取相应的行动。从孔子时代起,人们就懂得了"权"即通变的重要性,荀子也慎重地提了出来。

言必当理,事必当务,是然后君子之所长也。

【注释】《儒效》。说话符合道理,做恰当的事情,这是君子的长处。

【解析】语言与行动是人的主要存在形式。大凡有成就的人,在语言上是巨人,在行动上也绝不是矮子。语言出口符合道理,人们爱听;举止行为符合要求,人们赞成,这个人在群体中一定会成为出色的人才。

不闻不若闻之,闻之不若见之,见之不若知之,知之不若行之。

【注释】《儒效》。

【解析】闻、见、知、行是荀子学习过程的四个环节。其中"行"即实践是其最高境界。这与"学以致用"的理论相符合。我们所学习的内容最终归宿是在实践中使用它,并利用它而创造价值。荀子告诉人们学习有不同的境界,闻、见、知层层递进,但最高境界是行。

朝无幸位,民无幸生。

【注释】《富国》。朝廷里没有靠侥幸得到职位的官吏,百姓中没有不务正业却能侥幸生存的人。

【解析】荀子要求各个生存的个体为了生存都当尽自己最大的努力创造价值,朝廷里没有无能之辈空占其位,而民间没有懒惰之徒侥幸混日。这是清明政治下的清明景象。然而,历来的封建王朝又有几代君王能够不徇私情而任人唯贤呢? 如果能如此的话,中国的封建王朝也不会出现那么多的宦官与外戚交替专权的混乱。

为人主上者不美不饰之不足以一民也,不富不厚之不足以管下也,不威不强之不足以禁暴胜悍也。

【注释】《富国》。一:统一。禁暴胜悍:禁止强暴,战胜凶残。

【解析】荀子看到了美饰、富厚、威强的重要性,即看到了强大经济后盾的重要性。经济落后,国家贫穷,民心就会混乱而难以统一,强暴凶残的暴力行为也难以制止。经济落后本身使一切行动变得没有了说服力。所以,管理国家最根本之点是发展生产力,把经济搞上去。国家落后不仅难以服本国人心,而且别国也敢于发兵侵略,此之谓"落后就要挨打"。历史的教训不得不记取。由此看,荀子确实是一个务实的思想家。

明主必谨养其和,节其流,开其源,而时斟酌焉。

【注释】《富国》。贤明的君主必须谨慎地顺应时节的变化,节约开支,发展生产,并时时慎重地考虑这些问题。

【解析】中国在历史上一直是个重视农业的国家,被称为农业大国,一向"重农抑商",所以在荀子的经济思想里也首先是发展农业,顺应农时。更可贵的是,他提出了"开源节流"的重要思想,即必须多方寻求发展的机缘,且要节约开支。其实,任何事业的发展都要本着这样的思想。

善择者制人,不善择者人制之。

【注释】《王霸》。择:选择治国方略。善于选择治国方略的君主可以统治别人,而不善于选择治国方略的君主只能被别人统治。

【解析】如何才能成就大业、安邦定国,是古代君主最关心的问题,因而也是有头脑的智者经常思考的问题。荀子作为他所处时代的智者认为君主称霸的主要原则是善于运用治国原则。如果国家安宁,社会发展,经济繁荣,自然有他国来臣服。

用国者,得百姓之力者富,得百姓之死者强,得百姓之誉者荣。

【注释】《王霸》。力:力量。死:拼死效力。誉:称赞。荣:有名望。

【解析】治国之道在于得民心,"得民心者得天下,失民心者失天下",人心向背是儒家治国之道的重要内容,孟子有言"民为贵,君为轻",显示出对百姓力量的重视。荀子更以具体而详尽的内容对"得民心"的好处加以阐述:可使国富、国强，最终使君主的令名传扬于天下。然而，不管智者怎样出谋划策，也不管御用文人怎样日月献纳，朝夕讽谏，一大部分君王依然不能够从实践上以行动向百姓显示开明，令人遗憾之至！

法不能独立，类不能自行，得其人则存，失其人则亡。

【注释】《君道》。类：处理某一类事情的条例。法不能自己独立发生作用，条例也不能自行得以推广，有了善于治理国家的人，法令和条例就会发生作用，否则是无用的。

【解析】荀子务实的政治哲学中有法家思想。他重视法的推行，而推行法令和条例必须有适当的人选，如果没有人去执行，再完美的法律和条例也是一纸空文。

其取人有道，其用人有法。

【注释】《君道》。

【解析】如何做好君王，重在用人，而用人必有法，取人须有道，这才会招来贤士。刘备三顾茅庐，费尽心力得到了贤臣诸葛亮，是他作为君王对贤才的渴慕与真诚感动了诸葛亮。而刘备为君的成功之处也正在于他取人有道、用人有法，对臣下给以信任。

川渊深而鱼鳖归之，山林茂而禽兽归之，刑政平而百姓归之，礼义备而君子归之。

【注释】《致士》。川渊：泛指江河湖泊。刑政平：法令、政治合理。

【解析】川渊深、山林茂用于比附刑政平、礼义备的清明之世。在这样一种政治环境中，天下的仁人志士都愿意归附之并为之效力。君王周围有士君子竭心尽力地辅佐，那么国家很快会走向强盛。若天下有识之士或遁隐、或逃离，君王周围被群小所围，蔽耳目之聪明，再强大的国家也会走向衰败。荀子意在告诫统治者"致士"的重要性。

赏不欲僭，刑不欲滥。赏僭则利及小人，刑滥则害及君子。

【注释】《致士》。僭(jiàn)：超越法度，指过分。滥：滥用，也是指过分。赏赐与刑罚都不能过分滥用，若赏赐过分就会被小人从中得利，刑罚过分就会危害君子。

【解析】赏赐与刑罚是治理天下的重要方法，论功行赏可以鼓励人们的上进心，依罪施罚可以惩治腐败，给人们以警示。倘若滥用赏赐，那么赏赐便不再具有鼓励的作用；倘若滥用刑罚，人民就会怨声载道，刑罚也不再具有警示的作用。赏罚无度是为政的一大忌讳。

用兵攻战之本在乎壹民。

【注释】《议兵》。壹民：使民心一致。

【解析】孟子曰："天时不如地利，地利不如人和。"用兵打仗关键在于民心向背。若广大军民同仇敌忾，为共同的目标浴血拼搏，此所谓义战，最后定能取得胜利。

知莫大乎弃疑，行莫大乎无过，事莫大乎无悔。

【注释】《议兵》。知：智慧。弃疑：不用没有把握的人和计策。无过：无过失。

【解析】这句话是荀子对用兵打仗的看法，要求为将者做到使用兵力、设计战略无失误。其实，这句话同样适用于我们的日常生活。我们往往在做事时容易犯错误，且犯错误之后又容易后悔。这是智谋不足的表现。

不杀老弱，不猎禾稼，服者不禽，格者不舍，奔命者不获。

【注释】《议兵》。躐：践踏。服者：不战而退的敌人。禽：通"擒"，捉拿。格者：抵抗的人。舍：通"捨"，放弃。奔命者：来投诚的敌人。不获：不当俘虏看待。

【解析】古时争战不歇，以至于统治阶级周围的效命之臣，为了帮助君王取得战争的胜利，不仅仅从战略上反复思虑，且对战争环境也有精熟的研究。战争中，百姓流离失所，无家可归，老弱病残转死沟壑，禾苗被践踏，颗粒无收，这是人民最不希望看到的。同时，对待敌兵也应有不同的态度，若已投降就应对他们采取宽容的态度。

坚甲利兵不足以为胜，高城深池不足以为固，严令繁刑不足以为威，由其道则行，不由其道则废。

【注释】《议兵》。由：遵循。废：废止。

【解析】荀子在用兵中讲仁义之道，遵循仁义之道则终归于胜，不遵循仁义之道则终归于败。坚甲利兵、高城深池并不是取胜的决定性条件，意在告诉人们，坚甲利兵并不可怕，高城深池并不能阻挡敌人，关键在于国人的民心向背，即团结起来共同应战。其实，最难攻克的往往是人的精神力量。

天行有常，不为尧存，不为桀亡。

【注释】《天论》。自然界有它的运行规则，不因为尧的治世而存在，也不因为桀的乱世而灭亡。

【解析】"天"在荀子哲学里,不带有任何神秘性,而是指按一定规律运行的自然界。自然界的运行与人类社会的运行没有对应关系,所以不论社会处于尧的盛世,还是处于桀纣暴虐的乱世,自然依然循自身的规律运行。荀子的看法是科学的,不像有人曾把天当作有意志的人格神来加以崇拜,并且认为天可主宰人世的一切,天与人有某种契合和感应。

大巧在所不为,大智在所不虑。

【注释】《天论》。大巧之人不去做那种不能做的事情,大智之人不去考虑那种不应考虑的问题。

【解析】有所想就有所不想,有所做就有所不做,有所选择就有所舍弃。不能做的事情而固执己见去做,不能想的事情而要浪费精力去想,都是徒劳无用的。人生又是那么短暂,如果把时间耗费在不可能成功的徒劳上,那是不明智之举。现实地考虑问题,现实地在可能的范围内行事,踏实地干自己的事,才是正确的人生,我们坚决反对好高骛远。

天不为人之恶寒也,辍冬;地不为人之恶辽远也,辍广;君子不为小人之匈匈也辍行。

【注释】《天论》。匈匈:汹汹,形容声音杂乱,吵闹的样子。

【解析】冬之奇寒、地之辽远都是自然界的客观存在,它们不以人的好恶而改变。而君子特立独行于社会中坚持自己的理想,也不因为小人的聒噪而放弃自我。人应当有生活的一贯原则,在这个一贯原则支配下再有所变通,如此才能成就长久的目标。否则,东风大随东风,西风大随西风,最终会由于立场不坚定而造成自我价值的缺失。

在天者莫明于日月,在地者莫明于水火,在物者莫明于珠玉,在人者莫明于礼义。

【注释】《天论》。

【解析】用自然现象的比附来说明礼义之于人的重要性。儒家把礼义用作维护社会秩序的准绳。在他们看来,如果缺失礼义,父不父,君不君,臣不臣,子不子,社会就会一片混乱,从而使君主地位不保而身死国灭,所以历代君王都把维护礼义作为重要的治国原则加以提倡。

恶之者众则危。

【注释】《正论》。憎恨君主的人多了,君主的统治就危险了。

【解析】岂止君主被多人憎恨则身危,其实,任何人若被多人所厌恶,那么他的生存环境对他来说是险恶的。一个人的成功可能由多个因素造就,但人际关系和谐,受人爱戴,被多人所赏识则在成功的因素中占很大的比例。

可以有夺人国,不可以有夺人天下;可以有窃国,不可以有窃天下也。

【注释】《正论》。

【解析】得民心者才能得天下,因而倘若谁想得天下,谁就得以圣人的仁德来取得民心。所以,荀子认为可以用强力夺取别人的国家,但是不可能用强力夺取别人的天下,因为民心的取得不是靠强迫的,而是靠逐步感化的;同样荀子认为可以用不正当的手段篡夺政权,但是不可能用不正当的手段得到天下的人心。王莽依靠外戚把握朝纲的机会窃取西汉政权,却短命而亡,其中深刻的道理不言而喻。

浅不足与测深,愚不足与谋知,坎井之蛙不可与语东海之乐。

【注释】《正论》。坎井:坏井。浅的东西不足以用来测量深的东西,愚蠢的人不足以参与智谋活动,废井里的青蛙是不足与之谈论东海里的乐趣的。

【解析】《史记》有言曰:"竖子不足与谋。"这是范增骂项羽的话,意即太过愚蠢的人是不能与之共谋大业的。人和人虽然都有七窍,但有的人却极为浅薄,像井底之蛙一样,鼠目寸光而不自觉,整天洋洋得意。对待这种人,我们一笑了之,不必太过计较,不必用心太多去理会他。

人生而有欲,欲而不得,则不能无求,求而无度量分界,则不能不争。

【注释】《礼论》。

【解析】欲乃万恶之源。寒而欲衣,饥而欲食,这是人的自然欲求,但人的欲求并不止于饱足,饱足之后要求美厚,美厚之余又要求更高,永远没有满足的时候。每个人都如此,因而也便构成了整个人类社会的整体追求,追求中不免产生矛盾,由矛盾而至于争斗,所以社会也就处于一个充满争战杀伐的状态之中,人类当清醒地认识到这一点。

天地合而万物生,阴阳接而变化起,性伪合而天下治。

【注释】《礼论》。性:指原始的、本然的东西。伪:指外表的妆饰美。

【解析】古人认为天地和合而产生万物,万物之中有阴阳,阴阳和合而产生变化,因而荀子以这个公认的道理来比附性伪和合的重要性。性在荀子看来是指人的自然本性,而伪则是礼乐教化,通过礼乐教化来改变人的本性,使其向善的方向发展,从而使社会得以治理,"化性起伪"是荀子对待"性恶"的主要手段。

乐者,圣人之所乐也,而可以善民心,其感人深,其移风易俗,故先王导之以礼乐而民和睦。

【注释】《乐论》。

【解析】荀子认为音乐的社会作用在于感动人心和移风易俗,从而使百姓和睦相处,这是对前期儒家思想的继承和进一步具体化。琵琶女弹奏一曲使白居易青衫因泪而湿,并产生"同是天下沦落人,相逢何必曾相识"的共鸣感,音乐之深入心灵可见一斑。

民有好恶之情而无喜怒之应,则乱。

【注释】《乐论》。

【解析】人有郁积,当找一个适当的机会和方式加以宣泄,一吐为快之后才有利于身心健康,若一味憋于心中,日久则会生病。同样,人民对君王的统治有自己的好恶之情却无由发泄,似乎平静得连基本的喜怒之情都没有,这种情况是危险的,"不在沉默中爆发,就在沉默中灭亡",无论是爆发还是灭亡都是统治阶级所不愿看到的。为了避免此种悲剧的发生,还是让人民找机会发泄,荀子认为最好的手段当首推音乐。

故君子耳不听淫声,目不视女色,口不出恶言。

【注释】《乐论》。

【解析】我们常常听说某某人是正人君子,大概这个人是符合于大众的伦理要求的,那就是行为正直,为人善良,忠厚老实,更重要的是不贪钱财,不慕女色,不出狂言。这种思想已固定为中国人的一种集体意识,中国人尤其惧言美色,接近美色比接近钱财更令人瞧不起。

君子以钟鼓道志,以琴瑟乐心。动以干戚,饰以羽旄,从以磬管。故其清明象天,其广大象地,其俯仰周旋有似于四时。

【注释】《乐论》。

【解析】君子用钟鼓琴瑟等音乐来引导志向、陶冶性情。音乐的声音清脆明快像天一样,而音乐的声音可向辽阔广远传播像地一样,其中曲折委婉的变化像春夏秋冬四季交替一样。可见,音乐是以它所具有的特质随顺人的心意,并与人的情感相契合,而达到感动人心、借以教化的社会作用,使人变得像天一样清明,像地一样广远,像四时变化那样顺应自然。

凡人之患，蔽于一曲，而阇于大理。

【注释】《解蔽》。蔽：蒙蔽。一曲：局部，部分，指认识上的片面性。大理：全面的根本道理。大凡人的弊端，在于被局部的东西所蒙蔽而不通于全面的根本道理。

【解析】囿于片面性，人就不可能全面地看问题，以至于造成决策上的失误。一国之君，身肩天下，应有全面分析问题的能力；而人类社会中的生存个体，也应全面把握问题，否则容易心胸狭窄，爱钻牛角尖。著名的盲人摸象的故事意在用形象的寓言暗示人们认识事物应当把握全局。

人心譬如槃水，正错而勿动，则湛浊在下，而清明在上，则足以见须眉而察理矣。

【注释】《解蔽》。错：通"措"，放置。湛：通"沉"。理：指肌肤的纹理。

【解析】人当怀有一颗正直之心，然后才可公平合理地看待事物，从而不至于蔽于邪恶。荀子把人心比作盘中之水，必正置而勿动，然后可以由须眉到纹理照察全人，即只有用一颗正直之心去照察万物，万物之理才能明晰地昭示于人前。

为之无益于成也，求之无益于得也，忧戚之无益于几也，则广焉能弃之矣！

【注释】《解蔽》。广：通"旷"，远。对那些即使是做了也无益于事情成功、追求了也无益于得到、忧虑也无益于解决的事，就应当远远地将它抛弃掉。

【解析】人有诸多痛苦，而造成痛苦的根源就是心中不能摆脱那些已经完全绝望的事。明明知道，某种事情本身错了已无可挽回，再绞尽脑汁思考也无补于事，任何办法已不能奏效，却依然不能放下心头的疑虑。此时，荀子教人远远地把它们抛弃。殊不知，说起来容易，在道理上也正确，然而，真正潇洒地甩一甩头的又有几人呢？红尘滚滚，痴痴情深，真正参透其中奥秘又能解除蒙蔽的人实在是太少了，因为我们毕竟都是凡人。

名无固宜，约之以命，约定俗成谓之宜，异于约则谓之不宜。名无固实，约之以命实，约定俗成谓之实名。

【注释】《正名》。宜：适宜。

【解析】名字称谓本身无所谓适宜，也无所谓有无实质性内容，它只是一个符号而已，只有等到约定俗成之后才能看出它是不是适宜，是不是有实质性内容。比如人称为人，而牛称为牛，开始时人也可称作牛，牛也可称作人，意义并不发生变化，但一旦约定俗成之后，"人"便有了它的实质性内涵，而"牛"也有了它的实质性内涵，不再是单纯的符号。这时，如果称人为牛，称牛为人就会闹出大笑话。

凡人莫不从其所可而去其所不可。

【注释】《正名》。大凡为人，都跟从他所赞成的，而离开他所反对的。

【解析】"萝卜白菜各有所爱"，这句俗语道出了有所偏爱是人的本性，人都愿意与自己持相同观点的人为伍，而远离与自己观点不同的人。"道不同不相与谋"，人总要去寻求志同道合者。正如荀子所举之例：有人很想去南方，所以不管路途多么遥远和艰辛，他也能到达，即使北方很近又极易到达，他也不去。

心忧恐则口衔刍豢而不知其味，耳听钟鼓而不知其声，目视黼黻而不知其状，轻暖平簟而体不知其安。

【注释】《正名》。黼黻(fǔfú)：古代礼服和器皿上常见的两种花纹。轻暖：比较舒服的衣服。平：席名。簟：竹席。

【解析】刍豢、钟鼓、黼黻、轻暖、平簟是舒适安逸的享乐之物，却口不知其味，耳不知其声，目不知其状，体不知其安。为什么呢？只因为内心忧慌恐惧，而不能专注于享乐。这个道理意在告诉人们为人首先要求得心安理得，然后才能去享受生活。如果坏事做尽，即便有钱有势也不会幸福。

知者之言也，虑之易知也，行之易安也，持之易立也。

【注释】《正名》。安：安适，妥当。聪明人的言论，加以考虑很容易理解，实行起来很容易做得妥当，坚持它很容易站得住脚。

【解析】智者之言是对社会人生超前的、全面的、深刻的把握。所以，大部分人多以学习智者之言来安身立命，这样做是为了避免在人生的旅途上触礁，圣人灯塔般的智慧之言，可以引导我们的航船驶向正确的航程。我们不盲目崇拜，但我们也绝不会自大地唯我独尊，我们应披沙拣金般拾取圣人的智慧。

欲虽不可尽，可以近尽也；欲虽不可去，求可节也。

【注释】《正名》。尽：满足。欲望虽然没有尽头，不可满足，却可接近于满足；欲望虽然不可去掉，但却可以对它加以节制。

【解析】欲壑难填，欲望是一个无底洞，永远不可能得到满足，这是摆在人类面前的一个客观事实，但人类不能就此而听之任之。不能满足，则求大体满足；不能无欲，则加以节制。人若能节制自己的欲望，就会变得洒脱，心胸也会变得宽广与豁达。在豁达的人生态度中，就会找到最有价值的人生终极目标。

凡人之取也,所欲未尝粹而来也;其去也,所欲未尝粹而往也。

【注释】《正名》。粹:纯粹,完全。大凡人想得到某种东西,不一定能完全得到;大凡人想去掉的东西,他也不一定能够去掉。

【解析】人们在日常生活中常常有不尽如人意的地方,想得到的东西,整日魂牵梦萦,却终归无法得到;而自己极为讨厌的东西,总在眼前晃来晃去。这些矛盾尴尬地充斥于生活的边边角角,使人心烦意乱,有时简直令人痛不欲生。该如何求得解脱呢?那只有你自己知道,而且也只有你自己才能最终说服自己。

人之性恶,其善者伪也。

【注释】《性恶》。伪:人为教化。人性本来是恶的,表现出善的一面是人为教化的结果。

【解析】荀子主张"人性恶",孟子主张"人性善",两者的观点表面上虽对立,实质上是"同归而殊途,一致而百虑"的。荀子的人性是指人生而具有的食、色等自然欲求,这种自然欲求本身是"恶"的,须经社会人伦教化;而孟子的"善"是人的本性有为善的可能,即人的本性中有"仁""义""礼""智""信"等善端。由此可见,二人的观点并不矛盾。执着于"性善"与"性恶"的论争似乎并没有多大意义,因为论争的概念本身不统一。

不知其子视其友,不知其君视其左右。

【注释】《性恶》。不了解他的儿子,看看他儿子结交的朋友就可以了;不了解他的君主,则看看君主身边的辅佐之臣就可以了。

【解析】"物以类聚,人以群分",具有相同政治观点、文学观点和日常生活方式等的人往往聚在一起,形成各种派别的团体。"竹林七贤"以诗酒为念,自任放达,不拘礼法,形成了他们独特的生活方式。由此观之,想了解一个人,先了解他的生活圈子和他所结交的朋友,不失为一种明智之举。然而,随着人类文明的演进,人们都带上了各种人格面具,可以和各种类型的人成为朋友,这无疑是对古人经验的挑战。

人主无贤,如瞽无相何伥伥!

【注释】《成相》。瞽(gǔ):盲人。相:扶持盲者的人。伥伥(chāng):迷茫,无所适从的样子。

【解析】盲人没有人扶持是很危险的,旧有诗句云"盲人骑瞎马,夜半临深池",用来形容一种险象环生的境域。而人主如果没有贤相作为股肱之臣加以辅佐的话,那么他与盲人的遭遇便相似了。我国有长达两千多年的封建社会,在这个漫长的岁月里,多少得失兴亡构成了中国历史的特色,从而也总结出许多君臣治国的基本经验,其中明君贤臣携手治国的事实屡见不鲜,而其反面事例也非常多。

水行者表深,使人无陷,治民者表乱,使人无失。

【注释】《大略》。水行者:涉水者。表:标志。表乱,标示出治与乱的界限。过河的人要事先标示出水的深度,使人不至于陷入深水而溺死;统治人民的人先要标示出治世与乱世的界限,使人民不至于违法。

【解析】为政者当制定一系列治国的标准和所要达到的目标,给人民规定一系列规章制度,使他们经常注意自己的行为。这样上有政策而下有政策可依,二者相互配合,共同致力于国家的繁荣和社会的稳定。荀子思想中有鲜明的法家思想,他对法律是非常重视的。

为人臣下者,有谏而无讪,有亡而无疾,有怨而无怒。

【注释】《大略》。讪(shàn):毁谤、讥笑。

【解析】儒家有中庸之道,荀子继承了下来,为人臣下当"谏而无讪""亡而无疾""怨而无怒"。臣子应以真诚正直之言去劝谏君王向好的方向努力,但不能毁谤、讥笑;同时,看到朝廷之上君王所犯的错误,可以有怨气但不能有怒气。荀子的思想当然是君权至上的。

不富无以养民情,不教无以理民性。

【注释】《大略》。养民情:调养百姓的感情。理民性:改造百姓的本性。

【解析】荀子重视发展经济和发展教育,虽然他主张教育是施以教化来改造人的本性之恶,但抛开他的"性本恶",他的思想依然值得肯定。经济是基础,只有经济搞上去了,政治、思想、文化等才能相应发展。而教育又是发展经济的一个重要的环节,"百年大计,教育为本",荀子在两千多年之前就已意识到了。

义胜利者为治世,利克义者为乱世。

【注释】《大略》。

【解析】义利之辨是中国古代哲学的一个重要命题。儒家重义轻利,有"君子喻于义,小人喻于利"之说。所以,在中国古代,天子不言利害,诸侯不言多少,大夫不言得失,士人君子不谈钱,被视为最高洁的人格表现。其实,他们的行为多少有些迂腐和虚伪,"利"是社会发展的客观存在,羞言"利"只是一种消极的回避,关键是我们要用正确的态度对待"利",使它在社会生活中不会产生消极的影响,要正视"利"本身存在的客观性。谁如果想回避它,纯粹是不能正确对待现实的错误表现。

人之于文学也,犹玉之于琢磨也。

【注释】《大略》。

【解析】荀子在这里是强调文学的教化作用。文学能够潜移默化地影响人,使人性趋向于善。他还说:像子赣、季路本来都是一般的人,但由于他们接受文学的熏陶,懂得了礼义,最终成为天下有德之人。

君子能为可贵,不能使人必贵己;能为可用,不能使人必用己。

【注释】《大略》。君子能使自己品德高尚,但不能一定使人尊重自己;能够具备被别人任用的才能,却不能一定使人任用自己。

【解析】一个人的成功除了自身具备主观条件以外,还必须具备客观条件。客观条件本身并不是人自身可以驾驭的,所以在对待成功这个问题上,我们应该实事求是。我们尽自己最大的努力向好的方向迈进,倘若自己有才能且没有成功,也不必气馁,"尽人事,听天命",以坦然的心态面对成败得失、荣辱是非,你会发现自己其实很坚强。

从道不从君,从义不从父。

【注释】《子道》。从:听从。

【解析】自古有所谓对君要忠、对父母要孝的礼仪规范。但忠不是愚忠,唯君是从;孝也不是愚孝,唯父母是从。对此应分别对待,若君的行为不合乎道的标准,则自己要归之于道,而不归之于君;若父母的教诲不符合义的标准,则归之于义,而不归之于父母。可惜后来的君臣关系并没有沿着荀子的意愿发展下去,大多数的臣子对君命极力迎合,唯君令是从,甚至在外打仗,远离朝廷,"将在外,君命有所不受"的原则也被抛弃,君王成为养在深宫的总指挥,岂不滑稽。

君子正身以俟,欲来者不距,欲去者不止。

【注释】《法行》。俟(sì):等待。距:同"拒"。止:阻止。

【解析】由此可以看出当时私学的盛行。一个名师可招致四方学子,其中鱼龙混杂,老师来者不拒。老师以自身品行的高洁教育学生,使所有的学生都向好的方向发展。

《新　书》

　　《新书》的作者是贾谊。西汉文帝武帝时有两大儒生：董子和贾子。贾子就是贾谊，贾谊生活在汉室初期，他精通经业并通达治体。

　　《汉书·艺文志》载贾谊《新书》共有 58 篇，分为 10 卷。《新书》通乎天人精微之蕴，穷乎历代治乱之政，洞乎万物荣悴之情，究乎礼乐行政之端，贯通乎仁义道德之原。其奇伟、深长如江河激荡而不能探测端涯，如风霆变化而寻不到轨迹，如云霞舒卷出没、雾霭千姿百态而不能描摹。

　　即便如此，贾谊仍是一个不得志的儒生，在作品中他悲愤地抒发了自己的郁闷之情。

仁义不施而攻守之势异也。

【注释】《卷一·过秦上》。

【解析】秦国具有崤山和函谷关之坚固,又拥有雍州之地,蒙恬北筑长城,国威大振,却二世而亡,何也?不施仁义。由于仁义不施造就了最终身死国灭,为天下笑的惨局。贾谊极力反对严刑峻法,他认为,仁义之政是压倒一切的最根本的武器。但是,儒生的见解不免有迂腐的一面,其实,治国在于仁政与刑罚的结合,忽视了任何一个方面,都将是不完善的。

夫寒者利短褐,而饥者甘糟糠,天下嚣嚣,新主之资也。

【注释】《卷一·过秦中》。

【解析】处于寒冷中的人,给他一件破旧的短布衣,他也会感激涕零;处于饥饿中的人,给他难以下咽的糟糠,他也会感到香甜而为之潸然泪下。所以,在人民处于饥寒交迫之时,而有新主能拯其于水深火热之中,是人民翘首期盼的。即天下大乱之时,正是英主显其仁德的最佳时机,此时他最容易成就自己的事业。

前事之不忘,后之师也。

【注释】《卷一·过秦下》。

【解析】经验教训像老师一样,指导人们在行动过程中少犯错误。"前车之鉴"当永远记取,重蹈覆辙是愚蠢者的表现。中国历史上每一个王朝都从前代王朝总结出治国的方案,然后使新王朝得以延续。也正由于此,中国的封建王朝才得以延续两千多年。

臣闻大都疑国,大臣疑主,乱之媒也。

【注释】《卷一·大都》。

【解析】大都疑国,则国乱;大臣疑主,则主危。这两者都是造成国乱的重要原因。大都在国家中占有重要地位,它可能是国家的政治、经济、文化中心,若不服从中央政权的管辖,便易形成割据势力,直至尾大不掉,难以控制。大臣是君主的股肱,一旦对君主失去信任,国家便会陷入混乱。

海内之势如身之使臂,臂之使指,莫不从制。

【注释】《卷二·五美》。

【解析】臂是身的一部分,指是臂的一部分,臂服从于身,指服从于臂。贾谊以此作比,指出天下都当统一于中央集权。国家统一,人民才会安定。可见,任何时候,稳定都是胜过一切的为政之要,而使国家稳定的关键就在于中央能够如臂使指一样地控制全国各地。

仁义恩厚,此人主之芒刃也;权势法制,此人主之斤斧也。

【注释】《卷二·制不定》。

【解析】仁义恩厚与权势法制,犹如斤斧有刃利于砍伐。可见,"内圣外王"是儒家理想的实质。儒家的谋略要比任何一家都高明,尤其是它在使用权势法制时,仍然高唱仁义道德,在收买人心方面的手段是高明的。我们不能轻看此种思想。温情脉脉的面纱下隐藏着杀伐的利器,这是为政者惯于使用的手段。

善不可谓小而无益,不善不可谓小而无伤。

【注释】《卷二·审微》。

【解析】"勿以善小而不为,勿以恶小而为之。"这是古人对我们的告诫。善虽小,积小则可成大,最终成就自己的美德;恶虽小,积小也可成大,最终成就自己的恶行。在日常生活中,由于小恶不禁,养成大恶的教训非常多,走向牢狱的盗窃犯往往是从拿了别人的一丝一线开始的。

欲投鼠而忌器。

【注释】《卷二·阶级》。

【解析】"投鼠忌器"已成为一个成语典故被沿用下来,意即想要干某事却囿于种种疑虑而终不敢为,讽刺那些办事不干脆利落的人。他们每每在事情的关键时刻,总是"前怕狼后怕虎",心存疑虑而不能成事。其实,处于世间的人在其短短的人生历程中,当有大胆的冒险精神去尝试人生的酸甜苦辣,即使失败了,也可体验到失败中所隐含的那种痛快淋漓的痛。成功了,我们仰天大笑;失败了,我们失声痛哭,并不是所有的人都能做到这一点。

若夫经制不定,是犹渡江河亡维楫,中流而遇风波也,船必覆矣。

【注释】《卷三·俗激》。

【解析】经国大业中的礼仪制度如果不完善,犹如船渡河而没有楫,中途遇到风暴必然导致覆灭。中国封建社会的第一个强有力的政权是秦始皇建立的秦朝,他制定了一系列较为完善的政治体制,推行了一系列卓有成效的改革,因而在短时间内走向强盛,却由于不注意人心向背,不考虑人民的实际情况,在对待人民的问题上没有形成一套独特的方略,因而又很快走向覆灭。

饥寒切于民之肌肤,欲其亡为奸邪盗贼,不可得也。

【注释】《卷三·薛产子》。

【解析】饥寒交迫之民多则天下乱。这几乎是封建社会的一个公理,所以贤明的君主,在其为政之时,总是把解决人民的温饱问题作为头等重要的大事来抓。陈胜、吴广本是贫苦的农家子弟,无奈,生活对他们来说太残酷了,不仅吃饭穿衣不能奢求饱足与温暖,竟连生存下去的权利也几乎要被剥夺,此时,若再想让他们做天子的顺民,几乎是不可能的,他们揭竿而起也是顺理成章的事。

强国战智,王者战义,帝者战德。

【注释】《卷四·匈奴》。

【解析】智、德、义是儒家学派所崇尚的王道思想,他们主张以仁义德性来取得天下,不赞成以武力相征伐,尤其在对待少数民族的政策上,更应如此,因而舜舞于羽而南蛮服,那是广施恩德的结果。

且世人不以肉为心则已,若以肉为心,人之心可知也。

【注释】《卷四·淮难》。

【解析】人心都是肉长的,所以人类的情感是相通的,可"以己之情度人之情"。在日常生活中,我们须贯彻"己所不欲,勿施于人"的处世原则。若违背了这个原则,无异于自酿苦酒而自饮。

君仁臣忠,父慈子孝,兄爱弟敬,夫和妻柔,姑慈妇听,礼之至也。

【注释】《卷六·礼》。姑:婆婆,丈夫的母亲。妇:指儿媳。

【解析】君臣、父子、兄弟、夫妻、婆媳是人际关系中重要的几对范畴。儒家思想认为,做到这些礼的要求,就算是做到了礼的最高要求。

知善而弗行,谓之不明;知恶而弗改,必受天殃;天有常福,必与有德,天有常灾必与夺民时。

【注释】《卷九·大政上》。

【解析】贾谊认为,人的灾与福完全来源于自己的所作所为。明明知道是可以做的好事不去做,明明知道是做了坏事却不加以改正,灾祸的降临是显而易见的。这就告诫人们,谁都可以自主地掌握自己的命运,用自己的行为去创造美好的未来。这种乐观主义的人生观,给人以奋斗的信心和勇气,同时也给人提供了向善的精神动力。

自古至于今,与民为仇者,有迟有速,而民必胜之。

【注释】《卷九·大政上》。

【解析】民犹水,君犹舟,水能载舟,亦能覆舟。与民结仇,是君最不明智的选择,或迟或早,他必将受到人民的反抗,人民必将处于胜者的地位。

　　故有不能求士之君,而无不可得之士,故有不能治民之吏,而无不可治之民。故君明而吏贤矣,吏贤而民治矣。

　　【注释】《卷九·大政下》。

　　【解析】君—吏—民三者的关系是极为复杂微妙的,君明吏贤则民治,君愚吏酷则民乱。

《孔子集语》

　　《孔子集语》由清代孙星衍所纂辑。对于孔子的仁政以及其他思想,六经之外,还有许多人辑录其言论,传述其微言大义,用以导扬儒风。纂辑成书的有:梁武帝《孔子正言》二十卷,王勃《次论语》十卷。遗憾的是,这些书都没有流传下来。存下来的有杨简《先圣大训》十卷,薛据《孔子集语》二卷,潘士达《论语外篇》二十卷,其中以薛书最显。但薛据的《孔子集语》也不免有所遗漏。因此,清代的孙星衍在引疾归田之后,叹惜儒书的阙失遗漏,于是博览群籍,区分异同,增多薛据《孔子集语》六七倍,而仍给它冠以《孔子集语》的书名,用以表明作书的缘由。

　　孙星衍辑录那些在《易·十翼》《礼·小戴记》《春秋左氏传》《孝经》《论语》《孟子》中举世诵习却没有载入《孔子家语》的内容,同时也辑录那些未载于《史记·孔子世家》及其他群经传注的内容,都明言出处,并对篇卷或疑文脱句酌加按语,并把一事而彼此互见的放在一起互相验证。初稿既成之后,其友严可均等又稍加增益,得以成为十四篇。

　　其十四篇如下:《劝学第一》《孝本第二》《五性第三》《六艺第四》《主德第五》《臣术第六》《交道第七》《论人第八》《论政第九》《博物第十》《事谱第十一》《杂事第十二》《遗谶第十三》《寓言第十四》。

　　其中有不少关于儒家学派的至理名言,对我们研究孔子思想有重要的参考价值。

夫知为人子,然后可以为人父;知为人臣,然后可以为人君;知事人,然后能使人。

【注释】《卷二·孝本第二》。

【解析】为君为父,在表面看来是件潇洒轻松之事,可仔细琢磨起来,它要比为臣为子更难。为君者将国家重担肩于一身,日夜为国家的兴衰际遇所困,得不到一刻喘息的机会。为父者集全家重担于一身,上有老,下有小,若有懈怠,可能会使父母挨饿,妻儿受冻,因此承受着巨大的心理压力。话说回来,为君为父也要了解和爱护臣和子,否则当不好君父。

明王有三惧,一曰处尊位而恐不闻其过,二曰得志而恐骄,三曰闻天下之至道而恐不能行。

【注释】《卷六·主德第五》。

【解析】人非圣贤,孰能无过?过则改之,不为过也。圣贤总是广开言路,接纳讽谏,以此来匡正自己的过失。若像桀纣止谤,那么"防民之口,胜于防川",最终的危险结局谁也无法收拾。这是明王应坚决回避的一个大忌。同时"谦受益,满招损",人在任何时候都不能骄傲从事,否则自讨苦吃。这是明王的第二大忌。胸有大志却无由施展,最终落了个白首无成,这是明王的第三大忌。

鱼失水则死,水失鱼犹为水也。

【注释】《卷六·主德第五》。犹:还,仍。

【解析】这是一句至理名言,让每一个为政者不寒而栗,有了自知之明;让每一个为政者明白,君王不是普照万物的太阳,没有了他,地球依然运行,社会依然发展。无形之中,给他们日益膨胀的私欲和骄纵之心以扼制性的打击。君王失去人民,将不再拥有一呼百应的权威效应;人民失去君王,在某种程度上说来,丝毫不影响大局。孰轻孰重,作为治理国家的智者心中应该有数。

顺爱不懈,可以使百姓,强暴不忠,不可以使一人;一心可以事百君,三心不可以事一君。

【注释】《卷七·臣术第六》。

【解析】下忠君,上爱民,则可使上下和悦,国家得以长治久安。倘若下对上不尽忠,口是心非,暗中找机会谋害君王,三心二意,最终不仅使君王惨遭祸乱,同时会危及臣下自身;上对下不极尽抚恤怜爱之能事,使人民处于水深火热之中而不顾,那么最终会民乱君危。

贫而如富,其知足而无欲也;贱而如贵,其让而有礼也;无勇而威,其恭敬而不失于人也;终身无患难,其择言而出之也。

【注释】《卷八·交道第七》。

【解析】不追求富贵、不追求威严,而能自得其乐于贫贱之中,这是儒家人格理想中的圣人。他们不仅身无患难,且能一生处于心平气和的坦然状态。这对后世有极为重要的启迪意义:身处复杂世俗之中,人们往往被灯红酒绿、纸醉金迷的物质生活所诱惑,不能以一颗超然之心对待生活,因而往往倍感痛苦。理想与现实的矛盾、付出与收获的矛盾、外在行为与内在观念的矛盾,都造成了我们分裂而痛苦的双重人格,使我们戴上沉重的人格面具,与世周旋,不能自拔。

星之昭昭,不若月之曀曀;小事之成,不若大事之废。

【注释】《卷九·论人第八》。曀(yì):天色阴沉而多风。曀曀,阴晦的样子。

【解析】星星不管有多么明亮,终归也比不了月亮,即便月是昏暗的。在小事上的成功有时不如在大事上的失败,因为小小的成功不仅无益于知识经验的积累,还有助于滋长骄傲情绪,从这个意义说来,它是有其潜在的弊端的;相反,大事上的失败,会使你从失败的经历中体会到更多的酸甜苦辣,总结出更多的人生经验,在某种程度上说,失败是积累经验的过程,是一种潜在的成功。但这句话的主要意思是说,人干事情起点要高,宁可干不成,也要谋大事。小事成功了,意义也不大。

先观其言而揆其行,虽有奸轨之人无以逃其情矣。

【注释】《卷九·论人第八》。揆(kuí):测度,度量。

【解析】听其言而观其行是了解一个人的最好方法,两者缺一不可,缺少任何一个方面都将是不全面的。只听其言,可能被夸夸其谈所迷惑;只观其行,对他思维方式和思想状况的了解是肤浅的,毕竟"言为心声",即使他所说的有时是口是心非,但透过表面仍能把握其本质。古人的金玉良言,我们须牢记在心,把它作为生活的一条规则来加以应用,也许会少走很多弯路。

散其本教,而施之刑辟,犹决其牢,而发以毒矢也。

【注释】《卷十·论政第九》。散:松散,放松。

【解析】自孔子以来的儒家,都把仁义礼智的教化作为基本的思想,而反对严刑酷法。如果对百姓事先不进行仁义为本的教育和感化,等他们违反社会法规之后,用刑罚加以惩治,是不人道的,犹如打开羊圈用毒箭射羊一样残忍。仁政与法制相结合才是完美而明智的。

政在附近而来远。

【注释】《卷十·论政第九》。附:使……依附。

【解析】儒家认为,最完美的政治在于使近处之民归附,远方之民臣服。远近之民纷至沓来,争相依归,意味着国君在为政上的成功。而这个成功是施以仁政,关心民生的结果。武力虽然强大,有征服他国的威力,但是武力征伐的结果,是表面上的归顺,骨子里却早已埋下了复仇的种子。越王勾践倾其所有,以身亲侍吴王夫差,是屈服于吴王的兵力,他"卧薪尝胆"的举动足以证明他内心的不服。

不通于论者难于言治,道不同者不相与谋。

【注释】《卷十·论政第九》。

【解析】"道不同不相与谋"是今人常用的至理名言。"志不同,道不合"则已失去了两者之间进一步来往的可能。

匿人之善者,是谓蔽贤也;扬人之恶者,是谓小人也。

【注释】《卷十·论政第九》。

【解析】"匿人之善,扬人之恶"是很大一部分人的劣根性。他们心胸狭窄、思维保守,唯恐别人超过自己,一旦发现别人比自己有更多的优点则视若仇敌,把对方作为不可忍受的眼中钉来看待,必欲除之而后快。当这种嫉妒心发展到无法控制时,就会去加害别人。嫉妒心是人之大敌。

伐树而引其本,千枝万叶莫能弗从也。

【注释】《卷十·论政第九》。

【解析】砍伐树木时砍伐主干,那么千枝万叶都会随之而来,不用费心再去砍伐。这是日常生活中一个极其平常的道理,意在说明我们干任何事当抓住事物的本质,纷繁复杂的现象世界就会被我们所把握。古人的睿智头脑令人佩服。

大德不逾闲,小德出入可也。

【注释】《卷十二·事谱第十一上》。闲:木栏,范围。

【解析】儒家有严格的礼仪规范,形成了其学派所特有的至为完美的大德,因而在规定人的行为方式上有极严格的原则,但我们不能认为这个学派迂腐、保守,没有变通。相反,它是原则性和灵活性的统一。在大问题上,须严格按原则来;在小问题上,在不影响大局的前提下,可稍有出入与变通。

物盛而衰,乐极而悲,日中而移,月盈而亏。是故聪明睿智守之以愚,多闻博辩守之以陋,武力毅勇守之以畏,富贵广大守之以俭,德施天下守之以让。

【注释】《卷十二·事谱第十一上》。

【解析】这段话指出,为了避免乐极生悲,人一定要谨慎从事,切不可骄傲自大,尤其在顺境之中,要防止栽跟头。人不能以任何优势为资本去胡作非为。人永远要把谨言慎行和行为端正当作立身处世的原则。

以人之所不能听说人,譬以太牢享野兽,以九韶乐飞鸟也。

【注释】《卷十七·寓言第十四下》。太牢:古代帝王、诸侯祭祀社稷时,牛、羊、豕三牲全备叫"太牢"。

【解析】用别人不爱听的话来规劝人,就好比把祭祀的太牢送给野兽享用,把美妙的九韶之乐奏给飞鸟欣赏一样,都是徒劳无用的。今人有成语"对牛弹琴"与之意思相同,告诫人们说话办事当看对象,当方法对头,才能达到目的。否则,不仅目的不能达到,反倒南辕北辙,适得其反,这是任何人都不愿意看到的结果。

《新　语》

　　《新语》的作者是西汉的陆贾。王充在《论衡·书解》中写道："高祖既得天下,马上之计未败,陆贾造《新语》,高祖粗纳采。吕氏横逆,刘氏将倾,非陆贾之策,帝室不宁。盖材知无不能,在所遭遇;遇乱则知立功,有起则以其材著书者也。"可见,陆贾之于汉家有"定天下,安社稷"之功,然而陆贾位不过太中大夫。

　　《新语》在《汉书·艺文志》中未著录,而《诸子略》有陆贾23篇,《新语》当在其中。今存《新语》12篇,是从陆贾23篇中删去兵家之文所余。可见,陆贾对兵法也有一定的研究。纵观《新语》12篇,乃当时辩士之作也。

　　从现存12篇《新语》来看,其思想并非纯粹属于儒家,陆贾之学概出于荀子。他在《术事篇》中写道:"书不必起仲尼之门。"并且认为制事之道"因事而权行",主张因事制宜。书中有许多处可以印证《荀子》的思想,这里我们不作赘述。

　　《新语》12篇分别为:《道基》《术事》《辅政》《无为》《辨惑》《慎微》《资质》《至德》《怀虑》《本行》《明诚》《思务》。陆贾是一位务实的治国者,所以《新语》一书含有许多哲理性言论,其对人生和社会的认识非常深刻,可供后人借鉴。

行之于亲近而疏远悦,修之于闺门之内而名誉驰于外。故仁无隐而不着,无幽而不彰者。

【注释】《道基》。

【解析】"仁"之说是儒家思想的核心内容之一,而这种"仁"之境界的修养则是从"修身"开始的,由"修身"而"齐家""治国""平天下",可见自我修养的重要性,它是实现儒士理想价值的基础。如果一个人以"仁义"行之于父母亲近,那么他的这种德行一定会彰显于外。一个人如果做了仁德之事,即便是不出门,名声也会彰显于外,流播后世的。

德盛者威广,力盛者骄众。

【注释】《道基》。以德行显盛的,他的威力可波及很广;以强力显盛的,加在民众头上的则是骄横。

【解析】治理天下最重要的是施以仁义之德,这样的善政可以泽及百姓而流传很广。倘若以武力来治理天下,虽一时可见功效,然而并不是长久之计。因为给人民当牛作马的,人民把他举得高高;骑在人民头上作威作福的,人民把他摔得粉碎。齐桓公由于推崇德行,所以能取得霸主地位;秦二世崇尚刑罚,逆历史潮流而动,秦朝终究短命而亡。

书不必起仲尼之门,药不必出扁鹊之方,合之者善,可以为法,因世而权行。

【注释】《术事》。真正的好书不一定要出自孔子之门,真正的良药也不一定出自扁鹊的药方,只要与具体情况相合就是好的,可以为法,要根据当世之情况来决定行为方式。

【解析】陆贾反对一味尊古的教条主义做法。他认为,只要是好书,不管是不是出自像孔子那样的圣人之手,都能拿来为我所用;只要是好药,即便不是扁鹊所开之药,也无妨其用;现世的法令只要有利于安邦治国,即使不合先王之法也无伤大雅。并且,任何事物都是向前发展的,任何人的行为必须时时权变以适应环境的变化。先王之法虽好,它毕竟只是适应于当时,世易时移之后不一定依然具有当时的魅力和效力。

夫居高者自处不可以不安,履危者任杖不可以不固。自处不安则坠,任杖不固则仆。是以圣人居高处上,则以仁义为巢;乘危履倾,则以圣贤为杖,故高而不坠,危而不仆。

【注释】《辅政》。

【解析】君王之位高且危,若希望高而安,必须采取一定的措施。陆贾认为,要以仁义为本,以圣贤为辅,即君王以仁义之德作为自己的立国之本,同时任用贤良之才作为自己的辅助,国家一定会走向繁荣富强。尧舜之世以仁义为本,以稷、契为辅,国家大治,功垂后世;秦朝以刑罚为本,以李斯、赵高为辅,国家很快走向灭亡,孰优孰劣,不言而喻。

智者之所短,不如愚者之所长。

【注释】《辅政》。

【解析】陆贾意在告诉我们"尺有所短,寸有所长"。任何事业的成功不只是少数能者的功劳,即使英雄也不行,而是各方面力量聚合的结果,是各方面发挥所长的合力作用的结果。所以,我们在用人上一定要用人之所长。智者虽有大智慧,也并不是十全十美;愚者虽笨,也有其优点长处,看问题要全面。

道莫大于无为,行莫大于谨敬。

【注释】《无为》。

【解析】最完美的治国之道在于无为,却又能无不为。君子之行一定要谨小慎微,这是陆贾给予统治者的忠实告诫。舜治天下,弹五弦之琴,歌南风之诗,好像并没有治国之意,天下却大治。秦始皇虽以法治国,修长城以充实边防,远交近攻,威震天下,天下却很快离他而去。就行为而言,最善最好的行为莫过于谨慎严肃地从事。

君子直道而行,知必屈辱而不避也。

【注释】《辨惑》。

【解析】明明知道要遭受屈辱却不回避,不苟合取悦于当世,按照自己一贯的主张正道直行,这才是真正的君子。屈原尽职尽责地劝说楚怀王并与群小斗争,其行为"与日月争光可也",最终无以容身,投汨罗江而死。伍子胥直言劝说吴王夫差当提防越国,夫差反赐死他。

道因权而立,德因势而行,不在其位者,则无以齐其政,不操其柄者,则无以制其刚。

【注释】《辨惑》。刚:"罚"字形近之误。

【解析】王道政治根据权变而设立,仁义德行也因势才能推行。不在其位,不谋其政,不掌握权力之柄,则不能对任何人施罚。这是法家思想的一部分内容,陆贾向君王进谏为政之道,并不是一味恪守儒家之道,而是有所权变的。

建大功于天下者,必先修于闺门之内;垂大名于万世者,必先行之于纤微之事。

【注释】《慎微》。

【解析】《慎微》是陆贾谈论谨行的篇目,即圣人谨小慎微,动不失时,以建大功。立大业之前必先修身。伊尹曾居住在有莘之野,修道德于草庐之下,亲自耕作;曾子在家孝事父母,知寒问暖以薄粥度日。二人却为后人所称道。伊尹辅佐商汤克夏立商,诛逆征暴,除天下之害,使海内治、百姓宁,建大功于天下。曾子因德美而名垂于后世。真可谓修之于内而著之于外,行之于小而显之于大,对我们今天也有启示,从小事做起,从基础做起,然后才有可能成就大业。

杀身以避难则非计也,怀道而避世则不忠也。

【注释】《慎微》。

【解析】杀身避难、怀道避世在陆贾看来都不是有识之士所应做的。拿杀身避难来说,身陷困境,走投无路,内心脆弱,无力面对困境,则选择死亡。其实,选择死亡是弱者的行为,是一种最简单的逃避行为。怀道避世更为济苍生的君子所不齿,即有卓绝的治国方略而不贡献于当世,为了自己的安全而全身远祸,遁迹山林,这同样是弱者的哲学,为强者所不取。

质美者以通为贵,才良者以显为能。

【注释】《资质》。通:与"达"同义。

【解析】良才美质,只有通达显耀于人前,才具有价值,否则,虽具良才美质,但不彰显于人,等同于无。长松文梓梗楠豫章是天下的名木,却偏偏生在了崔嵬之山,幽冥之溪,商人不能到达,工匠也无由窥见,最终只能老死枯朽,与枯杨无异。人也如此,有超凡的治国之才,却不被重用,与庸才无异。

为威不强还自亡,立法不明还自伤。

【注释】《至德》。

【解析】树立威信时要使这种威势强大;制定法令时要严明;施行法令时要严格,铁面无私。这样才能立身、治国。

治外者必调内,平远者必正近。

【注释】《怀虑》。

【解析】搞好内部稳定是每一个为政者都懂的道理,因为一个王朝的灭亡往往是由于内部混乱造成的。稳定是战胜一切外部敌人的保障。

人之好色,非脂粉所能饰;大怒之威,非气力所能行也。

【注释】《本行》。

【解析】人的容颜美丽漂亮,并不是单一的脂粉粉饰的结果;人的威严也不是靠气力大而体现出来的。人的美丽是由于本身天生丽质,即使不施脂粉,也同样光彩照人。人的威严是由于他立身行事为人所推崇。陆贾意在告诫君王当行仁政,这样百姓才会真心地拥戴君王。倘若以严刑酷法来建立自己的威望,那将是搬起石头砸自己的脚,于事无补而且自食其果。

君子笃于义而薄于利,敏于行而慎于言。

【注释】《本行》。

【解析】孔子云:"不义而富且贵,于我如浮云。"后世儒士一直重义而轻利。作为君子,尤其作为君王的臣下,当注意自己的一言一行、一举一动。言行既要符合道义,又要讲求策略。

持天地之政,操四海之纲,屈申不可以失法,动作不可以离度,谬误出口,则乱及万里之外。

【注释】《明诫》。

【解析】封建君王肩负着兴国建邦的大业,所以他的一言一行都极为重要,有道是"君无戏言"。一个错误政令的出台,马上会波及万里之外,造成天下大乱。陆贾认为,君王更应该以身作则地遵守法度:屈申不可以失法,动作不可以离度。这样治理百姓才有说服力。

事或见一利而丧万机,取一福而致百祸。

【注释】《思务》。

【解析】得失存亡是日常生活中的常见之事,人们总是希望得和存,而害怕失和亡。殊不知"有得必有失,有存必有亡",既然得失与存亡是相对而存在的,我们所要把握的关键就是以尽可能少的"失"换取最大限度的"得"。因此,有些事虽然有利可图但君子有所不为,因为他在考虑得失之轻重。这样不至于造成得其一而失其十。不明智的人往往容易在这个问题上犯错误。

善恶不空作,祸福不滥生,唯心之所向,志之所行而已矣。

【注释】《思务》。

【解析】为善为恶都会导致其应有的结果。祸福也不是随意产生的,而是由人自己造成的。我们不相信"恶有恶报,善有善报"的宿命论观点,但我们坚信"种瓜得瓜,种豆得豆",豆苗地里绝对不会结出西瓜来的。因此,人要想功成名就、一世无祸,就必须处处谨慎、勤奋刻苦。反之,不立德修身,凡事靠投机取巧,甚至胡作非为而想得到好的结果,几乎是痴心妄想。

《盐铁论》

公元前202年,刘邦在秦末农民大起义的基础上建立了西汉王朝。汉武帝继位以后,采取一系列措施来巩固中央集权的大一统帝国:在政治上采取"推恩令";经济上颁发了算缗和告缗令,实行统一铸钱、盐铁官营、均输、平准和酒类专卖等政策。汉武帝死后,汉昭帝于始元六年(公元前81年)二月在京城长安召开盐铁会议,是针对汉武帝改革政策的一场大论战。《盐铁论》是在汉宣帝时根据盐铁会议的记录写成的。

《盐铁论》的作者桓宽,字次公,汝南(今河南汝南县)人。他致力于儒家著作《公羊春秋》的研究,是一位儒生,汉宣帝时被推举为郎(皇帝的侍从官),以后曾任庐江太守丞。他写《盐铁论》的目的,据《汉书》记载,"欲以究治乱,成一家之法焉"。可见,他是希望用儒家的理论来改变当时偏重于法家的政策。《盐铁论》全书共六十篇,第一至第四十一篇写的是盐铁会议上的辩论,相当于会议发言纪要;第四十二至第五十九篇写的是儒法双方对"未尽事项"的讨论;第六十篇是作者的后序。书中出现的人物:法家方面是大夫(即御史大夫桑弘羊)、御史(御史大夫的下属)和倾向法家的丞相史(丞相的下属);儒家方面是六十多个贤良儒生,其中有丞相田千秋。从《盐铁论》全书来看,其内容上有明显的儒家思想倾向,但法家思想也折射出强烈的光辉。

《盐铁论》一书记录了西汉中期政治、经济、军事、思想、文化等方面的宝贵资料,对研究西汉的政治经济思想以及儒法斗争等有重要意义。

文繁则质衰,末盛则本亏。

【注释】《本议》。文:外表的装饰。质,实质,本质,内容等。

【解析】孔子曾经说过:"质胜文则野,文胜质则史,文质彬彬,然后君子。"要求达到内容与文饰的平衡。过分强调文饰与修辞,内容就会显得单薄,即形式重于内容,其实就是舍本逐末。六朝骈文重形式,注重骈偶,在内容上却单薄无力,所以其生命力并不长久。宫体诗,内容一味描写妇女的容止、服饰、体态等,极为无聊,用词华丽奢靡,这种文学作品并不受人欢迎。

古者尚力务本而种树繁,躬耕趣时而衣食足。虽累凶年而人不病也。故衣食者民之本,稼穑者民之务也。

【注释】《力耕》。累:忧患。凶:庄稼收成不好。病:担心。

【解析】古代中国一直提倡农业而反对工商业的发展,"重农抑商"的思想延续到后世。他们认为,天下之本是耕织,即男耕女织,这样衣食可足。衣食足则知荣辱,人民就会安居乐业。

圣贤治家非一宝,富国非一道。

【注释】《力耕》。宝:妙法。道:方法,途径。圣贤之人治家并非只有一种妙法,富国也并非只有一种途径。

【解析】兴家富国须用多种途径,意即多方面发展,不能靠单一产业。

耕不强者无以充虚,织不强者无以掩形。

【注释】《力耕》。虚:指饥饿。形:指形体。

【解析】农工商业应同时发展,齐头并进,但农业是立国之本,人民只有解决了衣食问题才会去考虑其他问题。食可满足人民饱足之欲,衣可满足人民温暖之欲。倘男不耕,女不织,衣食无着,人民就难以生存下去。

不违农时,谷不可胜食。蚕麻以时,布帛不可胜衣也。斧斤以时,材木不可胜用。田渔以时,鱼肉不可胜食。

【注释】《通有》。

【解析】此句本是孟子语,《盐铁论》以此为论据,表明儒家崇尚农业、以农为本的思想。在他们看来,只要不违农时,不占用纺蚕织布的时间,适时地砍伐树木,适时地打猎捕鱼,人民就可以吃饱穿暖,过上安定幸福的生活。

古者市朝而无刀币,各以其所有易其所无,抱布贸丝而已。后世即有龟贝金钱交施之也,币数变而民滋伪。

【注释】《错币》。

【解析】儒家认为,古时候市场上不用钱币,用自己所有的换取自己所无的,比如用布换丝,后来才有贝壳、铜钱等在市场上使用,钱的多次改变使人们越来越弄虚作假。他们把人们的虚伪奸诈归于钱币的屡次更换使用,这是不能接受新事物的愚妄之辞。钱币的使用促进交换的发展,从而也使商品经济得以发展,带来了人类的进步,使人类从此摆脱了以物易物的低层次交换水平。试想假如我们总是背着米去换油盐酱醋茶的话,生活将会是什么样子?

淑好之人,戚施之所妒也。贤知之士,阘茸之所恶也。

【注释】《非鞅》。淑:美好。戚施:相貌丑陋、驼背的人。阘茸(tà róng):本指小门、小草,这里指猥琐无能的人。

【解析】嫉贤妒能是人的一大罪恶。那些有才能、有德行的人往往被群小所妒,甚至被小人残害至死。上官大夫在楚顷襄王面前一再诋毁屈原,使屈原无由实现自己的抱负,空怀壮志,自投汨罗江而死。历史上这种小人残害忠良的事屡见不鲜,人类当以此来警醒自己。人当胸怀大志,以宽阔的胸怀体味人生,既能包容人的缺点,也能以赞赏的目光对待他人的优点,这样也许就不会愧对人生。

缟素不能自分于缁墨,圣贤不能自理于乱世。

【注释】《非鞅》。缟素:白色的丝绸。缁墨:黑色的染料。白色的丝绸不能在黑色的染料中保持自己的洁白,有德行、有才能的贤圣之人也不能在乱世中保持自己的安全。

【解析】环境改变人、塑造人。如果一个人身在污泥中而能做到出污泥不染,是不易的。同样,置身于乱世,即便是智者,也很难将自己的安身立命之事处理好。

臣罪莫重于弑君,子罪莫重于弑父。

【注释】《晁错》。弑(shì):臣杀君,子杀父母称弑。

【解析】"君君,臣臣,父父,子子"是儒家所推崇的伦理准则。在我国古代,臣下图谋反抗君主,儿子不听父母的话,甚至去杀父母是最大逆不道的。

治大者不可以烦,烦则乱;治小者不可以怠,怠则废。

【注释】《刺复》。

【解析】办理大事不可以繁杂,繁杂就会造成混乱;办理小事不可以懒惰,懒惰就会荒废。管理大的事业要提纲挈领,办每件小事则要勤谨。

无鞭策,虽造父不能调驷马;无势位,虽舜禹不能治万民。

【注释】《论儒》。鞭策:马鞭子。造父:传说是古代善于赶车的人。驷马:驾车的四匹马。

【解析】没有马鞭子,即便是最善于赶车的造父也不能使拉车的四匹马协调用力;没有权柄,即使舜禹也不能治理百姓,使天下归于安宁。

明者因时而变,知者随世而制。

【注释】《忧边》。

【解析】聪明的人随着时间、情况的变化而改变策略,有智慧的人按照当时的情况来制定策略。世界上万事万物都是在不停地变化着的,死守祖宗之法是不会成就事业的。

未有不能自足而能足人者也。未有不能自治而能治人者也。故善为人者能自为者也,善治人者能自治者也。

【注释】《贫富》。

【解析】自己还没有满足而去满足别人是不可能的,连自己都管理不好而能管理好别人也是不可能的。能帮助别人的人,一定首先能将自己的事情办好,善于管理别人的人也一定能严格要求自己。大凡做事,必由己而及人。

香饵非不美也,鱼龙闻而深藏,鸾凤见而高逝者,知其害身也。

【注释】《褒贤》。鸾(luán):传说中的鸟。

【解析】鱼龙、鸾凤代表品德高洁的贤圣之人。贤士通达明智,不盲目为了蝇头小利而使自己陷于困境,追名逐利之徒往往被眼前利益所诱惑而看不到得利之后的巨大隐患。

扁鹊不能治不受针药之疾,贤圣不能正不食谏诤之君。

【注释】《相刺》。食:不听取,不接受。谏诤(zhèng):直接指出别人的过错。

【解析】扁鹊医术高明,但不能医治不接受针灸治疗的病人;贤圣有治国才能,但在不听劝谏的国君那里他将手足无措。夏桀虽有关龙逢那样的贤才,依然身死国灭;商纣虽有微子、比干,商朝还是归于灭亡。所以,不怕没有由余、管仲的见解,就怕没有秦穆公、齐桓公那样的国君来听取和采纳。

触死亡以干主之过者,忠臣也;犯严颜以匡公卿之失者,直士也。

【注释】《相刺》。

【解析】冒着死亡的危险来劝谏君主的人是忠臣,触犯公卿尊严以纠正公卿错误的人是正直的人。回想一下,历史上有多少忠臣和正直之士犯颜以谏,然后身被刑戮,其高风亮节至今仍存留于人们的心中。

说西施之美无益于容,道尧、舜之德无益于治。

【注释】《遵道》。

【解析】只谈论西施的美貌无益于增益自己的漂亮;只谈论尧舜之德而无涉治国之策,无益于治国,这是没有用处的。确实,一些空谈仁义道德的儒家礼法之士,整天在称颂着尧舜之世的美好,却从来不关心现实的社会该怎样向好的方向发展,徒留夸夸其谈于人世,倒不如现实地思考一下当世的社会人生,为社会的真正出路贡献一份自己的智慧。

善养者不必刍豢也,善供服者不必锦绣也。以己之所有尽事其亲,孝之至也。

【注释】《孝养》。刍豢:指家畜。

【解析】子女只要倾其所有,以一颗真诚之心去对待父母就是至孝,尽管吃的不一定是美食,穿的不一定是锦绣。其实这也是父母所要求的。他们并不希望从孩子那里得到荣华富贵,只要子女有一颗孝心就足够了。

国有贤士而不用,非士之过,有国者之耻。

【注释】《国疾》。

【解析】治国必须用贤,这几乎是天下之共识。用贤能为佐则国治,国无贤才则必遭离乱。刘备三请诸葛亮,则三分天下有其一。所以,好的国君主动去求人才,有贤才而不能用是国与治国者的耻辱。

挠枉者以直,救文者以质。

【注释】《救匮》。枉:弯曲。

【解析】枉与直、文与质是相对立的两对范畴,纠正弯曲必施之以直,改变过分文饰必施之以内容的充实,然后才能达到平衡的状态。

恳言则辞浅而不入,深言则逆耳而失指。

【注释】《箴石》。指:旨。恳切的言辞说浅了,别人听不进去,说深了别人感到刺耳而失去原有的意图,最终达不到目的。

【解析】忠言逆耳,人们都知道忠言可以劝人向善,但却总不大愿意坐下来耐心地去倾听,因为这些话大多带有指责的意味,不大好听,所以在劝人时,当注意"度"的把握,浅则达不到目的,犹如蜻蜓点水,深则容易伤害别人的自尊。这就需要我们用各种方式方法,方式方法得当就会取得应有的效果。

驷马不驯,御者之过也;百姓不治,有司之罪也。

【注释】《疾贪》。有司:官吏。驾车的马不驯服,是赶车人的过错;百姓不听从管教,是官吏的罪过。

【解析】天下混乱,百姓不遵守社会秩序,这不是百姓不好,而是国家管理无方。正如人们所说的:没有不好的兵,只有不好的将军。

圣王以贤为宝,不以珠玉为宝。

【注释】《崇礼》。

【解析】贤圣的君王总是特别注重搜求人才,总把贤才招之于自己的麾下,为自己效力。所以,贤才与珠玉相较而言,他更看重贤才,不惜以重金去聘请贤才。而那些贪得无厌的昏君,不懂得这些,亲小人,远贤臣,不久身死国灭,为天下人耻笑。管仲离开鲁国到了齐国,随之齐国得霸而鲁国因之削弱。伍子胥人吴辅助阖闾,吴军破楚入郢。刘备正因为得到贤相诸葛亮,才在复杂的政治形势下得以建蜀。

山有虎豹,葵藿为之不采;国有贤士,边境为之不害也。

【注释】《崇礼》。原出自《春秋》,此为引文。

【解析】国家有能臣贤相,他国就不敢来侵犯。

能言而不能行者,国之宝也;能行而不能言者,国之用也。

【注释】《能言》。

【解析】不是每个人都能成为样样精通的通才,必是学有专长。有的人可能在理论上探讨较深,而有的人则勇于实践。鼓励能言者努力出谋划策,鼓励能行者勇于施行,二者紧密配合,必将有利于事业的发展。

余梁肉者难为言隐约,处佚乐者难为言勤苦。

【注释】《取下》。隐约:指饥渴。

【解析】酒足饭饱之人很难深刻了解饥渴之人的苦衷,奢靡享乐之人也很难明白勤恳耕耘的真谛。因而,养尊处优之人从来不会懂得什么叫作艰难困苦。记得曾有这样一个笑话,一个君王去考察民情,看到人民饥肠辘辘,便问人民为什么不吃饭,人民回答没有粮食谷物,于是君王反问,那你们为什么不吃鱼肉呢? 养在深宫之中、长在妇人之手的君王根本不会体会到人民的疾苦。倘若要真正懂得生活,须深刻体会生活中的苦痛。

偷安者后危,虑近者忧迩。

【注释】《结和》。迩:近。

【解析】苟且偷安,不思进取,必自取灭亡。南唐后主李煜凭借其地理优势和先祖励精图治所创立的基业,整天狎妓饮酒,吟诗作画,使"四十年来家国,三千里地山河"的丰饶之国很快走向灭亡,自己成为阶下囚,过着整日以泪洗面的生活,直至被药酒毒死。这也即先人所谓"人无远虑则必有近忧"的训诫。

地利不如人和,武力不如文德。

【注释】《险固》。

【解析】在儒家思想的影响之下,中华民族不崇尚武力,主张以礼服人、以德服人,然后民心安顺,便可在战争中取胜。孟子有言曰:"天时不如地利,地利不如人和。"民心向背是成功的主要因素。

顺风而呼者易为气,因时而行者易为力。

【注释】《论功》。顺风呼喊的人,声音容易传得远,顺应时代潮流并见机行事的人容易在事业上取得成功。

【解析】一个人的成功是诸多因素的合力促成的,但是顺应时代潮流,能够抓住时机行事则是成功所必不可少的条件。在中国历史上,每一个改朝换代的关键时刻到来时,那些识时务者往往成为英雄,被称为俊杰,成为引导时代潮流的中流砥柱。陈胜、吴广大泽乡揭竿而起的序幕能够拉开,他们能成为秦末农民起义的先行者,应当是善于把握时机的智者。明末,清军能够入关,人们把罪归之于吴三桂,实在是冤枉,真正的原因还是在于清军能够把握时机。

法能刑人而不能使人廉,能杀人而不能使人仁。

【注释】《申韩》。

【解析】儒家学派的贤良之士主张以仁治人,以仁治国,以上化下,则民之从君若草之随风。他们不赞同以法治国,认为法制是强制使人服从的,并不能使人真正从心底里去恶从善,即使杀头,也仍然是外部强制。他们认为,要想让官吏、百姓廉洁向善,还是要靠教化。

《新　序》

　　《新序》由西汉刘向编撰。刘向生于公元前77年,死于公元前6年,原名更生,字子政,江苏沛县人,是西汉著名的经学家、目录学家和文学家。他是汉朝宗室,楚元王刘交的四世孙,历汉宣帝、汉元帝、汉成帝三朝。刘向在20岁时,因通识文理被入选做官,献赋数篇之后,升为谏议大夫,后来由于献神仙方术之书,试验不灵,以欺君之罪被捕入狱,因他哥哥的援救,方才幸免于死,元帝时升为宗正。他直言敢谏,用阴阳灾异推论时政得失,屡次上书弹劾宦官专权误国,因而遭受迫害,免官家居多年。成帝时,他改名为向,任光禄大夫,后又任中垒校尉,后世因而也称其为"刘光禄""刘中垒"。成帝河平年间,他受诏领校中秘书,负责校勘整理皇家所藏先秦古籍及汉朝以来的图书。他编定篇目次第,并撰写"叙录",后又将所有"叙录"汇编成《别录》一书,是我国最早的一部目录学专著。他还有《说苑》《列女传》《五经通义》等著作流传至今。

　　《新序》是刘向领校中秘书时编撰的杂著。《新序》成书于阳朔四年,共三十篇,但今存此书有所散失,仅存十卷即十篇。

　　《新序》是一部供帝王阅览的政治历史故事方面的类书,从记载舜禹到秦汉史传的各种古籍中选择了可供参资的言论事迹,写成短文,编成故事。

　　《新序》的文献价值,主要在于史料的保存方面,提供了许多先秦古籍中的历史材料。最有文献价值的是,此书保存了若干佚失文献和先秦诸子佚说。由于刘向编撰此书的主要目的是劝谏帝王,因而特别注重思想内容,而不甚注重史实考核,时时有评论之语。不少篇章讲究谋篇修辞,采用寓言手法,有的略有魏晋小说的意味,因而具有一定的文学价值。

　　《新序》的编撰思想主要是儒家的政治思想和伦理道德观念,大致以儒家仁政为主,而杂以王霸大略。这与当时的社会政治背景有极大的关系。刘向身为汉室宗亲,深切关怀着汉王朝的命运,并对当时的社会矛盾有着清醒的认识。

　　《新序》的政治观点,首先是民本思想,其次是轻徭薄赋,第三是辨别贤佞忠奸,第四是尊贤礼士,第五是强调劝谏。其中保存了不少含有丰富政治经验和生活经验的典故和名言,至今仍有教益作用。

　　《新序》在艺术上有以下特点:采取生动有趣的寓言故事来阐发思想,多用贴切生动的比喻,注意通过对话和描写来塑造人物形象、刻画人物性格,简短而精彩的对话是表现人物性格的主要手法。

外举不避仇雠,内举不回亲戚,可谓至公矣。

【注释】《杂事》。推荐族外人,不回避仇人;推荐族里人,不回避自己的亲属,可称得上真正的公正。

【解析】这句讲的是祁奚举贤的故事。祁奚唯贤是举,只要有才能,不管是族外的仇人,还是族内自己的儿子,都加以举荐。一般人举荐人才,是不会举荐自己的仇人的,或者为了体现自己的大公无私,往往不轻易推举自己的儿子,怕引起别人的疑惑。其实这都有失偏颇,不算大公无私。

市之无虎明矣,三人言而成虎。

【注释】《杂事》。

【解析】集市上没有老虎是很明了的事情,然而三个人都说有虎,就变成真有老虎了。可见,谣言惑众的严重性。它可使是非颠倒、黑白错乱。作为君王,当注意并严厉杜绝谗臣的谣言与诽谤。春秋战国时的魏王由于听从谗言,终于再没有召见大夫庞恭;楚怀王听从郑袖等人的谗言而流放屈原。历史上这类教训简直数不胜数。我们当用自己的头脑去分析事物的真相,而不能被某些人的语言所蒙蔽,以至于不能明察秋毫。

狐假虎威。

【注释】《杂事》。

【解析】狐狸与老虎同行,兽见状都逃走,老虎以为百兽害怕狐狸,其实老虎不知百兽害怕的正是它自己。后世以狐假虎威来比喻依仗别人的势力来作威作福,即仗势欺人。刘向用这个寓言故事意在劝告君王应当时时对自己身边的人保持高度的警惕,小人乱臣一旦借助君王的权力,足可乱国。

路人反裘而负刍也,将爱其毛,不知其里尽,毛无所恃也。

【注释】《杂事》。反裘:毛从外,反穿皮袄。刍(chú):柴草。恃(shì):依靠、依赖。

【解析】路上有人反穿皮袄背负柴草,为了保护皮衣的毛,但他不知"皮之不存,毛将焉附"这个道理。刘向意在告诫君王"下不安者上不可居"的治国之道,君王必须爱护臣民才能拥有威信。若人民纷纷揭竿而起,反对君王,君王的统治将难以维持。

千金买骨。

【注释】《杂事》。

【解析】古之人君有以千金求千里马者,三年不得。侍臣对君王说,我愿意为王求之。三月以后,他购得了千里马的一堆白骨。君王大怒,侍臣解释说:"天下人如果知道君王这么看重千里马,不久将会有许多千里马不求而至。"果然,不久天下人纷纷带千里马来卖给国王。这个故事意在说明君王当不惜重金求取贤才,贤才至则国家治。战国时,燕昭王由于善于招引贤士,得到了邹衍、乐毅等名臣的辅佐,燕国不久殷实富强。

常思困隘之时,必不骄矣。

【注释】《杂事》。

【解析】经常想到穷困窘迫的时候,就一定不会骄纵了。齐桓公与管仲、鲍叔牙、甯戚一起饮酒,齐桓公脸上露出骄矜与得意之色,鲍叔牙举着酒杯说,愿我君不会忘记出奔莒国的事情。桓公此时恍然大悟,谦虚地接受了鲍叔牙的批评。谦虚使人进步,骄傲使人落后。当你躺在骄傲的摇篮里得意之时,也许身边早已伏下隐患。越王勾践"卧薪尝胆"就是为了不忘被侮辱的经历,以胆的苦味来警醒自己去争取胜利。

政之不平而吏苛,乃等于虎狼矣。

【注释】《杂事》。

【解析】"苛政猛于虎"是孔子对当时社会残酷吏制的概括。刘向用以劝诫君王,对人民减轻赋税,体恤民情,严惩酷吏。任何人的忍耐力都是有限度的,人民在被苛政压得喘不过气来的时候,也会奋起反抗。每一次改朝换代之际的农民大起义就是农民不堪重负而寻求出路的结果。中国的封建统治者对这一点深有体悟,所以王朝建立之初,在政策的实施上总是很宽缓,提倡与民休息,这是明智的举措。

尺有所短,寸有所长。

【注释】《杂事》。

【解析】此句阐释事物各有优势,人们当取其长处,舍其短处。正如骐骥骡骥是天下的骏马,但是让它们与狸狌一起在釜灶之间赛跑,它们的速度未必能超过狸狌;黄鹄白鹤,一飞千里,但是让它们与燕子、蝙蝠一起在堂屋走廊下比赛飞翔,它们的轻便未必能超过燕子、蝙蝠。辟闾、巨阙是天下锐利的宝剑,击石穿石而刃不断,但用它们来取出钻进眼中的灰沙,其便利未必能超过稻秆。

后生可畏,安知来者之不如今。

【注释】《杂事》。后生:后辈。

【解析】"后生可畏"昭示着人类的不断进步,赞叹新生的一代胜过长辈。

君子以其不受国为义,以其不杀为仁。

【注释】《节士》。

【解析】吴公子季札三次让国,最后隐居延陵。刘向用这个故事向君王阐释仁义之道。后一句是劝谏君王不要嗜好杀戮,当以仁德治天下。

辅君安国,非为身也;救急除害,非为名也;功成而受赏,是卖勇也。

【注释】《节士》。

【解析】不为己,不为名,功成不受赏,这是儒家宣扬的理想人格的最高境界。其实,这种思想表面听来高尚纯洁,若白璧无瑕,从骨子里透视,却既不现实又违反人性。付出之后就应有所回报,这样的人生才有真正的意义。因为人是现实中的人,谁也不可能拽着自己的头发离开地球,谁都是与人间烟火为伴的,倘人的一生总在付出而没有回报,衣衫褴褛、食不果腹,请问,这样的人还有没有继续付出的勇气和力量?所以,儒家的高洁并不是都值得赞美。

吾以嗜鱼,故不受鱼,受鱼失禄,无以食鱼;不受得禄,终身食鱼。

【注释】《节士》。

【解析】正因为喜欢吃鱼才不能接受馈赠的鱼。接受了馈赠的鱼,就要失去禄位,就不能再凭禄位吃鱼;而不接受馈赠的鱼,就能保持禄位而终生吃到鱼,这个有趣的说法对后世有重要的启迪意义。那些喜欢得到贿赂的人一定要认清"受鱼"与"得禄"的轻重优劣,不要见到一点儿蝇头小利便忘乎所以,其实这是很危险的。为了不使自己有被人推翻的理由,劝君廉洁自律。

养志者忘身,身且不爱,孰能累之?

【注释】《节士》。

【解析】儒家贤良正直之士注重内在的个人修养,这种修养称为养志。儒家推崇一箪食,一瓢饮,身在陋巷,不改其乐的安贫乐道思想,因而不像道家那样"贵生"和"爱身"。既然"身"已忘,还有什么物累呢?也正由于此,中国古代的文人视安贫守节为崇高的道德表现。

君子诎乎不知己,而信乎知己者。

【注释】《节士》。诎(qū):冤屈。

【解析】君子在不了解、不理解自己的人那里受些委屈是可以理解的,是没有什么了不起的,因为别人不了解你,但君子能在知己那里得到信任和理解。

察实者不留声,观行者不几辞。

【注释】《节士》。几:注意。辞:言辞。观察人的实际,不能停留在名声上;观察人的行为,不用注意他的言辞。

【解析】了解一个人最重要的是看他的所作所为,别人的吹嘘和自我的标榜都是不可靠的。日常生活中,在没有具体了解某一个人的所作所为之前,听从别人的评论和这个人自己的表白,就对他投以信任的人很多,结果受骗上当,痛心疾首,悔之已晚。

予唯不食嗟来之食,以至于此也。

【注释】《节士》。嗟:喊叫,呼喝。

【解析】"嗟来之食"已成为一个常用的典故,比喻侮辱性的施舍。有骨气的人宁可饿死,也不吃喊叫着施舍给自己的食物,正是应了"饿死是小,失节是大"的古语。

欲富者,务广其地;欲强者,务富其民;欲王者,务博其德。三资者备,而王随之矣。

【注释】《善谋》。

【解析】要想使国家富庶,必须扩大土地;要想使国家强大,就必须使百姓富足;要想建立王业,必须广施恩德。如具备这三个条件,王业也就随之建立起来。这对后世有一定的启示:只有努力发展经济,才能使国家长治久安。经济是基础,一个国家的发展首先是经济的发展,而要使经济发展就必须使百姓先富起来。要想做到这些,又需治国者有爱民之德。

《说　苑》

　　《说苑》的作者是西汉的刘向。关于刘向的生平事迹已在《新序》中作了介绍,此处不再赘述。

　　《说苑》是刘向辑录西汉皇室和民间藏书中的历史资料,加以选择、分类,整理而成。《说苑》共20卷,依次为《君道》《臣术》《建本》《立节》《贵德》《复恩》《政理》《尊贤》《正谏》《敬慎》《善说》《奉使》《权谋》《至公》《指武》《谈丛》《杂言》《辨物》《修文》《反质》。

　　刘向在《说苑》中集中纂辑了先秦至汉初的有关遗文轶事,杂引前人之言论,并用大量史实加以证明。这些事例一般都能在典籍中找到。《说苑》出语警策、说理透辟,是部既有可读性,又有思想性和史料价值的佳作。

百姓有罪,在予一人。

【注释】《君道》。原出自《尚书》。予:我。百姓如果有了错误,责任全在我一人。

【解析】为君之道,重在宽容地对人民施以仁政,若百姓在仁政之下依然犯罪,那么君主的政策定有瑕疵,应认真反省。禹出门看见一个罪犯,他下车问清所犯罪行之后便哭了起来,他认为尧舜时代的百姓都以尧舜的仁爱之心为心,如今在夏禹自己的时代,百姓却以各自的私心为心。他的痛心其实是对自己政策的痛心,并不是仅仅为了一个罪犯。君主的贤明正是从不断发现自己的错误并改正错误的行动中体现出来的。

国有三不祥,是不与焉。夫有贤而不知,一不祥;知而不用,二不祥;用而不任,三不祥也。

【注释】《君道》。

【解析】治理国家不是君王一个人的智力所能奏效的,需要各方面的力量团结起来,群策群力,方能使国家稳定、社会安康。这就存在一个选贤任能的问题。国有贤才而不知,知有贤才而不用,任用了却又不委以重任,都无益于国家的发展,因而是不祥的。刘备三顾茅庐的故事感动着一代又一代的中国人,其求贤若渴的心情和行为足以让后人引为楷模。

君好之,则臣服之;君嗜之,则臣食之。

【注释】《君道》。

【解析】凡是君主喜爱的衣服式样,大臣们就去穿;凡是君主喜爱吃的食物,大臣们也喜欢吃。这说明国家的邪正全在于君王的引导。上梁正,下梁亦正;上梁不正,下梁必歪。

舜之事父也,索而使之,未尝不在侧;求而杀之,未尝可得。小棰则待,大棰则走,以逃暴怒也。

【注释】《建本》。棰(chuí):木杖。

【解析】儒家学派在谈到孝道时,往往以舜作为榜样:守候于父母的身旁,当父母需要时可立刻到来;若父母轻打,则默默忍受,若重打有生命危险的话就应逃离。因为,父亲的儿子也是天子的臣民,如果被打死,则会陷父母于不义,使父母犯罪,自己也成为不孝子。

少而好学,如日出之阳;壮而好学,如日中之光;老而好学,如炳烛之明。

【注释】《建本》。

【解析】少年爱好学习,如同初升太阳的光辉;壮年爱好学习,如同中午太阳的光辉;老年爱好学习,如同点燃蜡烛的光辉。点燃蜡烛来照亮道路,总比摸黑走路要安全。可见,人当活到老,学到老,学无止境。

君子不可以不学。

【注释】《建本》。

【解析】人生有涯而知识无涯,如何以有涯随无涯,只有靠学习。孔子的时代,人们就懂得了学习的重要性,何况今之人呢?

君人者,以百姓为天。百姓与之则安,辅之则强;非之则危,背之则亡。

【注释】《建本》。

【解析】这是刘向民本思想的典型体现。他认为,统治人民的君主应把百姓当作天。如果百姓拥护他,统治就安定,辅佐他,国家就强大;如果百姓反对他,统治就危险,背弃他,国家就灭亡。这种认识是相当正确的,人民群众才是历史真正的创造者,谁拥有民心,谁就会拥有天下。

食其食者死其事,受其禄者毕其能。

【注释】《立节》。吃他的饭,就要为他的事去死;接受他的俸禄,就要为他使出全部的能力。

【解析】接受君王的俸禄就要为君王孝力,即使付出生命也在所不辞,这是古代忠君思想的重要体现。燕太子丹为刺秦王,派荆轲前往,皆白衣冠送之,而荆轲本人却心态坦然,神情自若,因为他认为这是为君尽忠效力的机会,即使死在秦廷上,对他来说也没有遗憾,他的自我价值已实现。

爱其人者,兼屋上之乌;憎其人者,恶其余胥。

【注释】《贵德》。余胥:篱笆。

【解析】喜爱一个人,同时会喜欢他屋上的乌鸦;憎恨一个人时,连他家的篱笆都觉得讨厌。这就是"爱屋及乌"成语的由来。正由于此种心理的存在,许多君王宠爱某个妃子的同时,也宠爱妃子的家人,造成外戚专权的黑暗局面。如唐玄宗李隆基宠爱杨贵妃,使奸臣杨国忠当道。

吾不能以春风风人,吾不能以夏雨雨人,吾穷必矣!

【注释】《贵德》。我不能像春风那样温暖人心,也不能像夏天的雨水那样滋润人的心田,所以我将来穷困是一定的呀!

【解析】人与人之间是需要爱与被爱的,若想得到爱,你就必须付出爱,像春风一样温暖人心,像夏雨一样滋润人心,然后你就会得到同等程度的爱的回报。在你陷入困境之后,有许多沐浴了你的爱之光辉的人会伸出援助之手,帮你摆脱困境。相反,那些自私的、不肯付出爱的人,他得到的爱也很少。世界上没有无缘无故的爱,当你用满腔热忱去爱某一个人时,对方会真诚地感谢你。

巧诈不如拙诚。

【注释】《贵德》。机巧诡诈不如笨拙诚实。

【解析】机巧诈伪之人善于察言观色,见风使舵,因而善于见机行事,很容易在事业上取得成功。但日久天长,他总将机巧显耀于人前,事事都要表现出他的能干与灵巧,且内心从没有过真诚,那么人们会越来越讨厌他的虚伪,因而也越来越没有人愿意接近他。相反,真诚的人,即使他在处理人际关系时稍嫌笨拙,但至诚的心会使人们原谅他的缺点,并接纳他的性格。总之,再巧妙的骗术也会被人识破,而诚实都能长久。

国君蔽士,无所取忠臣;大夫蔽游,无所取忠友。

【注释】《复恩》。国君无视士人就得不到忠臣,大夫无视出游交际就得不到忠实的朋友。

【解析】礼贤下士可得忠臣,友谊是靠多方交际建立的。平时多留心于人才,人才就会在君王身边会聚。一般人在交际中以诚信的原则重视友情,便会得到许多忠实的至交好友。

有阴德者,必有阳报也。

【注释】《复恩》。平时积德的人一定会得到报答。

【解析】暗暗对人施以仁德,那么终究会得到回报,这就是以春风风人,以夏雨雨人的结果。日常生活中,人与人之间是需要仁爱的,尽管当初施以仁德的这份爱是不经意的、是不求回报的,但不一定在什么时候,回报就会出现。我们虽然不能肯定"善有善报",但是我们坚信受人滴水之恩,当以涌泉报之是人类共同的良知。

利出者福反,怨往者祸来。

【注释】《复恩》。把好处给人,福气就会到来;把怨恨留给别人,祸患就会到来。

【解析】付出也是一种幸福,如果能给人带来幸福,付出本身就变得意义无穷。在某种程度上说来,付出比获得更令人愉快。由此,我们尽量要把好处带给他人,切忌将怨恨留给他人。结怨是处理人际关系时的一种极不明智的选择,因为人与人之间的心灵纽带是脆弱的,一旦破坏后很难修复,甚至永远也不会再修复,心灵的创伤在体验过之后,那种剧痛很难消除。道理很简单,你给别人好处,别人就会回报你;你和别人结怨,别人就会来害你。

耳闻之,不如目见之;目见之,不如足践之;足践之,不如手辨之。

【注释】《政理》。耳朵听到的,不如眼睛看到的;眼睛看到的,不如自己经历过的;经历过的,不如自己亲手做过的。

【解析】凡事亲身经历过、亲自尝试过才能知道究竟是怎么回事,体会才会深刻。

悬牛首于门而卖马肉也。

【注释】《政理》。

【解析】今人习语"挂羊头卖狗肉"是对"悬牛首于门而卖马肉"的改造,意思没有改变,意即明的一套,暗的一套,表面现象与实质内容不符合。善于搞权术的人往往以这种行为来达到自己的目的。

太山不辞壤石,江海不逆小流,所以成大也。

【注释】《尊贤》。太山:即泰山,一说指大山。

【解析】高山不抛弃尘壤石块,江河不拒绝细小流水,所以才使它们变得广大。刘向以此告诫君王当以小及大。这对我们今天依然有启迪意义。任何人都必须有做基础工作的勇气和心理准备,任何大事业都是建立在小事的基础上的。同时,人虚怀若谷,善于听取别人的意见,才能使自己变得更加智慧。

士不中而见,女无媒而嫁,君子不行也。

【注释】《尊贤》。士人不经过中间人介绍就相见,姑娘没有媒人介绍就出嫁,都是君子所不为的。

【解析】"父母之命,媒妁之言"是儒家学派给待嫁女子规定的行为规范,严格地禁止她们通过自由恋爱而争取婚姻自主。张生和崔莺莺的爱情故事为什么能够吸引林黛玉呢?大概林黛玉正处在爱而不得的尴尬境地,甚至连大胆表白爱的权利也没有,她想通过张崔二人的爱情经历来抚慰自己。在今天看来,读书人不能直接推销自己,女子不能自由恋爱,确是落后观念,是儒家思想中的糟粕。

园中有树,其上有蝉。蝉高居悲鸣饮露,不知螳螂在其后也;螳螂委身曲附欲取蝉而不知黄雀在其傍也;黄雀延颈欲啄螳螂而不知弹丸在其下也。此三者皆务欲得其前利,而不顾其后之有患也。

【注释】《正谏》。弹:弹弓。丸:弹子。

【解析】这就是有名的"螳螂捕蝉,黄雀在后"典故的由来,讽刺那些只见眼前之利而不顾后患的浅见之人,同时也显示出一个险恶的社会环境,后世往往用来形容宦海风波险恶,人人自危的苦况。

有生者不讳死,有国者不讳亡。讳死者不可以得生,讳亡者不可以得存。

【注释】《正谏》。讳:忌讳,避讳。

【解析】生死存亡是人生和社会的普遍规律。即使忌讳亡国,该亡时也会亡;即使忌讳死,该死时也会死。应当现实而客观地对待生死存亡,尽自己最大的努力使生得以更长地延续,使国可以更久地繁荣。"尽人事,听天命"的心态恐怕不失为一种健康的心态,任何对死亡的逃避都是愚者和弱者的表现。

圣贤之君皆有益友,无偷乐之臣。

【注释】《正谏》。

【解析】圣贤的君王把自己的臣子当作益友,所以远离苟且贪乐的臣子。齐景公夜间饮酒高兴,想和大臣共享欢乐,转了三家,受到不同的接待。诚心治国的文臣武将晏婴和司马穰苴严词拒绝,幸臣梁丘据欣然迎合,但齐景公治国靠忠臣,享乐找幸臣,被认为不是圣贤之君。

一沐而三握发,一食而三吐哺。

【注释】《敬慎》。洗一次头就多次地握着散开的头发去见客,吃一次饭就多次吐掉嘴里的食物去接待客人。

【解析】这句话是用来形容周公接待来访士人很多,连安安闲闲吃顿饭的时间都没有,表明他礼贤下士,对来访者很敬重。曹操《短歌行》曰:"周公吐哺,天下归心。"周公这样日理万机地处理着国家大事,使天下民心归附,这对历代为政者都是有益的启迪。

身已贵而骄人者,民去之;位已高而擅权者,君恶之;禄已厚而不知足者,患处之。

【注释】《敬慎》。

【解析】身份显贵以后骄傲地对待他人,老百姓就会疏远他;地位升高以后独揽大权的人,国君就会厌恶他;俸禄优厚以后不知满足的人,祸患就会落在他的头上。所以,儒家讲求地位越高越要谦卑,官职越大越要谨小慎微,俸禄越优厚越要慎重,不贪婪索取,甚至主张"功成身退",因为权高震主不是一件好事,它会引起君王的疑虑。宋太祖"杯酒释兵权"不就是为了削弱功臣之权吗?

酒入舌出,舌出者言失,言失者身弃。

【注释】《敬慎》。

【解析】酒自古以来受到人们的青睐,因而在中国形成了独特的酒文化,但酒除了助兴与娱乐以外,酒后失言,失言而惹祸却是其弊端。不独古人如此,今人亦如此,明智之人当小心从事。

上士可以托邑,中士可以托辞,下士可以托财。

【注释】《善说》。

【解析】上士、中士、下士是儒家学派给士人所分的等级。可以将整个国家托付给他而没有篡权的危险,且能尽忠竭力报效君王,是上士,诸葛亮当之无愧;可以将语言托付给他却丝毫没有泄露,是中士;可以将钱财托付给他而分文不少,是下士。中士和下士在历史上是很多的,不胜枚举,但忠信之上士都是难得的君子。

焚林而田,得兽虽多,而明年无复也;干泽而鱼,得鱼虽多,而明年无复也。

【注释】《权谋》。

【解析】"涸泽而渔""焚林而猎"是两种极为愚蠢的捕鱼打猎方式,使可再生的资源变为不可再生资源,犹如"杀鸡取卵"。刘向用此寓言重在说明做任何事情都要留有余地,不能把事做绝。这给我们后人以深刻的启迪:吃不吃留肚的,走不走留路的。因为,山不转水转,说不定哪天你又走到了老地方。

《诗》《书》之不习,礼乐之不修,是丘之过也。若似阳虎,则非丘之罪也,命也夫!

【注释】《杂言》。

【解析】这是孔子所说的一段话。由于外貌相似,孔子被认作阳虎而受到包围。孔子的学生子路气得要动武,孔子让子路一起随他唱歌,并指出长得与阳虎相似,那是人力不可控制的命运所致,既然在命运面前无能为力还不如坦然面对。这也是孔子给后人的启示:有些事情通过努力可以争取到,有些事情即使你用尽心思也不可能成功。此时,大可不必懊恼忧伤,"尽人事,听天命",只要自己努力了就不后悔,至于成功还是失败,没有必要太过执着。

以管窥天,以锥刺地;所窥者甚大,所见者甚小。

【注释】《辨物》。用竹管窥天,以锥子刺地,所要窥视的物体是那样大,而所见到的物体又是那样小。

【解析】"以管窥天,以锥刺地"被后世沿用,比喻目光短浅,只懂一些雕虫小技,只明白一些小的道理,真正的大道却蔽于见识之短浅而不能明白。

法家类

九合诸侯
一匡天下
王霸之学
治国之法

《韩 非 子》

韩非(约公元前280—前233年),战国末期韩国的贵族,是先秦法家最重要的代表人物,也是法家思想的集大成者。他的生平事迹主要见于《史记·老子韩非列传》,而《史记》中《秦始皇本纪》《韩世家》以及《战国策·秦策》、《论衡》对韩非也有所记载。根据史料及后代学者的考证,我们对韩非可大致作以下描述:韩非早年即喜爱刑名法术之学,曾与李斯一道受业于荀子。在动荡不安的战国时代,他渴望韩国能国富兵强,多次上书建议韩王进行政治改革,但一直不被采纳。于是,他发奋著书,作《孤愤》《五蠹》《说林》《说难》等十余万言。秦王嬴政读了他所著《孤愤》《五蠹》等篇后,对他极为叹赏,说:"嗟呼!寡人得见此人与之游,死不恨矣!"此后,秦王出兵伐韩。韩王被迫让韩非出使秦国。韩非到秦后,劝说秦王存韩伐赵,秦王没有听从他的劝说,也没有重用韩非。李斯虽曾与韩非同学,但却嫉恨韩非才能在己之上,与姚贾联手谗害韩非,秦王轻信谗言将韩非下狱。韩非入秦次年被迫服毒自尽,死时年仅四十余岁。

韩非的思想体现在《韩非子》一书中。《韩非子》旧称《韩子》,宋以后,学者尊称唐代大文学家韩愈为韩子,为避免混淆,遂改为《韩非子》。《韩非子》共计55篇,从内容上看,并非出自韩非一人之手,有韩非后学所作,也有纵横家的游说词混入其中,但大部分为韩非本人所作,是毋庸置疑的。

以法治国是韩非思想学说的核心。他对于法的论述大体上用的是商鞅的观点,就是明法令,设刑赏以奖励耕战,奖励耕战以富国强兵。韩非认为,重农则能转贫为富,重战则能转弱为强,因此他主张重农尚武,认为这才是富国强兵的根本。在《五蠹》中,他抨击了当时社会"无耕之劳而有富之实,无战之危而有贵之尊"的恶劣风气,告诫君主不要"忘兵弱地荒之祸"。他主张"以力得富,以事致贵"(《六反》),让百姓积极发展生产,努力建立战功,保障国家的财源与兵源,以形成"无事则国富,有事则兵强"的局面,为实现"超五帝、侔三王"(《五蠹》)的帝王大业奠定基础,同时为巩固新兴的封建制和完成统一大业服务。韩非在积极鼓励耕战的同时,坚决主张排斥和打击商工之民。他把商工之民视为蛀蚀国家的蠹虫,认为商工之民所从事的活动是农业生产的"末作",主张"困末作而利本事"(《奸劫弑臣》)。这一强本抑末的政策,在当时确曾起过保护和发展小农经济的作用,但它也严重阻碍了各地区物产的交流和商品经济的发展。

韩非一方面鼓励耕战,另一方面又要求大力加强思想文化专制统治。他主张,用"法"去统一人们的思想和言行,提出"一民之轨,莫如法"(《有度》),"言行不轨于法令者必禁"(《问辩》)。他特别把斗争的锋芒指向了儒家,认为儒家通过"私学""诵先王之书",评论和反对政府的法令,其目的就是"以疑当世之法,而贰人主之心"(《五蠹》)。所以,他坚决主张铲除儒家。为了确立"法治"和法家的权威,他进一步提出"明主之国,无书简之文,以法为教;无先王之语,以吏为师"(《五蠹》)。韩非的这一主张为后来秦始皇焚书坑儒提供了理论基础。

建立一个统一的君主集权的封建国家是韩非的政治理想。在《扬权》篇中,他指出,统一的君主集权要做到"事在四方,要在中央;圣人执要,四方来效"。可以看出,韩非所主张的这种君主集权,是把一切权力集中于君主一人,君主对臣民有生杀予夺的权力,他可以制定法令,甚至以言代法,君主的权力是神圣不可侵犯的。韩非主张确立君尊臣卑的严格的等级制度,认为"君臣之利异","故臣利立而主利灭"(《内储说》),所以他主张必须打击和限制权臣势力。他的这种主张对于维护国家统一、加强中央集权是有好处的,但也会使统治阶级内部矛盾激化,引起争权夺利的斗争。

韩非认为,赏罚分明是国富兵强的有力措施。君主要做到有功必赏,有罪必罚,颁布明确的赏罚法令。君主要把赏罚大权牢牢地控制在自己手里,绝不可为臣下所篡夺。韩非继承了荀子"性恶论"的思想,并将其发挥扩大,以此作为君主施行赏罚的思想根据。韩非深刻地认识到人与人之间以势力相交,互相利用的关系,说:"彼民之所以为我用者,非以吾爱之为我用者也,以吾势之为我用者也。"(《外储说右下》)。韩非认为,让天下臣子百姓都能畏刑贪赏,才能使之竭尽全力为君效命,这样有利于加强中央集权的封建专制统治。韩非这种有功必赏、有罪必罚的观点对当时社会改革是有积极作用的。

非其士民不能死也，上不能故也。言赏则不与，言罚则不行，赏罚不信，故士民不死也。

【注释】《初见秦》。死：指为君主而死。故：原因。信：讲信用。有功必赏，有过必罚，才能取得士民信任，才能让士民为君主效死。

【解析】赏罚分明是法家思想的一个重要方面。在社会动荡、战乱频仍的战国时代，一些具有实力的诸侯国逐渐崛起，不断发动战争，攻城略地，甚至吞并弱小国家。要想在诸侯纷争中立于不败之地，只有实行富国强兵的政策。法家适应这一时代要求，要求君主必须做到有功必赏、有罪必罚。他们利用人们趋利避害、求赏远罚的心理，认为只有建立明确的赏罚制度，才能充分调动士民为君主效死的积极性，才能战无不胜、攻无不克，使国家在战争中取得主动地位。

君子难言也。且至言忤于耳而倒于心，非贤圣莫能听，愿大王熟察之也。

【注释】《难言》。忤：逆。君子难于向君主说话，至理之言不顺于耳，听了心里也不舒服，不是圣贤是不会听取的。

【解析】韩非对臣子向君主说话之难深有感触。俗语说："伴君如伴虎。"可见，臣子侍奉君主实非易事，同君主说话更要处处小心，稍有不慎也许就要招致杀身之祸。韩非在《难言》里列举了种种"难言"之处：言辞华丽不行，老实坦诚不行，谈吐恢宏不行，言语寡少不行，说得有文采不行，说得质朴也不行。真是让人左右为难，不知如何开口是好。历史上更有许多暴君，对忠言直谏的人大开杀戒。忠言逆耳，所以高高在上的君主很少能有听从谏言的。韩非此言，就是希望君主对臣下的言辞能细察详审，择善而从。

爱臣太亲，必危其身；人臣太贵，必易主位。

【注释】《爱臣》。易：变换。人主过于亲近臣下，就会危及自身；臣下过于显贵，就会篡夺君主的地位。

【解析】韩非继承了荀子"性恶论"思想，认为人都是自私自利的，人与人之间永远存在利益冲突。君主和臣下的关系也是如此。所谓"臣尽死力以与君市，君垂爵禄以与臣市"，在他看来，君和臣就是互相利用的关系。君主宠爱臣子不可太过，否则会使臣子的地位过于尊贵，会危害到君主地位的稳固。在战国时代，臣弑君的现象屡见不鲜，还有许多权臣把持国家政权，使君主处于名存实亡的境地。韩非观察到这些现象，建议君主应该限制臣子的权力，把权力集中于君主一身，这与法家集权的思想是一致的。

臣不赦死，不宥刑。赦死宥刑，是谓威淫，社稷将危，国家偏威。

【注释】《爱臣》。宥：宽容，饶恕。淫：消散。偏威：君威消散，臣威增强，所以说是偏威。君主不赦免死罪，不放宽刑罚，否则就会减少君主的威势。这样国家就会有危险，造成偏威的情况。

【解析】法家的一个重要主张就是严刑峻法。他们要求君主制定严格的法律，有罪必罚，绝不可赦免死罪，也不能宽缓刑罚。他们的目的就是要百姓畏惧严刑酷法，从而能更好地听命于君主。如果君主不严刑峻法，那么就体现不出君主的威势。法家极其重视君主的威严，认为如果君主造不成威势，不但不会让百姓俯首帖耳，还会使臣下权力膨胀，造成国家权力集中于权臣的"偏威"情况。这将严重威胁君位的巩固。所以，韩非主张严刑峻法，认为这样才是为治之道。

明君之道，使智者尽其虑，而君因以断事，故君不穷于智；贤者敕其材，君因而任之，故君不穷于能；有功则君有其贤，有过则臣任其罪，故君不穷于名。

【注释】《主道》。敕：整顿、整治。使智者全部献出他们的思虑，君主按照他们的思虑来决定事情，君主在智虑上就无穷无尽。让贤者表现出他们的才能，君主按才能任用他们，君主在才能上就无穷无尽。

【解析】这是韩非提出的明主御臣的道术，就是要充分利用贤者和智者的才能和智慧，并且要把功劳据为己有，把过错推诿于人。君主并不一定具备特殊才能，重要的是要善于用人。法家重视"权术"的利用，君主要充分利用权谋才能驾驭臣民，让臣下贡献出他们的聪明才智。君主要做的是利用臣下的智慧才能，斟酌利弊、权衡得失，综合臣下的谏议，然后做出自己的决断。事情成功君主显名，不成功则归罪于臣下。受益的永远都是君主。韩非认为，只有这样，才是明君之道。

群臣陈其言，君以其言授其事，事以责其功。功当其事，事当其言则赏；功不当其事，事不当其言则诛。明君之道，臣不得陈言而不当。

【注释】《主道》。诛：惩罚。群臣各自陈说自己的言论，君主按他们的言论委派他们事情。这些事情都要求成功。事情做成功了，就奖励；不成功，就惩罚。臣下不得说话不当，这是明主治国之道。

【解析】赏罚分明是法家思想的一个重要内容。严明赏罚是君主驾驭臣民的一个重要措施。法家主张君主要按照臣下的言论来授予其职事，君主鼓励臣下发表意见和看法，议论得当则能得到君主的任用。臣下为君主做事必须兢兢业业、竭尽全力，如果事情失败，就会受到严厉的惩罚。法家要求人充分展示自己的才能以求任用。君主利用臣下的才智，有功必赏，激励臣下展示自己的才华,为国效力。同时,君主对失职的臣下要严厉惩罚。这种赏罚制度的运用就是要臣民尽忠于主上,也是法家的一种治国策略。

赏偷则功臣堕其业,赦罚则奸臣易为非。是故诚有功则虽疏贱必赏,诚有过则虽近爱必诛。疏贱必赏,近爱必诛,则疏贱者不怠,而近爱者不骄也。

【注释】《主道》。偷:苟且、忽视。君主忽视奖赏,则功臣会玩忽职守,赦免惩罚则奸臣会为非作歹。因此,确实立下功劳,则疏贱的人也一定要奖赏;确实犯下过错,则亲近的人也一定要惩罚。

【解析】此句还是说君主必须做到赏罚分明。有功必赏、有过必罚,才能使功臣更加克尽职责,使奸臣害怕刑罚而不敢为恶。韩非还特别强调,要做到赏罚分明,就必须无论亲疏贵贱一视同仁。疏贱者有功必赏,近亲者有过必罚,这样才能使所有臣民竭尽全力尽忠于主上。战国时期,奴隶制度日趋崩溃,新兴的地主阶级登上历史舞台,韩非赏罚严明的措施,能使下层人民获得跻身上层社会的机会,同时可以有效打击世袭爵位的贵族,对发展封建经济是有积极意义的。这种赏罚严明所体现出的平等思想也有一定的进步意义。

国无常强,无常弱。奉法者强则国强,奉法者弱则国弱。

【注释】《有度》。国家的强弱不是一成不变的,关键是看执法者在执法时是刚强还是软弱。

【解析】韩非特别强调"法"对于国富兵强的重要作用。在他那个时代,法律并不像今天由国家的立法机关制定,反映人民群众的愿望和要求,那时的法律由君主等少数统治者制定,完全是用来镇压人民、维护君主统治的工具。执法者当然也就是少数的统治者。他们的话具有和法律一样的效力,法律不过是他们手中的工具。所以,韩非强调执法者必须铁面无私,坚决执法,毫不留情,加强以法治国的力度,国家才能常强不弱。

当今之时,能去私曲、就公法者,则民安而国治;能去私行、行公法者,则兵强而敌弱。

【注释】《有度》。私曲:自私而枉法。在现在这个社会,能去除自私枉法行为的人,能使百姓安居而国家太平;能够去除自私的行为而按照公法办事的人,就会使国家军队强大而削弱敌人的力量。

【解析】战国时代崇尚武力征伐,尤其在韩非所处的战国末年,秦国势力强大,大有吞并六国的趋势。韩非指出,要想国富兵强,执法者就必须去除个人私欲,秉公执法。因为在韩非看来,国家能否强大,关键是实不实行法治。他力主以严刑峻法治国,而法治是否严明取决于上层执法者是否能去除私心,以刚正不阿的态度来执法。在韩非的时代,往往是权大于法,执法者必须严格按公法行事,才能体现出法治的作用,实现国富兵强的目的。

若以誉进能,则臣离上而下比周;若以党举官,则民务交而不求用于法。

【注释】《有度》。比周:结私党。君主不能凭夸誉之词而选择贤才,也不能提拔有党派关系的官吏,否则就会造成不良后果。

【解析】选择官吏是至关重要的事情,君主在这方面必须谨慎从事,不能因为别人对他有夸誉之词就重用他,那样臣子们就会疏远君主而结私党,以便通过权臣的推荐而获得高官;也不能因为私交而提拔官吏,那样就会使百姓都务求结交权贵,而不是谋求通过正当的合法途径而获得任用。如何用人是统治者必须面临的问题,用人得当,就会国富兵强;用人不当,就会国破家亡。韩非指出的两点,切中时弊,君主应该避免这样的做法。

法不阿贵,绳不挠曲。法之所加,智者弗能辞,勇者弗敢争。

【注释】《有度》。阿:曲从。法律不会因为权贵而有所改变,就如同拉直的绳子没有弯曲,不论智者还是勇者,触犯法律都会受到制裁。

【解析】这句话道出了法治的一个重要原则,就是法律面前人人平等。由此,我们对产生于两千年前的法家思想不能不表示叹服。韩非所处的战国末年时期,奴隶制刚刚崩溃,封建制得到确立,封建地主阶级掌握政权,他们是政治上的统治者,也是特权阶层。儒家讲“刑不上大夫”,在社会上还有“千金之子,不死于市”的说法,可是韩非却以他特有的魄力,提出法律必须公正严明,王子犯法与民同罪,这在当时是难能可贵的,也可看出韩非主张推行法治要坚决和彻底。

天有大命,人有大命。

【注释】《扬权》。命:道理,规律。这句是说自然界有大道理,人类社会中也有大道理,即规律。

【解析】探讨天人规律是先秦诸子的一个共同课题。法家是一种治世学说,但他们也对天人关系有自己的看法。天行有常,这一点早已为我们的先民所认识。在法家看来,与天体运行有自己的规律一样,人类社会也有自身规律。先秦诸子在社会发生巨大变革的时代纷纷提出自己的学说,力求按照自己的观点来改造社会,以韩非为代表的法家提倡法治,认为这样才能适应社会发展规律,实现国富兵强,以使国家长治久安。

事在四方,要在中央;圣人执要,四方来效。

【注释】《扬权》。四方:指臣民。中央:指君主。圣人:指君主。要:指君权。效:效力。这句是说要加强中央集权,把权力集中于君主,以统治百姓。

【解析】这是韩非对中央集权的君主专制国家理论的阐述,主旨就是要把国家权力集中于君主一身,让四方臣民都为君主效劳。这一理论是法家思想的精髓。秦始皇统一中国后,在政治体制上采用的就是韩非这种中央集权制。秦以后的中国封建王朝全都是建立在这种体制之上的,历代对中央集权都有进一步的发展,到明清时期,中央集权的君主专制制度得到空前发展,直到1911年,孙中山领导的辛亥革命才推翻了这种统治中国达两千余年的中央集权的封建专制制度。

以赏者赏,以刑者刑,因其所为,各以自成。善恶必及,孰敢不信。

【注释】《扬权》。该赏的就赏,该罚的就罚,一切赏罚都依照着群臣的行为而定,是各人自己造成的后果。既然善必有善报,恶必有恶报,那么谁敢不诚实呢?

【解析】这句话还是讲要赏罚分明。统治者以法治国,一切按照法律条文办事,臣民的行为必须纳入法制轨道。善行得到奖赏,恶行得到惩罚,不同的行为会产生不同的后果。这就促使臣民必须对自己的行为负责,时刻想到自己的行为可能带来的后果,这样就能使臣民就赏远罚。以法治国能使臣民诚实不欺,有利于国家的安定团结。

行小忠则大忠之贼也,顾小利则大利之残也。

【注释】《十过》。贼:害。残:坏。小忠有害于大忠,小利有害于大利。

【解析】为人君者最忌讳以小恩小惠来笼络臣民。《论语》说:"见小利则大事不成。"君主治国应该以法为纲,对臣民有功必赏、有过必罚,把臣民的行为纳入严格的奖惩制度之中,以使臣民奋勇争先,立功受赏。如果人主只用小恩小惠来笼络人,看重眼前小利,就会给臣民造成投机取巧的机会,务求小恩小惠,而缺乏为国立功的决心。这样是不利于国家发展的。

大臣执柄独断,而上弗知收,是人主不明也。

【注释】《孤愤》。国家权力落入大臣手中,是君主丧国之兆。

【解析】韩非最重视的就是君主集权。他在文章中反复陈说君主专权的重要性。这一点也是韩非通过对当时社会的观察,通过对历史经验的总结而得出的结论。春秋战国时期,众多的国家都是因为大臣专权而使君主失去君位或是导致国家的灭亡。三家分晋,就是晋国三位大夫专权,最后分晋而建立了韩、魏、赵三个国家。鲁国国君软弱,政权也长期控制在季孙、叔孙、孟孙三家手中,造成国势衰落。韩非深知大臣专权造成的危害,因此力劝君主限制大臣权力,而集权力于君主一人。

与死人同病者,不可生也;与亡国同事者,不可存也。

【注释】《孤愤》。此句用比喻的方式说明实行与已亡之国同样的政策,那么国家迟早会灭亡。

【解析】在韩非的文章里,我们可以看出他最善于总结历史经验,最善于进行深入细致的观察和分析。一个国家的灭亡,必然有它内在的原因。身为人君应该从他国的灭亡中总结经验教训。汉朝建立后,统治者吸取秦亡的教训,减轻赋税,让人民休养生息,在几十年内就实现了国富兵强。韩非也告诫统治者要从他国灭亡中吸取教训,切不可走亡国之路。

万乘之患,大臣太重;千乘之患,左右太信;此人主之所公患也。

【注释】《孤愤》。为人君者不可让大臣权势过重,也不可过于轻信左右。

【解析】韩非指出,为人君者所犯的通病就是过于宠信大臣,致使大臣权柄过重,臣强则君弱,大臣把持重权,对君主地位的巩固是十分不利的。韩非在文章中反复指出这一点,要求君主削夺臣下的权力,把权力集中于君主一人。君和臣的关系,在韩非看来,不能过于信任和亲密。韩非所建立的法家学说,就是告诉君主如何驾驭臣民,对亲近大臣,君主更要运用权术机谋加以严格控制,才能保证君主统治地位的稳固,使国家长治久安。

凡说之难:在知所说之心,可以吾说当之。

【注释】《说难》。所说:指被说者。当:迎合。游说的困难,在于说者知道君主的心理,拿君主爱听的话来迎合他。

【解析】一个成功的游说者首先必须是一个了解他人心理的人。战国是游说之士异常活跃的时代,他们以言辞游说君主,分析形势,阐说利害,出谋划策,以求被君主任用。苏秦就是一个成功的游说之士。他最初游说秦王,虽然说了一套长篇大论,但并没有抓住秦王心理,结果不被任用,后又游说赵王,抓住赵王抗秦保国的心理,提出"合纵"策略,被赵王采纳,促成了山东六国联合抗秦局面的形成,他也因而得到重用。游说者必须抓住君主心理,迎合君主喜好,才能游说成功。

事以密成,语以泄败。

【注释】《说难》。事情因为机密而成功,因为语言泄露而失败。

【解析】在战国时期复杂的政治形势下,生存斗争极为激烈,社会上充满了权谋机诈,人与人也是钩心斗角。在这样残酷的斗争环境下,要想做成大事就必须谨慎而周密,有许多大事都败在说话不慎上。俗话说"说者无心,听者有意","祸从口出"。说话不慎而泄露机密,不但大事办不成,往往还会祸及自身。所以,韩非告诫人们,要想办成大事,就必须高度警惕,而且要严防因为语言不当而泄密。

凡说之务,在知饰所说之所矜而灭其所耻。

【注释】《说难》。游说者最需要的事,在于如何粉饰被说者所自豪的心理,而消灭他所羞耻的心理。

【解析】游说也是门艺术,除了雄辩的口才之外,还要讲究方式和技巧,最基本的一点就是要投君主之所好。人在一定程度上都有虚荣心,一国之主具有无上的权威,他更喜欢别人的赞誉之辞。游说者应该抓住君主的心理,多说一些令他感到自豪的事情。这样,君主在心理上就会对游说者产生好感,为接受游说者的观点和策略奠定了基础。游说者在此基础上发挥雄辩的特长,就有希望实现游说目的。对于君主视为耻辱的事情,游说者必须避免触及,这是游说者所必须注意的。

龙之为虫也,柔可狎而骑也。然其喉下有逆鳞径尺,若人有婴之者,则必杀人。人主亦有逆鳞,说者能无婴人主之逆鳞,则几矣。

【注释】《说难》。狎:亲近。婴:触。这是一个著名的比喻。韩非用不可触龙之逆鳞来比喻说明游说者必须察明人主的爱憎。否则,一旦触怒人主,便可招致杀身之祸。

【解析】在君主专制的社会里,君主具有生杀予夺的大权。游说君主如同走钢丝一样,是一件十分危险的事情。游说者事先要对当时的政治形势、君主的喜恶爱憎进行深入的研究和分析。他的游说之辞不但要有理有据,切中要害,以滔滔不绝的辩词打动君主,更要注意避免触及人主所厌恨的事情,不要揭他的伤疤,那样会伤害他的尊严、有损他的威严,如同触动龙的逆鳞一样,引起君主的憎恶,就会危及游说者自身的安全。

主用术,则大臣不得擅断,近习不敢卖重;官行法,则浮萌趋于耕农,而游士危于战阵。

【注释】《和氏》。近习:君主身边的大臣。卖重:指君主身边的人贪图私利,泄露君主的秘密。浮萌:游民。此句是说用法治国才能让臣民务于实事。

【解析】统治者必须用法治国。大臣专权独断对君主危害最大,历史上许多国家被专权的大臣窃取了政权,所以君主必须用法术来制止这种情况的出现。君主实行法治,不徇私情,公正严明,那么他身边的人也不敢凭借君威而作威作福。法家提倡农耕,农民专心从事耕作,依法有赏。战士行军打仗,立下军功,依法也有赏。这样就能使臣民的行为合乎法度,既发展了经济,又提高了战斗力,国家就会强大起来。

国有擅主之臣,则群下不得尽其智力以陈其忠,百官之吏不得奉法以致其功矣。

【注释】《奸劫弑臣》。擅主:把君主的权力集中在自己手里。大臣专权,就会使臣民偏离正轨,用其他的手段求仕求功。

【解析】君主必须把权力牢牢掌握在自己手中,如果大臣握有重权,那么百官就会趋炎附势,贿赂权臣以求任用,而不把心思用在为君主尽忠,通过正当途径立功受赏上面。君主被权臣蒙蔽,正常的仕进之路被堵塞,臣民就会争相讨好于权臣。忠信不得任用,立功也不得任用,所以只好依附于权贵之门,以求升官受赏。这样,权臣的势力就会越来越大,他们营私舞弊、贪赃枉法,在社会上会造成不良的风气。这样下去,君主的统治又怎么会巩固呢?所以,韩非反复强调削除擅权之臣,才能使君主地位更加巩固。

圣人者,审于是非之实,察于治乱之情也。

【注释】《奸劫弑臣》。圣人:指君主。审:明察。英明的君主,对于是非治乱的实际情况应该明察详审。

【解析】人主对于如何治国必须心中有数,他必须清楚孰是孰非,必须知道国家治乱的根本原因。君主由于自身的特殊地位,容易被蒙蔽欺骗。臣下为了自身利益,只报喜不报忧,专拣君主爱听的说,君主居深宫之内,缺乏调查研究,听信臣下的虚妄之词,很容易不辨是非、混淆黑白。历史上昏庸无能的君主往往如此,而明君则会审察是非之实,分析研究国家治乱的原因,保持清醒头脑,以求治理好国家。这样的君主称得上是圣明之君。

严刑重罚者,民之所恶也,而国之所以治也;哀怜百姓,轻刑罚者,民之所喜,而国之所以危也。

【注释】《奸劫弑臣》。本句阐明严刑重罚是治国之道。

【解析】严刑重罚的思想基础是荀子主张的"性恶论",认为人性本来就是邪恶的,人都是自私而贪鄙的,所以法家提出要用严刑重罚来规范百姓的行为。严刑重罚虽然被百姓所厌恶,但它却能有效地维持社会秩序,百姓会因为惧怕刑罚而不敢作奸犯科。这与儒家提倡的以"仁义"为治的思想正好相反。孔孟都认为人性本善,只要人们都按照仁义行事,社会就会变成太平盛世。而法家更注重实际,商鞅、吴起等人的变法,确实使秦楚等国家凭借"法治"而强大起来。

善为主者,明赏设利以劝之,使民以功赏而不以仁义赐;严刑重罚以禁之,使民以罪诛而不以爱惠免。

【注释】《奸劫弑臣》。严明赏罚才是为人君之道。

【解析】要想成为一个好君主,就必须制定严明的法律制度。论功行赏,就能调动臣民建功立业的积极性;严刑重罚,就能使臣民减少作奸犯科的行为。在法家看来,人与人之间总要发生利害冲突,君主与臣民由于利益上的完全对立更是一种水火不相容的冲突关系。君主要用奖赏来劝民立功,为自己服务,又要用严刑重罚来制止臣民的犯罪行为。以法治国,才能使百姓积极立功而远离罪罚。

木之折也必通蠹,墙之坏也必通隙。然木虽蠹,无疾风不折;墙虽隙,无大雨不坏。万乘之主有能服术行法以为亡征之君风雨者,其兼天下不难矣。

【注释】《亡征》。蠹:蛀虫。亡征:有灭亡的征兆。本句用比喻的方式说明大国之君若能以法治国,则能统一天下。

【解析】韩非以他敏锐的观察、深刻的分析,在《亡征》篇中列出了四十七条导致亡国的原因,条条中肯,可让为人君者引以为戒。大国君主如果能以法术治国,使国家强大起来,那么出兵讨伐那些有亡国之兆的国家,就会如同疾风暴雨,摧枯拉朽,完成一统天下的大业。秦孝公任用商鞅,废除旧制,以法治国,使秦国逐渐强大起来,为以后秦灭六国奠定了基础。秦王嬴政也推崇法术,所以秦建国后采纳了韩非的思想,以法治国。

徭役少则民安,民安则下无重权,下无重权则权势灭,权势灭则德在上矣。

【注释】《备内》。本句说明必须减轻徭役负担,让百姓安居乐业。百姓安乐,各级官吏的权威就少了。各级官吏不借权威作威作福,人民就会感激君主。

【解析】国家徭役繁多,各级官吏借征发徭役之机,加重自己的权力,强取豪夺、鱼肉百姓,使百姓生活更加困苦,所以韩非主张减少徭役,使百姓能安居乐业,又能削弱各级官吏的权力。各级官吏没有机会运用权势,就会减少贪污腐败的机会,有利于人民生活的安定。人民过上安乐富足的生活,当然要感谢君主。君主获取了民心,百姓甘心为君主陷阵杀敌,国家的军事力量也就强大起来了。因此,减轻徭役,削弱官吏权力,是实现国富兵强的一个重要手段。

人主释法而以臣备臣,则相爱者比周而相誉,相憎者朋党而相非。

【注释】《南面》。备:防备。比周:结私党。人主如果不以法治国,而是用一部分大臣来防备另一部分大臣,那么就会让百官结私党,互相攻击,造成吏治混乱的局面。

【解析】人主应该以法治国,用法律来约束臣民的行为。君主和大臣之间不是骨肉之亲,所以难免有利益上的冲突。人主应该了解群臣的行为,但是不可用身边的亲信之臣去监督其他大臣的行为,这样容易让大臣们结成私党。关系密切、利益相一致的人结成私党,互相称誉、互相提拔,对其他党派的人加以抨击和陷害。如此,群臣不把精力用在本职工作上,不思为君主尽忠,只想通过党派关系以求任用,造成不良的社会风气,对国家的发展是没有好处的。

人主使人臣言者必知其端以责其实,不言者必问其取舍以为之责,则人臣莫敢妄言矣,又不敢默然矣,言默皆有责也。

【注释】《南面》。端:指事件的详细情况。取舍:指同意或否定。人主要求臣下说话必须负责任,以避免臣下以浮词欺主。不发表言论的,也要问清他对事情的看法,使他无法逃避责任。

【解析】人臣对君主的询问一般有两种态度。一种是夸夸其谈,如果他真正了解事情的根由和实情,发表看法是可以的,但有许多大臣不顾实情,对所说的话全不负责。君主对这种人应该要他对所说的话负责任。另一种是一问三不知,用沉默寡言来逃避责任。对这种人,君主必须问清他对事情的看法。只有让群臣把向君主提供解决问题的方案作为自己应尽的责任,那么群臣就不会言语失实,也不会沉默不语了。

古之无变,常之毋易,在常古之可与不可。

【注释】《南面》。古训常规是否可以改变,要根据实际情况决定。

【解析】有许多人思想顽固、死守古训,开口闭口"祖宗之法不可改变"。其实,古训常法并非不可改变,而关键是要看它们适不适合现今的情况。古训常法毕竟是古人对他那个时代经验教训的总结,对当时社会的发展会产生积极作用,但社会发展变化了,对于古训就要加以分析,看它是否还适应当今社会的情况。有价值的可以继续运用,不适应当今情况的,就应予以抛弃。古训可资借鉴,但绝不能生搬硬套,而应该根据具体情况作具体分析。韩非这种态度是正确的、可取的。

恃鬼神者慢于法,恃诸侯者危其国。

【注释】《饰邪》。慢:松懈。治国以法,不能依靠鬼神迷信,也不要依附于大国。

【解析】先秦诸子虽然敬天，但一般不迷信于鬼神。《论语》记载："子不语：怪力乱神。"荀子也主张"人定胜天"。韩非指出，君主如果依恃鬼神而忽视法治，就有亡国的危险。以法治国是强国的根本。君主不能因为国小力薄而依附于大国，寻求大国的保护。大国总是有吞并小国之心，以保护为名，强取勒索，干涉小国内政，一步步地就会灭掉小国。所以，人君不可做大国的附庸。只要以法治国，小国也会强大起来，就不惧怕外敌入侵了。

用赏过者失民，用刑过者民不畏。有赏不足以劝，有刑不足以禁，则国虽大必危。

【注释】《饰邪》。劝：指鼓励人立功。君主不可滥施赏罚，否则会让臣民松弛懈怠或是加强反抗心理。滥施赏罚，即使大国也会有危险。

【解析】人君不可奖赏无度，也不可滥施刑罚。赏罚要有一个尺度。轻易受赏，人民就不会谋求建立大功，赏也就起不到劝勉的作用了。滥施刑罚，就会激起人民的反抗心理，容易导致集体的反抗行为。赏罚失去一定标准，就会给国家带来严重的危害。所以，明君治国都有严格的赏罚标准。秦始皇、秦二世等君主，一味施行严刑酷法，致使民不聊生。农民起义的烈火最终烧遍天下，埋葬了这个短命王朝。贾谊总结秦亡教训说"仁义不施，而攻守之势异也"，是很有见地的。

小知不可使谋事，小忠不可使主法。

【注释】《饰邪》。小知小忠的人眼光短浅、愚蠢鄙俗，不可任以大事。

【解析】担当大事的人必须深谋远虑，如同井底之蛙一样的小智小慧，是成不了大事业的。三国时的马谡就是个很好的例子，他虽然极有才学，但狂妄自负，见识并不深远。街亭之战，他屯兵山上，被敌人切断水源，导致街亭失守，诸葛亮深悔用错了人。晋楚鄢陵之战时，楚国司马子反口渴，手下一个叫竖阳谷的人给他一壶酒，子反喝个大醉，惹怒楚共王，战后被斩杀。竖阳谷就是那种"小忠"之人，他献酒虽是出于忠心，但却害了子反的性命。

君以计畜臣，臣以计事君。君臣之交，计也。害身而利国，臣弗为也；害国而利臣，君不为也。臣之情，害身无利；君之情，害国无亲。君臣也者，以计合者也。

【注释】《饰邪》。计：计谋。害身无利：有害于自身的就是不利。害国无亲：有害于国家的就不是亲信。

【解析】这是韩非对君臣关系的阐述。在韩非看来，君和臣就是互相利用的关系。君运用权术来驾驭臣,让臣尽可能地为自己服务;臣也是用权谋来与君相处,目的是尽可能获取利益。韩非认为,人都是自利的,君主和臣为了自身利益必然存在着矛盾和斗争,彼此必然要互相提防、互相算计。韩非的学说,其实质就是为君主提供一套治国之术,实用价值很高。

和氏之璧不饰以五采,隋侯之珠不饰以银黄,其质至美,物不足以饰之。夫物之待饰而后行者,其质不美也。

【注释】《解老》。和氏璧、隋侯珠都是古代有名的宝物。黄:黄金。本质美则不必修饰。过于修饰的东西,本质不美。

【解析】韩非重本质,轻文饰,认为本质至美之物如和氏璧、隋侯珠不需要外物的修饰,一样被人奉为至宝,而专务于外在修饰的东西,其本质则不美,是以外在修饰而取悦于人。这与儒家所说"文质彬彬,然后君子"有所不同,儒家讲究文质并重。对于文质的不同观念,是与其思想学说一致的。法家学说是最务实的治世学说,所以他们只重事物的本质。儒家讲礼义,所以儒家强调文质并重。

礼者,忠信之薄也,而乱之首乎!

【注释】《解老》。礼是忠信简薄的表现,是祸乱的根源。

【解析】在法家看来,"礼"是表面的、虚饰的东西,人与人过分注重礼,就会滋生虚伪矫饰之心。人和人不以诚相待,而用繁文缛节来掩饰自己的私心,那么忠实诚信等美德也就自然被削弱了。社会上每个人都十分注重礼节,那么人的行为稍一越礼,便会招致责难和攻击。人与人之间要求以礼相交往,如果有人不慎忽视了礼节,也会招致怨恨。这都是因为礼而产生的祸乱。法家不提倡以礼为治,他们重视以法治国,严明赏罚,认为这才是治国之道。

众人之所以欲成功而反为败者,生于不知道理,而不肯问知而听能。

【注释】《解老》。生于:出于、由于。知:智者。能:能人。不知道理,而又不能虚心请教,是普通人失败的原因。

【解析】要想做成一件事情,首先要了解这件事情,对它作深入的分析研究,掌握它的内在规律。人非生而知之,成功要靠后天的学习才能获得。而在这之中,虚心向人请教又是至关重要的。请教别人,则能学到别人有益的经验,获得别人的指导。孔子也很注重后天学习,说"敏而好学,不耻下问"。虚心向人学习是取得成功的重要条件,不善于向人学习的人很难获得成功。韩非的话,对我们也有借鉴意义。

智士俭用其财则家富,圣人爱宝其神则精盛,人君重战其卒则民众,民众则国广,是以举之曰:"俭故能广。"

【注释】《解老》。重战其卒:指怜惜士兵作战。举:总结。

【解析】所谓俭并不意味着吝啬。俭有节省的意思,但更多的是爱惜。勤俭持家,则会积累财富,使家业兴旺。民众是国家的根本,民众多,则国家的力量就会强大。在农业社会,人口多,则可以开垦更多的土地,生产更多的粮食,使国家富强起来,君主切不可穷兵黩武,那样就会减少人口。所以,君主要爱惜士卒,不轻易发动战争,让人民发展生产,繁衍生息,国家也就会强大起来。以俭持家,则家富;以俭治国,则国强。这是人君应该谨守的原则。

虽有尧之智而无众人之助,大功不立;有乌获之劲而不得人助,不能自举;有贲、育之强而无法术,不得长胜。

【注释】《观行》。乌获、贲、育:都是古代有勇力的人。

【解析】没有人能独自成功,要想成功就必须借助别人的力量、获得别人的帮助。君主要想成就大业就必须善于任用臣下,商汤任用伊尹灭亡了夏桀,文王任用姜尚消灭了商纣王,齐桓公任用管仲成就了霸业。君主是否善于用人,是能否成就大业的关键。能得到有才能的人就要用法术来驾驭,才能让人才最大限度地为君主尽忠。

因可势,求易道,故用力寡而功名立。

【注释】《观行》。势:形势。道:方法。凭借已有的形势,寻求易行的方法,就可以用力少而功名立。

【解析】君主必须有睿智的头脑,要对各国政治形势了如指掌,进行深入的分析研究;要善于利用已具备的条件,进行决策。俗语说"虽有机谋,不如乘势"。周文王势力强大,但他并没有急于攻打商王朝,而是一方面积聚力量,一方面等待时机。商纣王昏庸暴虐,致使民怨沸腾,伐纣时机成熟,武王一举灭亡了商朝。这就是善于乘势。问题的解决可能有多种方法,君主要善于用最简单易行、切实有效的方法来处理问题。具备以上两点,君主就可以收到事半功倍的效果。

时有满虚,事有利害,物有生死,人主为三者发喜怒之色,则金石之士离心焉。

【注释】《观行》。时有满虚:时机是由条件构成的,条件有充足具备的,也有不充足具备的。金石之士:指对君主忠心耿耿的人。

【解析】身为人主要具有虚怀若谷的精神,还要善于洞察事理,明白事物的发展规律。时机成熟与否，会影响事物的发展。聪明人善于把握时机、利用时机，如果不待时机成熟便要强攻硬上，那么就是逆理而行，什么事情也成功不了。每一件事情都有利与害两个方面，求利的同时也避免不了受害。因为，利害总是联系在一起的。任何事物都有发生、发展、灭亡的过程，这也是不以人力为转移的。所以，人主应该宽容地对待这一切，否则就会失去人心。

赏罚随是非，祸福随善恶，死生随法度，有贤不肖而无爱恶，有愚智而无非誉，有尺寸而无意度，有信而无诈。

【注释】《安危》。

【解析】这是韩非为人主提出的七条"安术"，即使国家安定的七条原则，主旨就是要人主去除私心，客观公正地处理一切事物。赏罚的目的是惩恶扬善，但必须依是非而行，不可滥施。社会上每个人都应对自己的行为负责，行善会得福，作恶会遭受报应。严格执行法律，有罪该杀，绝不留情。对贤者与不肖之人一视同仁，不因自己的爱憎而产生偏见。愚者和智者任其自然，不进行诋毁或赞誉。对待事物要实事求是，不可妄加猜测。语言诚信，不欺骗人。人主做到这几点，就能使社会安定、国家强盛。

使天下皆极智能于仪表，尽力于权衡，以动则胜，以静则安。

【注释】《安危》。仪表、权衡：都指法术。以法治国，则无往而不利。

【解析】人的本性都是愿意立功受赏，而害怕法律制裁。人主治国，必须建立一套严明的赏罚制度，并用法律形式固定下来。立下军功可以封爵受赏，而且按杀敌多少来决定爵位高低，就会激励战士奋勇作战。临阵脱逃的依法处斩，战士就能抱必胜决心。有了这样严明的赏罚制度，军队战斗力可大大提高，与敌国作战，就能克敌制胜。开垦土地，生产粮食，国家也依法予以奖赏，使人民都务于农耕，国家的经济实力就会大大提高，人民就会过上安乐稳定的生活。

奔车之上无仲尼，覆舟之下无伯夷。

【注释】《安危》。奔车、覆舟：指危乱之国。仲尼：即孔子。伯夷：是历史上有名的贤者。

【解析】这句话是说在政治昏暗、社会动乱的国家，人们都不爱惜生命，舍生求利，为非作歹，所以也就没有像孔子、伯夷那样能坚守节操的贤者了。在混乱的社会状态下，良好的道德秩序被破坏，人们失去了道德原则，没有正确的价值观念，贪婪、自私、残忍、冷酷的一面就会充分暴露出来。人与人之间没有仁义可讲，完全是虚伪狡诈的斗争关系，社会越混乱，人心越险恶，好人会成为受害者，那么谁还要做好人呢？人逢盛世，也是人生一大幸福。

安危在是非,不在于强弱;存亡在虚实,不在于众寡。

【注释】《安危》。国家安危取决于政策是否得当,不在于强弱;存亡取决于国力虚实,不在于人数多少。

【解析】人主往往认为只要人口众多、国家强大,就会稳坐江山。其实,强大并不是国家巩固的唯一条件,很多大国君主丧失政权或为他国所灭。总结原因,关键在于国家政策是否得当,在于国家内部的虚实情况。政策得当,人民安居乐业,百官尽职尽责,上下相安,社会稳定,国家会保持安定稳固的局面。政策不当,官吏结党营私、欺压百姓,社会混乱,国家也就无法稳固。有些国家虽然看似强大,但它内部空虚、缺乏实力,国家也不会长治久安。

圣王之立法也,其赏足以劝善,其威足以胜暴,其备足以必完。

【注释】《守道》。备:这里指所立的法。其备足以必完:是说圣王所立的法足可以保证政治完善。

【解析】法是治国的根本,关系到国家的强盛与否。法律的制定必须慎重而周详。法律是全国人民行为的准绳,它必须有足够的力度,让人民做了好事可以得到足够的奖赏,做了坏事就要受到严厉的惩罚。有足够丰厚的奖赏,人民就能积极建立功业,以求重赏。对于犯罪的人依法给予严惩,人民就能因为惧怕法律,而不去做犯罪的事。赏和罚都用法律加以严格规定,就能达到惩恶扬善的目的。

劳苦不抚循,忧悲不哀怜;喜则誉小人,贤不肖俱赏;怒则毁君子,使伯夷与盗跖俱辱;故臣有叛主。

【注释】《用人》。抚循:安抚。盗跖:古代大盗。人主不体恤百姓、是非不分,就会引起臣民叛乱。

【解析】君主要爱惜人民、要是非分明,而不轻易表露喜怒。越国被吴国打败后,越王勾践卧薪尝胆,与民同甘共苦,最终赢得民心,使人民有了誓死复仇的决心,出兵吴国,以一当十,一举灭掉吴国。唐代魏征说,君和臣的关系就像水与舟一样,"水可载舟,亦可覆舟"。为人君者必须爱抚臣民、是非分明、赏罚得当,不使人无功受赏,也不能有罪不罚,亲贤臣,远小人,才能使臣民为主尽忠,使君主的统治得以巩固。

当今之世为人主忠计者,必无使燕王说鲁人,无使近世慕贤于古,无思越人以救中国溺者。如此,则上下亲,内功立,外名成。

【注释】《用人》。忠计:尽忠考虑。溺者:溺水的人。

【解析】君主必须有实事求是的务实精神,好高骛远、厚古薄今都是不可取的。人民是国家的基础，君主要对本国人民施恩加爱，以求获得民心，不可亲信外国臣子，也不可羡慕古人，因为古人虽好，但已经成为过去。君主要想治理好国家，就必须找到当代的贤才，不可用古人的标准来衡量现今的人才，要充分重视人才，让人才发挥出作用，这应是君主首先考虑的。国家安危取决于国家是否强大，不可借助于外国势力维持统治。做到这几点，就能使君臣相互敬重、人民和睦。

明君之所以立功成名者四：一曰天时，二曰人心，三曰技能，四曰势位。

【注释】《功名》。明君能够立功成名的条件有四：一是得天时，二是得人心，三是利用他人的技能，四是造成个人的威势。

【解析】这四条是立功成名的条件，其中包括孟子所说的天时和人和。天时是客观条件，君主要善于掌握时机，做事不违背自然规律。人心向背是君主能否成就功名的关键，聪明的君主必须采取有利于人民的措施，减轻徭役赋税，不穷兵黩武，以此获得人民的支持，这是明君建功立业最重要的条件。君主还要善于任用有才能的人，让他们发挥所长，为国家服务。君主还要造成威势，君威不可侵犯，让臣民服从于自己的领导。具备这四点，君主就有希望立功成名了。

太山不立好恶，故能成其高；江海不择小助，故能成其富。故大人寄形于天地而万物备，历心于山海而国家富。

【注释】《大体》。大人：指君主。

【解析】韩非十分推崇老子思想，写了《解老》《喻老》两篇文章阐述老子思想，在他的学说中也糅合了一部分道家思想。他改变了老庄思想遁世的主旨，而把老庄思想阐发为一种治世之术。泰山因为没有好恶，不择土石，所以高大；江海吸纳小溪，所以浩瀚。他要求君主向泰山和江海学习，学习它们容纳一切的气度，广纳人才，广积财富，国家就会富裕强大。

观听不参，则诚不闻；听有门户，则臣壅塞。

【注释】《内储说上七术》。君主观行听言，如果不从多方面参考比较，就相信，则诚实的言行不会上达。权臣当路，进谏必须通过他，有如经过门户，就会堵塞大臣的进谏。

【解析】兼听则明，偏听则失。人君一人高高在上，无时不需要听取臣下的言论见解。群臣各进其言，这些言论难免具有片面性，一些察言观色、阿谀奉承的小人为了一己私利，常常在君主面前中伤毁谤他人。君主必须多方面听取意见，慎重考虑，仔细权衡，再作结论。大臣掌握重权，群臣就不会考虑为君主尽忠,而是要通过权臣来获取官位。这些权臣对忠臣处处排挤打击,忠臣即使想上书进谏,也不得机会。君主被当权的大臣蒙蔽视听,就会直接危害到君主地位的巩固。

爱多者则法不立,威寡者则下侵上。是以刑罚不必,则禁令不行。

【注释】《内储说上七术》。不必:不能施行。爱多者仁慈必多,故法难以建立;威寡者威严必少,故臣下犯上。不坚决施行刑罚,则法律禁令也得不到施行。

【解析】君主必须以法治国,不能过分施以仁爱,若对于犯了过错的人怜悯同情,法外开恩,不予惩罚或减轻惩罚,那样法律的严肃性就得不到体现,法律就不会成为人人遵守的准则。君主集大权于一身,对臣下有升降陟黜、生杀予夺的权力,君主必须有绝对威严,把权力牢牢控制在自己手里,君威不可侵犯,让臣下怀有畏惧尊崇的心理,就不会造成因为君主软弱而大权落入臣下手中,出现君主地位岌岌可危的状况。

赏誉薄而谩者下不用,赏誉厚而信者下轻死。

【注释】《内储说上七术》。丰厚的奖赏、极高的荣誉能让民为国效忠。

【解析】俗话说:"重赏之下,必有勇夫。"喜爱荣誉和奖赏是人的本性,君主应充分利用这一点,加大奖赏的力度,调动人民建功立业的积极性,让人民为国尽忠。

权势不可以借人,上失其一,臣以为百。故臣得借则力多,力多则内外为用,内外为用则人主壅。

【注释】《内储说下六微》。内外为用:指一国的掌权大臣被外国收买,为外国服务。壅:闭塞。

【解析】君主必须把国家权力控制在自己手中。大臣各尽职守,君主不能给亲信大臣过多权力。君主给大臣一分权力,大臣就会利用它发挥出一百倍的作用。有些君主喜好安逸享乐,不理政事,把权力下放给大臣。这样,大臣专权,在国内结党营私,群臣的任用罢免由其一人做主,群臣依附于他的周围,而不把君主放在眼里。而敌国利用重金厚礼收买这样的权臣,权臣得了好处,泄露国家机密,偏向外国。太宰嚭、令尹子兰等就是这一类人物。

君臣之利异,故人臣莫忠,故臣利立而主利灭。

【注释】《内储说下六微》。

【解析】韩非学说的基础是荀子的"性恶论",也就是他认为人的本性是恶的，人都是自私自利的。君臣各自利益不同，利益上的差别使君和臣之间不可避免地要产生矛盾斗争。所以，韩非认为"臣利立而主利灭"。韩非的认识虽有一定道理，但过于片面。君臣之间虽然有矛盾，但这种矛盾并非不可调和，在一定基础上，君臣之间有共同的利益。例如，在维护国家巩固，使国家不被外敌灭亡这一点上，君和臣都不想国破家亡，在那一时刻，他们的利益是一致的。

挟夫相为则责望，自为则事行。

【注释】《外储说左上》。相：助。望：怨。老抱着靠他人帮助我的心理，那么就会对他人责怪和怨望。如果自己靠自己来干活，那么事情都能进行。

【解析】俗语说：求人不如求己。一个人最怕具有依赖心理，遇到问题不敢独自解决，总是期望别人帮助自己，一旦得不到别人的帮助，就会对人家产生怨恨，这是一种极不可取的态度。一个人要想生存于社会，就必须具有独立精神，培养个人能力，遇事要考虑如何独立解决，养成善于思考的习惯，锻炼分析问题的能力。一个具有卓越能力、具有独立人格的人，才能被社会承认，受到大家的尊重。

利之所在民归之，名之所彰士死之。

【注释】《外储说左上》。彰：显著。

【解析】趋利爱名，是人的愿望。人主必须思考如何充分利用这一点。战国时期，土地广大，人口稀少，谁能吸引人民开垦土地，谁的生产就能发展起来，国家也就会强大。有些君主，为了个人穷奢极欲的享乐，不断加重赋税。百姓由于不堪重负，便会逃往他国。君主如果能减轻赋税，让利于民，人民生活有了保障，人民就乐意为君主效劳，还可以吸引他国的人来发展生产。立下军功便封爵受赏，战士便会不顾自身奋勇杀敌。人民务于农业生产，战士英勇作战，也就能国富兵强，所向无敌。

小信成则大信立，故明主积于信。赏罚不信，则禁令不行。

【注释】《外储说左上》。积：积累。禁令：指法令。

【解析】君主的信誉是由小事积累起来的。赏罚都必须兑现，否则法令不会得到施行。晋文公攻打原国，只令士卒带十日粮，十天还没有攻下原国，便下令退兵。有人报告说，城里人再有三天就投降了，劝文公再打三天。文公说："我已经说了只打十天，不退兵是不讲信义。"于是撤兵而去。原国人听说文公如此守信，就主动投降；卫国人听说文公如此守信，就主动归附。晋文公就是因为守信而取得了成功，可见守信是何等重要。

良药苦于口,而智者劝而饮之,知其入而已己疾也。忠言拂于耳,而明主听之,知其可以致功也。

【注释】《外储说左上》。已:指去除。致功:收到功效。

【解析】孔子说:"良药苦口利于病,忠言逆耳利于行。"君主执掌一国大权,具有至高无上的权威。所以,有些君主专爱听夸誉赞美之辞,一些善于溜须拍马、阿谀奉承的奸臣投其所好,用花言巧语蒙蔽君主,君主切不可上这些人的当。忠臣的谏言指出君主缺点,切中要害,这些话可能并不中听,但它能帮助君主改正错误。这些话就如同一服良药,虽然入口苦涩,但能治愈疾病。人主多听取忠言,对治理国家是有极大的好处。

人主听说不应之以度,而说其辩,不度以功,誉其行而不入关,此人主所以长欺,而说者所以长养也。

【注释】《外储说左上》。第一、三"说"字读为 shuì;第二"说"字读为 yuè,即悦。入关:合法度。

【解析】战国崇尚游说,也是游说之士大行的时代。说者在君主面前分析形势,指陈利害,发表自己的见解,提出治国应敌之策,华言丽辞,雄辩滔滔,大有让人不可不信、不可不服的气概。人主必须保持清醒的头脑,对说者的建议分辨取舍,不可为表面的华丽动听而迷惑。正如孔子所说:"听其言而观其行。"人主要多留意辩士的行为,看其所作所为是否合乎法度,对于行为不轨、朝秦暮楚的说士,予以清除。这样,人君不致被蒙蔽,辩士也不会得以实行他的欺诈之术。

知治之人不得行其方术,故国乱而主危。

【注释】《外储说左上》。方术:指治国之道。

【解析】君主能否知人善用是国家兴亡的重要条件。楚国的子玉是一个残忍无情、刚愎自用的人,楚王任命他为令尹,让他带兵与晋国作战。子玉在城濮之战中,轻敌冒进,导致了战争的失败。君主将重任托付给大臣,必须慎重从事,对他要全面了解,正确评价他的能力。赵王轻信了赵括,致使长平之战全军覆没。君主应引以为戒。有才能的人得不到重用,掌权的都是平庸无能之辈,国家又如何能治理好?君主地位又如何得到巩固呢?所以,身为君主,必须知人善任。

战士怠于行阵者,则兵弱也;农夫惰于田者,则国贫也。兵弱于敌,国贫于内,而不亡者,未之有也。

【注释】《外储说左上》。行阵:指行军打仗。

【解析】耕战为本是法家的一贯主张。游说之士、工商之民在法家看来都是应该鄙弃的职业,是国家的蠹虫。人主如果对这些人不加限制,那么就会严重危害国家安全,影响经济的发展。法家主张把农民都固定在田地上,让农民从事农业生产,且对成绩突出的给予奖励。在农业社会,农业生产发展的好坏,直接关系到国家经济的富强与否。在战国时代,军队是否强大,战士是否能勇于作战,也关系到国家的存亡。所以,韩非提醒统治者,切不可忽视耕战。

有术之主,信赏以尽能,必罚以禁邪,虽有驳行,必得所利。

【注释】《外储说左下》。

【解析】赏罚严明在法家看来是立国的根本。人们的求利心理促使他们为了获得奖赏而施展才能,尽职尽责;避害的心理使他们为了避免受到惩罚而不去做奸邪恶毒、违法乱纪的事情。赏罚在很大程度上能引导人们的行为,使人们的行为符合国家利益,对于国家的富强安定具有很大的意义。但是一些君主是非不明,不能严格执行赏罚,就会使人民懈怠疏忽,不求赏,也不惧罚,这样国家就会陷入危险境地。所以,君主只有严明赏罚才能使国家长治久安。

势不足以化则除之。

【注释】《外储说右上》。势:指用赏和誉来作劝勉的力量,用罚和毁来作禁止的力量。化:指教化群臣。除:指铲除。

【解析】在法家看来,君臣就是以利相交的,臣竭尽所能为君服务,以求俸禄奖赏。君要运用权术来控制臣,使之既能忠心耿耿为自己服务,又不危害到自身的利益。厚赏重罚是君主统治臣民的法宝。凡是有功于国家,符合君主利益的行为都会得到奖赏;凡是为非作歹,危害君主统治的人都应该严惩。有些大臣自以为重权在握,置君主赏罚于不顾,轻君犯上,甚至有篡权夺位的野心,对于这样的大臣,君主必须予以铲除。

明主之道,在申子之劝独断也。

【注释】《外储说右上》。独断:即专权。

【解析】申子说:"独断者可为天下主。"也就是说,人君要想成就大业,一统天下,就必须专权独断。战国时期,社会政治变化莫测,很多国家被他国灭亡,很多国家的君主被臣下篡权夺位。韩非对当时的政治现象作了深入的分析,指出君主要想使统治地位巩固,就必须专权独断,把国家权力紧紧地控制在自己手中。如果权力下放到大臣手中,大臣就会利用权力结党营私、蒙上欺下,造成臣威重、君威轻的情况,这会严重危害君主统治,所以韩非指出,明主治国务求专权独断。

术之不行，有故。不杀其狗则酒酸。夫国亦有狗，且左右皆社鼠也。

【注释】《外储说右上》。术：指治国之术。猛狗迎人而咬，使卖酒人的酒坏到酸了也卖不出去。奸臣蔽主，使君主不能任用有道之士。这样，奸臣就是国家的猛狗了，并且君的左右都是像老鼠一样贪食国家俸禄的人。

【解析】韩非用了一个巧妙形象的比喻来说明君主必须铲除当权的奸臣，否则什么样的治国之术也不会得到贯彻实行。奸臣当权就会令群臣惧怕他的威势而不敢向君主进谏忠言，使君主蔽塞视听。群臣依附于权臣之门，不为君主效忠，君主的统治地位就会被严重动摇。君主的左右亲信，未必都是为君主尽忠之人，他们想的只是如何升官加爵，获得更多的个人私利。这些人就好像是蛀蚀社稷的老鼠。君主对奸臣和小人如同对待猛狗和老鼠一样，不可不防。

国者，君之车也；势者，君之马也。夫不处势以禁诛擅爱之臣，而必德厚以与天下齐行以争民，是皆不乘君之车，不因马之利，释车而下走者也。

【注释】《外储说右上》。

【解析】韩非把国家比喻成马车，把君主的威势比喻成马，以说明君主必须以威势治国。君主大权独揽，在臣民面前树立起绝对的威严，才会使自身地位巩固，国家安定。如果大臣拥有重权，令从己出，施于百姓恩惠，就会让百姓对大臣感恩戴德。齐国大臣田成子很得民心，受到人民爱戴，人民甚至作歌歌颂他，引起齐国国君的恐慌。人民之所以敬大臣而远君主，就是因为君主没有利用好手中权力，没有获取民心。君主要想治好国家就必须运用威势，赢得臣民爱戴。

明主畜臣亦然，令臣不得不利君之禄，不得无服上之名。夫利君之禄，服上之名，焉得不服？

【注释】《外储说右上》。畜：养。利君之禄，是说臣们贪求君主的俸禄来生活。之名，是说大臣们借用君上的荣名来行动。

【解析】一国的君主必须具有绝对的威严。他要把群臣牢牢控制在自己手中，让群臣只能靠国家俸禄来生活。俸禄的多少由君主依照官衔来定，使群臣在经济上对君主有较强的依赖性。臣下的荣誉称号也由君主亲自赐予，使群臣要想获得高官显名就必须为君主尽忠。利禄功名是人们追求的对象，君主利用人们这种心理，以利禄功名为钓饵，劝勉群臣竭尽全力施展才能，文官殚精竭虑于国家事务，武将舍生忘死于战斗。君主也就可以高枕无忧了。

赏罚共则禁令不行。

【注释】《外储说右下》。赏罚的权力，如果君和臣共同来掌握，那么禁令就行不通。

【解析】韩非反复提醒君主切不可让大臣握有重权。君和臣共同执掌权柄，群臣便无所适从，甚至趋附权臣门下，造成臣威重、君威轻的不利局面。古人王良、造父是天下最善驾驭马车的人，但是如果让王良执鞭在左边赶车，造父执鞭在右边赶车，马就会不知该如何行走才对，说的就是君主和大臣不能共同掌权的道理。君主必须把国家权力集中在自己手里，重大事件亲自决策，才能形成不可侵犯的君威，让全国人民臣服于己。

治强生于法，弱乱生于阿。

【注释】《外储说右下》。阿：邪曲，指以私爱而枉法。

【解析】法是立国的根本。国家要想强大就必须有一套适合国情的法律制度，法律对社会上所有的人都具有约束力，它是全民的行为准则。法律的执行必须严肃而公正，让人民慑于法的威严而不敢为非作歹，而为国家做出贡献的要依法予以奖赏，让法律真正起到劝善惩恶的作用。依法治国，国家就会强大。但是在君主专制社会里，法是由君主制定的，维护的是统治者利益，枉法的现象是不可避免的。如果君主缺乏原则，法律无法严明执行，那么国家就有危亡丧乱的危险。

明主者，鉴于外也，而外事不得不成。

【注释】《外储说右下》。明主要借鉴外国的政事，然而对于外事借鉴不适当，还是不会成功。

【解析】君主要向外国借鉴学习，学习外国的先进经验，把外国好的东西吸取过来为我所用。这必须具有博大宽广的胸襟和气度，因为君主都认为自己是神圣不可侵犯的，唯我独尊，怎么能学习外国的经验呢？但韩非思想并不狭隘，他指出，明主必须学习借鉴他国的经验，而且要有选择、有鉴别地学习。明主不但要学习他国先进的东西，对于外国的政治教训，诸如亡国篡位等事情更要加以认真研究，以避免重蹈他人覆辙。

闻有吏虽乱而有独善之民，不闻有乱民而有独治之吏，故明主治吏不治民。

【注释】《外储说右下》。有了执法之吏，他们虽然有时也乱法，然而以法治国的民总是好的，但是如果人民作乱，官吏再好，也无法治理。

【解析】官吏是否能奉公守法、廉洁公正，关系到人民是否能安居乐业、国家是否能富强稳定。所以，君主必须加强官吏的管理和教育。过去的官都称父母官，也就是要像民之父母一样关心爱护百姓，为百姓排忧解难，才能受到百姓的拥戴。譬如救火，官吏一人持水去救，是扑不灭火的，官吏调动起百姓，让百姓去救,就能把火扑灭。官吏是否能调动百姓,与官吏是否受百姓拥护是直接相关的。如果国家吏治混乱,官吏鱼肉百姓,引起百姓的反抗,那么国家就有灭亡的危险。

因事之理,则不劳而成。

【注释】《外储说右下》。因:因循、遵守。遵照规律做事,事情就能成功。

【解析】万事万物都有自己的规律。日月运行,四季更替,是自然界的规律;春种秋藏,治乱兴废,是人类社会的规律。天文学家观察天象,要寻求规律;匠人运斤斫轮也要寻求规律。规律蕴含于万事万物之中,人类的一切生产活动,都要探寻和遵守规律。研究分析事物的规律,按照规律办事就能成功。盲目行动,逆规律而行,那么什么事情也办不成。规律能指导人们的实践活动,所以韩非说:"因事之理,则不劳而成。"

欲利而身,先利而君;欲富而家,先富而国。

【注释】《外储说右下》。而:即尔,你。

【解析】在君主专制社会里,一切权力掌握在君主手里,臣民也被君主视为私有。大臣依附于君主,因为大臣的官职俸禄都是君主赏赐的,大臣要想获得利益,就必须更好地为君主效劳,为君主做出的贡献越大,君主给他的好处就越多。中国人传统上就以国家利益为重,国家是天下人的大家,大家不富,小家如何能富?人们应该以建设国家为己任,国家贫穷,小家不会富裕;国家富强了,小家当然也就会富起来。这种先国后家的精神历代相传,成为中华民族的优秀品质。

恃人不如自恃也;明于人之为己者,不如己之自为也。

【注释】《外储说右下》。恃:依靠。

【解析】人必须有独立的精神。凡事依赖他人,不是长久之计,会引起许多麻烦,所以不如自己亲自解决。依靠自己的能力解决问题,无求于人,不欠人情,普通百姓可以堂堂正正地做人,高官大吏可以刚正不阿、奉公守法。鲁国宰相公仪休喜爱吃鱼,国人都争相买鱼献给他,但公仪休从不接受。他弟弟问他:"你既然爱吃鱼,为什么不接受别人的馈赠?"公仪休说:"我吃了别人的鱼,就会徇情枉法,替人说话,这样,我的宰相地位也会被剥夺,怎如我当宰相,每天自己买鱼吃,这样才会常有鱼吃。"说得也就是这个道理。

　　人主不可佯爱人,不可佯憎人。佯憎佯爱之征见,则谀者因资而毁誉之,虽有明主不能复收,而况于以诚借人也。

　　【注释】《外储说右下》。

　　【解析】君主是国家的核心人物,受万人瞩目。君主行事要处处稳重,切不可轻浮草率。韩非主张君主要造出神秘气氛,不能让臣民猜度到他的行为想法。君主不可轻易表现自己的观点,君主的话金口玉言,是万民法则,对社会风气会产生极大的影响。君主爱憎情感的表达应该是真实而恰当的,他对臣子的褒贬,可能决定臣子的前途,人们都依君主的爱憎而爱憎。君主不真实的爱憎,会造成极其严重的后果。

　　圣人不亲细民,明主不躬小事。

　　【注释】《外储说右下》。圣人:指君主。细民:平民百姓。躬:亲自处理。

　　【解析】中国有一句很传统的话叫"事必躬亲",意思是说居于上位的人要亲自处理每一件事。这被看成是尽职尽责的表现。但韩非告诫君主不要亲近普通百姓,不要亲自处理小事。这一主张也有它的道理。普通百姓千千万万,君主不可能每一个都要安抚。全国每天发生的事情不可计数,君主不可能每一件都亲自处理。君主的任务是选拔优秀人才,任命称职官员,让官吏各司其职、各尽其责,君主所起的应该是统筹决策的作用。做好这方面的工作,才是一个好君主。

　　国者,君之车也;势者,君之马也。无术以御之,身虽劳犹不免乱;有术以御之,身处佚乐之地,又致帝王之功也。

　　【注释】《外储说右下》。佚:同逸。

　　【解析】国家好比君主的马车,威势好比君主的马,君主就是驾车的人。一个好的车夫必须深谙驾车的方法,君主如何运用势和术是国家治乱的关键。君主是国家的主宰者,拥有至高无上的权力,他要在国内造成不可动摇的威势,把国家权力牢牢控制在自己手里,这是君主地位巩固的保障。君主要用权术来驾驭群臣,赏罚兼施、恩威并重,让群臣毫无保留地为自己尽忠。恰当地运用术势,君主就能身处安乐,驾好国家这套马车,立下丰功伟绩。

　　圣人之为法也,所以平不夷,矫不直也。

　　【注释】《外储说右下》。圣人:指君主。夷:平。矫:矫正。

　　【解析】法律规定的是人民的行为准则。它的目的是铲除邪恶,制止犯罪,对于危害社会、为非作歹、侵犯他人利益的人给予制裁和惩罚。在儒家理想的社会里,人人都安分守己、品德高尚,社会兴盛太平,没有为非作歹的恶徒,圣人以德化民,不需要法的制裁。但这毕竟是一种理想社会,现实社会中,人们追求私利,时常暴露出恶劣的本质。所以,韩非主张施用严刑峻法,让百姓的行为完全合乎法律规范,国家才能治理得井井有条,繁荣昌盛。

人主以其清洁也进之,以其不适左右也退之,以其公正也誉之,以其不听从也废之,民惧,中立而不知所由,此圣人之所为泣也。

【注释】《外储说右下》。清洁:指廉洁。适左右:与君主左右的人相处融洽。不听从:指不听君主的话。

【解析】人主掌握国家大权,他的行为要有一定的准则,不可盲目草率。用人得当与否关系到国家命运,所以君主用人一定要谨慎从事。对于担任国家重要部门职务的官员,君主要认真考察,选贤任能,切不可因为亲信的褒贬而改变主意。亲信常常都是妒贤嫉能的人,他们的话不能轻信。君主的话具有很强的威力,他称誉臣下的公正,就是劝勉官吏都要公正行事,如果因为小事便罢免臣下,人民就会对君主的话失去信心。长此以往,君主就会丧失民心,那么哭泣的只能是他自己了。

明主之道:设民所欲以求其功,故为爵禄以劝之;设民所恶以禁其奸,故为刑罚以威之。

【注释】《难一》。设:设置。

【解析】人民都喜欢爵禄而惧怕刑罚,君主利用人们这一心理,以爵禄为奖赏,鼓励人们立功。人们立的功越多,当然对国家就越有利。以刑罚作为威慑,人们厌恶受到刑罚,所以就不去做为非作歹的事。君主依照人们的爱恶心理设置赏罚制度,并用法律形式固定下来,让人们争相立功受赏。农夫多开垦田地收获粮食有赏;战士奋勇杀敌,斩杀敌人越多越有赏。对于那些犯罪的人,依法严惩,就可以减少人民的犯罪行为。赏罚运用得当,就会国富兵强。

臣尽死力以与君市,君垂爵禄以与臣市,君臣之际,非父子之亲也,计数之所出也。

【注释】《难一》。市:即做买卖。计数之所出:计算所付出的数目,说明君臣之间是一种买卖关系。

【解析】在韩非看来,君和臣没有父子那样的血缘关系,他们之间就是一种以利相交的关系。君主需要臣下的辅助,让臣下出谋划策,杀敌卫国,尽死力以效忠君主;而臣下贪图君主的爵禄奖赏,为了获得这些东西,就必须舍生忘死,竭尽全力为君主服务。君和臣就是这么一种买卖关系。所以,法家主张严刑酷法,刻薄寡恩。这一套思想为秦始皇所利用,但他没有掌握好原则,暴虐过度,使秦朝历二世便分崩离析了。

君有道,则臣尽力而奸不生;无道,则臣上塞主明而下成私。

【注释】《难一》。君主有治国之术,那么臣就竭力为君服务,不会发生奸恶的事情;君主没有治国之术,臣就会蔽塞君主的视听,结成私党。

【解析】君主能否驾驭群臣,关系到国家的安定与否。君主要想把群臣控制在自己手里,让群臣唯命是从,就要采用权术机谋,制造出不容侵犯的君威,信赏必罚,不轻信谗言,重用有才能的人,对作奸犯科的人予以严厉惩罚,奖励耕战。君主的措施得当,群臣就会竭尽全力效忠君主,而不敢为非作歹、营私舞弊。君主治国的措施不得当,让群臣有隙可乘,奸臣当道,结党营私,贤臣遭受迫害,国家政治昏暗,民不聊生,那么,国家迟早都会灭亡。

明主之道:一人不兼官,一官不兼事;卑贱不待尊贵而进论,大臣不因左右而见。

【注释】《难一》。一人不兼任多职,一个职务不兼管多事;卑贱的人不需要通过权贵向君主进言论,大臣不需要通过君主的左右亲信才能见到君主。这才是明主的治国之术。

【解析】君主专制有许多常见的弊病。例如,一人身兼数职,一个职位管许多事务,地位低下的人要通过权贵才能向君主进言,大臣要通过君主身边的近臣才能见到君主等等。韩非指出,君主要想治理好国家,就必须防止这些现象的发生。一人身兼数职,造成权力集中于少数大臣手中,就不利于国家的安定。权贵当道,身份低微的人要通过他才能向君主进言,就会堵塞人民的进谏之路。君主身边的人借君主权威而飞扬跋扈,群臣就无法向君主进言。所以,君主必须杜绝此类现象的出现。

缓刑罚行宽惠,是利奸邪而害善人也,此非所以为治也。

【注释】《难二》。

【解析】儒家讲究"为政以仁",认为君主实行仁义,以德化民,才能治理好国家。孔子说:"远人不服,则修文德以来之。既来之,则安之。"儒家认为,仁义是人生来就有的本心,所以只要人人按仁义行事,社会就安定了。法家与儒家的观点完全相反,他们认为人都是自私自利的,所以只有用严刑酷法才能禁止人们为非作歹。人们惧怕严酷的法律,就不敢有非法的行为。如果君主减缓刑罚,人们不畏惧受罚,就会为所欲为,那样国家是治理不好的。

赏无功则民偷幸而望于上,不诛过则民不惩而易为非,此乱之本也。

【注释】《难二》。偷幸:侥幸。

【解析】有功必赏、有过必罚是治国之道。如果无功受赏,人们都希望什么也不做就得到君主的赏赐;如果有过不罚,人们就更容易犯过错。这样就会导致国家危乱。齐桓公喝醉酒后,丢了帽子,觉得很羞耻,三天不上朝。管仲劝他说:"你为什么不用推行善政来雪耻呢?"于是,齐桓公开仓救济贫民,把轻罪的人释放出监狱,赢得了百姓的拥戴。但是在法家看来,齐桓公的做法就是赏无功而且不诛过,这是君主治国的一个大忌。

官职所以任贤也,爵禄所以赏功也,设官职陈爵禄,而士自至,君人者奚其劳哉。

【注释】《难二》。君人者:指君主。

【解析】君主常常抱怨人才难求,其实人才并非难求,关键是君主是否重用人才,给予人才应有的官职爵禄。齐桓公任用管仲,九合诸侯,一匡天下,使桓公成就霸业。设想如果桓公为前嫌而杀了管仲,或是把管仲囚禁狱中,而不是把国家政事托付给他,那么无论管仲有多大的才能也不会发挥作用了。所以,君主往往不是遇不到人才,而是不重用人才。如果君主能像燕昭王一样设黄金台,那么天下贤才一样竞相归附,何愁不能国富兵强呢?

人主虽使人,必以度量准之,以刑名参之;以事遇于法则行,不遇于法则止;功当其言则赏,不当则诛。以刑名收臣,以度量准下,此不可释也。

【注释】《难二》。度量:指法度。刑名:刑罚和名誉。

【解析】君主要以权术来驾驭群臣,刑名是君主最常用的统治手段。臣下光有华言丽辞不行,还必须兑现他的承诺,完成自己的职责。为君主立功,君主就予以奖赏,加官晋爵,给他极高的荣誉。如果臣下对君主花言巧语,没有实际工作能力,完不成分内工作,君主就要依法严惩,使其他大臣不敢疏忽本职工作。君主严格按照法律来衡量臣下贡献大小,有功则赏、有过则罚,刑名并用,才能治理好国家。

好利恶害,夫人之所有也。赏厚而信,人轻敌矣;刑重而必,人不北矣。

【注释】《难二》。人之所有:就是人的本能愿望。北:溃败。

【解析】人的本性都是好利恶害的,君主应利用人的这一本能愿望,实行厚赏严刑的政策。俗话说:重赏之下,必有勇夫。君主真的能按照斩杀敌人的数目来赏赐,那么战士就会在战场上舍生忘死、奋勇杀敌。立下战功的将军可以因官晋爵,那么将军们就会殚精竭虑去作战。官兵一心,就会赢得战争。厚赏的同时,还必须严罚。对于敢于临阵脱逃的士兵,格杀勿论;对于指挥不利的将军也要严惩。有了这些严格的赏罚制度,军队就会战无不胜了。

物之所谓难者,必借人成势,而勿使侵害己。

【注释】《难三》。物:事情。

【解析】君主要想成就大业就必须善于利用群臣的力量。君主要知人善用,笼络一批有才能的人为己所用。汉高祖刘邦就十分善于用人,他本是秦朝的一个小小亭长,在秦末农民战争中逐渐发展起自己的势力,把萧何、张良、韩信等人拉拢过来,为其出谋划策,又有樊哙、灌婴、彭越等一批武将为其冲锋陷阵,最终打败项羽建立了汉王朝。刘邦建国之后,为了不使异姓王侯危害自己的统治,大开杀戒,把建国功臣杀得所剩无几。刘邦可以说是充分利用了韩非的这一套法家思想。

法败而政乱,政乱而民叛,以乱政治败民,未见其可也。且民有倍心者,君上之明有所不及也。

【注释】《难三》。倍心:背叛的想法。

【解析】法是治国之纲。一切政治活动和人民的行为都要符合法律的规范。如果统治者不严格执法,法制混乱,人民不依法行事,国家也不依法进行政治活动,那么就会使国家政治混乱,人民投机取巧、作奸犯科。以乱政治败民,社会就会动荡不安。所以,君主必须以法治国,严格执行法律,这样才能使国家安定。社会动荡,人民就会产生反叛的心理。君主高高在上,被臣下所蒙蔽,对人民的情绪无法了解,等到人民风起云涌进行反抗的时候,他才醒悟,但为时晚矣。

明君见小奸于微,故民无大谋;行小诛于细,故民无大乱。

【注释】《难三》。诛:惩罚。

【解析】君主由于所处的特殊地位,最难做到的就是明察秋毫。任何事情都是由小到大,逐渐发展而成的。君主如果能防微杜渐,把隐患扼杀于未发之前,那样就有利于社会的安定。但是,君主由于不能亲自体察民情,大臣为了个人利益蒙蔽君主视听,使君主无法了解百姓细微的动向。法治不严,对人民没有约束力,人民就容易有不轨行为,造成社会的不安定。所以,君主必须从小事抓起,对小的过错也给予惩罚,就能防止大错的出现。

明君不自举臣,臣相进也;不自贤,功自徇也。论之于任,试之于事,课之于功,故群臣公正而无私,不隐贤,不进不肖。

【注释】《难三》。徇:从。课:考核。

【解析】君主要想治理好国家,必须有贤臣辅佐。为君主举荐贤才,是大臣的职责。鲍叔牙劝齐桓公任用管仲,管仲励精图治,使齐国强大起来,使齐桓公成为春秋五霸之一。君主任用大臣,对大臣是否称职一定要严加考核。君主任用大臣就是要求大臣为国立功,对于不能尽职尽责的大臣,君主要予以罢免。在君主严格的要求下,群臣就会忠于职守、公正无私,为君主举荐贤才,而不敢推荐平庸无能的人。

知下明则禁于微,禁于微则奸无积,奸无积则无比周,无比周则公私分,公私分则朋党散,朋党散则无外障距、内比周之患。

【注释】《难三》。比周:结私党。外障距内:指朋党控制权力,蔽塞君主视听。距:同拒。

【解析】君主对臣下的所作所为必须明察秋毫,不能有丝毫的疏忽大意。君主要从小事抓起,对于小过失要及时惩处,绝不能姑息养奸。君主善于防微杜渐,群臣的行为就不敢不合乎法度。惧怕君主的威严,群臣就不敢结党营私,互相攀附。不称职的大臣,君主给予相应的惩罚和罢免,使群臣兢兢业业、恪尽职守,唯君主之命是从。没有朋党互相祖护,群臣不敢欺骗君主,君主就能全面了解国家的实际情况。

下众而上寡,寡不胜众;寡不胜众者,言君不足以遍知臣也,故因人以知人。是以形体不劳而事治,智虑不用而奸得。

【注释】《难三》。

【解析】儒家思想虽然自汉以后被奉为统治思想,要求人人都合乎儒家的行为规范,但是历代统治者为了加强统治,在广泛地运用着法家思想。君主一人不可能了解臣民的所有情况,所以君主要注重任用左右亲信,让他们监督群臣的活动,及时向君主通风报信。自汉朝以后,常常出现宦官专权的情况,就是因为君主过分信任宦官,让他们做君主的耳目,使宦官权力日渐扩大,以致控制政权。明代东厂、西厂、锦衣卫等特务机构也都是君主用以监视群臣的,其实质都是法家思想的体现。

好恶在所见,臣下之饰奸物以愚其君必也。明不能烛远奸、见隐微,而待之以观饰行、定赏罚,不亦弊乎!

【注释】《难三》。君主不能看透臣下的远奸和隐微,而以观看表面现象的方法来对待他们,又由此来定赏罚,怎能不失败呢?

【解析】君主不可轻易显示自己的好恶,奸臣了解了君主的好恶,就处处投君主所好,以此来欺骗君主。君主要时刻保持清醒头脑,分辨臣下的言论是真是假。君主处于国家的核心地位,对于远离身边的人和事,也不可放松警惕。而要想有可靠的消息来源,君主就必须有一批为自己效忠的亲信,充当君主的耳目。根据大臣所做的功绩进行奖赏,避免被虚假的表面现象所蒙蔽,这些是一个明君所必须具备的能力。

法者,编著之图籍,设之于官府,而布之于百姓者也。术者,藏之于胸中以偶众端,而潜御群臣者也。

【注释】《难三》。编著之图籍:记载于书籍。偶:遇。偶众端:应付各种事务。

【解析】这是韩非关于法术的论述。法是书面条文,由官府掌握,而又必须让百姓了解。术是君主暗藏于胸的东西。君主用术来处理各种事件,用术来驾驭群臣,使之为己服务。法家是一种实用的统治思想,法术是法家思想的核心。法家和儒家都有实现国家富强、社会稳定的目的。儒家反对暴力,提倡用仁义治国,而法家则力劝君主要严刑酷法,加强对人民的控制,主张君主不可太讲仁义,而要运用权谋权术来驾驭臣民。

法莫如显,而术不欲见。是以明主言法,则境内卑贱莫不闻知也;用术,则亲爱近习莫之得闻也。

【注释】《难三》。亲爱近习:指君主身边的亲信。

【解析】法和术是君主治国的法宝。它们一明一暗、一外一内,都是君主进行统治的有力武器。法律是全国人民都必须遵守的准则,君主制定法律就是要加强对人民的控制,惩治犯罪分子。法律要以条文的形式向全国人民颁布,君主要加强法治的宣传,让法律获得神圣不可侵犯的地位。术是君主暗中运用的,用来统治臣民的方法。君主所运用的术,应是绝对保密的,切不可让他人窥破机密。君主的权谋深藏不露,臣下就得诚惶诚恐,唯君主之命是从。

臣之忠诈,在君所行也。君明而严则群臣忠,君懦而暗则群臣诈。知微之谓明,无赦之谓严。

【注释】《难四》。暗:昏庸。

【解析】在韩非看来,君臣之间没有仁义可言,完全是互相利用的关系。臣的忠诈与否不取决于臣的个人品格,因为法家认为人人都有追求利益的心理,只要一有机会,人的恶劣的本性就会暴露出来。君主要极尽其所能来控制群臣,明察秋毫,对于大臣有过则罚,绝不姑息养奸。大臣畏惧君主的威严,不敢有违法乱纪的行为,恪尽职守,为君主效忠。如果君主昏庸无能,大臣见有机可乘,就会欺君罔上,为非作歹。所以说,臣的忠诈是取决于君主强硬与否,这一点为人君者不可不知。

夫势者,名一而变无数者也……吾所为言势者,言人之所设也。

【注释】《难势》。"势"的名称只有一个,但它的道理是变化无数的,我所说的"势"是人为造成的势。

【解析】"势"是慎到提出的观点,慎到是早期的法家人物,他主张人主要以势治国。儒家反对慎到以势治国的观点。韩非在《难势》篇中驳斥了儒家的观点。儒家认为,君主应以"仁"治国,"势"是君主所天然具备的。因此,尧舜有治势而桀纣有乱势。韩非指出,势并不是天然具有的,它是君主一手制造出来的,是建立在君主地位和权威基础上的。君主只有造成有利于自己的威势才能把国家治理好。因此,"势"也是人主进行统治的一种工具。

明主之国:令者,言最贵者也;法者,事最适者也。言无二贵,法不两适;故言行不轨于法令者必禁。

【注释】《问辩》。轨于法令:是说依法令而言行。本句指出,"令"是言中最贵重的东西,"法"是事中最适当的东西。

【解析】法令是臣民言行的标准。凡是合乎法令的言行都是好的,凡是违反法令的言行都是应该禁止的。君主要以法令为依据来判断群臣的言行得当与否。群臣惧怕法令的威严,就不敢胡乱向君主发表议论。君主采用大臣的言论,还要看它的功效如何。君主以法治国,群臣就会谨言慎行,而避免那些没有价值的争论。韩非的这一观点与孔子"听其言而观其行"有相似之处。这是韩非在《问辩》篇所阐述的主旨。

术者,因任而授官,循名而责实,操杀生之柄,课群臣之能者也:此人主之所执也。

【注释】《定法》。任:能力。循:按照。课:试。术是依照人们的才能来给予他们合适的官职,按照他们所说的话来要求他们的实功,掌握着生杀的权柄,考察群臣的才能。

【解析】这是韩非对"术"的论述。"术"最早是由法家前期的代表人物申不害提出来的。"术"是君主用来驾驭群臣的方法,它与稳固君主的地位是紧密联系的。君主对群臣操生杀予夺之权,要求群臣说到必须做到,严格考察群臣是否称职,这些都是"术"的具体运用。君主把"术"控制在自己手里,秘而不宣,目的就是让群臣恪尽职守,为自己效忠。

法者,宪令著于官府,赏罚必于民心,赏存乎慎法,而罚加乎奸令者也;此臣之所师也。

【注释】《定法》。宪令:指法律。慎法:指谨慎地按照法律办事的人。奸令:指扰乱法令的人。此臣之所师也:这是群臣所取法的东西。

【解析】这是韩非关于"法"的论述。法律必须以条文的形式保存于官府。法律是由国家制定的,由官府向人民颁布。法律是人民的行为准则,所以人民必须了解法律的内容。法律的作用在于惩恶扬善,所以赏罚必须合乎民心。有功于国家的人,一定给予奖赏;犯了罪的人,一定给予惩罚。这样才能保证法的严肃性。群臣的行为也必须合乎法律规范。君主严格地依法奖惩群臣,所以法也是君主驾驭群臣的一项措施。

禁奸之法:太上禁其心,其次禁其言,其次禁其事。

【注释】《说疑》。太上:最好的策略。

【解析】君要想巩固自己的统治地位,就必须加强对臣民的控制,让臣民不敢有任何作奸犯科的行为。那么,如何才能禁止奸邪祸乱的发生呢?韩非认为,最好的办法就是加强思想控制,让臣民在思想上没有作恶的想法,从而一心为君主效忠。加强思想统治这一措施为历代统治者所运用。秦建国后,焚书坑儒,开了中国思想专制的先河。韩非所说的"禁其言"也就是限制人民的言论自由,这也是思想专制的一个方面。如清朝的文字狱,就是此种做法。

为人主者诚明于臣之所言,则别贤不肖如黑白矣。

【注释】《说疑》。别:区分。贤:指有才能的人。不肖:指没有才能的人。

【解析】人主身居高位,具有生杀予夺的大权,群臣都竭力想从君主那里取得利益。因此,不论忠良还是奸佞,不论有真才实学的还是不学无术的,都想在君主面前表现自己,以求封官加爵。君主每天被各种言论所包围,对群臣的言论,要用心加以识别,看他们所说的是否符合实情,看他们的建议是否具有可行性。君主头脑清醒,不为臣下的华言丽辞所蒙蔽,听其言还要观其行、求其功,那么,臣下的贤与不肖就能黑白分明了。

圣王明君则不然,内举不避亲,外举不避仇,是在焉,从而举之,非在焉,从而罚之。是以贤良遂进而奸邪并退,故一举而能服诸侯。

【注释】《说疑》。内举、外举:任用亲戚、任用外人。

【解析】君主能否治理好天下,用人得当与否是一个重要条件。在古代严重的宗法家族观念的影响下,君主用人常常任用自己的内亲外戚,但这些人并不一定真的具有才能,无法胜任官职,会造成严重后果。所以,韩非主张任人唯贤,不管是身份卑微的人还是曾经与自己作对的人,只要他有真才实学,愿意为君主效劳,君主就予以重用。奸邪之人看到君主具有知人之明,也就不敢上前了。国家因此会强大起来。

群臣居则修身,动则任力,非上之令不敢擅作疾言诬事,此圣王之所以牧臣下也。

【注释】《说疑》。任力:尽力于职事。

【解析】韩非反复强调君主要善于驾驭群臣。大臣都是自私自利的,不可能全心全意为君主效劳,君主必须使用权术,通过各种手段来控制大臣。群臣为了得到君主的奖赏,为了避免惩罚,就会忠心耿耿地为君主服务。如果群臣平时能够加强品德修养,尽职尽责地完成君主交给的任务,唯君主之命是从不敢诬陷他人,那么,君主就能够把群臣控制在自己手里,让群臣为自己尽忠、为国家效力。主是明主,臣是忠臣,国家也就会强大起来。

内宠并后,外宠贰政,枝子配适,大臣拟主,乱之道也。

【注释】《说疑》。内宠的妃与王后相比并;外宠的重臣擅政权,使君权不专,成了两属政权;庶子和嫡子相匹配;大臣僭拟君主,都是乱道。

【解析】这几条导致国家乱亡的原因,是因为君主没有把内外关系、嫡庶关系、君臣关系理顺。先秦诸子中,儒家是最重视人伦关系的,孔子反复强调"正名",认为"名正则言顺"。韩非在一定程度上接受儒家的观点,认为君主如果不把名分理顺,让偏妃与王后有同样的尊荣,会导致家庭内部的矛盾斗争;让大臣专权,就会降低君主威信,削弱君主统治力量;嫡庶通婚,就会造成姻戚关系的混乱,不利于国家稳定。这些都是君主应该极力避免的,否则就会导致国家危乱。

圣人之所以为治道者三:一曰利,二曰威,三曰名。夫利者,所以得民也;威者,所以行令也;名者,上下之所同道也。

【注释】《诡使》。名:爵号。本句指出爵位封号是上下所共同追求的东西。

【解析】法家提倡君主以"术"治国,利、威、名是君主所运用的"术"的重要内容。所谓"利"就是君主给百姓的好处,包括减轻赋税、徭役,奖励耕战,平民百姓也可以立功受赏、加官晋爵。百姓为了获得这些好处,当然就会听从君命,为国家尽力。君主要制造出极高的威严,让人民感到君威不可侵犯,从而绝对服从于君主的命令。君主设立各级官爵,为国立功的大臣可以加官晋爵,以此鼓励群臣恪尽职守、为国立功。利、威、名三种手段运用得当,君主就可以收到治国平天下的功效。

上无其道,则智者有私词,贤者有私意。上有私惠,下有私欲。圣智成群,造言作辞,以非法措于上,上不禁塞,又从而尊之,是教下"不听上,不从法"也。

【注释】《诡使》。

【解析】君主必须严格地以法治国。用小恩小惠笼络人心只能使臣下的私欲更加膨胀,让臣下存侥幸心理,希望无功受赏,因此不会尽职尽责建功立业。君主必须依法治国、奖惩分明,使群臣的行为合乎法律的规范。在这句话里,我们可以看出,韩非是反对不务耕战,以言辞游说君主的贤智之人的,认为这些人随意发表言论,扰乱君主的法治,教唆百姓不守法律。君主对这些人是应该给予严厉制裁的。

父母之于子也,产男则相贺,产女则杀之。此俱出父母之怀衽,然男子受贺,女子杀之者,虑其后便,计之长利也。

【注释】《六反》。虑其后便:指父母考虑以后的利益。

【解析】这一句话深刻地体现了韩非思想的功利目的。男子可以参加耕战,所以产男则相贺;女子将来要嫁做人妻,所以产女则杀之。这完全是从利益大小来考虑问题,而没有任何仁义道德可言。在韩非看来,君主要想维护自己的统治地位,使自己的利益不受侵犯,就必须驾驭好臣民,让臣民服从自己的命令,为自己效忠。如果臣民获得过多利益,就会危害到君主的利益,所以君主对于臣民不能有任何仁爱之心,君臣之间只能是利用和被利用的关系。

今学者之说人主也,皆去求利之心,出相爱之道,是求人主之过于父母之亲也,此不熟于论恩,诈而诬也,故明主不受也。

【注释】《六反》。学者:指游说之士。诬:欺骗,此指被人主认为是欺骗的话。

【解析】君主与臣下并不像父母与子女那样具有血缘关系。因此,君主与臣下之间不存在恩爱仁义,他们是一种建立在具体利益基础上的互相利用的关系。这一点,韩非在文章中向人主反复申明。孔孟都是讲以仁义为治,孟子更是以仁政游说诸侯,认为君主只有施行仁政才能称王天下。韩非对儒家的仁政思想嗤之以鼻,认为仁政只能让国家更加混乱,君主只有以法治国,才能使国家强大起来。

霸王者,人主之大利也。人主挟大利以听治,故其任官者当能,其赏罚无私。使士民明焉:尽力致死,则功伐可立,而爵禄可致,爵禄至而富贵之业成矣。

【注释】《六反》。听治:指治国。功伐:功业。

【解析】成就王霸事业,在君主来说,是最有利可图的事,也是为君者最大的愿望。君主为了实现这一目标,就必须奋发图强、励精图治,采取相应的政治措施,任人唯贤,让有才能的人担当重任,可以把国家事务管理得更好;赏罚依法执行,不徇私情。士民明白立功便可受赏,要想取得爵禄就必参加耕战,那么就会让游民都尽力去耕田种地,让士兵都奋不顾身,效命疆场。君主用加官封爵作为奖赏,使国富兵强,实现君主成就王霸事业的理想。

明主知之,故不养恩爱之心,而增威严之势。

【注释】《六反》。

【解析】春秋战国是一个战争频繁、社会发生巨大变革的时代。诸子各立门户、各创学说,以求解决现实问题,提出自己的观点和看法,对于其他学派的观点予以驳斥。韩非所代表的法家就对当时的显学儒家学说进行了反驳。这句话中的"恩爱之心"也就是儒家所提倡的以"仁义"为治的思想。韩非通过对社会现象深刻的观察和分析,认为君主必须严格地以法治国,仁义治国是不切合实际的。君主实行严刑峻法,令行禁止,才能驾驭臣民,治理好国家。

法之为道,前苦而长利;仁之为道,偷乐而后穷。

【注释】《六反》。偷乐:苟且作乐。

【解析】这句话对比了以法治国与以仁治国的不同后果。在法家看来,法律虽然严厉苛刻,但只要人人遵守,从长远来看是有利的。仁义虽然可以让百姓暂时生活安乐,但总有一天会遭受更多的痛苦。韩非举例说:"好比一个家庭如果能忍受饥寒,努力劳作,即使有战争饥荒,将来仍然可以过上好日子。如果这个家庭一味讲仁义,贪求安乐,一旦遇到饥荒,就得出卖妻子儿女。"因此,法家主张抛弃仁义,以法治国。

欲治甚者,其赏必厚矣;其恶乱甚者,其罚必重矣。

【注释】《六反》。极其想治理好国家的人,一定会施行厚赏;极其厌恶混乱的人,一定会施行重罚。

【解析】赏罚是治国的有效手段。君主如果想要治理好国家就必须充分运用这一手段。对于有功于国家的人,君主给予重赏,调动起人们建功立业的积极性。全国人民为了获得君主的奖赏,必然会努力为君主效劳。一个想要治理好国家的君主必然对扰乱破坏国家安定的人极其反感,因此制定严刑峻法,坚决打击目无法纪的犯罪分子。君主赏罚严明,就会在全国形成求赏远罚的社会风气,国家会因此而兴旺发达起来。

重罚者,盗贼也;而悼惧者,良民也。欲治者奚疑于重刑! 若夫厚赏者,非独赏功也,又劝一国。

【注释】《六反》。悼惧:悲痛恐惧。劝:鼓励。

【解析】重罚犯罪分子,不只是对其所犯罪行的惩罚,更重要的是对全国人民都起到警戒的作用。把少数的犯罪分子当作反面教材,予以严厉惩罚,就能让大多数人引起畏惧,不敢有任何违法乱纪的想法,严惩的是少数犯罪分子,获益的是广大的百姓。对于立功的人实施厚赏,其意义也不只是奖赏了少数立功的人。它可以鼓励全国人民都积极地去建功立业。所以,重罚厚赏并不是少数人得与失的问题,它对全国人民都起到警戒和劝导的作用,意义是极其深远的。

凡人之生也,财用足则隳于用力,上治懦则肆于为非。

【注释】《六反》。隳(huī):指懈怠。财用丰富,人们就不再用力去创造财富。君主治国不严,人们就敢于为非作歹。

【解析】人们思想中都有不劳而获、安逸享乐的想法。如果衣食丰足、财用有余,人们就不会再像当初贫困时一样努力劳动,而是满足于现状,不思进取。君主治国也是如此。如果君主仁义宽厚,不以严刑峻法治国,那么,人们就不会畏惧刑罚,轻易地以身试法,干出各种违法乱纪的事情。所以,君主治国不能有丝毫的放松懈怠,对于犯罪分子,要用严刑峻法予以坚决打击。百姓惧怕君主的威严,惧怕严刑重罚,当然就不敢为非作歹了。

明主之治国也:适其时事以致财物,论其税赋以均贫富,厚其爵禄以尽贤能,重其刑罚以禁奸邪,使民以力得富,以事致贵,以过受罪,以功致赏,而不念慈惠之赐,此帝王之政也。

【注释】《六反》。致:收取。

【解析】这句话讲的是明主治国的策略。向人们收取财物,要按一定的时间进行,不可不分时令随意索取。人民贫富不同,国家收税时要根据实际情况,区别对待。贫困的少收,富裕的多收,才能缩小贫富的差距,有利于社会的稳定。君主设立重赏,对为国立功的人封赏加爵,促使人们施展才能为国家做贡献;加重刑罚,让人们不敢有犯罪行为。君主赏罚严明,让人民不敢心存侥幸。这才是明君治国收到的成效。

任人以事,存亡治乱之机也,无术以任人,无所任而不败。

【注释】《八说》。机:关键。

【解析】是否善于用人，是统治者事业成败的关键。历代都有因为知人善任而著名的人物。如商汤任用伊尹而灭亡了夏桀；文王、武王任用姜子牙而灭亡了商纣；秦穆公任用百里奚而国富兵强；至于大家所熟悉的长篇历史小说《三国演义》里，曹操、刘备、孙权都十分重视用人，曹操更是向天下发出"唯才是举"的号令。刘备从平民到帝王，更是与他任用贤才分不开的。韩非总结前代历史经验教训，向君主指出，用人是治乱存亡的关键。

察士然后能知之，不可以为令。夫民不尽察。贤者然后能行之，不可以为法，夫民不尽贤。

【注释】《八说》。必待明察之士才能知道的事理，不可据之以立法令，因为民众不是每个人都是明察之士。

【解析】韩非对法的功用已经有了很多论述，这句话是他对制定法律的看法。法律的制定有一个标准问题。这个标准应符合广大人民群众的实际情况。善于明察事理的人和贤者在社会上只占一小部分，君主不能依照这些人的标准来制定法律，那样就会脱离广大人民群众的实际情况。法律是人民群众的行为准则，君主制定法律的时候，就必须从人民群众的实际情况出发，这样，制定出的法律才是客观的、公正的，才能对全社会的人起到约束作用。

不作而养足，不仕而名显，此私便也；息文学而明法度，塞私便而一功劳，此公利也。

【注释】《八说》。私便：指私利。文学：指提倡儒家思想的人。公利：指有利于国家。

【解析】儒家提倡"世有道则仕，无道则退"，"穷则独善其身，达则兼济天下"。伯夷、叔齐一类的隐士被儒家奉为楷模，给予极高的赞美。韩非对隐居而扬名的人物向来是不屑一顾的，认为他们"不作而养足，不仕而名显"，窃取功名利禄，却对社会没有任何贡献，只是获得了个人私利。明主必须清除这一类人物，依法治国，按功劳大小进行奖赏，杜绝出现无功受赏的事情，使士民的行为都符合君主的利益，国家才能兴旺强盛。

处多事之时，用寡事之器，非智者之备也；当大争之世，而循揖让之轨，非圣人之治也。

【注释】《八说》。寡事之器、揖让之轨：都是指施行仁政。

【解析】法家不像儒家那样动辄称三代之美、圣王之治，而是主张不拘泥于古人，时移世变，要根据实际情况来制定政策。在韩非看来，战国时代战乱频仍，是多事之秋，与上古人民少而财用足的情况大不相同。在这样一个时代，推行仁政是解决不了社会问题的,所以在这个时代是不会出现尧、舜、禹那样的圣人的。当代君主所要做的就是依法治国,赏罚分明,驾驭好臣民百姓,使之为国家服务,这才是当代君主应采取的政策。

其臣有奸者必知,知者必诛。是以有道之主,不求清洁之吏,而务必知之术也。

【注释】《八说》。诛:惩罚。清洁之吏:指清正廉明的官吏。

【解析】明主以术治国,了解臣下的言论和行为是术治的一个重要方面。大臣为君主服务,其目的是求得个人私利。为了追求私利,大臣在暗中会利用职权贪污受贿、营私舞弊,更有甚者,会勾结外敌,出卖国家秘密,以获得更多的利益。明主必须调动各种手段,加强对大臣的监督,有了过错及时给予相应的惩罚。大臣在严刑峻法面前,自然不敢任意而为。让大臣都自发地做到清正廉明是不可能的,只有加强法律规范,大臣才能成为清官。

明其法禁,察其谋计:法明则内无变乱之患,计得则外无死虏之祸。

【注释】《八说》。察:思考。死虏之祸:指与敌国交战失败。

【解析】法术是君主治国的得力工具。法律是要求全国人民都要遵守的准则。君主制定严格的法律,颁布全国,让全国人民都知法、守法,慑于法律威严,不敢为非作歹。君主执行法律必须公正严明,不因慈爱仁厚而减轻刑罚。全国人民的行为都符合法律要求,社会就会太平安宁。身处乱世的君主更应该深谙权谋之术。各国交互侵扰,要想立于不败之地,就须谋划得当。君主运筹帷幄,深谋远虑,不战则已,战则必胜,才不至于兵败地削、丧权辱国。

书约而弟子辩,法省而民讼简,是以圣人之书必著论,明主之法必详事。

【注释】《八说》。约:简约。讼简:由于法简约而民争讼。著:明。

【解析】韩非认为,法律必须详尽而完备。详尽而完备的法律使社会上发生的各种问题都可以找到法律依据,依法解决,从而减少因为无法可依,或是对法律条文有不同的理解而产生的争讼。韩非用了一个具体的比喻来说明法律详尽而完备的重要性。他说,圣人著书因为过于简约,所以引起弟子的辩论。如果圣人把观点详尽地阐述出来,那也就没有因为理解不同而产生的辩论了。法律也是如此,所以法律的制定必须严密而周详,减少漏洞,让人无隙可乘。

治国是非,不以术断而决于宠人,则臣下轻君而重于宠人矣。

【注释】《八说》。是非对错,君主不亲自决断而听从于宠臣,那么臣下就轻君而重宠臣了。

【解析】君主的威严来源于他神圣不可侵犯的君权。君主要牢牢控制住自己的权力,凡事亲自决断,以定善恶是非。如果君主把权力交给身边的宠臣,宠臣掌握判断是非、生杀予夺的大权,那么群臣就会依附于宠臣,而不思为君主效忠。韩非用两个形象的比喻来说明这个问题。他说,酸甜苦辣,如果君主不亲自品尝,而由宰尹判断,那么厨师就会轻君而重宰尹;音乐的美恶,君主不用耳朵判断,而听由乐官裁断,那么,乐师就会轻君而重乐官了。说的正是这个道理。

明主之国,有贵臣,无重臣。贵臣者,爵尊而官大也;重臣者,言听而力多者也。

【注释】《八说》。言听而力多者也:指君主听从重臣的话而使重臣权力扩大。

【解析】明主以术治国,对于为国家做出重大贡献的功臣加官晋爵,给予极大的荣耀。这不仅是对功臣的奖赏,重要的是起到一种劝勉作用,让臣民争相为国立功。明主要扶持一些这样的贵臣。重臣则是君主因为宠信而把大权交与他掌握,对他的话言听计从。重臣掌有大权,作威作福,群臣慑于他的权力,不敢不从。重臣因此会产生野心,甚至做出杀君弑主的事来。所以,君主培养贵臣,而坚决防止重臣的出现。

凡治天下,必因人情。人情者有好恶,故赏罚可用,赏罚可用则禁令可立,而治道具矣。

【注释】《八经》。运用赏罚能让人们遵守法律。人们遵守法律,国家就太平了。

【解析】想要统治天下的君主对于人情必须有深刻入微的体察。人之性情,有好有恶。好赏恶罚是人共同的心理。君主要充分利用人们这一心理,把赏罚和法律制度结合在一起。对于行为合乎法律规范,尽职尽责,为国家做出贡献的大臣有赏,对努力耕战的平民百姓也依法有赏,人们为了追求君主的奖赏就需要严格守法。对于作奸犯科的人,君主依法予以严惩,绝不留情,让人们慑于法律威严而不敢为非作歹。把赏罚与法制相结合,是使国家安定的一个重要手段。

君执柄以处势,故令行禁止。柄者,杀生之制也;势者,胜众之资也。

【注释】《八经》。柄:权柄。令行禁止:有令必行,有禁必止。制:指君权。资:资本、凭借。

【解析】国君拥有至高无上的君权。君权是国家权力的核心。君主握有君权,发号施令,生杀予夺,对全国人民造成一种极大的威慑力量。这种威慑力量其实就是法家所说的"势"。君主利用权力造成威势,是君主把全国臣民紧紧控制在自己手中的关键。君主没有威势,臣民就容易轻君犯上,法令也无法彻底贯彻。人民轻易滋事,造成国家混乱。君主只有形成极大的威势,才能令行禁止,让臣民服从于自己的统治。

明主之行制也天,其用人也鬼。天则不非,鬼则不困。

【注释】《八经》。行制:指行使主权。天:指君主行制以多方面事物为治理对象,就像天对万事万物那样。鬼:指神秘难测的君术。非:非议。困:穷困。

【解析】明主行使君权具有绝对的威严。就像天时运行,对世间万物都产生巨大的影响一样,君主对全国人民也有一种不可抗拒的力量,让人民唯君主之命是从,不敢有任何非议,就如同人们对上天只有崇敬而不敢诋毁一样。法家强调君主要制造出一种神秘气氛,不轻易抛头露面、不轻易发表言论,让人们感到神秘莫测。君主以"术"驾驭群臣,不让群臣琢磨透自己的行为想法。群臣永远感到君主神秘莫测,自然就会完全服从于君主的领导了。

力不敌众,智不尽物,与其用一人,不如用一国。

【注释】《八经》。一人之力不能胜众,一人之智不能尽知万物。人君用一人之智力不如用一国之智力。

【解析】这句话也是说君主要以术治国。君主一人的智慧和力量是极其有限的,一人之力远没有全国人的力量大,一人之智远没有全国人的智慧多。所以,君主应该懂得如何运用全国人民的力量和智慧。韩非的思想学说全都是让君主学会如何治国的,以君主为中心,但也不是完全否定人民群众的力量。韩非也认识到人民群众的智慧力量是无穷无尽的,君主要想治理好国家,要想在战乱中生存,就必须依赖于人民群众的力量。

知臣主之异利者王,以为同者劫,与共事者杀。故明主审公私之分,审利害之地,奸乃无所乘。

【注释】《八经》。主与臣利益不同,认为利益相同,君主就有劫难,把权力分给臣下,君主就有被杀的危险。

【解析】君和臣有各自不同的利益。君希望臣能竭力尽忠,臣则希望从君主那里获得更多的好处。君臣之间没有血缘亲情,他们的关系是建立在互相利用的基础上的,君主必须明白这一点。如果君主认为君利和臣利是一致的,就会过分信任大臣,把权力下放给大臣。大臣握有重权,营私舞弊,以求获取更多的个人私利,就会轻君犯上,甚至要弑君自立。所以,君主要严格区别君臣利益的异同,防止臣下为求个人私利而损害君主利益。

言会众端,必揆之以地,谋之以天,验之以物,参之以人。四征者符,乃可以观矣。

【注释】《八经》。众端:事情的各方面。揆(kuí):度量,考察。四征:地利、天时、物理、人情。符合这四样,就可以判断是非善恶了。

【解析】君主要通晓天时、地利、物理、人情。这四样可以说是包含着世间一切事物。中国古人最重视这四样事物。《大学》里讲"格物致知",意思是人们只有推究物理,才能获得广泛的知识。孟子特别强调天时、地利、人和的作用,他说"天时不如地利,地利不如人和"。韩非认为,作为一个明君,就必须对天、地、物、人有深刻的体察,依天时、地利、物理、人情来行事,那么是非分明、善恶昭著,君主就能无往而不胜了。

为君者有贤知之名,有赏罚之实。名实俱至,故福善必闻矣。

【注释】《八经》。

【解析】一国君主要使臣民百姓信服,既要有贤智之名,又要有赏罚之实。"贤"是一种道德标准。君主有较强的治国能力,用人得当,官吏廉洁,人民生活安乐,国家富强,这就可以说是一位贤君。"智"是要求君主聪明颖悟,处理事情果断机敏,善于听取他人意见,表现出大智大慧的特点。贤智是君主的名声,有了这样的名声还要严明赏罚。大凡君主有贤智之名,人们就认为他宽厚仁慈,所以不务立功求赏,而想侥幸获得君主恩赐。君主要严格执行有功则赏、有过必罚的政策。外有贤智之名,内有赏罚之实,才能治理好国家。

言之为物也以多信;不然之物,十人云疑,百人然乎,千人不可解也。

【注释】《八经》。一种言论,如果多人相信,那么大家就都相信。不正确的东西,十人表示怀疑,百人认为对,那么一千人也会迷惑不解。

【解析】这句话也就是"三人成虎""众口铄金""积毁销骨"这一类意思。人们都有随大流的心理,大家都认为是对的,那就没有人做进一步的分析,看它是否正确。君主听取言论必须谨慎小心,对于大家都同意的事情,也不可轻易相信,更不可据此做出轻率的决定。君主对他人的言论必须进行深入的分析考察,看它是否符合实情,用具体的事情给予检验,看能否收到功效。君主不以言论定赏罚,而以功效定赏罚,促使臣下谨言慎行,克己奉公,为君主服务。

官之富重也,乱功之所生也。

【注释】《八经》。功:事情。官吏积聚过多财富,是祸乱产生的原因。

【解析】官吏是国家的管理人员,他们行使法律,治理百姓。官吏是否廉洁,关系到人民生产能否顺利进行,社会是否稳定。在政治黑暗、社会混乱的时代,官吏横行霸道、鱼肉百姓、强征暴敛,加重人民的负担,以扩充个人的财富。在政治黑暗的时代,官吏贪污贿赂之风盛行。反之,贪官污吏又加重了社会的混乱。真正廉明的官员,私人财产并不多。如果一个官员家私巨万,那么必是贪官无疑。君主应予严惩。

明主之道:臣不得以行义成荣,不得以家利为功,功名所生,必出于官法。

【注释】《八经》。家:指卿大夫的采地。家利:指利于家未必利于国。

【解析】功名是大臣所追求的对象。君主给予大臣功名,要看大臣的行为是否符合国家法律,大臣是否为国家做出贡献。有的大臣借手中权力推行恩义,收买人心,以求获取荣誉。君主对于这样的大臣必须严惩不贷,因为在法家看来,君主应以法治国,仁义只能扰乱法律,对社会没有什么好处。大臣的行为可能有利于私家利益,对国家不会产生好处,君主要区分开私利与公利,对这样的大臣不能奖赏。大臣只有严格依国法行事,才能获取功名。

圣人不期修古,不法常可;论世之事,因为之备。

【注释】《五蠹》。圣人:指君主。期:期望,要求。不期修古:指不要求修行先王的古道。常可:指旧制度。君主要依据历史发展的实际情况进行改革,以适应新时代的要求。

【解析】这是韩非的一句名言,表明韩非具有不拘泥于古制,勇于创新的改革精神。复古思想自孔孟起就一直在人们心中占有很重要的地位,认为什么东西都是过去的好,祖宗留下的法则不可变更,所以在中国人的思想里都有守旧的一面,而缺乏创新精神。韩非却不拘泥于传统,他要求君主要因时制宜、因地制宜、因事制宜,不必恪守古训,按当今时代的要求来制定相应的政策,这是一种大胆的创新精神,给中国人的思想里注入了新的活力。几千年来,凡锐意改革的中国人都有韩非的这种精神。

宋人有耕者,田中有株,兔走触株,折颈而死,因释其耒而守株,冀复得兔,兔不可复得,而身为宋国笑。

【注释】《五蠹》。株:树。走:跑。耒:农具。冀:希望。宋国:指宋国人。

【解析】"守株待兔"是《韩非子》中一个著名的寓言故事。守株待兔早已成为成语,被人们广泛运用。韩非用这个故事来说明君主切不可拘泥于先王的政策而不知变通,否则就会像那个农夫一样徒劳无功。韩非主张君主依当时的实际情况来制定国家政策,先王的政策虽好,但它是先王时代的产物,未必适应当前形势的要求。所以,君主不可泥古不变,可以学习先王政策中优秀的东西,但如果照搬先王的政策,那就会像"守株待兔"一样,被人嘲笑。

圣人议多少,论薄厚,而为之政。故罚薄不为慈,诛严不为戾,称俗而行也。故事因于世,而备适于事。

【注释】《五蠹》。君主根据财物多少、权势轻重来制定政策。因此,上古君主轻刑薄罚是因为财货多,人民不争,而不是仁慈。当今君主严刑重罚也不是暴戾,而是依世俗而行。所以,事情是依时代情形发生的,君主的政策也要适应当今的事情。

【解析】这句话十分突出地表现了韩非的务实与改革精神。君主制定政策一定要根据当前的实际情况,考虑国家实力大小以及自己权势的轻重。所以,君主不要怕施行严刑重罚有暴戾之嫌,只要严刑重罚适应当前情况,那就坚决实行。君主的政策是用来治理当代人民的,所以必须符合当代的实际情况。不顾实际,一味羡慕上古的仁义之世,运用先王法令不知变通,国家就有倾覆的危险。

上古竞于道德,中世逐于智谋,当今争于气力。

【注释】《五蠹》。

【解析】上古时期,民风淳朴,人们都致力于道德的修养。有德的人受到社会的尊重。上古政治,不用智谋、不修武力,而是用高尚的道德感化敌人,使之归顺。中古的人们没有了上古的淳朴,他们讲究智谋,力求以智胜人。到了当今之世,战乱频仍,世道混乱,人们早已不再修养自己的道德,中古时代的智谋也已退化为权谋机诈。当今之世,人们竞相以武力征伐,谁的势力大,谁就可以称王称霸。所以,君主必须根据当今之世的情况,采取相应的政策。

行仁义者非所誉,誉之则害功;文学者非所用,用之则乱法。

【注释】《五蠹》。行仁义者:指儒家一类人物。

【解析】韩非反对儒家,认为他们凭文学被君主录用,行事则讲仁义,会破坏君主的法律。儒家以仁孝为先。据说,鲁国有人跟国君去打仗,三次从战场上逃跑。人们问他为什么逃跑,他说:"我家里还有老父亲,我如果战死,就没有人奉养他。"孔子听说后,认为这人讲孝道,就推举他做官。韩非用这个例子说明儒家思想是有害于君主统治的。侠士依恃剑术替人报仇,为人豢养。韩非认为,侠士无视国家法律,君主也应禁止他们的活动。

国平养儒侠,难至用介士,所利非所用,所用非所利。是故服事者简其业,而游学者日众,是世之所以乱也。

【注释】《五蠹》。介士:士兵。简:怠慢。游学者:说客和学士。

【解析】韩非认为,真正为国家做出贡献的,是从事于耕战的人。但是君主在国家太平的时候不重视战士,而给靠游说和文学取悦君主的人加官封爵,一旦发生战事,又要靠士兵来冲锋陷阵,保家卫国。韩非指出,君主重用的人却不是给君主做出贡献的人,给君主做出贡献的人君主又不予重用,这就会让从事具体工作的人懈怠于工作,而是想如何用花言巧语去骗取君主的爵禄。这样一来,游说之士和以文学干谒君主的人就会越来越多。长此以往,国家就有灭亡的危险。

明王治国之政,使其商工游食之民少而名卑,以寡趣本务而趋末作。

【注释】《五蠹》。趣:趋。本务:指农务。末作:指工商业。明主治国的政策,使其国内商工游食之民少而且名卑。因为,国民务农的人数少,而走向工商业的人数多,故用"重农抑商"的政策来纠正它。

【解析】中国古代漫长的农业社会中,一直对商业活动不够重视。韩非认为,工商之民是国家的蠹虫之一。他们不从事劳作,靠买卖向农民渔利,比从事农业劳作的人获利还多。这些人对社会造成不良影响,让社会上的人都想通过商业活动不劳而获,那么人们就不愿意从事于艰苦的农业生产,这对国家经济的发展会产生极大的危害。所以,韩非主张重农抑商,认为国君应采取政策鼓励农耕,打击工商之民。这样才能使国家富强起来。

夫严家无悍虏,而慈母有败子,吾以此知威势之可以禁暴,而德厚之不足以止乱也。

【注释】《显学》。悍:凶狠。虏:奴仆。

【解析】战国是一个崇尚武力的时代。一个国家要想生存下去,就必须有足够强大的军事力量。所以,韩非力劝君主要努力发展军事力量,国富兵强就可以通过战争让其他国家臣服于己,而国家软弱就只能臣服于他国。春秋五霸,就是依靠强大的经济军事力量成为诸侯霸主的。战国七雄,也都是以武力征伐确立了自己的大国地位。在一个充满暴力的时代,只有用强大的武力才能制止暴乱。仁义道德在那样的时代是发挥不了作用的。

王术不恃外之不乱也,恃其不可乱也。恃外不乱而治立者削,恃其不可乱而行法者兴。

【注释】《心度》。王术:王者治国之术。外之不乱:外国不扰乱。治立:治理好国家。

【解析】君主能否治理好国家,不在于敌国是否进行干扰,而在于国家是否强大,不受外敌干扰。君主治国一定要致力于发展国家的经济军事力量。衰弱则要受辱,落后就会挨打。只有国家强大起来,才能有足够的力量抵御外敌的侵略和干扰。如果君主只想不被外敌侵扰而保持国泰民安,那是完全错误的。

《商 君 书》

　　商鞅(约公元前390—前338年),是战国中期卫国人,原名公孙鞅,又叫卫鞅,后来在秦国变法有功,被秦孝公封于商,号商君,所以历史上又称他为商鞅。

　　商鞅一生中最重要的活动就是辅助秦孝公进行了变法。商鞅变法是巩固封建制度的一场深刻变革。在商鞅的时代,新兴的地主阶级作为封建制生产关系的主角登上了历史舞台,好几个诸侯国都推翻了奴隶主阶级的统治,建立了封建政权。在秦国,新兴地主阶级十分软弱,而奴隶主贵族在政治、经济、文化领域仍保持着相当大的势力。新兴的地主阶级迫切要求运用政权力量,清除奴隶主的残余势力,巩固和发展新兴的封建制度。商鞅顺应这种历史发展的趋势,在秦国实行了变法。

　　商鞅变法的主要内容是:一、废除井田制,允许土地自由买卖,从法律上确认封建土地所有制;二、废除"世卿世禄"制度,建立按农战功绩授予官爵的新体制,确立新兴地主阶级的政治体制和封建等级制;三、废除分封制,普遍建立郡县制,加强中央集权,坚决实行法制,主张"刑无等级";四、奖励农战,抑制工商业,加强新兴地主阶级的经济力量和军事力量。商鞅变法取得了成功,有力地巩固和发展了封建制度,使秦国很快就由贫弱转为富强。秦孝公死后,商鞅被秦国内部的反动势力用"车裂"的酷刑杀害,但商鞅变法在中国历史上产生了深远的影响。

　　《商君书》是商鞅以后的法家学者辑录的,原来有29篇,现存24篇。它记载了商鞅变法的事迹,反映了商鞅的基本思想和政治主张。《商君书》是先秦法家的重要著作之一,对于研究商鞅变法及战国时期的政治、经济、文化等有很大价值。

有高人之行者,固见负于世;有独知之虑者,必见骜于民。

【注释】《更法》。固:总是。见负:被讥笑指责。骜(ào):当作訾,见訾:被诽谤。

【解析】凡是合乎世俗习惯的行为,人们就表示认同;凡是不合乎世俗习惯的行为,人们就予以嘲讽。这也就是俗话说的"枪打出头鸟"。然而真正的英雄,真正能成就大事业的人,却总是这种不合乎世俗的人。他们比一般人具有更敏锐的洞察力,他们能够高瞻远瞩,看到一般人所看不到的问题。这样的人行为和意识都是超前的,他们可能暂时不为世俗所理解,但是最终推动历史发展、社会进步的无疑是这一类人物。

法者所以爱民也;礼者所以便事也。是以圣人苟可以强国,不法其故;苟可以利民,不循其礼。

【注释】《更法》。便事:使事情方便去做。苟:如果。故:指旧法制。循:遵循。

【解析】在法家看来,君主制定法律的目的是惩恶扬善,所以法律对大多数人民是有利的。"礼"指规矩制度。"礼"的设立,也是为了让人们之间关系更加和谐。因此,"礼"也是对人民有利的。君主治理国家,目的就是要强国利民,当旧的法律制度不适应当前需要的时候,君主就应该考虑如何变更旧制度。只要改变旧制度能有利于国家、有利于人民,那么君主就可以大胆地改革。变与不变,取决于是否有利于国、是否有利于民,这是根本原则。

拘礼之人不足与言事,制法之人不足与论变。

【注释】《更法》。拘礼:为礼所拘。制法:为法律所限制。二者都是指拘泥于旧制度,不知变通的人。

【解析】改革者必须是通权达变、善于变通的人。死抱住旧的制度不放,谨言慎行,不敢越雷池一步的人,永远都是井底之蛙,满足于方寸天地,不会有任何的作为。真正的改革者都具有开放的意识、大胆的创新精神。他们的思想远比一般人要深刻得多,他们能观察到旧制度的种种弊端,不满于这些弊端,所以要求变更旧制度。他们不会为旧制度所限制,他们具有大胆的创新精神、具有大无畏的献身精神,这是一个改革者最优秀的品质。

治世不一道,便国不必法古。

【注释】《更法》。治理国家的方式不是只有一个,只要有利于国家就可以不必效法古人。

【解析】这是商鞅变法革新的著名理论。当时有许多人死守古训,认为先王之法不可改变,国君只能依循旧制度来治理国家。商鞅指出,时代不同,治国之道也不同。伏羲、神农治理国家,对人民只是实行教化,而没有诛杀之刑。黄帝、尧、舜只是诛杀罪大恶极的人。文王、武王都是按时代需要而设立法制。商鞅指出,凡是有成就的君主都能不拘泥于旧制,法律制度依现实情况而定,只要利国利民,就可以大胆变革。

无宿治,则邪官不及为私利于民,而百官之情不相稽,则农有余日。

【注释】《垦令》。宿:隔夜。宿治:隔夜办理事情,指办事拖拉积压。不及:来不及。为:求的意思。情:事情,指政事。稽:停留,阻塞。余日:指农民从事农业生产的时间。

【解析】反对"宿治"是商鞅的一个重要政治主张。他认为,办理政事要迅速及时,绝对不能拖拉积压。贪官污吏总是要敲诈人民,从人民那里榨取好处。国君行事迅速,就能有效地制止贪官污吏的勒索敲诈。各级官吏的政事总是处理缓慢,积压在一起,不及时处理。如果君主以身作则,雷厉风行,下级官吏就不敢拖沓敷衍,从而提高办事效率。官吏不贪污腐败,百姓的事情能及时得到处理,人民就有更多时间进行农业生产,所以"无宿治"是君主应该特别注意的问题。

无以外权爵任与官,则民不贵学问,又不贱农。

【注释】《垦令》。外权:指别的诸侯国的势力。爵任与官:封爵位、任官职,战国时期,诸侯国之间有互相推荐官吏的情况,说客也常借一国的势力在他国谋求官职。学问:指儒家的学说。

【解析】战国是游说盛行的时代。很多儒生凭借知识学问,以儒家"仁政"思想去游说君主,以求封官加爵。商鞅认为,这些人只是以言辞说人,没有实际价值,对国家发展非但没有好处,还会扰乱君主视听。如果君主重用这类人物,就会加重游说干谒的风气,让人民不能安心于农业生产,想走捷径取得功名富贵,这对国家是极其有害的。明主治国应以农业为本,让人民都参加到农业生产中去,多垦荒地,多产粮食,国家才会富强起来。

使商无得籴,农无得粜。农无得粜,则窳惰之农勉疾;商无得籴,则多岁不加乐。

【注释】《垦令》。籴:买粮食。粜:卖粮食。窳(yǔ):懒惰。勉疾:勤奋。多岁:丰收年。加乐:更加快乐,指商人在丰收年靠买卖粮食挣钱,生活幸福。

【解析】重农轻商是法家的一个重要思想。商鞅特别反对粮食买卖,因为有一些农民不勤于耕种,而是搞其他的事情,赚了钱之后再去买粮食,尤其是一些有钱有势的大家族,不从事农业生产,所吃的粮食不是出自自家土地而是向商人购买,这样就会严重妨碍农业生产的发展。商人靠买卖粮食获利丰厚,诱使许多人放弃农耕从事商业活动。有钱的大商人囤积居奇,丰收年头大量收购粮食,饥荒时卖出,谋取暴利,对国家经济造成极大影响。所以,商鞅主张把以农为本、重农抑商作为国家基本政策。

废逆旅,则奸伪、躁心、私交、疑农之民不行。逆旅之民无所于食,则必农,农则草必垦矣。

【注释】《垦令》。逆旅:旅店。躁心:指见异思迁的人。私交:私自与豪门权贵及诸侯各国势力交往。疑农:指不安心农务的人。不行:不外出流动。草:指荒地。

【解析】商鞅认识到发展农业生产是当务之急,所以他想尽一切措施让不参加农业生产的人参加到农业生产当中,让已经从事农业生产的人心无杂念,专心致力于农耕。废除旅店,也是商鞅促进农业生产发展的一个手段。然而用今天的眼光看来,这一措施显得十分荒唐可笑。因为旅店虽然为外出的人提供方便,但并不是人们外出的原因。况且旅店不只为不务农耕的人提供方便,人们有事外出当然都是要住店的。由此,我们也可以看出商鞅政策中偏激的一面。

重刑而连其罪,则褊急之民不斗,很刚之民不讼,怠惰之民不游,费资之民不作,巧谀、恶心之民无变也。

【注释】《垦令》。连其罪:指连坐的法律。褊急:心胸狭隘、性情急躁。很:同"狠"。刚:蛮横。怠惰之民:指游说之人。费资之民:挥霍浪费的人。恶心:指心存不良的坏人。变:指欺骗。

【解析】商鞅主张以严刑重罚治国,尤其是要采用连坐法。那么,什么是连坐法呢?商鞅为了控制人民,在全国建立什伍制度,五家为伍,十家为什,互相监视告发。一家有罪,其他各家如果不告发,连带有罪;如果告发,可以得赏。这就是所谓的连坐法。这是一种极其残忍苛刻的法律,可见法家治国,毫无仁义恩惠可言。秦始皇建国后,沿用这种连坐制度,"杀人如恐不尽,刑人如恐不胜",很快便走向了灭亡。

凡人主之所以劝民者,官爵也;国之所以兴者,农战也。

【注释】《农战》。劝民:鼓励人民。

【解析】农战是商鞅变法的重要内容和根本政策。农,就是要废除井田,鼓励垦荒,发展农业生产。商鞅采取各种政策,让农民全心全意地进行农业生产,因为农业生产发达与否,直接关系到国家是否富强。战,就是发展军事力量。在战国时代,各诸侯国之间战争不断,军队是否强大关系到国家的生死存亡。所以,商鞅采取措施,鼓励士兵英勇作战。农战是国家的根本政策,只有为农战做出贡献的人,才能取得官爵。

善为国者,仓廪虽满,不偷于农;国大民众,不淫于言,则民朴一。

【注释】《农战》。仓廪:粮仓。偷:轻视,马虎。淫:有过度、泛滥的意思。这句话是说不让游说之士的言辞泛滥。朴一:朴实专一,指专一于农战。

【解析】农业生产是立国根本。农业生产的好坏关系到国家的强大与否,所以君主必须对农业生产高度重视。中国历来就是农业社会,人们把从事于农耕看作是最本分的事,这与高度重视农耕的思想是有关系的。法家看到一个国家要想强大,就必须有粮食作保障,让人民安居乐业,人民不愁吃穿,才能为国家效力。商鞅主张限制儒家一类的游说之士,让人民心不旁顾,把精力都投入到农耕中去,从而保证农业生产的发展。

国待农战而安,主待农战而尊。

【注释】《农战》。

【解析】这句话反映了商鞅对农战的高度重视。发展农业生产是商鞅的一贯主张。他认为,只有农业生产搞好了,国家才会强大起来。为此,他采取种种措施,让农民安心于农业生产,开垦土地,增产粮食,让人民有衣穿、有饭吃,国家有足够的粮食储备以预防灾荒和战争,这样国家才能安定富强。发展军事力量也是君主不可忽视的工作。在各国互以武力征伐的形势下,军队是否强大,关系到国家的安危与否。所以,君主治国必须以农战为先。

圣人明君者,非能尽其万物也,知万物之要也。故其治国也,察要而已矣。

【注释】《农战》。尽其万物:对万事万物都了解。要:关键,纲要。

【解析】一个人的认识能力总是有限的,即使是圣人明君也不可能对万事万物都有透彻的了解。君主治国也是如此,国家事务千头万绪,要做的工作可谓多如牛毛。君主即使日理万机,也不可能把每项工作都做得尽善尽美。所以,一个懂得治国之术的君主,只亲自过问国家最重要的事情,善于抓住关键问题,解决关系到社会发展、国家安危的重大问题,提纲挈领,以点带面,才能把国家治理得井井有条,百业兴旺。

治国者欲民之农也。国不农,则与诸侯争权,不能自持也,则众力不足也。

【注释】《农战》。国不农:国家不务农业。自持:自保。众:指人民群众。

【解析】商鞅最重视农业生产。他帮助秦孝公在秦国推行变法,采取了一系列有力的措施来发展农业生产。在以农业为主的社会里,农业就是国家的基础,农业生产的好坏直接关系到国家的强大与否。君主采取措施鼓励人民从事农业生产,人民富足,粮食有余,是国家强大的标志。只有国家强大了,才能抵御外敌入侵,保证国家主权和领土完整。

以强去强者弱,以弱去强者强。

【注释】《去强》。以强:用强民政策,君主采用儒家的"仁政"治国,就会让奴隶主贵族和儒生破坏法制,这就叫强民政策。去强:去除强民。弱:弱民政策。采用使民众顽固不守法的政策来去除强民,国家就削弱;采用使民众淳朴守法的政策来去除强民,国家就强盛。

【解析】商鞅为了打击奴隶主阶级专政,维护新兴地主阶级利益,主张清除顽固不守法的强民。但是应该如何清除以奴隶主贵族为代表的强民呢?商鞅认为,君主如果采用儒家的"仁政"治国,就会放纵奴隶主贵族和以游说君主取得富贵的人,如此一来,非但不能去除强民,还会加重那些人的势力。国君要想去除强民,必须采取弱民政策,也就是国家提倡耕战,实行严刑厚赏,就会使民众变得淳朴守法。这就是弱民政策,用这样的政策才能真正去除强民。

兵行敌所不敢行,强;事兴敌所羞为,利。

【注释】《去强》。用兵敢打敌人不敢打的仗,国家才能强大;做敌人认为可耻的事情,就有利于国。

【解析】商鞅不但是法家的代表人物,同时他还懂得军事。商鞅的军事思想主要就是以法治军,严格按法令制度进行奖惩,让士兵舍生忘死地与敌人交战,因此,敢打敌人不敢打的仗。有了这样强大的军事力量,国家就会强盛起来。在各国普遍以仁义治国的时候,法家敢以严刑酷法治国,采用连坐告发、奖励耕战等为他国所不齿的措施,发展经济,最终使国家强大起来,获得长远的利益。在商鞅看来,这是值得的。

国以善民治奸民者,必乱至削;国以奸民治善民者,必治至强。

【注释】《去强》。国家用治理善民的办法来治理奸民,必定会混乱以至削弱;国家用治理奸民的办法来治理善民,必定会太平强大。

【解析】法家最反对以仁义治国,他们要求统治者不能有任何仁慈怜悯之心,严格以严刑重罚治国。社会上总是有善人恶人之分。如果统治者只看到善人做好事,制定的法律一定是宽缓不严的。用这样的法律为治,虽然善人可能更善,但那些奸邪的人因为刑罚轻而肆意为非作歹,扰乱社会秩序,国家会因此而削弱。君主制定法律必须对奸恶的人起到足够的惩罚作用,使奸恶的人不敢违法,也就维护了善人的利益,国家会因此强大起来。

重罚轻赏,则上爱民,民死上;重赏轻罚,则上不爱民,民不死上。

【注释】《去强》。重罚:把刑罚放在主要地位。轻赏:不轻易给奖赏。民死上:人民为君主而死。

【解析】这句话是说赏和罚的主次关系。君主要把罚放在第一位,制定严格的法律,对臣民做到有过必罚,毫不留情。君主不能轻易奖赏,否则,臣民就会不务本职工作,而是想通过其他方式获得君主的奖赏。这对国家的发展会造成不利影响。在商鞅看来,君主实行重罚轻赏的政策,是对人民的爱护。让人民因为惧怕刑罚而不敢犯罪,就无牢狱之灾。人民为了获得君主的奖赏,就要多垦田地,生产粮食,就要在战场上英勇作战。这就会实现君主富国强兵的目的。

治国能令贫者富,富者贫,则国多力,多力者王。

【注释】《去强》。国多力:国家力量充足。王(wàng):称王。

【解析】社会上总是有穷人和富人,这是不可避免的现象,但是如果贫富两极分化过于严重,就会影响国家经济的正常发展,给社会带来不稳定因素。商鞅变法采取了许多措施让贫穷的人从事农业生产,国家按垦荒数目和产粮多少予以奖赏。这样就保证贫穷的人能过上饱暖的生活。对于富人,国家允许他们用钱买官爵,借此消耗他们的钱财,使他们的财富不会过于集中。商鞅变法注意到社会财富的分配问题,反映出他深刻的经济思想。

以日治者王,以夜治者强,以宿治者削。

【注释】《去强》。日治:当天的政事当天处理完。夜治:当天的政事夜间才处理完。宿治:当天的政事隔夜才处理完。削:削弱。

【解析】商鞅特别重视官吏的办事效率,认为办事效率的高低直接关系到国家富强与否。在君主专制时代,没有健全的社会机制,各级官吏都是代表君主统治人民的。他们治理人民,但人民不能对他们提出任何意见。因此,办事拖沓是各级官吏的通病。商鞅强调当天的政事必须当天解决,不给下属造成可乘之机,让他们无法利用机会鱼肉百姓。商鞅是一位具有务实精神的政治家,在两千多年前就注意到办事效率与治国的关系,不能不说有一种远见卓识。

以刑去刑,国治;以刑致刑,国乱。

【注释】《去强》。以刑去刑:用刑罚消灭刑罚。以刑致刑:使用刑罚反而招致更多的刑罚。

【解析】商鞅认为，君主用重刑治国，人民就会惧怕刑罚，从而不敢做为非作歹的事情，国家就会治理好；如果君主减轻刑罚，人们对刑罚没有畏惧心理，就会轻易地以身试法，产生更多的犯罪行为，国家会因此而混乱。商鞅认识到"以刑去刑"和"以刑致刑"之间的辩证关系，这是他主张以严刑重罚治国的思想基础。法家从来不讲仁义恩惠，认为儒家所提倡的"仁政"思想只会造成国家的混乱，而真正要想成就大业的人，必须以严刑重罚治国。

欲强国，不知国十三数，地虽利，民虽众，国愈弱至削。

【注释】《去强》。十三数：指说明国内情况的十三个数字，即粮仓、府库的数目，成年男女的数目，老弱的数目，官吏的数目，商人的数目，马牛、草料的数目等。

【解析】治国者必须了解国家的基本国情。商鞅认为，君主对国家的这十三个基本数字必须清楚，才能对国家的实际情况做到心中有数。从实际情况出发，采取相应的政策，合理安排国政，才能把国家治理好。由此我们可以看出，商鞅的确是一位了不起的政治家，他的治国理论具有很强的现实意义。即使在今天，了解国情，按国情制定政策，也是各国都共同遵循的原则。而商鞅在他那个时代就有这样的意识，表现出他作为一个改革者的卓越见识。

过匿则民胜法，罪诛则法胜民。民胜法，国乱；法胜民，兵强。

【注释】《说民》。过匿：隐瞒过错。民胜法：指人民不怕法律。法胜民：指法律对人民起到惩戒作用。

【解析】以严刑重罚治国是法家的一贯主张。有过必罚，没有任何宽容仁厚，才能使人民的行为合乎法律规范。如果君主以仁政治国，减轻刑罚，人民就不会对法律产生畏惧心理。人民不畏惧法律，就会放纵自己的行为，轻易做出违法乱纪的事情来，在社会上形成不重视法律的风气，对社会的稳定、国家的发展会造成不利影响。君主必须加强法治，以严刑峻法治国，让法律对人民的行为产生足够的威慑力量。人民遵纪守法，才能国富兵强。

民勇，则赏之以其所欲；民怯，则杀之以其所恶。

【注释】《说民》。民众勇敢，就把他们所要的东西赏赐他们；民众胆怯，就用他们厌恶的东西惩罚他们。

【解析】在一个充满武力征伐的世界里，君主最希望人民勇敢，有一支舍生忘死、勇敢作战的军队，才能不惧怕外敌的侵犯。这符合君主的利益，所以君主对勇敢的人给予奖赏，用物质刺激的手段，促使民众不顾生命危险为君主效忠。

怯懦的民众不符合君主的利益,君主制定严厉的法律政策,对临阵脱逃、在战斗中不勇敢的士兵给予严惩。怯懦的人惧怕法律的威严,在战斗中不敢贪生怕死,变得勇敢起来。赏罚并用,君主才能治理好国家。

刑生力,力生强,强生威,威生德,德生于刑。

【注释】《说民》。刑罚产生实力,实力能使国家强盛,国家强盛就有威力,威力产生道德,可见道德产生于刑罚。

【解析】法家也讲"德",但他们并不像儒家那样认为德是天生的。商鞅认为,德是在国富兵强、君主具有极大威势的情况下,君主对人民施以恩惠,这才是德的表现。可见,德是在国势强大的基础上产生的,没有强大的国势,内忧外患,君主也就无法进行德治。国势强大的根本措施就是以严刑重罚治国,严刑重罚迫使人民竭尽全力为国效忠,国家力量会由此强大起来。所以说,德产生的最终根源还是刑罚,这也是法家主张以刑罚治国的思想基础。

世主之患,用兵者不量力,治草莱者不度地。

【注释】《算地》。世主:指国君。患:担忧。莱:荒草。治草莱:垦荒。

【解析】君主要想治理好国家就必须统筹兼顾、合理安排。用兵打仗,要根据国家实力来定,战争要消耗大量人力物力,必须有坚实的物质基础作后盾。而国家要想具有雄厚的物质基础,就必须积极发展生产,开垦荒地。有些地方地多人少,国君要迁移百姓,开发自然资源,使山林、沼泽、土地都得到充分利用,把生产发展起来。地少人多的地方,国君要采取措施,鼓励人民到别处去垦荒,发展生产。国家资源得到充分有效的利用,国家就会强大起来,为战争提供坚实的物质基础。

私利塞于外,则民务属于农,属于农则朴,朴则畏令。私赏禁于下,则民力专于敌,专于敌则胜。

【注释】《算地》。私利:指在农战以外得到的利益。塞:堵塞,杜绝。外:指农战以外。私赏:指不以战功而凭私情奖赏。下:臣下。专:专一。

【解析】农战是国家的根本政策,君主必须采取措施让人民致力于农战。君主鼓励人民开垦荒地,发展农业生产,这是普通人获得衣食丰足的唯一途径。除此以外,君主不给人民任何好处,让人民全心全意投入到农耕中,民风会由此淳朴起来。君主按战功多少封官加爵,士兵如想获取爵禄就必须勇敢作战,杀敌立功。除此以外,君主没有任何奖赏。君主杜绝"私利"和"私赏",就能让人民竭尽全力从事于农战,这是实现国富兵强的有效途径。

民愚，则知可以胜之；世知，则力可以胜之。

【注释】《算地》。愚：纯朴。知(zhì)通"智"：指国君的智慧。世知：世人有智慧。力：指刑罚等措施。

【解析】君主治国，对民情必须有深刻的了解。人民有朴实本分的，也有智巧奸诈的。对于不同的人，国君要采取不同的措施进行治理。纯朴本分的人安于农业生产，国家制定奖励政策，宏观上进行控制，让人民努力开垦荒地，生产粮食。对于智巧奸诈、不守法纪的人，国家使用严刑重罚，给予严厉制裁，让这些人慑于法律威严，不敢为非作歹。国家采取措施，把这些人也固定到土地上，让他们进行农业生产。人民不论愚智都从事农业生产，国家当然会强大起来。

圣人之为国也，观俗立法则治，察国事本则宜。

【注释】《算地》。考察风俗，建立法制才能治好国家；研究国情，抓住根本才能制定得当的措施。

【解析】国君对民情必须有深刻入微的体察，了解人民的风俗习惯，制定相应的法律政策。法律得当，人们便于遵守，使法律发挥惩恶扬善的作用。考察国情，对国家各方面的情况做到心中有数，也是君主需要做好的事情。君主要根据具体国情采取措施，使措施更有针对性，有利于问题的解决。所谓"事本"，就是君主要致力于农战，让人民把力量用到农战上，这是国家强大的保证。"观俗立法""察国事本"是商鞅重要的治国思想，从中可以看出他的务实精神。

圣人之为治也，刑人无国位，戮人无官任。

【注释】《算地》。刑、戮：指用刑罚来惩罚人。国位：爵位。官任：官职。

【解析】君主必须严格以法治国。不管是什么人，任什么官职，犯了法都应受到制裁。过去所谓"刑不上大夫"的做法，在商鞅那里是绝对行不通的。商鞅认为，法律应是全国人民行为的准则，大臣更应该是遵纪守法的楷模，为人民树立良好的榜样。如果因为爵任官职就可免于惩罚，那就会使法律失去威严，增加人们违法乱纪的行为。这种"法律面前人人平等"的思想，商鞅在两千多年前就能提出来，的确是难能可贵的，对后世产生了极大影响。

圣人不法古，不修今。法古则后于时，修今则塞于势。

【注释】《开塞》。法古：效法古代。修：当为"循"字。修今：拘守现状。后于时：落后于时代。塞于势：同发展的趋势相隔绝，跟不上形势。

【解析】商鞅主张治国者不可盲目效法古人，也不可拘守现状。古人治国之策是根据古人所处的时代特点制定的，它符合那个时代的要求，在那个时代能发挥作用。但时代变了,治国者应根据当前的实际情况,采取相应的对策。满足于现状和效法古人都是落后于时代、跟不上形势发展需要的做法。所以,商鞅坚决主张变法革新,制定符合时代需要的法律制度,采取更有效的措施来治国。这是实现富国强兵的必由之路。

以刑治则民威,民威则无奸,无奸则民安其所乐;以义教则民纵,民纵则乱,乱则民伤其所恶。

【注释】《开塞》。威:同"畏",畏惧、害怕。

【解析】商鞅对比了施行法治与施行仁政的不同效果。以法治国,对敢于为非作歹的人严惩不贷,表面看来是不讲情面、缺乏仁爱之心,但却能让人民畏惧严刑重罚,从而遵纪守法,不敢有任何作奸犯科的行为。人民安分守己,社会稳定,这是严刑重罚的效果。如果君主以仁义治国,人民犯了错误,不给予应有的惩罚,人民就会放纵自己的行为,胡作非为,导致社会的混乱。因此,商鞅主张以严刑重罚治国,而坚决反对把仁义作为治国的原则。

凡将立国,制度不可不察也,治法不可不慎也,国务不可不谨也,事本不可不专也。

【注释】《一言》。凡是要建立一个国家,对于制度,不能不认真考虑;对于治国的法令,不能不慎重对待;对于国家政务,不能不严谨处理;对于根本大事,不能不集中专一。

【解析】法家主张以法治国。举凡国家的一切典章制度,都要用法律形式予以规定,让人们有章可循、有规可守。君主制定严明而详备的法律,作为全国人民的行为规范。必须坚决执行"法律面前人人平等"的原则,不管什么人,居多高的官职,只要触犯法律,必须予以严厉制裁,这样才能保证法律的尊严和威慑力。立国当以农为本,国家鼓励民众开垦荒地,生产粮食,既可使人民丰衣足食,又能增强国力。以法治国、以农为本,是法家治国的重要原则。

明君不道卑、不长乱也。秉权而立,垂法而治,以得奸于上,而官无不赏罚断,而器用有度。

【注释】《一言》。道:治国的方法。卑:低下,这里指治国方法错误。长:助长。秉:掌握。垂法:颁布法令。器用:器物。度:尺度、标准。

【解析】君主治国必须讲求方法,应大权独揽,以法治国。各级官吏是代表君主治理百姓的,君主对官吏的言行应了如指掌。官吏为了获取私利便会贪赃枉法、营私舞弊,君主虽处上位,也要搞清楚官吏的情况,及时用法律予以严惩。各级官吏慑于君主威严,不得不秉公执法,不敢有违法乱纪的行为。君主以法律规范官吏的行为,使各级官吏严于律己、奉公守法,生活上也不得过于奢侈。这样,君主才能治理好国家。

地诚任,不患无财;民诚用,不畏强暴;德明教行,则能以民之有为己用矣。

【注释】《错法》。诚:确实。任:利用。德:道德威望。教:教令,指国君的命令、法令。

【解析】土地是人民生产生活的基础。国君采取措施让人民专心从事于农业生产,开垦荒地,生产粮食,让土地发挥出最大作用,国家的财富就能不断积累增多,国家才能富强起来。君主采取严明的赏罚措施,让人民为了获取奖赏而努力耕战,为国立功,减少作奸犯科的行为。君主树立起道德威望,严格地以法治国,就能充分利用人民群众的力量,实现国富兵强的目的。

凡战法必本于政胜,则其民不争,不争则无以私意,以上为意。

【注释】《战法》。战法:战争的法则。本:根本。政胜:政治搞得好。以上为意:以国君的意志为意志。

【解析】战争的胜负取决于政治搞得好坏。这是商鞅对战争与政治关系的深刻认识。君主要想取得战争胜利,单纯依靠军事力量是办不到的。军事力量的强大与否,取决于国家实力的大小。只有国家经济强大了,才能使军事力量强大起来。君主采取措施发展经济,以强大的经济实力做后盾,军事上才能取得主动权。为了使士卒勇敢作战,君主就要采取严格的赏罚措施,厚赏重罚,让士卒舍生忘死,效命疆场。只有国家政治搞好了,才能赢得战争的胜利。

若兵敌强弱,将贤则胜,将不如则败。

【注释】《战法》。敌:势均力敌。兵敌强弱:指敌我双方兵力强弱相等。

【解析】商鞅指出将领在战争中的作用。战争胜负常常由多种因素决定,其中主将是否有军事才能是一个重要因素。主将在战争中从容不迫、指挥若定,采取有效的智谋策略,对战争中各种变化莫测的形势做出及时而迅速的反应,这是取胜所应具备的军事才能。历史上大型战役的胜负,都与主将的指挥才干有关。春秋战国时期,复杂的军事斗争更是造就了一批具有卓越才能的军事家。这些人物在战争中发挥了重要作用。

强者必治,治者必强;富者必治,治者必富;强者必富,富者必强。

【注释】《立本》。

【解析】这句话指出了"富""强""治"三者之间的关系。这三者之间不是孤立的,而是有着内在联系的。国君最希望富国强兵,要想实现这个愿望就必须有强大的政治、经济的力量。君主采取措施让人民努力发展生产,国家的经济力量就会强大起来。人民富裕了,国家才能保持稳定的局面。国家的稳定会促进经济的发展。强大的军事力量也是国家稳定的保证。国家繁荣兴旺,又会使军事力量更加强大。因此,君主治国以农战为本,再发展军事力量,就能国富兵强。

四战之国贵守战,负海之国贵攻战。

【注释】《兵守》。四战之国:四面受敌的国家。贵:注重。负海之国:背面靠海的国家。

【解析】商鞅不但是一位勇于开拓的改革者,也是一位有着丰富斗争经验的军事家。他认为,国家应该根据不同的地理条件、政治形势采取相应的对外政策。四面与他国为邻的国家,在对外政策上应以守为主,如果主动出击,往往会造成腹背受敌的不利局势。而背靠大海的国家可以利用有利的地理条件,主动出击,扩充自己的力量。根据具体条件制定政策,是商鞅为政的主导原则。

重刑少赏,上爱民,民死赏;重赏轻刑,上不爱民,民不死赏。

【注释】《靳令》。少赏:奖赏的途径少,指只有从事农战才能得到奖赏。民死赏:人民肯为得到奖赏不惜生命。重赏:指奖赏的途径多,不从事农战也可以得到奖赏。

【解析】商鞅认为,严刑重罚是治国之道,对犯了错误的人给予严厉惩罚,就能减少社会上的犯罪行为。君主实行农战政策,应只对农战有功的人给予奖赏,杜绝其他受奖途径。人民为了得到君主奖赏,会竭尽全力从事农战,畏惧严刑重罚而不敢有任何奸邪行为。在商鞅看来,这是君主对人民最大的关爱。相反,君主如果减轻刑罚,人民轻易犯罪,受惩罚的人就会多起来;不参加农战也可以受赏,人民就会多奸诈之心。这样,君主不是爱民,而是害民了。

国之所以治者三:一曰法,二曰信,三曰权。法者,君臣之所共操也;信者,君臣之所共立也;权者,君之所独制也。

【注释】《修权》。法:法令。信:信用。权:权力。操:执掌。立:树立。独制:单独控制。

【解析】"法""信""权"是君主用来治国的有力工具。法令是全国臣民都必须遵守的行为准则。君主利用法令惩恶扬善,维持正常的社会秩序,鼓励人民做好本职工作。信誉是实施法令的保证。君主和各级官必须严格执法,不徇私情,做到法律面前人人平等,从而树立起君主的威信,让人民信任君主,才能做到令行禁止。君主要把国家权力牢牢控制在自己手中,大权旁落会危害君主地位的巩固。这反映了商鞅中央集权的思想。

凡人臣之事君也,多以王所好事君。君好法,则臣以法事君;君好言,则臣以言事君。

【注释】《修权》。

【解析】人臣侍君,多是想借君主的权势获取自身利益,所以多数臣子都善于察言观色、阿谀奉承,投君主所好。君主的喜好、对事物的态度直接影响到臣子的言行。君主如果推行法治,以法治国,不徇私情,有过必罚,有功必赏,那么大臣也都崇尚法治,严格执法,为君主尽忠。君主如果喜好空谈,不务实事,那么群臣都以华言丽辞、高谈阔论来取悦君主,而不重视本职工作。君臣都沉湎于空谈之中,最终会害国害民。

今以故秦事敌,而使新民作本,兵虽百宿于外,竟内不失须臾之时,此富强两成之效也。

【注释】《徕民》。以故秦事敌:让原有的秦民从事对敌作战。新民:指三晋归顺的人民。作本:专务农耕。竟:同"境"。须臾:很短的时间。

【解析】商鞅根据当时秦国的具体形势,提出"徕民"政策,就是招徕民众。商鞅看到秦国地多人少,而三晋地少人多的实际情况,总结过去秦国虽然屡次战胜三晋,但是还不能兼并三晋的历史经验,提出奖励三晋民众移居秦国的"徕民"政策,用法律规定,三晋民众来秦国定居,就有地有房,三代免除徭役,不用参加战争。让新来的民众从事农耕,让秦国原有的民众从事战争,就可以解决粮食和兵源问题。这样很快就可以收到国富兵强的功效。

圣人之为国也,壹赏、壹刑、壹教。

【注释】《赏刑》。圣人:指君主。壹:统一。壹教:用法家思想来统一民众的思想。

【解析】统一奖赏、统一刑罚、统一教化是商鞅的三大政治主张。统一奖赏就是只奖赏在战争中立功的人,鼓励士卒勇敢作战,实现强兵的目的。统一刑罚就是不管谁犯了罪都要受法律制裁,绝对不能徇情枉法,并且要实行轻罪重判和连坐法,达到"禁奸止过"的目的。统一教化就是要使法家思想成为全国的主导思想,反对儒家不切实际的说教,在全国实行思想专制。君主用这三样来治国,就能使民众养成参战立功的风气。

以战去战,虽战可也;以杀去杀,虽杀可也;以刑去刑,虽重刑可也。

【注释】《画策》。以战去战:用战争消灭战争。以杀去杀:用杀人制止杀人。以刑去刑:用刑罚去除刑罚。

【解析】与儒家的仁政相反,法家充分认识到暴力的巨大作用。在一个充满战争杀伐的世界里,正义如果想战胜邪恶,就必须使用暴力手段,单纯的仁义道德说教是发挥不了作用的。严刑重罚虽然表面看起来是刻薄寡恩,但它通过对犯罪分子的严厉惩罚,减少了犯罪行为,最终受益的还是广大民众。所以说,武力和刑罚是君主治国必须使用的工具。

所谓富者,入多而出寡。衣服有制,饮食有节,则出寡矣。女事尽于内,男事尽于外,则入多矣。

【注释】《画策》。女事:指纺织一类事情。男事:指农耕一类事情。

【解析】一个家庭要想生活富裕,就必须使收入多于支出。那么如何增加收入呢?商鞅认为,女子在家要努力纺织,多生产布匹,解决全家人的穿衣问题;男子在外面要努力耕田,生产粮食,既交纳赋税又解决全家人的吃饭问题。男女各司其职、各尽其能,就能增加家庭收入。日常家庭生活中,必须以节制为原则,吃穿用度不可奢侈浪费,量入为出,保持收入多于支出,可以有一定的积蓄以应付意外的变故。这是合理的持家原则。

圣人知必然之理,必为之时势,故为必治之政,战必勇之民,行必听之令。

【注释】《画策》。必然之理:事物发展的必然道理,指客观规律。必为之时势:必须怎样做的时代形势。

【解析】君主必须了解事物发展的客观规律,清楚当前国内国外的政治形势,按客观规律办事,针对国内国外的政治形势采取相应的政策。这样君主制定出的政策一定能够促进国家经济的发展,能够壮大国家的军事力量,从而实现国富兵强的目的。君主了解民众的这一特点,采取厚赏重罚的政策,让人民勇于参加战斗。君主严格以法治国,实行严刑重罚的政策,让民众畏惧法律的威严,才能收到令行禁止的效果。

圣人见本然之政,知必然之理,故其制民也,如以高下制水,如以燥湿制火。

【注释】《画策》。本然:本来如此。本然之政:指政治上的根本原则。以高下制水:利用地势的高低控制水流。以燥湿制火:利用燃料的干湿控制火势。

【解析】君主治国必须善于运用事物发展的必然规律,采取切实有效的政治措施。在商鞅看来,君主要想治理好国家,就必须制定严格的法律,坚决以法治国,用法律来规范全国人民的行为,让民众畏惧法律的威严不敢有为非歹的行为。君主要把农战作为治国的根本原则,采取措施让人民积极开荒种粮,让士卒勇于作战,按战功大小给予奖赏。君主措施得当,就能驾驭民众,让民众竭尽全力为国效力。

政作民之所恶,民弱;政作民之所乐,民强。民弱国强,民强国弱。

【注释】《弱民》。政:指法令。法令针对民众所厌恶的东西来制定,民众就老实守法;法令针对民众所喜爱的东西来制定,民众就强硬不守法。民众老实守法,国家就强;民众强硬不守法,国家就弱。

【解析】商鞅认为,君主必须实行"弱民"政策,才能使国家富强。所谓"弱民",就是国家制定严酷的法律,实行轻罪重罚,让人民畏惧法律,从而使人民老实淳朴、安分守己。民众老实淳朴,就能把力量运用到发展生产上去,开垦荒地,多产粮食,国家会因此富强起来。这就是所说的民弱国强。如果国家法律不够严厉,重罪轻罚,对人民起不了威慑作用,那么民众会就强悍不守法,不从事耕战,国家也就无法强大,所以说民强则国弱。

民之外事,莫难于战,故轻法不可以使之;民之内事,莫苦于农,故轻治不可以使之。

【注释】《外内》。外事:对外的事情。内事:对内的事情。

【解析】人的本性都有贪生怕死的一面,所以厌恶战斗;又有好逸恶劳的一面,所以厌恶农耕。厌恶战斗,人们就修习儒家学说,四处游说,逃避战斗。厌恶农耕,人们就做商人,或是学习技艺做工匠,逃避农耕。君主要想治理好国家,就必须以耕战为本;要想使人民都努力耕田、奋勇作战,就必须实行厚赏重刑的政策。杜绝不参加耕战也能获利的门路,对商人工匠征收重税,限制他们的发展,只有这样,君主才能有效地推行农战政策,实现国富兵强的目的。

言中法,则辩之;行中法,则高之;事中法,则为之。

【注释】《君臣》。辩:言谈、听从的意思。高:推崇的意思。

【解析】法是治国根本,每个人的言行都必须符合法律的要求。法是君主治国的原则。君主听人言谈要看谈论内容是否符合法律。有利于法制的言论,君主就听从。对于臣民的行为,君主也要以法律作为判断标准。合乎法律的,君主就推崇,鼓励他做下去,否则就予以禁止。国内的一切事情,也要以法律为标准来处理。合乎法律规范的就实行,不合乎法律规范的就禁止。君主严格做到以法治国,才能使国家强大起来。

凡知道者,势、数也。故先王不恃其强,而恃其势;不恃其信,而恃其数。

【注释】《禁使》。治国的根本原则,就是利用形势和运用方法。

【解析】这里的"势",就是指客观形势、客观条件。"术"就是措施方法。

商鞅看到,当时混乱的国家,都是依仗"多官众吏"。官吏虽多,但没有考核、赏罚官吏的有效措施和方法,因而使一些官吏由于地位相同、利害一致,互相掩盖罪过,欺上瞒下,为所欲为。他指出,这是"仅存之治",不是根本办法。根据历史经验,应该"恃其数""恃其势"。他提出,君主要利用赏功罚罪的制度来进行制约,使官吏臣民之间都能互相监督,人们就很难违反法令,干营私舞弊的勾当。

使吏非法无以守,则虽巧不得为奸;使民非战无以效其能,则虽险不得为诈。

【注释】《慎法》。效:发挥。要使官吏除了法令以外就没有遵守的东西,这样,官吏再狡猾也干不成坏事;要使民众除了农战以外就没有发挥能力的地方,这样,人们再阴险也搞不了诈骗。

【解析】这句话强调的是法治和以农战为本的治国原则。各级官吏是人民的直接管理者,他们利用手中职权对人民巧取豪夺,鱼肉百姓。君主制定法律,使官吏的行为合乎法律要求,对违反法律的官吏依法予以严惩,促使各级官吏廉洁奉公、秉公执法。参加农战是人民获取利益的唯一途径,促使人们把精力用在发展生产,奋勇战斗上。这样,即使阴险狡诈的人也没有机会去行骗。所以说,只有实行法治和以农战为本的政策,才能富国强兵。

爱人者不阿,憎人者不害。爱恶各以其正,治之至也。

【注释】《慎法》。不阿:不偏袒。正:正确的原则,指法制的标准。

【解析】君主对待群臣应有一个公正的标准,对于自己喜欢的人不能过分偏袒,对于不喜欢的人也不可无故陷害。要以法律为标准,自己喜爱的人犯了过错,也要给予应有的制裁,不能徇私枉法;不喜爱的人犯了过错,应依法律规定予以制裁,而不能滥施刑罚。君主不偏不倚,以法律为行事尺度,才能赢得公正廉明的声誉,培养起威信,从而更有效地驾驭臣民,使之为自己效忠。

吏民知法令者,皆问法官。故天下之吏民,无不知法者。

【注释】《定分》。知:这里是想知道的意思。

【解析】君主要把所制定的法令向全国人民颁布实施。为了保证法令在全国各地得到有效的贯彻执行,从朝廷到各地都要设置专职的法官。法官负责回答吏民提出的有关法令的问题,教导民众懂得法令。全国民众明确了解法律内容,使行为合乎法律规范,减少犯罪行为。对于违反法律规定的官吏,人们可以依法提出控告,使官吏也不敢有违法行为。全国百姓都知法守法,也就达到了法家以法治国的目的。

法令者,民之命也,为治之本也,所以备民也。

【注释】《定分》。法令是民众的生命,是治理国家的根本,是用来保护民众的。

【解析】这句话是对法律作用的说明。法律是治国的根本,商鞅用了一个比喻来说明这个问题。他说:治理国家不用法令,就好像想不挨饿而不吃饭,想不受冻而不穿衣,想往东去而朝西走一样,这样做没有希望是显而易见的。在商鞅看来,君主要想治理好国家就必须制定切实有效的法律,实行严刑重罚的政策。法律打击的是一小部分犯罪分子,受益的是广大的人民群众。所以,法律从根本上讲是维护人民群众利益的。

《管　子》

　　《管子》一书并非管仲所作,它是后人依托管仲之名而成书的。

　　管仲(？—公元前645年),名夷吾,字仲,春秋前期齐国人,公元前685年至前645年相齐达40年。当时奴隶制开始崩溃,管仲适应历史的发展,在齐国进行政治改革。他适应井田制日益崩坏的趋势,实行"相地而衰征",变革赋税制度。他把齐国地方行政区划分为25乡,并"寄军令于内政",使军事组织与居民组织结合起来。他采取一系列富国强兵的措施,辅佐齐桓公"九合诸侯,一匡天下"(《论语·宪问》),使齐桓公成为春秋五霸之首。

　　《管子》成书于战国秦汉时代,时间跨度大,材料来源十分复杂。现在流传的《管子》是经过西汉刘向整理编辑的。《管子》一书跨越几个朝代,有各个时代的特点,但也有其共同之处。他们大体上是在封建制度确立的早期立论的,是以地主制为基础的封建制度下的产物。另一方面,不同的作者既然都是以继承和发挥管仲的思想为主,或是依托管仲名义为主,也就都能照顾到管仲的思想特点。刘向编辑校定时,也不能不注意这一点。因此,在《管子》全书中,其法家倾向、重农思想、任法兼及教化、富国并务强兵,乃至哲学思想的前后论述,基本上都是一致的。在我国古代诸子百家中,《管子》是一部独具特色,并且大体上自成体系的著作。

凡有地牧民者,务在四时,守在仓廪。

【注释】《牧民》。有地牧民者:指君主,既据有土地,又统治人民。四时:指四时农事,即春耕、夏耘、秋收、冬藏。务在四时:指一国之君必须致力于发展农业生产。仓廪:粮仓。守在仓廪:指人君治国必须确保粮食储备。

【解析】管仲最重视农业,认为农业是国家的立国之本。君主必须采取措施,大力发展农业生产,保证农民的生产时间,在耕种、收获季节不征发徭役、不出兵作战,让人民全力投入到农业生产中去。农业生产发展得好,不但让全国民众衣食丰足、生活富裕,还可增加国家的粮食储备。人民富足,国家有足够的粮食储备,国家实力就会强大起来。因此,管仲把农业生产视为国家的根本政策。这是管仲治国的一个重要思想。

国多财则远者来,地辟举则民留处。

【注释】《牧民》。远者:远方之民,即其他诸侯国之民。辟:开辟。举:尽、全。地辟举:指土地充分开发。

【解析】春秋时代,多数诸侯国地广人稀,招徕民众发展生产是各国的愿望,但是如何吸引外国民众前来归附呢?管仲认为,国家必须采取措施,促进生产的发展。国家强大,人民生活富足,国外人民看到有利可图,才能前来依附。国家鼓励开垦荒地,让外来人有地可种,同时在赋税、徭役等方面给予优惠政策,使外来人口定居下来,安心从事农业生产。国家人口增多,生产会有更大地发展。因此,吸引外来人口发展生产,也是一条强国之路。

仓廪实则知礼节,衣食足则知荣辱。

【注释】《牧民》。仓廪实:粮仓平满。仓廪实、衣食足:都是指物质生活有保障。

【解析】这两句话是广为传诵的名言,反映了物质生产与精神文明之间的关系,表明管仲一贯主张的以农业为本的思想。生存需要是人的第一需要,只有把生产搞好了,让人民有衣穿、有饭吃,解决了人们的基本生活问题,才能对人民进行教化,提高人们的道德修养。抛开物质生产来讲精神文明是不切合实际的做法。管仲以其深刻的见识洞察到了这一点,提出了这两句千古传诵的名言。

故省刑之要,在禁文巧;守国之度,在饰四维。

【注释】《牧民》。文巧:奇技淫巧,指奢侈品的生产、制造。饰:整顿。四维:指礼、义、廉、耻如维系国家存在的四条巨绳,故称四维。

【解析】崇尚奢侈是许多罪恶产生的直接原因。管仲认识到这一点,主张禁止奢侈品的生产,让人民养成淳朴的风气,把精力用到农业生产上去。制造奢侈品的工匠,获利很多,对人们有不良影响,国家应采取措施,让这些人也加入到农业生产中去。民风淳朴,社会才能稳定。君主治国,要大力加强对人民道德的教育,提倡礼、义、廉、耻,提高人们的道德水平,让人们自觉遵守国家法令。这是君主治国必须重视的问题。

政之所兴,在顺民心;政之所废,在逆民心。

【注释】《牧民》。政令所以能推行,在于顺应民心;政令所以废弛,在于违背民心。

【解析】管仲注意到了民心逆顺问题,反映了他的民本思想。国家制定法令必须考虑是否符合民心。人民都希望过富足安稳的生活,国家就要采取措施鼓励人民发展生产,搞好了农业生产,人们就可以过上丰衣足食的生活了。人民厌恶战争,但又想获得奖赏。国家制定法律,对立下战功的人加官晋爵,给予丰厚的奖赏,人们就会舍生忘死、奋勇作战,而不再怨恨战争了。法令能否推行,关键在于是否符合民心,符合民心的法令人民才会给予支持和拥护。

御民之辔,在上之所贵;道民之门,在上之所先;召民之路,在上之所好恶。

【注释】《牧民》。辔(pèi):马的缰绳,此处有指引方向的意思。道:通"导",引导。驾驭人民奔什么方向,看君主重视什么;引导人民走什么门路,看君主提倡什么;号召人民走什么途径,看君主的爱恶是什么。

【解析】君主是全国人民注目的中心。君主的好恶对社会风气有极大的影响。君主所重视、所提倡的东西,就会受到全社会的重视和提倡。君主重视法治、提倡耕战,那么人们就都会自觉以法律为规范,努力从事耕战,在社会上造成良好的风气。君主的好恶,常常成为人们判断事物的标准,所以说君主必须谨言慎行,对一切事物都有客观而公正的评价。人们受君主的感染和影响,形成不偏不倚、公正客观的是非标准,有利于社会的稳定、国家的繁荣。

必得之事,不足赖也。必诺之言,不足信也。小谨者不大立,訾食者不肥体。

【注释】《形势》。不应得而求必得的事情,是靠不住的;不应承诺而完全承诺的语言是信不得的;谨小慎微不能成大事,就好像挑食不能使身体肥胖一样。

【解析】这是管仲通过对人物言行长期观察得出的结论。自己不应得的事情,就不要强求,否则即使得到了,也不会持久,迟早还会失去。有些事情很难办到,但还是有人承诺下来,对这样的诺言,不可轻易相信,因为虽然做了承诺,却不一定能实现诺言。人们办事应该谨慎,但对任何事情都谨小慎微,就会缺乏决断能力,优柔寡断、患得患失的人是很难承担大事的。处于上位的人,要善于听言观行,知人善任,这是一个好的领导者应该具备的素质。

疑今者察之古,不知来者视之往。万事之生也,异趣而同归,古今一也。

【注释】《形势》。生:通"性"。趣:旨趣、意旨,引申为内容。万事的本性、内容虽有不同,但总是同归一理,从古到今都是一样的。

【解析】古往今来,万事万物的生长、发展都有规律可循。人们要善于认识规律,按规律办事,才能把事情做好。眼前的事情似乎总是错综复杂,让人无法分辨,这时候人们就可以考察一下古代类似的事情。古人的经验和教训对今人是有帮助的,即人们常说的"察古可以知今"。认识了客观规律,就可以对事物的发展有一个正确的预测。未来的事情虽然不可知,但总是会有它发展的内在规律,因此说"视往可以知来"。

其功顺天者天助之,其功逆天者天违之。天之所助,虽小必大;天之所违,虽成必败。

【注释】《形势》。功:指所做的事情。违:违背。

【解析】这里的"天"其实是指自然规律。人们的所作所为适应自然规律,就能成功,违背自然规律,最后往往导致失败。管仲要求人们做事合乎自然规律,反映了他对规律的深刻认识。在我国古代,道家最重视自然规律。老子说:"人法地,地法天,天法道,道法自然。"万事万物只有符合自然规律才能生存、发展。管仲接受了老子关于自然的观点,认为人的行为要与自然规律相符合,顺规律做事则会成功,逆规律做事则会失败。

万乘之国,兵不可以无主;土地博大,野不可以无吏;百姓殷众,官不可以无常;操民之命,朝不可以无政。

【注释】《权修》。万乘之国:拥有一万辆兵车的国家,指大国。野:指农田。殷众:众多。常:指常规、常法。政:政策、法令。

【解析】兵备、土地、百姓、国家政策,都是君主治国必须重视的问题。制定完善的法令法规是治国的根本,国家一切事物都应以法律为准绳。百姓要有法可依,依法来进行治理。要充分利用土地,生产更多的粮食。人们耕种土地可以获得丰衣足食,便会安心于农耕。国家储备的粮食增多了,国力也会强大起来。用法律规定在战斗中立功的人可以得到奖赏,人们就不惧怕战斗,军事力量也会强大起来。只要政策得当,就可以实现国富兵强的目的。

欲为天下者,必重用其国;欲为其国者,必重用其民;欲为其民者,必重尽其民力。

【注释】《权修》。要想治好天下,必须珍惜本国国力;要想治好国家,必须珍惜国内人民;要想治好人民,必须珍惜民力,勿使耗尽。

【解析】这句话反映了管仲的"重民"思想。春秋时代,实力强大的诸侯国都想用武力统一天下,成为天下霸主是各国国君的愿望。管仲看到,如果君主想称霸天下,就必须使国家具有强大的经济、军事力量,先治理好自己的国家,才能有力量去征服其他的国家。治国的实质是治民,国君要重视、爱护人民。只有获得人民的拥护,才能发展壮大国家的实力。君主不能滥用民力,不能穷兵黩武,而要采取措施,使人民富裕起来,国力才会增强,才能实现君主称霸天下的目的。

取于民有度,用之有止,国虽小必安;取于民无度,用之不止,国虽大必危。

【注释】《权修》。对人民征收有度,耗费又有节制的,国家虽小也一定安宁;对人民征收无度,耗费没有节制的,国家虽大也一定危亡。

【解析】君主为了满足个人穷奢极欲的生活而对百姓横征暴敛,这样的国家迟早会灭亡。历史上有许多穷奢极侈、滥用民力的昏君,如夏桀、商纣,导致了夏王朝和商王朝的灭亡。秦王嬴政统一天下后,志得意满,自封为"始皇帝",修建了规模浩大的阿房宫,竟然连绵三百里之广。今天我们见到的秦兵马俑,也令人叹为观止,不知当时要耗费多少人力物力。滥用民力最终导致了秦王朝的迅速灭亡。统治者是否爱惜人民,是国家兴亡的一个重要因素。

商贾在朝,则货财上流;妇人言事,则赏罚不信;男女无别,则民无廉耻。

【注释】《权修》。货财上流:指以贿赂使财货流入朝廷或官吏手中。妇人言事:指君主宠爱的妇女参与政事。

【解析】这句话反映了管仲对商人、妇女和社会道德的一些看法,表现出管仲因为时代局限而具有的偏见。管仲主张重农抑商,认为商人挤入统治集团会扰乱国家的政治秩序。对妇女,管仲更是表现出轻视的态度,认为君主的宠妃参政,会严重干扰法制。其实,我国历史上不乏女政治家,如汉高祖夫人吕后、唐高宗夫人武则天,还有清朝的慈禧太后,这些妇女都曾执掌国家大权。管仲认为,男女无别则妨碍礼义廉耻,是管仲那个时代的局限性导致的看法。

一年之计,莫如树谷;十年之计,莫如树木;终身之计,莫如树人。

【注释】《权修》。树:种植。树人:培养人才。

【解析】这句话指出了培养人才的重要价值。人才的培养是一个漫长的过程。为了求一年之利,种谷即可见效,为了求十年之利,种树即可见效,但这些都是短期的利益。国家要想繁荣富强,离不开人才,所以对人才的培养关系到国家的长远利益。人才的培养需要一个长期过程,甚至需要几代人的努力,才能培养出大批高素质的人才。人才是国家建设的核心力量。国家要想获得长远利益,就必须把培养人才作为一项长期工作,常抓不懈。

卿相不得众,国之危也;大臣不和同,国之危也;兵主不足畏,国之危也;民不怀其产,国之危也。

【注释】《立政》。和同:和睦同心。兵主:将帅。怀:怀恋、关心。怀其产:谓怀恋自己的家园产业。

【解析】管仲指出了国家危亡的几条原因。卿相是国家的重要官员,他们能否得到人民拥护,是民心向背的重要反映。卿相不受人民爱戴,说明他们没有为人民多做好事,甚至欺压百姓,因而失去了人心。群臣之间结党分派,明争暗斗,不把精力用在恪尽职守、为国尽忠上,使内部矛盾愈演愈烈,不利于国家的稳定。将帅统领军队,军令如山,士卒畏惧,才能勇敢作战,否则会军心涣散,导致失败。让人民养成安土重迁的风俗,才能使人民安心于农耕,把农业生产发展起来。

凡将举事,令必先出。曰事将为,其赏罚之数,必先明之。

【注释】《立政》。曰:发语词,无意。数:通"术",指办法、政策。

【解析】对于要做的事情,必须先用法令给予严格规定。用法令规范办事人的行为,使事情有组织、有条理,这样才能把事情办好。在事情未做之前,还要定下赏罚的具体规定。规定什么样的行为应该受赏,什么样的行为应该受罚。人们本性都是希望获得奖赏而远离刑罚的。所以,赏罚的措施可以鼓励人民努力做好分内的事,以求获得奖赏,制止人们做不该做的事,使人们不敢疏忽于自己的职责,以避免受到惩罚。

地者政之本也,是故地可以正政也。地不平均和调,则政不可正也。政不正则事不可理也。

【注释】《乘马》。本句是说土地是国家政治的根本所在。

【解析】管仲强调土地的重要价值。土地是人民生活生产的基础,是国家最重要的资源,有了土地才有国家、有人民。所以,土地历来受到人民的重视,中国一向有寸土寸金的说法,保卫土地就等于保卫国家。如何分配土地,关系到国家政局的安稳与否。如果土地大部分集中在少数官僚贵族手中,就会加重对人民的剥削压迫,使人民产生不满情绪,从而奋起反抗。历史上的农民起义多与土地兼并有关。所以,合理分配土地才能使国家长治久安。

俭则伤事,侈则伤财。

【注释】《乘马》。国家用度过少,对举办事业不利;过多,对商品资源不利。

【解析】管仲已经注意到了生产和消费的关系。生产消费之间是一种互相促进同时又互相制约的关系。消费须视生产而定,在生产不发达的情况下,消费应保持一种较低水平。消费超过了生产,使商品不能满足人民需要,会妨碍经济的健康发展。消费如果长期保持在一个较低水平,人们对商品需求过少,生产也不会有很大发展。适当增加消费可以有效地促进生产的发展。合理安排生产与消费,才能保证国家经济的健康发展。

非诚贾不得食于贾,非诚工不得食于工,非诚农不得食于农,非信士不得立于朝。

【注释】《乘马》。诚:诚实。贾(gǔ):商人。信:有信用。

【解析】诚信是人能为社会所接受的一个重要品质。诚信的人能够忠于自己的职责,树立良好的声誉,受到人们的信任与敬重。各行各业的人都应具有诚信的品质,培养良好的职业道德。人们之所以不信任商人,就是因为商人为了谋利而不择手段,所以社会上有"十商九奸"的说法。如果商人以诚信为宗旨,赢得人们信任,那么更有利于他们事业的发展。做官的人更要讲诚信,具有高尚的人格,才能受到上级信任、下级爱戴。所以说,诚信是各行各业的人取得成功的关键因素。

言是而不能立,言非而不能废,有功而不能赏,有罪而不能诛,若是而能治民者,未之有也。

【注释】《七法》。言:言论,主张。言是:犹谓正确的主张。言非:犹谓错误的主张。

【解析】君主治国,必须有明察善断的能力。君主以法治国,不轻信游说之士的言论,但要善于听取正确的建议。对于臣下提出的正确主张,君主应该高度重视,迅速实行,才能收到令人满意的效果;对于错误的言论,要及时制止,防止臣下按错误的主张办事。君主设立了赏罚制度就必须严格执行,有功必赏、有过必罚,不因君主个人好恶而影响赏罚的执行。赏罚分明,君主树立起个人威势,对人民才能起到相应的劝勉和惩戒作用。

不明于敌人之政,不能加也;不明于敌人之情,不可约也;不明于敌人之将,不先军也;不明于敌人之士,不先阵也。

【注释】《七法》。加:指兴兵作战。约:以战争相约。军:采取军事行动。阵:摆战阵。

【解析】管仲强调打仗先要了解敌方的情况,才能战胜敌人。首先要了解敌军国内的政治情况,战争不只是疆场厮杀,政治、经济等各方面因素都对战争胜负有直接影响。因为,战争是解决政治问题的工具,同时又需要有强大的经济实力做后盾。所以,对敌方的政治、经济等具体国情全面了解,是一个军事统帅需要首先考虑的问题。其次,对敌人的战争部署也要有全面了解,掌握敌人主将用兵打仗的特点,了解敌军士气高低。只有这样才能做到"知己知彼,百战不殆"。

以众击寡,以治击乱,以富击贫,以能击不能,以教卒、练士击驱众、白徒,故十战十胜,百战百胜。

【注释】《七法》。教卒、练士:指训练有素的士兵。驱众、白徒:指未经军事训练,临时被征集的步卒。

【解析】对敌作战,必须对敌我双方的力量对比有一个明确具体的分析。用自己的长处去攻击他人的短处才能取得胜利。集中优势兵力打击敌人,才能做到以少胜多。自己国家国富兵强,去攻打政治混乱,且又贫穷落后的国家,这就叫以治击乱。任用具有雄才大略的将领去攻打软弱无能、优柔寡断的主将指挥的军队,这就叫作"以能击不能"。用训练有素、作战能力强的士卒攻打乌合之众,才能取得胜利。

法天合德,象地无亲,参于日月,伍于四时。

【注释】《版法》。合德:即同德,此处指普遍施德。无亲:无所私亲,此指不计亲疏,一视同仁。参于日月,伍于四时:也是无偏无私之意。

【解析】君主治国要向天、地、日、月、四时这些自然事物取法。天地孕育万物,对万物普遍施恩,没有任何偏爱。君主治国也要向天地学习,对于臣民不分贵贱、不分远近,都一视同仁、平等对待。君主树立起公正无私的形象,使臣民都乐于为君主效劳、为国家做贡献。日月运行、四季更替都有一定规则可循,君主治国也要有稳固不变的法律制度,让人们有常法可守,这样有利于人心的稳定、有利于国家的长治久安。

悦众在爱施,有众在废私,召远在修近,闭祸在除怨。备长在乎任贤,安高在乎同利。

【注释】《版法》。召远:招徕远方人民,指他国人民。修近:指修好于国内居民。备长:准备长远大计。安高:保持尊高之位的安定。

【解析】这句话说的是君主的治国之术。要想获得人民的爱戴,就要爱护人民,让利于民,减轻赋税,减免徭役,以获取百姓的欢心。君主只有废除私心,赏罚分明,不论贵贱唯才是用,才能使民心安稳,人民同心同德共同为君主效力。君主只有采取措施让国内民众安居乐业,才有可能吸引国外人民前来归附。君主正大无私、不积私怨,才能免除祸患。君主任用贤才治国,才能使国家长治久安。君主与民同利,才能永远安享尊荣。

人,不可不务也,此天下之极也。

【注释】《五辅》。极:意同"最",此指最重要的大事。"人"是不可不非常重视的,这是天下最重要的问题。

【解析】是否能得到人民拥护,是君主能否治理好国家的关键。得到人民拥护,国家就能繁荣富强,人民同心同德就有力量抵御外敌入侵。失掉民心的君主,得不到百姓的支持,政治混乱,国力衰弱,有被敌人灭亡的危险。这也就是所谓的"得民心者昌,失民心者亡"。君主要想赢得民心、得到人民支持,就要处处为人民考虑,采取有利于人民的措施,发展生产,减轻徭役赋税,让人民过上衣食饱暖、富裕安康的生活。

善为政者,田畴垦而国邑实,朝廷闲而官府治,公法行而私曲止,仓廪实而图圄空,贤人进而奸民退。

【注释】《五辅》。私曲:偏私阿曲的行为,此处意指歪门邪道。图圄(líng yǔ):监狱。

【解析】治理国家最重要的是获得民心,而要获得民心就要采取有利于人民的措施。农业生产是立国之本,国家要鼓励人民开垦荒地,生产粮食。这样既可解决人们的吃饭问题,让人们过上富裕的生活,又可增加国家的粮食储备,增强国家实力。君主要确定以法治国的政策,把国家一切事务、臣民一切行为纳入法制轨道,杜绝一切歪门邪道。君主任贤举能,对于臣下不但听其言,还要观其行,让臣民以实际行动为国家服务。

上下无义则乱,贵贱无分则争,长幼无等则倍,贫富无度则失。

【注释】《五辅》。倍:通"背",背离。失:失去,此处言失其节制。

【解析】管仲主张上下、贵贱、长幼、贫富有一定次序,不能颠倒混乱,否则会造成不良后果。这表现了儒家思想对他的深刻影响。儒家最讲究定名分,也就是说人和人之间要确定明确的关系,讲"君君、臣臣、父父、子子"就是要求君有君道,臣有臣道,父有父道,子有子道。每个人都要安守自己的社会角色,不可有犯上越礼的行为。到了宋代,朱熹等理学家进一步完善伦理规范,使人与人之间关系更为明确,等级更加森严。

天时不祥,则有水旱;地道不宜,则有饥馑;人道不顺,则有祸乱。

【注释】《五辅》。

【解析】我国古人认为,天、地、人三者之间是有密切关系的。老子有"人法地,地法天,天法道,道法自然"的说法。天地运行都有常规可循,人生存于天地之间,社会与天道有相通之处。天时无常,四季错行,则会有水旱之灾,水旱灾害会影响到人类的生产,导致饥荒的发生。国家政治如果不稳定,不采取符合民意的措施,就会造成祸乱。人事与天道是休戚相关的,所以我国古人讲究天人合一,让人去顺应自然,按自然规律办事。

明王之务,在于强本事,去无用,然后民可使富;论贤人,用有能,则民可使治;薄税敛,毋苛于民,待以忠爱,而民可使亲。

【注释】《五辅》。本事:指农耕。毋苛于民:不要对人民苛刻。

【解析】这三条是君主治理好国家所需要采取的措施。君主必须把农战作为国家的根本政策,鼓励人民发展农业生产,让人民富裕起来,国家实力也会增强,军事力量也会随之强大起来,从而不惧怕外敌入侵。君主任用品德高尚,又有卓越才能的人做官,就能治理好人民。君主要想赢得民心,获取人民的爱戴和拥护,就要采取爱民政策,减轻人民的赋税,不为一己私欲而滥用民力。君主爱护人民,人民就会竭尽全力为君主效劳。

苟大意得,不以小缺为伤。

【注释】《宙合》。如果大的意向是正确的,不以小的曲折为妨碍。

【解析】想要成就大事业的人,就要树立伟大的奋斗目标。任何大事业都不是一朝一夕就可以获得成功的,必定要有一个漫长的奋斗过程。在此期间,不可避免要遭受一些挫折和失败。胸怀大志的人能够认清方向,用坚强的意志去承受任何打击,坚信最终胜利会是属于他的。任何事物都有一个曲折的发展过程,只有充分认识事物发展规律,才不会为暂时的失败所困扰,才能奋斗不止,实现最终的奋斗目标。

爱之、利之、益之、安之,四者道之出。帝王者用之,而天下治矣。

【注释】《枢言》。道之出:从道而出。本句指出爱、利、益、安的对象都是人民。

【解析】这句话反映了管仲以民为本的思想。君主要想治理好国家就必须获得人民的支持和拥护。君主与人民不能形成互相对立,甚至互相仇视的关系。历史上的昏君都不注重处理好与百姓的关系,他们为了追求个人生活的穷奢极侈而不断加重赋税,加深对人民的剥削和掠夺,最后导致了身死国亡的结果。管仲告诫统治者要爱护人民,采取措施发展生产,减轻对人民的剥削,让利于民,增加人民的财富,让人民过上安居乐业的生活,这样才能实现君主治国平天下的目的。

人主不可以不慎贵,不可以不慎民,不可以不慎富。慎贵在举贤,慎民在置官,慎富在务地。

【注释】《枢言》。贵:地位高者称贵。慎贵:指慎重处理人们的地位。慎贵在举贤:要求身居高位者都是贤士。置官:设置官吏。务地:发展农业。

【解析】高官厚爵是人们所向往的东西,君主必须慎重处理人们的地位,举贤任能,让身居高位者都是有德有才的人。君主必须爱护人民,要做到爱护人民就需要为人民设置正直廉明的官吏。官吏是人民的直接管理者,官吏廉洁,人民就拥护君主的统治;官吏贪赃枉法,人民就要奋起反抗。因此,任命官吏是君主必须高度重视的问题。君主要采取有力措施,大力发展农业生产,让人民过上衣食丰足的生活。君主处理好这三个方面的问题,才能治理好国家。

王主积于民,霸主积于将战士,衰主积于贵人,亡主积于妇女、珠玉,故先王慎其所积。

【注释】《枢言》。积:积聚。贵人:指官僚贵族之类。

【解析】君主所积聚的东西关系到国家的存亡兴衰。凡是能成就王霸事业的君主,都注重积聚人民,训练战士。人口增多了,才能生产更多的粮食,开发更多的资源,使国家实力强大起来。军队担负着保家卫国的重任,所以君主必须建设一支强大的军队,才能不怕外敌侵犯。亡国之主大都沉溺于声色犬马,轻信奸佞小人,爱好珠宝财货,而不把精力用于发展生产、建设军队上。这样的君主早晚都会被敌国所灭。

先王不以勇猛为边竟,则边竟安;边竟安,则邻国亲;邻国亲,则举当矣。

【注释】《枢言》。竟:同"境",边境。不以勇猛为边竟:不用武力治理边境。举当:举措得宜或处理得当。

【解析】与邻国的边境关系是涉及国家安全的重大问题。管仲主张不以武力解决边境问题。一般国与国之间由于界线很难划清,会产生摩擦冲突,如果双方不持克制态度,就容易引起战争,对双方都不利。因此,管仲认为,边境争端应和平解决,使邻国之间保持和平友善的关系。春秋时期,各国互相征伐,战争频繁,与邻国保持友好关系,就多了一份安全保障,符合国家长远利益。

恶者,美之充也;卑者,尊之充也;贱者,贵之充也。

【注释】《枢言》。充:"统"的借字,解作"本""始"或"基础",意指恶者、卑者、贱者,都应重视。

【解析】管仲认为,恶是美产生的基础,卑是尊产生的基础,贱是贵产生的基础,表现了朴素的辩证思想。春秋时期,老子的哲学思想最具有辩证性。他说"有无相生,难易相成,长短相形,高下相倾,音声相和,前后相随",指出了对立的事物相反相成,又互相统一的特点。老子这种对事物辩证的认识产生了十分广泛的影响,管仲关于美丑、尊卑、贵贱的观念也直接源自老子。君主认识到它们之间的对立统一的关系,对丑、卑、贱的人都应给予足够重视,让他们发挥出应有的作用。

凡国之亡也,以其长者也;人之自失也,以其所长者也。故善游者死于梁池,善射者死于中野。

【注释】《枢言》。长:长处、专长,意即治国不可恃其长而骄傲。梁池:不很深的池。善游者死于梁池:言恃其所长而失于疏忽。

【解析】人不能自恃所长而骄傲自满。任何长处都是相对而言,不是绝对的优势。人要正确认识自己的能力,做任何事情都要慎重从事,不可掉以轻心。治国也是一样,如果自认为国家实力强大,统治者就会产生疏忽懈怠的心理,不努力去发展生产、积累财富,而是满足于现状,继而追求声色犬马的享乐生活。这样做无疑会削弱国力,导致国家灭亡。所以说,雄才大略的君主都能正确认识自身条件,励精图治,发展生产,立于不败之地。

众胜寡,疾胜徐,勇胜怯,智胜愚,善胜恶,有义胜无义,有天道胜无天道。凡此七胜者贵众,用之终身者众矣。

【注释】《枢言》。众:多数,人多称众,事务多亦称众。本句文字有三"众"字。"众胜寡"的"众"指人多,下文两"众"指事物(条件)之多数。

【解析】君主要想对内治好国家,对外战胜敌人,就必须处于有利地位,用己所长治人所短才能立于不败之地。具体说来,君主首先要发展生产,使国家实力强大起来。以众击寡,是取得胜利的保证。君主要想取得战争胜利就必须建设一支行动迅速、勇敢作战的部队,也就是所谓的"疾胜徐""勇胜怯"。战争的性质是胜负的关键,君主用兵要师出有名,打正义之战,才能百战百胜。

人主好佚欲,亡其身失其国者,殆;其德不足以怀其民者,殆;明其刑而残其士者,殆。

【注释】《枢言》。亡:通"忘",即人主沉溺酒色。明:盛,盛其刑罚而残害其士人。

【解析】这句话指出,有三种情况,人主必须避免,否则会导致国破身亡。首先,人主不能沉溺于感官享受,纵欲无度,那样会荒废政事,群臣结党营私,百姓生活困苦,造成内乱,有亡国的危险。其次,君主必须对人民施以恩德,以德抚民,让人民安心生产,积极为君主效忠。君主如果暴戾专横,对人民残酷压榨,就会引起人们的反抗。最后,君主对士人要以礼相待,让其积极建功立业,为国服务。严刑迫害会引起士人不满,从而影响到君主地位的巩固。

先王重荣辱,荣辱在为。天下无私爱也,无私憎也,为善者有福,为不善者有祸,祸福在为,故先王重为。

【注释】《枢言》。为:做事,引申为实际行动。

【解析】为人君者必须重视自己的行为。人都喜欢荣誉而厌恶耻辱,君主做事要考虑自己的所作所为是能够获得荣誉还是招致耻辱,从而避免不合宜的行为。"恶有恶报,善有善报"虽然是迷信说法,但其中也有合理因素。作恶多端,侵犯他人的权利,就会受到惩罚。古语说"多行不义必自毙",就是这个意思。相反,一个人如果多做善事,就会获得别人的支持和帮助,有利于自己事业的发展。因此,君主必须重视自己的行为,为善不为恶,取荣不取辱。

国侈则用费,用费则民贫,民贫则奸智生,奸智生则邪巧作。

[注释]《八观》。国侈:指统治者奢侈浪费。

【解析】治国应以节俭为本,君主要以身作则,提倡节俭,在全国形成节约俭朴的社会风气。这样既可以使人民心不旁顾,安心于生产,又能增加国家财富。如果君主爱好奢侈,喜欢过穷奢极欲的生活,就会在全国形成奢侈浪费的社会风气。统治者为了满足个人享受,必然要加重赋税,多征徭役,加重人民负担,使人民生活于贫困之中。人民贫困,就不会安心于生产,而想通过非法手段牟取利益,作奸犯科的事就会多起来,从而影响国家的稳定和发展。

法制不议,则民不相私;刑杀毋赦,则民不偷于为善;爵禄毋假,则下不乱其上。

【注释】《法禁》。不议:不容私议。毋赦:不容宽赦。不偷于为善:不忽视避恶为善。爵禄毋假:赏赐爵禄之权只归于君主,不能假借他人。

【解析】法律制度是立国的根本。君主制定法律后,向全国明文颁布,要求全国民众遵照执行。对于法律规定,任何人不能私下议论其得当与否,以保证法律的尊严和权威。法律的执行必须公正而严明,任何人犯了罪都要依法受到惩罚。人们惧怕法律威力,就会减少为非作歹的行为。君主必须把权力完全集中在自己手里,重大事情要亲自决定,让全国臣民唯君主之命是从。如果大臣掌握重权,就会发生以下犯上的事,对君主统治地位构成威胁。

有国之君,苟不能同人心,一国威,齐士义,通上之治以为下法,则虽有广地众民,犹不能以为安也。

【注释】《法禁》。齐士义:统一士人心意。通上之治以为下法:使上面的治理措施贯彻为下面的行为规范。

【解析】能否获得人民万众一心的拥护是君主治国的关键。君主赢得民心,得到全国民众的支持和拥护,就能产生巨大的力量。用这种力量发展生产,则会使国家繁荣富强;用这种力量行军作战,就会无坚不克、百战百胜。民众的力量是伟大的,君主如能赢得民心,让人民竭尽全力为国尽忠,就会收到国富兵强的效果。失去民心,就失去了民众的支持和拥护。历史上,昏君都是因为残暴不仁失去民心,从而导致身死国亡的。为人君者对此不可不引以为戒。

凡君国之重器,莫重于令。令重则君尊,君尊则国安;令轻则君卑,君卑则国危。

【注释】《重令》。君:作"统治"讲。重器:重要工具。

【解析】法令是君主最重要的治国工具。君主制定法令,向全国公布,使法令成为全国人民的行为规范。法律要体现平等的原则,任何人触犯法律都要予以制裁。君主不能法外开恩,以私情枉法,要保证法令的绝对威严。君主严格以法治国,不徇私情,就会在全国民众面前树立起君主的威严,做到令行禁止,使民众团结、国家安定。如果君主有功不赏、有罪不罚,使法律失去应有的威严,那么君主威信就会下降,导致国家混乱。

国不虚重,兵不虚胜,民不虚用,令不虚行。

【注释】《重令》。虚:与"实"相对,空虚、虚假的意思。

【解析】管仲重视事务的实际功效。事务的表面现象总是对人产生一定的迷惑,让人认不清其本质内容,做出错误的判断或决定。国力强弱,不能只看表面的繁荣与否,而要看国家是否有雄厚的经济基础,还要看它是否有不断发展的生产力,所以君主必须专心于发展经济才能使国家强大起来。行军作战,不能为暂时的胜利所迷惑,而要看是否能取得决定性的胜利。运用民力应做有利于国家的事,才能使百姓充分发挥其力量。法律必须严格执行,才能发挥出法律的威力。所以说,讲求实效应是君主行事的原则。

不法法则事毋常,法不法则令不行。

【注释】《法法》。不以法推行法制则国事没有常规,法制不用法的手段推行则政令不能贯彻。

【解析】君主以法治国,不但要制定严厉而完善的法令,更重要的是如何推行法令。管仲认为,君主要用法的手段来推行法令,而这正是为一般君主所忽略的问题。国家虽有明确的法规,但是却发挥不了作用,这就是因为没有用法律手段来执行法律。对于不认真贯彻执行国家法令的官吏,国家要依法予以惩处。国家的法令必须具有极高的威严,让全国民众都依法行事,以法律为行为准则,使法律发挥出应有的作用。

禁胜于身则令行于民矣。

【注释】《法法》。禁胜于身:意指用法制克制君主自身,即要求人君以身作则,率先服从法律禁令。

【解析】这句话说的是如何使法律得到切实有效的贯彻执行的问题。君主制定了完备的法律,但却常常得不到彻底的实行,人民有法不守、有禁不止。管仲认为,君主要想使全国人民都遵守法律,就必须从自己做起,自己率先以法律为行为准则,以身作则,为全国人民树立良好的榜样。君主如果执法不严,徇私枉法,就会有损于法律的威严。臣民效法君主不尊重法律,法律也就失去了威慑力。所以,君主率先守法,是法律贯彻执行的有力保障。

使贤者食于能,斗士食于功。贤者食于能,则上尊而民从;斗士食于功,则卒轻患而傲敌。

【注释】《法法》。食于能:凭自己的能力吃饭。食于功:凭所立功劳吃饭。

【解析】君主治国必须重视人才,选拔官吏应唯才是举。让有才能的人担当国家重任,治理民众,就能收到良好的效果,使人民服从于官吏的管理。如果国家官吏都是一些庸碌无能的人,民众就很难服从领导。所以,举贤任能是治理国家的关键。士卒舍生忘死,效命疆场,君主要制定明确的法令,对立有战功的士卒实行重赏,封官加爵。在物质利益的鼓励下,士卒会更加奋勇杀敌,提高军队的战斗力,使国家增强抵御外敌的能力。

法立令行,则民之用者众矣;法不立,令不行,则民之用者寡矣。

【注释】《法法》。民之用者:指能为君主所用的人民。

【解析】君主虽是一国的统治者,但也有尊有卑。君主之所以有尊卑,在于他能运用百姓的多寡。如何让百姓万众一心为自己效力,是君主最该考虑的问题。要想使百姓为国竭诚尽忠,只有制定严格而详备的法律,有过必罚,有功必赏,让百姓慑于法律威严而不敢为非作歹。百姓为了求得君主的赏赐,就会尽力耕战。君主采用赏罚并用的措施,统一全国百姓的意志,让他们唯君命是从,竭力为国家效劳。国力强大,君主就能获得无上的尊荣。

国无以小与不幸而削亡者,必主与大臣之德行失于身也,官职、法制、政教失于国也,诸侯之谋虑失于外也,故地削而国危矣。

【注释】《法法》。诸侯之谋:指处理诸侯之间的关系。

【解析】内政外交得当与否是国家兴衰存亡的关键。有些国家虽然土地广阔、人口众多,但还不免地削国亡,究其原因就是没有搞好内政和外交。君主和大臣都应具有高尚的品德,才能受到人民的尊重。君主选拔官吏,应做到任人唯贤,任人唯亲只能导致吏治混乱。法制是君主治国的重要工具,只有让法律得到彻底贯彻执行,才能实现以法治国的目的。适当地推行礼义等教化措施,能提高人民的品德修养。君主只有做到这些,才不至于地削国亡。

凡人君之所以为君者,势也……势在下则君制于臣矣,势在上则臣制于君矣。

【注释】《法法》。势在下:指势为臣下所掌握。势在上:指势为君主所掌握。

【解析】势,即威势,是法家着重强调的治国手段。君主要想获得威势就必须集大权于一身,亲自处理重要事件,对官吏的任免、爵禄的授予都由君主亲自决定。大臣的前途命运掌握在君主手里,就会全心全意为君主效忠。君主制定法律,要严格以法治国,轻罪重罚,使法律发挥极大的威慑力。民众畏惧法律,也就会畏惧君主。君主也就在全国造成了不可侵犯的威势。君主以威势治国,让臣民服从于君威,就会使君主地位得到巩固。

贫民伤财莫大于兵,危国忧主莫速于兵。

【注释】《法法》。劳民伤财,莫过于用兵;危国与伤君,也没有比用兵更快的。

【解析】管仲告诫君主不可轻易出兵,滥用武力。用兵打仗需要消耗大量的资财,战争的进行是以国家的经济实力为后盾的。没有坚实的经济基础,战争得不到有力的物质保障,不会取得胜利。战争本身是劳民伤财的事,君主进行战争,会严重削弱国家实力。战争的失利会导致政治上的动荡,使国家安全受到严重威胁。因此,君主用兵必须慎重行事,穷兵黩武的政策更应坚决避免,否则便会有亡国的危险。

早知敌则独行;有蓄积则久而不匮;器械巧则伐而不费;赏罚明则勇士功矣。

【注释】《兵法》。独行:犹言入无人之境。早知敌则独行:早知敌情则所向无敌。不匮:不缺乏。不费:读为"不拂",言征伐不受挫折。

【解析】了解敌情是克敌制胜的关键,所谓"知己知彼,百战不殆",说的就是这个意思。战争需要强有力的后勤供应,粮草等军需物资补充及时,才能使军队久战不乏。军中一旦缺粮就会造成军心不稳,削弱战斗力。军队的武器装备直接关系到战斗力的强弱,君主要为军队配备得力的武器装备,为赢得战争胜利多一分保障。军队必须号令严明,当进则进,当退则退。君主采取赏罚措施,激励士卒勇敢作战,立功受赏。有了这些具体措施,才能使军队克敌制胜。

霸王之形,象天则地,化人易代,创制天下,等列诸侯,宾属四海,时匡天下。

【注释】《霸言》。象天则地:效法天地,即效法天地的宏伟无私。化人:教化世人。易代:改换朝代。匡:匡正。

【解析】这句话描述了霸王之业的形势与规模。春秋时期,周天子势力衰微,各诸侯国竞相发展势力,企图以武力统一天下。管仲辅佐齐桓公,采取了许多有力措施,利用齐国优越的自然条件,鼓励人民从事农耕,使齐国生产获得了极大发展。管仲整顿军备,厚赏重罚,提高了军队的战斗力,以强大的国力为基础,对外战争连续获胜,使齐桓公成为当时的霸主之一。在这里,管仲描绘了霸王之业的宏伟和壮丽。

欲用天下之权者,必先布德诸侯。是故先王有所取,有所与,有所诎,有所信,然后能用天下之权。

【注释】《霸言》。诎:通"屈"。信:通"伸"。取与、屈伸:都是指处理好与各诸侯国的关系。用天下之权:指称霸天下。

【解析】春秋时期,社会上已经形成了一套完备的礼法制度。统治者品德的好坏关系到国家的治乱兴亡,因此向来有"有道伐无道,有德伐无德"的说法。君主在对外关系上,必须注重以德服人。取与、屈伸这些事关系到君主品德的高低,所以君主在处理这些问题时必须谨慎小心,把树立高尚的品德形象放到首要地位。要想成为诸侯的霸主,更要博取有道、有德的名声。这是称霸的一个重要条件。

霸王之所始也,以人为本。本治则国固,本乱则国危。

【注释】《霸言》。

【解析】管仲提出"以人为本"的观点,反映了他对人民群众巨大作用的深刻认识。人民群众是国家的根本,君主要治国平天下,首先需要赢得民心,获取人民群众的支持和拥护,而要想赢得民心,就必须采取有利于人民的措施,让人民过上衣食丰足、安居乐业的生活。如此,发展生产则国家繁荣富强,出兵作战则会克敌制胜。因此,君主治国必须以民为本,获取人民支持,国家才能长治久安。

夫兵事者危物也,不时而胜,不义而得,未为福也。失谋而败,国之危也,慎谋乃保国。

【注释】《问》。慎谋:慎重谋划。

【解析】管仲认识到了战争的危害。如果战争的性质不合道义,即使攻城略地,取得了胜利,也不一定是好事。国内人民畏惧战争,产生反战情绪,不利于国家的稳定。被侵略的国家为了收复失地,还要继续作战。长时间的战争会消耗大量的物力、人力,削弱国家的实力,加重人民的负担。一旦战争失利,就有地削国亡的危险。所以,君主对于出兵作战,必须采取谨慎态度,避免穷兵黩武的对外政策。

君之所以尊卑,国之所以安危者,莫要于兵……兵者外以诛暴,内以禁邪。

【注释】《参患》。莫要于兵:没有比兵更重要的了。

【解析】军队是国家安全的保障。在春秋时期,各诸侯国互相以武力相征伐,没有一支强大的军队,就无法保证国家的安全。君主要想称霸天下,也必须以强大的军队为依托。管仲充分认识到军队的重要作用:对外可以征讨其他诸侯国,树立君主的霸主地位;对内可以制止奸邪暴乱的事情,维护社会的安定团结。管仲辅佐齐桓公"九合诸侯,一匡天下",借助的正是齐国强大的军事力量。

得众而不得其心,则与独行者同实;兵不完利,与无操者同实;甲不坚密,与俴者同实。

【注释】《参患》。独行者:指单独一人,无人帮助。兵:兵器。俴(jiàn)者:单衣无甲的人。

【解析】主帅必须获得军心才能取得战争胜利。如果军心稳定,同仇敌忾,即使人数不多的军队也能爆发出极大的战斗力,甚至以一当十,所向披靡。如果军心涣散,士卒无心作战,即使军队人数众多,也不会取胜。所以,主将要想取得战争胜利,获得军心是关键因素。汉代名将李广是当时让匈奴人闻风丧胆的"飞将军"。他不但作战身先士卒,而且极为爱护士兵,因此赢得了军心,在对匈奴作战中屡次取胜。

为人君者,修官上之道,而不言其中;为人臣者,比官中之事,而不言其外。

【注释】《君臣上》。官上:众官以上之事,意即统属百官。不言其中:无须插手官吏的具体事务。官中:指官职以内的具体事务。不言其外:不可超越本职,干涉过多。

【解析】君臣各有职守。君主统领百官,负责选贤任能,从宏观上控制全国政局。君主不必事必躬亲,插手具体事务,让官吏处理他们职责以内的事。大臣要恪尽职守,做好本职工作,不得干涉其他官吏的工作。这样上下各有分工,各司其职,君主不干预臣下的工作,臣下也不得夺取君主的权力,保持国家政局的稳定,有利于国家的发展。

有道之君者,善明设法而不以私防者也。而无道之君,既已设法,则舍法而行私者也。

【注释】《君臣上》。

【解析】法律是君主治国的准绳。君主设立了法律制度,就要严格按照法律来驾驭百官、统治人民。懂得治国之术的君主以法律来规范臣民的行为,用法律铲除奸邪之人,鼓励人民安心生产,为国立功。无道的君主虽然设立了法律,但却不能依法办事,喜爱的人,可以无功受赏;厌恶的人,即使立下战功也不予封官加爵。以法治国的君主能树立君威,让臣民行为合乎法律规范;不以法治国的君主,使臣民行为没有规范,导致国家混乱。

德侵则君危,论侵则有功者危,令侵则官危,刑侵则百姓危。

【注释】《君臣下》。德侵:指人君行德施惠的权力被侵夺。论侵:指人君论功行赏的权力被侵夺。令侵:指人君发号施令的权力被侵夺。刑侵:指人君决定刑罚的权力被侵夺。

【解析】德侵、论侵、令侵、刑侵,这四者都会严重威胁君主的权力,君主对此应严加防范。德侵则君主无法向臣民施加恩惠,君主失去民心,必然孤立。论功行赏是君主的一项重要权力,此权不得实施,有功于国的人不被封赏,人民就不会为国效忠。君主统领百官,发号施令,此权被剥夺,百官没有号令可从,会造成国家吏治混乱。君主以法治国,奖善惩恶,如果无权决定刑罚,坏人被纵容,百姓安全会受到严重威胁。因此,君主必须紧握这四项权力,不可被人侵夺。

饮食者也,侈乐者也,民之所愿也。足其所欲,赡其所愿,则能用之耳。

【注释】《侈靡》。赡:满足。用:为君主所用。

【解析】为人君者必须善于洞察人民的心理。衣食是人民生活所必需的东西,人民都渴望过上衣食丰足的生活。君主要想获得民心,就必须重视农业生产的发展,采取措施鼓励人民开荒种地,生产粮食。男子从事农耕,女子从事纺织,那么民众就有饭吃,有衣穿。君主再减轻赋税,让利于民,人民安居乐业的愿望得到满足,就会竭尽全力为国家效劳。君主用这样的民众出兵作战,就会所向披靡,赢得战争。

毋全禄,贫国而用不足;毋全赏,好德毋使常。

【注释】《侈靡》。全禄:给大臣过多的俸禄。好德毋使常:不可使人君之好德务施成为常事。

【解析】官吏俸禄应有一定标准,不可过高。俸禄过多,会加大国家财政支出。官吏的俸禄取自赋税收入,当官的人多,俸禄优厚,就必须要加重赋税,使人民生活困苦。国家财物多用于支付官吏的俸禄,国力就会被削弱。所以,管仲主张降低官吏的俸禄。君主好德务施虽然可加重君主的威望,但如果成为惯常做法,就会加大国家的财政开支。国家的财力是有限的,必须用到最能发挥效益的地方。因此,管仲认为,官员俸禄过高,君主赏赐过频,都会削弱国力,不利于国家发展。

不侈,本事不得立。

【注释】《侈靡》。本事:指农战之事。

【解析】《侈靡》篇的观点一反中国古人提倡节俭的生活原则,认为奢侈消费对于促进生产和解决劳动就业问题都大有帮助。因此,主张饮食、车马、游乐、丧葬等生活消费,都应提倡奢侈。它从一个侧面看到了社会消费对社会生产的促进作用。在我国古代,这是一种全新的见解,但它没有划清合理消费与奢侈浪费的界限,忽视了奢侈浪费将会产生的严重后果。这是它的局限之处。

上离其道,下失其事。

【注释】《心术上》。君主偏离治国正道,臣下就会疏忽职守。

【解析】君主是国家的核心,君主的一言一行对臣民都有极大影响。君主应该以身作则,为全国人民树立良好榜样,在全国形成良好的社会风气。如果君主不行君道,一味地骄奢淫逸,就会形成奢靡的社会风气。社会风气的好坏,直接关系到国家的治乱。君主治国应严于克己,一切按法律行事,树立高尚的品德。百官畏于君主威严,自然会恪尽职守,努力为国服务。

形不正者,德不来;中不精者,心不治。正形饰德,万物毕得。

【注释】《心术下》。万物毕得:万物都为己所有。

【解析】君主要想立德就必须端正自己的行为。君主应品行端正,做事合乎礼义要求,对百姓仁爱,使人民安居乐业,与其他诸侯国的交往也以礼为行事准则,就会受到百姓的尊重和爱戴,成为有德的君主。君主有德,人民就安于本职工作,减少奸恶邪僻的行为,国家会因此而繁荣富强。

圣人裁物,不为物使。

【注释】《心术下》。圣人:指有修养的得道之人。君主裁断外物,而不为外物所役使。

【解析】对于物质享受的追求是人所共有的欲望,但是人必须恰当处理物质享受与物质欲望之间的关系。人应该利用外物满足自己的需求,但人应站在较高的层次上,不为外物所役使。人一旦无休止地追求物质利益的满足,那就失去了人格,成了物质欲望的奴隶。一国之君,有更加便利的条件追求物质生活的享受,君主切不可沉溺于声色犬马、田猎游宴这类感官享受的满足,否则劳民伤财,失去民心,迟早会国破家亡。

昔者明王之爱天下,故天下可附。暴王之恶天下,故天下可离。

【注释】《心术下》。明王:有道之君。天下:指天下人。

【解析】得天下在于得天下的民心,失天下在于失天下的民心。古代有道的君主都能得天下民心,因此天下归附;无道昏君之所以失去天下,也是因为失去了天下民心。商纣王拥有天下,土地广阔,人口众多,但是他残暴不仁,激起了人民的反抗。周文王虽然只有区区百里土地,但能爱民如子,获取了人民的爱戴和支持,因此能够以方圆百里的小国击败庞大的商王朝。这也就是"得民心者得天下,失民心者失天下"的道理。

天不为一物枉其时,明君圣人亦不为一人枉其法。

【注释】《白心》。枉其时:使时令错乱。

【解析】"天人合一"是我国古人在处理人与自然关系上的主导思想。人的行为必须效法天地。天的运行有常规可循,不会为外物而改变,人的行为也应遵守一定的准则,不轻易改变。君主制定了法律,就必须以法治国,使法律成为全国人民行为的准则。君主要想保证法律的威严,就必须做到法律面前人人平等。任何人触犯了法律,都应受到制裁。君主不能因为个别人而使法律失去威严。"不为一人枉其法",这是君主执法的原则。

地者,万物之本原,诸生之根苑也,美恶贤不肖愚俊之所生也。

【注释】《水地》。生:生物。根苑:万物生长的地方。

【解析】我国古人一向重视土地,认为土地是万物生长的地方,人们栖息繁衍都离不开土地。有了土地,人们才能种植五谷,土地是人们的衣食之源。对土地的重视,使中国人的乡土观念极其浓厚,人们安土重迁,把背井离乡视为人生最痛苦的事情。乡土观念导致了人们对国土的重视,中国人向来把家国视为一体。重乡土自然要重国土。对于国土,人们有"寸土寸金"的说法。春秋时代,晋公子重耳流亡途中,有老农送他土块。重耳认为,土块是土地的象征,稽首叩天,感谢上天赐予他土地。中国人自古以来就重视土地,对土地怀有极深厚的感情。

水者,地之血气,如筋脉之通流者也。故曰:水具材也。

【注释】《水地》。材:材质。

【解析】水是和人们生活息息相关的东西。人们的衣、食、住、行都离不开水。我国古代很早就已经懂得利用水,发明水车灌溉田地,修建运河方便交通。古人都喜欢在靠近江河的地方修建城郭,发展生产。水边还是人们嬉戏游憩的地方。《诗经》中有许多反映青年男女水边约会的诗。人类征服自然,最早表现在对水的征服上。大禹治水,是人们熟知的故事。人类的发展无时不伴随着与水的斗争。在这种斗争中,人类社会不断发展壮大起来。

唯圣人知四时,不知四时,乃失国之基。不知五谷之故,国家乃路。

【注释】《四时》。基:根基。路:疲惫,衰败。

【解析】"上知天时,下知地理"是我国古人对能成就大事业的人的要求。"天人合一"是中国古代的重要思想。天象运行是有着不可更改的规律的。"天人合一"要求人们去认识这种规律,使人的行为符合天的规律。四季变化,周而复始,不同的季节要求人们有不同的活动。五谷是人们生存的必需品,统治者要把五谷种植、发展农业生产放到首要地位,春耕、夏耘、秋收、冬藏,不误农时,才能把生产搞好。因此,在春秋战国,耕种季节不兴兵作战,是人们约定俗成的规矩。

战而惧水,此谓澹灭。小事不从,大事不吉。战而惧险,此谓迷中。分其师众,人既迷芒,必其将亡之道。

【注释】《势》。澹灭:为水所灭。迷中:心中迷茫。

【解析】主帅统军作战,必须要有不畏险阻、知难而上的精神。主帅是军队的核心,主帅惊慌失措,产生畏惧心理,士卒就会无心恋战,导致全军溃败。有智谋的主帅越是在险阻面前、危险之中,越要激励士卒奋勇作战。这时士卒往往能爆发出极强的战斗力,以一当十,势不可当。项羽在巨鹿之战时,破釜沉舟,向士卒表示不破敌人,誓死不归的决心,终于击败秦军,取得了重大胜利。

不犯天时,不乱民功。秉时养人,先德后刑。

【注释】《势》。民功:人民的生产耕作。

【解析】发展农业生产是国家的根本政策。农业生产对季节有要求,统治者要保证人民有充足的时间按季节进行农耕,在农耕季节不征发徭役,不兴兵作战,保证农业生产的正常进行。人民生产的粮食多,既可保证人民丰衣足食、安居乐业,又可增强国家实力。君主因此会获得民心,也会赢得其他诸侯的敬重。刑罚是治国的有效手段。君主利用刑罚,但不可滥施刑罚。先德后刑,才能从根本上减少犯罪,使国家太平安定。

今恃不信之人而求以智,用不守之民而欲以固,将不战之卒而幸以胜。此兵之三暗也。

【注释】《九变》。幸:希望。暗:不明。

【解析】用兵打仗,最重要的就是知人善用。主帅所任用的谋士必须是忠心耿耿、竭力尽忠的人。这样的人才能不遗余力地出谋划策,为战争胜利做出贡献。民心所向是战争胜负的重要因素。面对敌人强大的攻势,要想坚守城池,就必须有人民群众的支持。万众一心、同仇敌忾,军民共同作战,才能守住城池,击退敌人。军心稳固,士卒都有誓死作战的决心,才能使军队爆发出强大的战斗力。四面楚歌、军心动摇,即使项羽那样的人物,也不免要失败。

圣君任法而不任智,任数而不任说,任公而不任私,任大道而不任小物,然后身佚而天下治。

【注释】《任法》。任:用。数:通"术",治国之术。小物:小事。佚:逸。

【解析】明君严格以法治国,用法律来规范臣民的行为。对于智巧的言行,要看其是否符合法律。合于法律的加以推崇,不合法律的必须坚决制止。君主以术治国,运用权谋机术来统治臣民,对于花言巧语、不切实际的游说之词坚决予以屏弃。全国臣民的言行都应符合国家利益。君主鼓励人民恪尽职守,积极为国建功立业。对于贪赃枉法、营私舞弊,为满足个人私利而损害国家利益的人,君主要依法予以严厉制裁。这样,君主才能治理好国家,保持安富尊荣的地位。

明王之所恒者二：一曰明法而固守之，二曰禁民私而收使之。

【注释】《任法》。所恒者：指所遵守的固定不变的原则。

【解析】依法治国是明君治国的根本原则。君主制定详细而完备的法律，并向全国明文颁布，让全国人民都清楚法律内容。君主严格以法律为标准来判断臣民言行的是非对错。对于触犯法律的人，不管是至爱贵戚，还是达官显要，都要依法予以惩罚，这样才能保证法律的尊严和威慑力。君主制定严格的法律，可以有效地制止人民损公利己的私行，让人民畏于法律威严而不敢有满足个人私欲的行为，从而竭尽全力为君主效忠。

所谓治国者，主道明也。所谓乱国者，臣术胜也。

【注释】《明法》。

【解析】在法家看来，君和臣有着各自不同的利益。因此，君和臣之间不可避免地要互相斗争。凡是把国家治理得井井有条的君主，都有一套正确的治国之术，也就是能够以法治国、以权术驾驭群臣，使全国臣民都唯君主之命是从，为国家效劳。如果大臣玩弄权术，欺君罔上，君主偏听偏信，把权力下放给大臣，大臣握有重权，就会结党营私，谋取个人私利。这样，国家当然就要混乱衰弱。

古之欲正世调天下者，必先观国政，料事务，察民俗，本治乱之所生，知得失之所在，然后从事。

【注释】《正世》。从事：做事情。

【解析】君主要想治理好国家，就要先观察国政，对国家的政治情况作深刻而具体的了解；体察民情，了解百姓的风俗习惯，了解百姓的好恶爱憎以及民心所向。君主对具体国情有了较为深入的了解，就能在此基础上制定相应的政策。君主对于前代的治乱得失也要进行详细的观察思考，总结前代政治得失的原因，使自己制定治国之策时避免犯前人所犯的错误。治好国家并非轻而易举的事情，它需要君主多方面的观察和思考，制定合理的政策，才能实现君主治国平天下的理想。

圣人设厚赏非侈也，立重禁非戾也，赏薄则民不利，禁轻则邪人不畏。

【注释】《正世》。侈：奢侈。戾：暴戾。

【解析】厚赏重罚是法家治国的一项重要原则。有人认为，君主实行厚赏是对国家财富的浪费，实行重罚显得君主过于暴戾。管仲针对这种看法解释了为什么要实行厚赏重罚。奖赏是为鼓励人民为国立功，士卒在疆场上冒着生命危险奋勇杀敌，是为了得到君主的厚赏。如果奖赏过轻，就起不了鼓励作用。

刑罚是为了使人民安分守己,减少为非作歹的事。如果刑罚过轻,对犯罪的人起不到应有的惩罚作用,那就无法减少犯罪行为,最终危害的还是国家的安全。

凡治国之道,必先富民,民富则易治也,民贫则难治也。

【注释】《治国》。

【解析】君主要想治理好国家就必须使人民生活富足。要想使人民生活富足,就需要把农业生产放到首要地位,采取措施保证百姓有足够的时间从事农耕,鼓励人民开垦荒地,生产粮食。人民过上了丰衣足食、富裕安康的生活,就会安居乐业,不愿迁往他处,既便于国家对民众的管理,又可进一步使生产获得发展。人民生活富裕,就不轻易犯罪,有利于社会秩序的安定。所以说,发展生产,使人民富足,是国泰民安的有效措施。

选天下之豪杰,致天下之精材,来天下之良工,则有战胜之器矣。

【注释】《小问》。致:招致。精材:精英、人才。战胜之器:战胜敌人的工具。

【解析】要想取得战争胜利,关键是要有一大批能克敌制胜的人才。管仲认识到这一点,劝谏齐桓公广招天下人才。有一批才能卓异的人为自己出谋划策,效命疆场,那就能够所向无敌,战则必胜。在中国古代,工匠一向被统治者所轻视,社会地位很低,但管仲并不轻视工匠,一样把他们作为人才来看待。工匠制造出的攻城器具对取得战争胜利能发挥重要作用,所以管仲主张招致天下良工为君主服务,这样才能攻城略地,无往不胜。

故国父母坟墓之所在,固也;田宅爵禄,尊也;妻子,质也。三者备,然后大其威,厉其意,则民必死而不我欺也。

【注释】《小问》。固:人心稳固。尊:地位尊贵。质:抵押。不我欺:不欺我。

【解析】管仲认为,这三者是使民必死必信的有效手段。让人们依恋故乡,依恋父母坟墓,那么就人心稳固;君主用田宅爵禄赏赐有功之人,使他们获得尊贵的地位,这些人为了保持他们的地位,就会奋勇作战,决不后退;外出作战的将士,君主不容许他们携带妻子儿女,这些人眷恋国内的妻儿,不会轻易投降。君主采取这三样措施,就能使军心稳固,共同对敌,取得战争的胜利。

一人之治乱在其心,一国之存亡在其主。

【注释】《七臣七主》。在其心:指在其心之邪正。

【解析】一个人行为的好坏与他的思想有关。同样,一个国家的存亡兴衰与君主有直接关系。君主的好恶直接影响到社会风气。君主重视农耕,那么人民就会大力开垦荒地,发展农业生产;君主喜欢财货,那么人们就善于经商做买卖;君主喜欢修建宫室,那么国家的能工巧匠就会多起来。楚王因为喜欢细腰的美女,所以楚国女子都节食,减小饭量;吴王喜欢比剑,所以人民都不怕死。可见,君主的好恶会直接影响社会风气,关系国家兴亡。

目贵明,耳贵聪,心贵智,以天下之目视,则无不见也;以天下之耳听,则无不闻也;以天下之心虑,则无不知也。

【注释】《九守》。

【解析】一个人的力量毕竟是有限的,君主要想治理好国家就必须调动全国民众的积极性,让全国一切有智谋的人都为己所用。君主要广开言路,让全国民众大胆进谏,出谋划策。俗语说:"众人拾柴火焰高。"君主运用民众的力量,国家就很容易治理好。相反,那些亡国破家的君主都是刚愎自用、独断专行的人。他们不听从他人劝谏,对于忠言直谏的人残酷迫害,闭塞了自己的视听之路,最终导致了身死国亡的下场。

用赏者贵诚,用刑者贵必。刑赏信必于耳目之所见,则其所不见莫不暗化矣。

【注释】《九守》。暗化:暗中感化。

【解析】赏罚是君主治国的有效手段。行赏的原则是诚信可靠,按照法律规定对为国立功的人进行奖赏。君主言出必行,决不拖延,也不无故取消奖赏。全国民众看到奖赏可信,都会竭力杀敌,为国立功。刑罚也必须按法律规定予以坚决执行,不管是什么人触犯了法律,即使是君主宠爱的人,也要依法惩处,以确保法律的绝对威严。民众看到君主执法的力度和决心,内心有所警戒,便不敢为非作歹。君主使赏罚严明可信,才能收到良好的治国效果。

人主之所以令则行禁则止者,必令于民之所好,而禁于民之所恶也。

【注释】《形势解》。

【解析】以法治国是君主的治国原则。君主要想做到令行禁止,就必须深刻洞察民众心理。民众都好生而恶死,好利而恶害。因此,君主制定的法令,对于触犯法律,危害他人生命财产安全的人必须起到严厉的惩罚作用。人们畏惧法律惩罚,不敢为非作歹,从而保证了绝大多数人的利益。好赏求利也是民众的普遍心理。君主应采取措施鼓励人民发展生产。人民见生产有利可图,就会积极从事生产。对立下战功的人进行奖赏,人们就积极参军作战。

人惰而侈则贫,力而俭则富。夫物莫虚至,必有以也。

【注释】《形势解》。以:原因。

【解析】平民百姓在大致相似的条件下生活,有的人越过越富,有的人却逐渐贫困。贫富不是凭空而至,都是有一定原因的。如果人懒惰,不下力气从事生产,却又喜欢奢侈,日常生活没有计算,得过且过,挣得少,花得多,长此以往,这样的人就会日渐贫困。平民百姓要想致富,就必须用力于农耕,开垦荒地,生产粮食。一年四季,不辞劳苦,且又能勤俭持家,生活艰苦朴素,收入多于支出,日积月累,积蓄逐渐增多,可以过上富裕安康的生活。

天生四时,地生万财,以养万物,而无取焉。明主配天地者也,教民以时,劝之以耕织,以厚民养,而不伐其功,不私其利。

【注释】《形势解》。伐:夸耀。

【解析】古人极其尊重天地,认为君主是代表上天来统治人民的,所以君主的行为必须效法天地。天地最大的特点是养育万物而不从中取利,君主的职责也是养育人民,让人民按季节进行耕种,不因为徭役、兵役而侵犯农民的生产时间,让农民全力投入农耕,生产粮食。君主鼓励女子在家纺织,生产布匹。人民有饭吃、有衣穿,安居乐业。君主减轻赋税,让利于民。国泰民安,君主不伐其功,这才称得上是效法天地的明君。

臣不亲其主,百姓不信其吏,上下离而不和,故虽自安,必且危之。故曰:上下不和,虽安必危。

【注释】《形势解》。

【解析】君臣团结、吏民和睦是国泰民安的保障。如果君臣之间为了各自利益而钩心斗角,大臣想篡权夺位,君主要清除异己,致使君臣之间矛盾重重,大臣不为国效力。这是国家衰败的重要因素。各级官吏是人民的直接统治者。官吏必须公正无私,才能被人民所信服,受到人民的支持和拥护。如果官吏贪赃枉法,对人民横征暴敛,就会激起人民的反抗情绪。人民不信任官吏,甚至对官吏怀有敌视情绪,那么早晚会发动起义,推翻君主统治。

明主度量人力之所能为,而后使焉。故令于人之所能为,则令行。使于人之所能为,则事成。

【注释】《形势解》。

【解析】君主治国应多替百姓考虑,量民力而行。制定法令要符合民众的实际情况,该宽缓则宽缓,该严厉则严厉,让民众都能遵照执行,同时又能严厉打击犯罪分子,保护民众生命财产安全。君主兴办各项事业也要视民力而行,滥用民力,劳民伤财,会导致不良后果。例如,秦始皇统一天下后,征发全国无数人力物力,修建了规模宏大的阿房宫、绵延万里的长城,使民不聊生,加速了秦王朝的灭亡。

明主与圣人谋,故其谋得,与之举事,故其事成。乱主与不肖者谋,故其计失,与之举事,故其事败。

【注释】《形势解》。圣人:指有才能的人。不肖者:无能的人。

【解析】君主一人之力不可能治国平天下,凡是成就王霸事业的君主都能够知人善任。借助谋士为自己出谋划策,就能举事得当,在策略上胜过敌人。借助武将为自己冲锋陷阵,就能够战胜敌人。历史上,商汤任用伊尹灭亡夏桀,文王、武王任用姜尚灭亡商纣王。三国鼎立时期,魏、蜀、吴三家都善于选贤任能,使三国并立局面维持了几十年。相反,如果君主任用无德无才的人,处理政事则政事混乱,出兵作战则兵败地削。所以,君主在用人方面,必须谨慎从事。

夫民富则不可以禄使也,贫则不可以罚威也。法令之不行,万民之不治,贫富之不齐也。

【注释】《国蓄》。

【解析】君主治国,不可使民过富,也不可使民过贫。如果民众手中掌握大量财富,就不会把君主的爵禄奖赏放在眼里。拥有大量财富的人,大多贪生怕死,好逸恶劳,不肯为国效命。如果民众过于贫穷,挣扎于死亡的边缘,为了求得生存就会不顾一切。君主的法令虽然威严,他们也会置之不理,刑罚对这些人来说是不起作用的。君主要想使赏罚的政策真正发挥作用,就必须采取措施限制个人财富过于集中,让贫苦民众也有地可耕,保证他们的衣食。在贫富均等的情况下,君主才能做到令行禁止。

度法者,量人力而举功。禁缪者,非往而戒来。故祸不萌通,而民无患咎。

【注释】《山权数》。禁缪:用法令加以禁止。萌:生。咎:错。

【解析】明君治理国家,应该未雨绸缪,防患于未然。君主举办任何一项事业,都要依靠人民群众的力量。君主要爱惜民力,不可为个人私欲而大建宫室,搜罗奇珍异宝,否则就会劳民伤财,引起人民群众的不满。以古为鉴可以知来者,君主对历史事件应多作思考和反省,从历史事件中吸取教训,避免出现类似的错误。君主防微杜渐才可保持国泰民安。

万乘之国不可无万金之蓄饰,千乘之国不可无千金之蓄饰,百乘之国不可无百金之蓄饰,以此与令进退,此之谓乘时。

【注释】《山权数》。万乘之国：拥有万辆兵车的国家，指大国。蓄饰：储蓄。

【解析】管仲在这里说明国家无论大或小，都应该有一定的储蓄。这种储蓄包括金钱与实物两种。国家有了足够的积蓄，国力就会强大起来，一旦发生战争和饥荒，就有能力去应付。强大的国力是战争胜利的先决条件，也是人民在灾荒之年不挨饿的有力保障。西汉建国后，因为经过秦末战争，国家贫穷，汉初几位皇帝采取休养生息政策，国家储备了大量的钱财、粮食。这时，汉武帝大举出击匈奴，连连取得胜利。这些胜利与西汉国力强大是密不可分的。

为国不能来天下之财，致天下之民，则国不可成。

【注释】《轻重甲》。

【解析】春秋时代，地广人稀，各国都把招徕民众、发展生产作为治国的重要措施。民众增多了就可以开垦荒地，生产粮食，使国力强大起来。商鞅曾经向秦孝公提出要采取有效措施招徕他国民众到秦国开荒。国家立下规定，减免移民的赋税，让外来人口从事农业生产，让秦国原有人口当兵作战。这也是商鞅变法的一项内容。招徕外来人口不但能发展生产，还可以增加国家税收，使国家实力强大起来，这是治国的有效措施。

轩冕立于朝，爵禄不随，臣不为忠；中军行战，委予之赏不随，士不死其列阵。

【注释】《轻重甲》。轩冕：指士大夫。

【解析】民众都有求利的心理。君主利用百姓的这种心理，进行厚赏，就能有效地鼓励人们竭尽全力为君主服务。大臣为国家殚精竭虑，恪尽职守，最大的希望是获得高官厚禄。君主要按贡献大小为群臣加官进禄，就能有效地调动群臣为国家服务的积极性。士卒出生入死，参加战斗，置个人生命于不顾，就是希望立下战功，获得君主的重赏。君主利用厚赏的手段，就能调动全国民众的积极性，让他们为国立功。

凡在趣耕而不耕，民以不令不耕之害也；宜芸而不芸，百草皆存，民以仅存不芸之害也；宜获而不获，风雨将作，五谷以削，士民零落，不获之害也。

【注释】《轻重己》。

【解析】这是《管子》书中最后一句话，着重阐述的是以农为本的思想。以农为本、依法治国，是管子也是法家的一贯主张。在春秋战国以武力相争的时代，国家实力大小是各国地位高低的依据。开垦荒地，生产粮食，使人民过上丰衣足食的生活是富国之路。农业生产发展好了，国家就会强大起来。有强大的国力作依托，君主就能实现治国平天下的理想。

《晏子春秋》

　　《晏子春秋》是记叙春秋时代齐国人晏婴言行的一部书。成书年代大约在秦统一六国后的一段时间内。编写者是谁至今尚无定论，一般认为是齐国故臣淳于越。无论是谁，编写者一定是一位对齐国历史掌故、民间传说极其熟悉的人物。他应该是齐国上层社会的人士，有机会看到过一些档案和史料。他还是晏婴的一位热情崇拜者，这些在书中都有所反映。

　　《晏子春秋》可以说是我国最早的一部短篇小说集，也可以说是最早的"外传""外史"。在这部书里，作者一方面暴露了古代社会统治阶级的种种黑暗，刻画了荒淫暴虐的君主、助纣为虐的奸臣；另一方面，也描绘了作者心目中的理想人物晏婴。书里的晏婴已经不是历史上的真实原型，而是艺术上的典型了。编写者抓住晏婴作为齐国重臣的生活内容，从他的进退出处，以至饮食、衣服、车马、仆从等各个细节方面，塑造出一个活生生的晏婴形象。

上离德行,民轻赏罚,失所以为国矣。

【注释】《内篇谏上》。君主不重德行,人民轻视赏罚,就失去了治国的正确方法。

【解析】君主必须重视培养自己的德行。那么如何才能成为有德之君呢?在晏婴看来,君主应该爱护人民,减轻赋税、徭役,采取有力措施保障农业生产的发展,让人民过上衣食丰足、安居乐业的生活,这才是有德之君,才能够获得人民的拥护和爱戴。赏罚是用来鼓励人民积极从事耕战,为国立功的有效措施。人们都有求赏远罚的心理,君主应利用这一心理,激励人民为国立功。如果人们轻视赏罚,就会肆意而为,不利于国家的长治久安。

利于国者爱之,害于国者恶之,故明所爱而贤良众,明所恶而邪僻灭,是以天下治平,百姓和集。

【注释】《内篇谏上》。邪僻:奸邪之人。和集:团结和睦。

【解析】君主治国要爱憎分明。所爱的应该是有才有德,为国家做出贡献的人;所憎的应该是奸邪不守法,不忠于本职工作,对国家产生危害的人。君主对这两种人应采取鲜明的爱憎态度,让臣民都严格要求自己,忠于职守,竭力为国效忠。这样,才能使百姓和睦、国家安定。历史上的亡国之君,大都不能爱憎分明,他们所爱的是善于阿谀奉承、欺下瞒上的奸臣,所憎的是忠言直谏、恪尽职守的忠臣。爱憎不明,最终导致国家灭亡。

古之王者,德厚足以安世,行广足以容众,诸侯戴之以为君长,百姓归之以为父母。

【注释】《内篇谏上》。古之王者:指黄帝、尧、舜、禹等。

【解析】黄帝、尧、舜、禹等被称为古代圣王,他们处在没有阶级压迫的原始氏族公社社会中,在那个时代有着原始的人道思想和民主精神。君主都注重个人品德的修养,具有极高品德的人才能使天下百姓信服。在那个时代,君主很少采用武力征伐,而是推行政教,以德化人。孔子曾说:"远人不服,则修文德以来之。"就是说,君主要推行文化德教,国家治理得好,远方不服的人就会前来归附。所说的就是理想的社会政治状况。

财屈力竭,下无以亲上;骄泰奢侈,上无以亲下。上下交离,君臣无亲,此三代之所以衰也。

【注释】《内篇谏上》。三代:指夏、商、周三代。

【解析】要想使国家长治久安,君主和民众就需要保持一种融洽和睦的关系。人民最大的愿望就是过上衣食丰足、安居乐业的生活。君主治国要采取措施发展生产,减轻赋税徭役,让利于民,人民生活富足了,当然就会爱戴君主,努力为国家效劳。君主虽然拥有全国财富,但也不可过于骄奢淫逸。一味追求物质欲望的满足,就会加重对人民的剥削,引起人民的不满和反抗。君主只有崇尚节俭,严于克己,才能受到人民的爱戴,保持国家长治久安。

赏无功谓之乱,罪不知谓之虐。

【注释】《内篇谏上》。

【解析】赏罚是君主治国的重要措施。赏罚严明,就是对有功于国的人实施重赏,而且不论贵贱只要为国立功,就可以得到君主的赏赐,从而激励士卒勇敢作战,立功求赏;对于触犯法律的人,不管身居何职,即使是至亲贵戚,也要予以惩罚,从而使人们惧于法律,不敢为非作歹。无功受赏,就会助长臣民走邪门歪道、不务本业的风气,君主对此要坚决避免。在古代,讲究不知者不为过的原则,君主应以宽厚的态度对待无意中犯下过错的人,不可滥施暴虐。

君屈民财者,不得其利;穷民力者,不得其乐。

【注释】《内篇谏下》。屈:竭尽。君竭民之财,将以求利,必不得其利;穷民之力,将以为乐,必不得其乐。

【解析】我国古代的有识之士认识到人民的重要作用,所以"民本"思想得以传播。孟子说:"民为贵,社稷次之,君为轻。"没有百姓也就没有国家,也就谈不上有君主了。君主同人民,如果只是剥削与被剥削的关系,君主为了满足个人私欲而重征厚敛,加重人民负担,人民就会奋起反抗,推翻君主统治。君主身死国亡,也就是求利而不得其利。晏婴站在统治阶级立场上,要求君主减轻对人民的剥削,缓和君臣关系,有利于国家的长治久安。

三王不同服而王,非以服致诸侯也,诚于爱民,果于行善,天下怀其德而归其义,若其衣服节俭而众悦也。

【注释】《内篇谏下》。王:统一天下。致:招引,引来。

【解析】齐景公想通过服圣人之服、居圣人之室的办法,使诸侯臣服。晏婴指出了这种做法的错误。他告诉景公,靠模仿圣人的衣服居室是不能使诸侯臣服的,要想臣服诸侯,就必须采取有利于人民的措施,多做好事,获取民心,使百姓乐于为君主效劳,积极发展生产,建功立业。君主以高尚的德行使其他诸侯国臣服于己。诸侯看重的不是和圣人一样的服饰,而是和圣人一样的高尚品德。这是使诸侯臣服于己的内在原因。

君正臣从谓之顺，君僻臣从谓之逆。今君不道顺而行僻，从邪者迩，导害者远，谗谀萌通，而贤良废灭，是以谄谀繁于间，邪行交于国也。

【注释】《内篇谏下》。僻：不正，邪僻。迩：近。萌通：即明通。

【解析】为人君者，是一国百姓所瞩目的核心。君主要想正人必先正己。君主行为端正，大臣就不敢有邪恶的行为。君臣相从，国家就能治理好。如果君主行为邪僻，大臣向君主学习，君臣都逆于正道，对于社会风气会产生极坏的影响。君主听信奸邪小人的谗谀之词，对于贤良正直的人不予任用，那么就会令全国民众都想用谗谀的手段获得君主信用，捞取个人好处。一旦在社会上形成这样的风气，那么国家就有灭亡的危险。

厚藉敛不以反民，弃货财而笑左右，傲细民之忧，而崇左右之笑，则国亦无望矣。

【注释】《内篇谏下》。藉敛：征收赋税。笑左右：使左右笑。傲：轻视。崇：重视。

【解析】君主向人民征收赋税，不只是为了满足个人生活需要和作为百官的俸禄，征收赋税还要本着"取之于民，用之于民"的原则，集中国家财力为人民解决一些实际问题。如果君主大肆挥霍国家赋税，过奢侈腐化的生活，就会引起人民群众的不满与反抗。君主行为必须端正，才能作为一国表率。如果君主挥霍财富只为同左右亲信取笑，而不重视人民群众的痛苦忧患，那么国家就没有强盛的希望，早晚会被敌国所灭。

能爱邦内之民者，能服境外之不善；重士民之死力者，能禁暴国之邪逆；听任贤者能威诸侯；安仁义而乐利世者，能服天下。

【注释】《内篇问上》。服：归服。禁：消除。威：威慑。

【解析】民众是国家的根本，君主必须爱护国内民众，获取民心，得到民众的支持和拥护，使全国人民万众一心，产生极大的凝聚力，对其他诸侯国起到威慑作用，使之不敢轻易兴兵作战。爱护民众，最重要的是爱护民众的生命。君主不可轻易发动战争，更不可采取穷兵黩武的对外政策。君主爱护人民，人民就拥护君主，对于敌国能起到不战而胜的作用。任用贤人治理国家，就能避免因为官吏庸碌无能而产生的祸乱，这也是治理好国家的关键因素。

以谋胜国者，益臣之禄；以民力胜国者，益民之利……故用智者不偷业，用力者不伤苦。

【注释】《内篇问上》。胜国：战胜敌国。偷业：疏忽职守。伤苦：为苦所伤。

【解析】臣民为君主效劳，都想从君主那里得到好处。君主任用臣民，也须用物质利益作为刺激手段。谋士为君主出谋划策，君主因此能战胜敌国，那么就应该论功行赏，为出谋划策的人加官晋爵。士卒出生入死，是君主战胜敌人的决定力量。对立下战功的士卒，君主要实行厚赏。凡是为国立功的人都可获得应有的奖赏，就能鼓励全国臣民积极为君主出谋划策、奋勇杀敌。国家的军事力量就会强大起来。

不以饮食之癖害民之财，不以宫室之侈劳人之力；节取于民，而普施之。

【注释】《内篇问上》。

【解析】这句话表现了晏婴的"爱民"思想。民众是国家的根本，能否获得民众的支持是国家治乱的关键因素。君主要想获得民心，就必须爱护人民。一国之君虽然拥有无上的权力，但决不可为满足个人的私欲而劳民伤财。杨贵妃爱吃荔枝，唐玄宗不惜耗费人力从南方快马运荔枝到长安。统治者奢侈腐化的生活，也是安史之乱爆发的一个因素。君主向人民收取赋税，应有一定标准，不可横征暴敛，否则会激起人民反抗，危害君主统治地位。

上不能养其下，下不能事其上，上下不能相收，则政之大体失矣。

【注释】《内篇问上》。相收：互相和睦。大体：总的原则。

【解析】治国的关键在于使君臣和睦、吏民团结。上下一心，万民同力能产生出无坚不摧的巨大力量。如果君臣各怀异心，为了各自私利而钩心斗角，君要限制和剥夺臣的权力，甚至要置臣于死地，臣想篡夺君主的地位，想要杀君而后快。这样的君臣关系，只会导致国家的混乱。吏民关系也是国家稳定的重要因素。官吏应对百姓多加爱护，多为百姓着想，百姓才会服从官吏的统治。吏民不和同样会导致国家的灭亡。

人主左右，内则蔽善恶于君上，外则卖权重于百姓，不诛之则乱，诛之则为人主所案据，腹而有之，此亦国之社鼠也。

【注释】《内篇问上》。卖权重：卖官爵。案据：保护。

【解析】君主左右的亲信，终日围绕于君主，往往是一些善于察言观色、见风使舵、博取君主欢心的诌谀小人。这些人取得君主的信任，继而掌握国家重权，对外卖官鬻爵，欺压群臣百姓，对内蒙蔽君主视听，花言巧语，欺君罔上。这样的人会引起全国人民的愤怒，如果不予铲除，就会造成内乱。如果有人想铲除这样的人，又会遭到君主的反对。历史上，昏君左右都有这样的奸邪小人，他们是导致国家灭亡的重要原因。

诛不避贵,赏不遗贱,不淫于乐,不遁于哀;尽智导民而不伐焉,劳力岁事而不责焉。

【注释】《内篇问上》。遁:沉溺。伐:夸耀。责:要求。

【解析】赏罚是君主的立国之本。不管是谁犯了罪都要接受惩罚。不论出身多么微贱的人,只要为国立功都要按规定予以奖赏。君主保证赏罚的公正严明,就能最大限度地发挥惩恶扬善的作用。君主虽然有无上的权力,但也不可过分追求个人欲望的满足,骄奢淫逸的生活会导致国家的危亡。君主要采取措施鼓励人民发展生产,让人民过上丰衣足食的生活。君主勤于政事,多为百姓着想,才能使国富民安。

善人不能戚,恶人不能疏者危。交游朋友从,无以说于人,又不能说人者穷。

【注释】《内篇问上》。戚:指亲附。说:通"悦"。

【解析】诸葛亮在《出师表》中对后主刘禅谆谆告诫,要他"亲贤臣,远小人"。人主由于身居高位,左右都是逢迎讨好之人,很容易受人迷惑,分不清是非曲直。忠臣敢于直言进谏,指正君主的缺点与不足,正如俗话所说"忠言逆耳利于行,良药苦口利于病"。君主对那些有如苦口良药般的忠贞之言不易接受,却对奸邪小人的谄谀之言大为欣赏,结果往往使忠臣受到排挤,奸臣当道,国家由此衰乱。

所求于下者,必务于上,所禁于民者,不行于身。

【注释】《内篇问上》。务:从事。

【解析】人君居于一国的核心地位,言行举止为全国民众所瞩目。君主要求民众所做的事情,必须从自身做起。譬如,君主要求民众生活节俭,那么首先君主就应该勤俭节约。如果君主每天酒池肉林,弦歌不断,甚至要大建宫室,广选妃嫔,那么就无法给人民树立良好榜样。君主要求全国民众都遵守法律,那么首先自己就应该严格依法办事。如果君主的左右亲信犯了法,君主不予惩罚,全国民众就疏忽于法律,不会严格守法。

其政任贤,其行爱民,其取下节,其自养俭;在上不犯下,在治不傲穷。从邪害民者有罪,进善举过者有赏。

【注释】《内篇问上》。

【解析】举贤任能是使国家安定的有效措施。君主任用贤才治国,减少贪赃枉法的行为,是对百姓最大的爱护。君主爱民,还体现在减轻人民的徭役赋税方面,不可因满足自己荒淫无度的生活而对百姓横征暴敛。君主生活应以节俭为主,才能获得百姓的爱戴。君主不可以轻视穷苦百姓,应采取措施帮助穷苦百姓开垦荒地,生产粮食,纺织布匹,让他们过上丰衣足食的生活。君主还应论功行赏,有过必罚。只要措施得当,国家就一定会治理好。

不因喜以加赏,不因怒以加罚;不从欲以劳民,不修怒而危国。上无骄行,下无诌德;上无私议,下无窃权……贤君之治若此。

【注释】《内篇问上》。

【解析】赏罚是君主治国的有效手段。赏罚的实施必须有明确的标准,有功则赏,有罪必罚。君主不可因个人的喜恶而滥施赏罚,否则人们就希望通过其他途径而不是建功立业来获得奖赏。人们犯下过错,希望君主法外开恩,给予赦免,形成了这样的社会风气,赏罚也就失去了它应起的作用。君主不可因个人私愤而兴师动众,使国家处于危险境地。当年,刘备为报关张被杀之仇,不计利害,兴兵伐吴,致使全军覆没,蜀国元气大伤,可资借鉴。

明王之任人,谗谀不迩乎左右,阿党不治乎本朝;任人之长,不强其短,任人之工,不强其拙。

【注释】《内篇问上》。迩:近。

【解析】君主能否知人善任,关系到国家的治乱。谗谀之人一向善于察言观色、见风使舵。他们对君主的喜恶了如指掌,所以说的都是君主爱听的话,做的都是君主喜欢的事。这样的人一旦为君主所任用,便会欺上压下,做出误国害民的事来。因此,君主对于谗谀之人必须坚决予以铲除,使之不得危害国家。任何人才都有不足之处,君主用人只用其才,对他的缺点和不足可以不必理会,这是正确的用人之道。

德不足以怀人,政不足以惠民;赏不足以劝善,刑不足以防非:亡国之行也。

【注释】《内篇问上》。怀:(人心)归向。

【解析】一国君主必须重视培养自己的君德。有德的君主,不但会获得本国民众的民心,也会受到其他诸侯国的尊重。君主的治国之策,必须有利于人民,以让民众过上富裕安康的生活为原则。赏罚是君主治国的有效手段。君主要实行厚赏重刑,厚赏可以有效激发人民建功立业的积极性,重刑可以有效防止民众为非作歹。厚赏和重罚都是从根本上有利于人民的政策,君主要坚决予以贯彻执行。

明君居上,寡其官而多其行,拙于文而工于事,言不中不言,行不法不为也。

【注释】《内篇问上》。寡其官而多其行:减少官吏,以使官吏多做事。

【解析】国家官吏过多会造成许多不良后果。首先,过多的官吏,会加大国家开支,国家为了支付官吏的薪金就要加大赋税,影响民众生产的发展,使民众不愿意从事农业生产,削弱国家实力。其次,国家机构过于臃肿会降低工作效率,造成人浮于事的局面。因此,晏子主张减少官吏,提高办事效率。在我国历史上,晏子恐怕是第一个提出精简机构、精简人员,以提高办事效率的政治家。从这一点上,可以看出晏子的远见卓识。

其用法,为时禁暴,故世不逆其志;其用兵,为众屏患,故民不疾其劳;此长保威强勿失之道也。

【注释】《内篇问下》。屏:除去。疾:指以用兵为疾。

【解析】君主制定法律是为了禁止犯罪行为,通过惩罚少数的犯罪分子,保障广大民众的利益不受侵犯。因此,能起到除暴安良作用的法律,民众就乐于遵守。兴师作战,会消耗大量的人力、物力。有战争即有死伤。战争会造成无数人间悲剧,民众向来是不愿参加战争的。但如果战争的性质是正义的,是为了保家卫国,抵抗侵略,人民就会不惜流血牺牲,积极参军作战。

《邓　子》

　　邓子名邓析,春秋时期郑国人,生卒年及生平事迹皆不详。传说他做过郑国大夫,因责难郑国执政者子产,为子产所杀。《百子全书》载《邓子·序》曰:"邓析子,郑人也,或云数难子产之政,子产戮之。"

　　邓析曾创办私学,以所作《竹刑》(一部写在竹简上的法律)教人,宣传法治。他"操两可之说,设无穷之词",对后来的辩者影响颇大。

　　《汉书·艺文志》著录《邓析》二篇,将其归为名家,现已佚。今本《邓子》五篇,大抵是后人托名之作。

　　《邓子》体现了邓析的治国方略。后世学者多将其归于法家一派。《邓子》思想精深,颇有可观之处。

天于人无厚也,君于民无厚也,父于子无厚也,兄于弟无厚也。

【注释】《无厚》。无厚:指不讲情义。

【解析】"无厚"可以说是邓子思想的理论基础。他认为,人与人之间,即使是父子、君臣、兄弟,也没有任何仁义道德可言。人们之间的利益冲突是无法调和的,人们之间就是利用和被利用、统治和被统治的关系。邓析的"无厚"说体现了法家思想的实质,即不讲情面,严格以法治国,把上至王公贵族,下至平民百姓的一切行为纳入法制轨道。这是法家一贯的治国思想。

势者君之舆,威者君之策,臣者君之马,民者君之轮。势固则舆安,威定则策劲,臣顺则马良,民和则轮利。为国失此,必有覆车奔马折轮败载之患。

【注释】《无厚》。舆(yǔ):车箱。泛指车。

【解析】邓析也重视"威"和"势"。"势"是君主利用政治形式,利用民众力量,造成的有利于自己的势力。"威"是君主个人的威严。"势"好比是马车,"威"好比是马鞭,君主有强大的威势才能驾好这辆车。群臣好比国君的马,民众好比国君的车轮。群臣共同用力,马就跑得快;君主获取民心,得到民众的支持和拥护,车轮就好使。邓析用了这几个比喻,旨在说明威、势、臣、民对君主治国所起的重要作用。明主对此不可不察。

治世位不可越,职不可乱,百官有司,各务其刑;上循名以督实,下奉教而不违;所美观其所终,所恶计其所穷;喜不以赏,怒不以罚;可谓治世。

【注释】《无厚》。循:遵循。督:求。

【解析】这是邓析对太平盛世的描绘。各级官吏各有分工、各守其职,不可越权办事。君主不但要听取群臣言论,还要察看他们的实际行动,看他们言行是否相符。君主所喜爱的人,要看他最后表现如何,所厌恶的人也要看他的最终表现,不可以一时喜恶对群臣加以评论。君主虽然操有赏罚大权,但赏罚必须严格依法进行,不能让自己所亲爱的人无功受赏,也不能让自己所厌恶的人无过受罚。君主做到这些,才能治好国家。

君人者不能自专而好任下,则智日困而数日穷。迫于下则不能申,行随于国则不能持。知不足以为治,威不足以行诛,无以与下交矣。

【注释】《转辞》。自专:指专权。

【解析】这句话说的是君主大权独揽的重要意义。君主如果把权力下放给大臣,让大臣专权,君主的威势就会被严重削弱。大臣握有重权就会结党营私,欺压群臣,欺瞒主上。君主不能保持自己的威势,政事不由君主处理,赏罚也不由君主决定,而都由权臣一人独办,君主就会失去威势,不被臣民尊重,迟早会落得亡国破家的下场。因此,君主把大权牢牢掌握在自己手里才是治国之道。

《尸　子》

　　《尸子》为尸佼所著。尸佼(约公元前390—前330年),战国时期法家学派学者,晋国人,一说鲁国人,曾经参与商鞅变法的策划。商鞅被车裂杀害之后,尸佼逃亡至蜀中。

　　他主张"令名自正,令事自定,赏罚随名,民莫不敬",要求确立法律制度,并根据法律制度来治理国家。其著作《尸子》20篇,已失传。唐代魏征等撰《群书治要》,辑录《尸子》13篇。清代汪继培、任兆麟等都有《尸子》辑录本。

　　清孙星衍曰:"尸子著书于周末,凡二十篇,《艺文志》列之为杂家。后亡九篇,魏黄初中续之。至南宋而全书散佚,章孝廉宗源刺取书传辑成此帙,寄予补订为二卷,可以见古书粗略。"(《百子全书》)可见,现存《尸子》是后人辑本。

臣天下,一天下也。一天下者,令于天下则行。禁焉则止。

【注释】《贵言》。臣天下:使天下臣服。一天下:统一天下。

【解析】要想使天下臣服于己,就要统一天下。要使天下人统一服从君主的统治,就要在天下推行法治。君主制定详细而完备的法律,并向全国明文公布,严格以法律规范臣民的行为。对于触犯法律的人,不管是谁,有多高的官职,都必须依法予以惩罚。法律宜重不宜轻,要对全国民众产生足够的威慑力量,才能起到除暴安良、维持社会秩序的作用。君主只有用法律手段才能保证法律的实施,做到令行禁止,这是治理天下的有效手段。

群臣之行,可得而察也。择其贤者而举之,则民竞于行。胜任者治,则百官不乱。知人者举,则贤者不隐。知事者谋,则大举不失。

【注释】《分》。大举:大的举措。

【解析】君主治国必须善于选贤任能。君主按才能大小授予官职,民众就会注重培养才能,以求得到任用。君主任用有极高工作能力的人做官,能使官吏各尽其责。君主要有重大行动的时候,更需要有才能的人来出谋划策,才能使君主举措得当。无论内政、外交,还是出兵作战,都需要有能够担当重任的人才。因此,君主要把推举人才作为一项重要工作来抓,让全国人才都能各尽其能,为国家服务。

治天下有四术:一曰忠爱;二曰无私;三曰用贤;四曰度量。

【注释】《治天下》。

【解析】民众是国家的基础。君主要想治理好国家,就必须爱护民众,处处为民众利益考虑。君主不可为满足个人欲望,追求个人生活的享乐而劳民伤财,滥用民力。君主应采取措施,开垦荒地,生产粮食,减轻赋税徭役,让民众过上富裕安康的生活。这样,君主才能获得民心,得到民众的支持和拥护。君主治国,必须善用贤人。任用贤人则无能之人不得到任用,君主的政策法令就能得到有效的贯彻执行。

道 家 类

祸兮福之所倚

福兮祸之所伏

圣人大智若愚

君子无为而治

《老 子》

　　《老子》是我国古代道家学派的重要著作。据《史记·老子韩非列传》记载:"老子者,楚苦县厉乡曲仁里人也,姓李氏,名耳,字聃,周守藏室之史也。"历来关于《老子》的作者存有争议,对老子本人的生平事迹记载不多,但我们依然认为《老子》的作者就是老子。《老子》成书于春秋末期,正值社会纷扰的动乱时代。

　　《老子》五千言又称《道德经》,以精练的言辞阐述了"道"的根本哲学思想。其中有政治哲学的总原则——无为而无不为,有反对技术进步、反对文化、反对社会变革的复古倒退思想,有反对剥削压迫的平民意识,有实施"愚民"政策的贵族知识分子思想,有统治臣民的"人君南面之术",有关于战争的观点及其战略思想。同时,老子也描绘了一个理想国的图景:"邻国相望,鸡犬之声相闻,民至老死不相往来。"其中也包括老子"长生久视""复归于婴儿"的人生理想。倒退与进步相融合,共同成就了《道德经》五千言的思想。它与儒家学派分庭抗礼,在"百家争鸣"的热烈场景中,扮演着一个重要的角色。与其说《老子》的处世原则、哲学方式对后世产生了重大影响,倒不如说,是《老子》与艺术旨趣相通的一面给历代文人提供了"向心灵回归"的退隐之道。《老子》与《庄子》一道,形成了独特的道家文化,从此中国文人的血管里便流淌着"儒道互补""儒道合流"的血液。他们身处顺境时"仰天大笑出门去,我辈岂是蓬蒿人";身处逆境时"相看两不厌,唯有敬亭山",与大山为友、与松鹤为伴,依然过得逍遥自适。

　　今人有必要对《老子》的精华做详尽的了解,可限于时间与精力的问题,又不能如愿以偿。正是考虑到今人面对古人遗产的这种尴尬,我们对精妙的五千言进行了一番爬梳整理,将其中的名言摘录出来,以飨读者,同时给予一定的评价,供读者理解与欣赏。

道可道,非常道;名可名,非常名。

【注释】《老子·第一章》。前一个"道"指老子哲学的本体,后一个"道"是称道、言说的意思。前一个"名"是单纯的"名字"的意思,后一个"名"是给事物命名。能够用言语来表述的"道",就不是宇宙的最高准则;能用具体的名字来给某一事物命名,已经不是原来意义上的事物的名称了。

【解析】这句话是老子道家哲学中的一个重要命题。首先,他指出了"道"是不可言说的宇宙本体,任何语言在"道"的面前便会非常苍白。用具体的名称给事物命名,永远达不到事物的本质。两者都体现出语言在承担它的职能时,有时显得苍白无力却又无可奈何的尴尬,即作为宇宙最高准则的"道"精妙无形,不可捉摸,任何说明表述都是对它的近似描绘,如果要做到名与实的天衣无缝,几乎是不可能的。这与禅宗所谓"教外别传""不立文字"有一定的相通之处。他们都说明了语言的局限性。

抛开老子原有文本,我们会发现,这种思想在文学上尤其有突出的表现。当诗人心中有火一样的情感,同时将天地万物笼于形内,正需"挫万物于笔端"时,却顿觉找不见合适的文辞加以表达,即使找见了一些,落实到纸上时,诗人也会很不满意地将它们扔进废纸篓。陆机有言"恒患意不称物,文不逮意"。作者胸中之意,在很大程度上,不能被完美地表达出来。这就是后来为什么会出现文学理论上的"言不尽意"论的缘由。

天下皆知美之为美,斯恶已;皆知善之为善,斯不善已。

【注释】《老子·第二章》。天下的人都知道美之为美的时候,同时也就有与它相对立的丑存在;都知道善之为善的时候,同时也就有与它对立的不善存在。

【解析】老子哲学中蕴含有朴素的辩证法思想。在他看来,任何事物都是相对的。当有美存在的时候,一定会有丑与它相对立而存在;同样,一旦有善出现时,同时也就有与它相比较而存在的不善出现。正因有了"丑"才能判定什么是"美",有了"善"才能判定什么是"不善"。正如有与无相互生长,难和易相互成就,长和短相互比较,高与下相互消长,前与后相互随从一样。但老子哲学的辩证法带有绝对的倾向,在他看来,祸福相依,在任何情况之下,祸都会变成福,福会变成祸,实质上已走入一个认识上的误区。

不尚贤,使民不争;不贵难得之货,使民不为盗;不见可欲,使民心不乱。

【注释】《老子·第三章》。不崇尚贤良之士,人民就不会相互争斗;不以昂贵的东西为贵重之物,人民就不会群起而为盗;不去见那些能引发私欲的东西,人民的心就不会乱。

【解析】名位足以引起人的争斗,财货足以激起人的贪图之心,以资炫耀的东西足以促发人的各种欲望,这是导致天下祸乱的根本原因。如果不推崇贤才,不注重财货,没有可争夺的东西,天下自然就会太平。这种思想反映了老子对物欲文明的批判。老子生长在春秋末年的社会大动乱年代,多次发生民溃、民众暴动和武装起义。在这种社会现实面前,老子发表了自己的观点,以自己的思维分析造成此种局面的原因,并为社会寻找出路。

天地不仁,以万物为刍狗;圣人不仁,以百姓为刍狗。

【注释】《老子·第五章》。天地不仁:天地无所偏爱。刍狗:刍(chú),用草扎成的狗,作为祭祀物品使用。圣人不仁:圣人无所偏爱,意即圣人取法于天地,纯任自然。天地无所偏爱,任凭万物自然生长;圣人无所偏爱,任凭百姓自己发展。

【解析】在老子眼中,天地间的一切事物,只是依照自身的发展规律运动。先前的人,总以为日月星辰、山河大地都由一个主宰者主宰,并且把周围的一切自然现象都视为有生命的东西。儿童期的人类,常以自己的影像去认识自然,去附会自然。人类常把一己的愿望投射出去,将自然人格化,因而以为自然界对人类有一种特别的关心,特别的爱意。而在老子看来,天地万物按自己的规律运动生长,其间并没有人类所具有的好恶感情或目的性存在。治国者应效法自然,才能做到"无为而无不为"。

圣人后其身而身先,外其身而身存。非以其无私邪? 故能成其私。

【注释】《老子·第七章》。身:自身、自己。后其身:即不争先。外其身:即不顾其身。圣人不争先而能处在靠前的位置,不顾其自身却能很好地保全自身,难道不是因为"后其身"和"外其身"才做到"身先"和"身存"吗?

【解析】此句不是在歌颂圣人的"大公无私",而意在说明无为、不争之德的好处。其中有辩证法的影子。春秋末期,五霸争雄,各自以实力相较,都希望"身存"和"身先",而在争斗中往往两败俱伤,不争却保存了实力,最终赢得胜利。有道是"枪打出头鸟",在竞争中太出众,便会引来众多的敌人,成为众矢之的,使自己无形中处于敌对势力的包围之中。相反,那些退缩在后、待机而动的人,倒能游刃有余,往往最终成为争夺战中的胜者。这里包含了权变之术。

上善若水。水善利万物而不争,处众人之所恶,故几于道。

【注释】《老子·第八章》。恶(wù):厌恶。几:近。最善的人像水一样。万物靠水滋养而生长,万物都离不开水,而水却并不争,处于众人都厌恶的地方,所以几乎接近于道。

【解析】水无定形,因地而形,遇方而方,遇圆而圆。王安石说:"水因地而曲直,故能宗于海,圣人因时而屈伸,故能宗于道。"很能说明老子的观点。老子主张"自然无为",水润泽万物却不恃己功,依然顺物之性,处于众人之所厌恶的下处。正是这个顺物之性成就了水的高妙之道。"天下莫柔弱于水,而攻坚强者莫之能胜",水真正做到了"无为而无不为",接近于"道"的本质。

金玉满堂,莫之能守。富贵而骄,自遗其咎。功遂身退,天之道也。

【注释】《老子·第九章》。遗:遗留。咎(jiù):祸殃。天之道:天道损益的规律。满屋子的金玉财宝,并不能长久保持。由富贵而生骄纵之心,是自己给自己遗留祸殃。大功告成,自身就应隐退,这是天道损益的自然规律。

【解析】苏辙说:"日中则移,月满则亏,四时之运,功成者去,天地尚然,而况人乎?"老子看到了物极必反的规律。事物发展到极端,必然走向自己的反面。事业成功,居功自傲,一定垮台;富贵亦然,自恃富贵,骄奢淫逸,必遭祸殃。这句主旨就是教给人们如何避免灾祸。灾祸的原因就是人们好走极端,从而违反天道损益的规律。古代这样的例子不胜枚举。范蠡功成身退,畅游五湖,泛舟江上,与清风明月相伴,落得个逍遥自在,全身免祸,这是功成身退的典型。

专气致柔,能婴儿乎?涤除玄览,能无疵乎?

【注释】《老子·第十章》。专(tuán):结聚,收敛。致柔:使之柔和。涤除:涤(dí),洗垢;除,去尘。疵(cí):病,这里指欲望。结聚、收敛内心而使之柔和,除尘去垢,把欲望一概消除,就没有了欲望之患。

【解析】在老子甚至包括庄子的哲学里,婴儿常常是被推崇的对象。婴儿有三个特点:一为柔弱,一为无知无欲,一为天真纯朴。他们往往用婴儿来比喻得道者的神态。如要达到婴儿般的神态,必须涤除所有的欲望。"涤除玄览"被后世借用,在文学领域中发挥了重要作用。陆机《文赋》中特别强调在文学创作中"涤除玄览",使思维进入一种虚静的状态,完全屏弃外物的干扰,"笼天地于形内",然后再"挫万物于笔端"。这其实是创作过程中一个重要的环节。

三十辐,共一毂,当其无,有车之用。埏埴以为器,当其无,有器之用。凿户牖以为室,当其无,有室之用。故有之以为利,无之以为用。

【注释】《老子·第十一章》。辐:车之辐条。共:拱卫,环绕。毂(gǔ):车轮中心辐辏贯轴之圆孔木。埏(shān):柔和。埴(zhí):黏土。牖(yǒu):窗。车轮的三十根辐条环绕着中心的圆孔木,中心的空间,正好成就了车的用途。柔和的黏土制成陶器,中间也是空的,成就了器皿的用途。开凿门户制成宽大的房子,房子的空间成就了房子的用途。所以,有和无各有它的好处。

【解析】老子通过车、器、室的构造来讲具体事物的有无,阐明"有无相生"的道理。有之为利,是利于用;无之为用,是用于利。有无、利用相互依存,互为条件,即"走不以手,缚手不能疾;飞不以尾,屈尾不能远。物之用者,必待不用者"。

五色令人目盲,五音令人耳聋,五味令人口爽,驰骋畋猎,令人心发狂,难得之货,令人行妨。

【注释】《老子·第十二章》。五色:青黄赤白黑。五音:宫商角徵羽。五味:酸甘苦辛咸。爽:味觉差失。驰骋:纵马疾驰,喻纵情。畋(tián):猎取禽兽。狂:心失常态。妨:伤。行妨:即败坏人的品德。

【解析】华丽的服饰、美妙的音乐、香美的食物、难得的财货、行猎的玩乐,在老子看来,都会伤害人的身心健康,败坏人的品德。从中可以看出,老子对于统治者浮华奢侈生活的极端厌弃。这是老子对当时腐败社会现象的一种批判,带有强烈的倾向性。其实,他并不反对美食华服,"甘其食,美其服,安其居,乐其俗"是他向往的理想之境。他之所以批判五色、五音、五味,是由于过度沉湎于这种官能享受的人,渐渐开始堕落的现实,使他不得不提出这种警告。

宠辱若惊,贵大患若身。

【注释】《老子·第十三章》。贵:看重。身:身体、生命。把"宠辱"看作两物,宠为一物,辱为一物,得宠受辱都如同受了惊吓一样。看重大患,如同看重自己的生命一样。

【解析】老子主张"自然无为","无为"则能"无不为"。因而在他看来,得失宠辱都是一回事,对待它们的态度应是一样的,并不像世俗之人"得则喜,失则忧"。老子哲学中体现了"贵身""重生"的思想,因此才有"圣人后其身而身先,外其身而身存"的权变策略。把祸患与生命等同,这反映出老子较保守也较软弱的一面:害怕祸及于身,而甘愿蜷缩于一个小天地里,行不言之教,为无为之业。

致虚极,守静笃。万物并作,吾以观复。

【注释】《老子·第十六章》。致:达到。虚极:虚无到极点。笃(dǔ):纯。守静笃:固守清静到纯的程度。并作:竞相生长。复:返。

【解析】达到虚极静笃的状态,不为外物所诱,任万物竞相生长,从中体会到复返于道的规律。老子的道是宇宙间的最高哲学本体,万物由它而生,而万物的表现也必依道而行。竞相生长的万物最后仍复归于道。道的表现之一就是清静自然,不为外物所扰,也不为外物所动。

知常容,容乃公,公乃王,王乃天,天乃道,道乃久,没身不殆。

【注释】《老子·第十六章》。容:包容。乃:能。公:公平。王:百谷所归往,而为百谷王。天:自然之天,大公无私的天。道:最高的哲学本体。天乃道:能法天,然后能法道。道乃久:能法道,然后能长久。殆(dài):危险。

【解析】这段话是说,认识了"常"就能包容一切,能包容一切就能大公无私,能大公无私,天下人自然归往,而能为天下王;做了天下王,而又能像天那样覆载包容万物,就会做到长久,从而自身就没有危险。

大道废,有仁义;智慧出,有大伪;六亲不和,有孝慈;国家昏乱,有忠臣。

【注释】《老子·第十八章》。

【解析】老子是古代社会的一个智者,他看透了社会的全部内涵,洞悉了社会的所有丑恶。于是,作为一个觉醒者,他总在探索解决问题的良方——"道",即无为。顺物之性,自然无为才能无不为。然而,他却又走入了另一个极端,否定仁义、智慧和孝慈,认为只有国家昏乱、大道废弛之时,人们才意识到仁义、智慧和孝慈的重要性。尽管如此,老子的认识还是深刻的。

绝圣弃智,民利百倍;绝仁弃义,民复孝慈;绝巧弃利,盗贼无有。

【注释】《老子·第十九章》。圣:明通。巧:技巧。利:私利。弃绝聪明和智巧,人民可以得到百倍的好处;弃绝仁和义,人民可以恢复孝慈的天性;弃绝巧诈和货利,盗贼自然会消失。

【解析】老子教人弃绝聪明智巧、仁义巧诈,意即"见素抱朴,少私寡欲,绝学无忧"。老子认为,"圣"和"智"产生法制巧诈,用法制巧诈治国,便成为扰民的有为之政。抛弃这种扰民的政举,人民自然可以得到百倍的好处。仁义本来是用以教导人民的善行,如今却流于矫揉造作。有人更剽窃仁义之名,以要利于世。那些人夺取职位之后,把仁义当作要名于世的工具。所以,在老子看来,不如抛弃这些被人利用的外壳,而恢复人们天性自然的孝慈。

道之为物,惟恍惟惚。惚兮恍兮,其中有象;恍兮惚兮,其中有物。窈兮冥兮,其中有精;其精甚真,其中有信。

【注释】《老子·第二十一章》。窈(yǎo):深远。冥(míng):昏暗。精:生机,能生能动的因素,能化生万物。真:真实。"道"这个东西是恍恍惚惚的。那样地恍恍惚惚,其中却有形象;那样的恍恍惚惚,其中却有实物;那样的深远幽暗,其中却有精质。这精质是非常真实的,这精质是可信的,因为它可以化生万物。

【解析】老子曾言:"道可道,非常道;名可名,非常名。"老子认为,"道"作为最高的哲学本体是不可言说的,任何语言只能对它作一个近似的描述。这里把"道"刻化为一个恍恍惚惚却真实存在的本体。它是无形的,但它必须作用于物,透过物的媒介,得以显现它的功能。其中"有象""有物""有精",点明了道的真实存在。

曲则全,枉则直,洼则盈,敝则新,少则得,多则惑。

【注释】《老子·第二十二章》。枉:屈。洼(wā):注。惑:迷惑。委曲反能保全,屈就反能伸展,低注反能充盈,敝旧反能生新,少取反能多得,贪多反而迷惑。

【解析】用线性思维思考问题,只能看到事物的表象。老子以其哲人的深邃,告诫人们,看问题要透过现象看本质。事物常在对立关系中产生,我们必须对事物的两极都要加以观照。我们还必须从正面透视其负面的意义,对于负面意义的把握更能显出正面的内涵。正反两方面的事物不是截然不同的东西,它们经常相互依存。常人对于事物的取舍,往往流于表面。老子则告诉人们,在"曲"里存在着"全",在"枉"里存在着"直",在"洼"里存在着"盈",在"敝"里存在着"新"。老子这种思考问题的方式,我们应给以重视。

飘风不终朝,骤雨不终日。孰为此者?天地。天地尚不能久,而况于人乎?

【注释】《老子·第二十三章》。飘风:强风、大风。骤雨:急雨、暴雨。狂风刮不了一早晨,暴雨下不了一整天,谁能使它这样的?是天地。天地的狂暴尚不能持久,何况人呢?

【解析】为人、治国都应不急不躁,宽猛相济。所谓"文武之道,一张一弛",为人太张狂会跌跤,治天下太张狂会失去天下。这是自然之道。

企者不立,跨者不行;自见者不明,自是者不彰;自伐者无功,自矜者不长。

【注释】《老子·第二十四章》。企:同"跂",举起脚跟,翘起脚尖。跨:跃,越,阔步而行。踮起脚后跟站立,是站不稳的;跃步前进,是走不远的;自我逞露己见的,反而不得自明;自以为是的,反而不得彰显;自我夸耀的,反而不得见功;自高自大的,反而不得长久。

【解析】"自见""自是""自伐""自矜"如同"企者"和"跨者"一样违背自然。如若违背自然而妄为,事物必然向自己的对立面转化。这说明躁进自炫的行为不可取,同时也暗示当权者要"行无为之政,立不言之教",这样百姓才会安康和乐。

有物混成,先天地生。寂兮寥兮,独立而不改,周行而不殆,可以为天地母。

【注释】《老子·第二十五章》。物:道。寂兮寥兮:没有声音,没有形体。独立而不改:形容道的绝对性和永存性。周行而不殆:周行,环绕;不殆,生生不息。母:根源。有一个浑然的"道",在天地产生之前就已存在。听不见它的声音,也看不见它的形体,它独立存在却永不衰竭,循环运行而生生不息,可以为天地万物的根源。

【解析】这里强调的依然是"道"的本根性。"道"在大体上是看不见的、摸不着的,但它可以作为事物的根源而实实在在地存在。

道大,天大,地大,人亦大。域中有四大,而人居其一焉。人法地,地法天,天法道,道法自然。

【注释】《老子·第二十五章》。道大:形容道没有边际,无所不见。域中:空间之中,道并非在空间之外。法:效法,遵循。道大,天大,地大,人也大。宇宙间有四大,而人是四大之一。人取法地,地取法天,天取法道,道取法自然。

【解析】老子把天、地、人与道并列为宇宙中的四大,而天、地、人最终都效法道的运行。天上日月星辰的出没盈亏,地上草木鸟兽的生长老死,人类的生老病死都效法道的循环运动。"道法自然",意即王弼所云:"道不违自然,乃得其性。法自然者,在方而法方,在圆而法圆,与自然无所违也。"这里的自然不是指自然界,而是自己如此的意思。道本身无所作为、无所造作,只是顺应万物。万物怎样,道亦怎样。正因为如此,道才能作为万物的本源而使万物生长发育。

重为轻根,静为躁君。

【注释】《老子·第二十六章》。躁:躁动。君:主宰。厚重是轻率的根本,静定是躁动的主宰。

【解析】老子在哲学上主张"守静笃""致虚极""为无为",反对轻率盲动、浮躁不安。在实质上,这种主张是有它深刻的价值的。处在现实中的人们,或为财物所役,或为名位所缠,抑或为功过烦心,由此而不能洒脱地对待人生,且心态多趋于浮躁、烦乱、不安。带着这种心态,人们便不能静下心来,专心致志地做应该做的事。老子从立身处世的原则出发,提出了轻重、动静两对范畴,警告国君要自重,不要为"天下"这个大物所迷惑而轻举妄动,最终失去根本。

善行无辙迹,善言无瑕谪,善数不用筹策,善闭无关楗而不可开,善结无绳约而不可解。

【注释】《老子·第二十七章》。辙迹:车辙足迹。瑕谪(xiá zhé):玉病也,引申为语疵。数:计算。筹策:计算工具。关楗(jiàn):关门之具,即门闩。约:绳子。善于行走的,不留下车辙足迹;善于言谈的,语言中没有毛病;善于计算的,不用计算的工具;善于关闭的,虽没有门闩却使任何人都不能开;善于捆缚的,不用绳索却使人解不开。

【解析】这是老子"无为而无不为"思想的引申。"善行"即能行无为之政,"善言"即能行不言之教,"善数""善闭""善结"都是一个道理。善行者以不行为行,故无辙迹;善言者以不言为言,故无瑕谪;善计者以不计为计,故不用筹策;善闭者以不闭为闭,故无关楗而其闭自不可开;善结者以不结为结,故无绳约而其结自不可解。老子思考问题的方式与常人不同,他站在一个更高的视点,选取一个更特殊的视角,所以在他的观照下,事物呈现出更深层的内涵和本质。

圣人常善救人,故无弃人;常善救物,故无弃物。是谓袭明。

【注释】《老子·第二十七章》。袭明:含藏着明。袭:承袭,有保持或含藏的意思。明:指了解道的智慧。有道的人经常能做到人尽其才,所以没有被遗弃的人;经常能够做到物尽其用,所以没有被废弃的物,这就叫作保持了道的智慧——明。

【解析】"人尽其才,物尽其用"的观点在今人看来,依然是一条颠扑不破的准则。而两千多年前的老子就有了这样的智慧和认识,让每个个体顺着自己的本性发展,让每件事物也依循自身的本性存在,这就从根本上保持了道的基本特性——无为而无不为。这不能不令后人惊叹。

善人者,不善人之师;不善人者,善人之资。不贵其师,不爱其资,虽智大迷,是谓要妙。

【注释】《老子·第二十七章》。资:取资,借鉴。要妙:精要玄妙。善人可以作为不善人的老师,不善人可以作为善人的借鉴。不尊重他的老师,不珍惜他的借鉴,却自以为聪明,这种人外表虽有智慧,但本质上是迷惑得很。这是一个精妙深奥的道理。

【解析】有道者常须保持一种无弃人、无弃物的胸怀。有这种胸怀的人,对于善人和不善的人,都能一律加以善待,特别是对于不善的人,并不因其不善而鄙视他,而是对他加以引导、劝勉。同时,不善的人可以作为善人的反面教材,以资借鉴。

知其雄,守其雌,为天下溪。为天下溪,常德不离,复归于婴儿。

【注释】《老子·第二十八章》。雄:譬喻刚动、躁进。雌:比喻柔静、谦下。

溪:山中的流水。深深地懂得刚强雄健,却把握的是雌性般的柔和谦下,甘愿像溪水一样处于天下的卑低之位。处于天下卑低之位,永恒的德行就不会离失,从而回复到婴儿般的状态。

【解析】老子哲学中含有朴素的辩证法思想。正因为他用这种朴素的辩证法思想思考宇宙人生,他才成为当时社会的一个智者。他看到事物存在着彼此对立的两极,并且互相向相反的方向转化。在雌雄两极对峙中,对于雄的一面有了透彻的了解之后而要守于雌的一方。守雌,自然不是由于软弱而采取回避,而是含有主动性在里面的,不仅持"雌"的一面,而且也可以运用"雄"的一面。"守雌""守柔""处下",像溪涧那样,常德不会离失,便达到了道的境界。这种最高的道的境界就像婴儿般无知无欲、质朴无华。

将欲取天下而为之,吾见其不得已。天下神器,不可为也,不可执也。为者败之,执者失之。

【注释】《老子·第二十九章》。取:为,治。为:"有为",强力去做。不得已:得不到。天下神器:天下是神圣的东西。想要用"有为"的方式来治理天下,我认为是办不到的。天下是神圣的东西,不可用强力治之。用有为的方式治理天下,必遭失败;用有为的方式把持天下,也终将失去天下。

【解析】这体现了老子的"人君南面之术"的观点。老子警告统治者,要想治理天下,必须采取"无为而治",顺其自然的方式,如以强力或暴力把持天下,都是自取败亡。

以道佐人主者,不以兵强天下。其事好还。师之所处,荆棘生焉。大军之后,必有凶年。

【注释】《老子·第三十章》。其事好还:兵凶战危,反自为祸。用道来辅佐君主的人,不靠兵力以逞强天下。用兵这件事一定会得到还报,军队足迹所到之处,庄稼被践踏致死而长满了荆棘野草。大战过后,一定会变成荒年。

【解析】老子有强烈的反战热情。在人类历史上,最严酷惨烈的事情莫过于战争,"血流漂杵",百姓无辜横遭劫难。不管是正义的还是非正义的战争,都摆脱不了这样的后果。而在人类历史上,最愚昧的举动也不过是战争。它使生灵涂炭,自相残杀。老子认为,以武力横行,终将是搬起石头砸自己的脚,必将自食其果。从老子的反战思想中,我们可以看出老子思想中人道主义光芒的闪现。

兵者,不祥之器,物或恶之,故有道者不处。

【注释】《老子·第三十一章》。物或恶之:物即人,人所厌恶。兵革是不祥的东西,大家都厌恶它,所以有道的人不使用它。

【解析】道"无为而无不为",即顺应自然,不妄为。而兵革与之恰恰相反,它是强人所为,有道之人自然不会喜欢它。同时,因它违背所有人的意愿,而为大家所不取。这依然带有强烈的反战情绪。

道常无名,朴。虽小,天下莫能臣。侯王若能守之,万物将自宾。

【注释】《老子·第三十二章》。朴:木之未制成器者。小:道是隐而不可见的,故用"小"来形容。臣:臣服。自宾:自将宾服于道。道永远是无名而质朴的,它显示在外的,虽然幽微不可见,天下却没有人能使它臣服。侯王若能够把持住它,万物都会自然地宾服。

【解析】老子在文章的开头就说:"道可道,非常道;名可名,非常名。"道,在本体论层面,也即在形而上的层面上来说,是不可言说的。任何语言只能对它作一个近似的描述,而永远无法说透。道好像是极限一样,无穷大又无穷小。它遍存于万物之中,万物都以各自的特性体现了道。保持了道的万物,任性而自得。

譬道之在天下,犹川谷之于江海。

【注释】《老子·第三十二章》。道存在于天下,有如江海为河川所流注一样。

【解析】老子以江海喻道,以川谷喻天下万物。天下万物莫不归于道。

知人者智,自知者明。胜人者有力,自胜者强。知足者富。强行者有志。不失其所者久。死而不亡者寿。

【注释】《老子·第三十三章》。强:果决。强行:勤行的意思。死而不亡:身没而道犹存。能够认识别人的人是机智的人,能够了解自己的人才算是高明的人。能够战胜别人的人是有力量的人,而能够战胜自己的人才称得上一个真正意义上的强者。知道满足的人可称得上一个富裕的人。勤于努力永不懈怠的人是有志气的人。不离开根本之点的人才能长久。身没而道犹存的人才可说是真正的长寿之人。

【解析】这里重在阐述个人修养的问题。老子给个人提出几个很高的修养标准:"自知""知人""自胜""胜人""知足""强行""不失其所""死而不亡",其中他更推崇"自知"和"自胜"。在人类的认识活动与创造活动中,想的更多的是"知人"与"胜人",却很少考虑"自知"与"自胜"。在某种程度上说来,"自知"和"自胜"更具有决定意义。"人贵有自知之明",人一旦给自己定了一个准确的位置,在其人生观、价值观的取舍上便不会有太大的偏差。同时,人最难战胜的往往是自己。

大道氾兮,其可左右。万物恃之以生而不辞,功成而不有。衣养万物而不为主,可名于小;万物归焉而不为主,可名为大。以其终不自为大,故能成其大。

【注释】《老子·第三十四章》。氾(fàn):同"泛",泛滥。其可左右:这里用河水泛滥,左右漫流,形容道无处不在,说明道的普遍性。辞:言辞,称说。功成而不有:功成却不据为己有。衣养:覆盖。大道像泛滥的江河一样,左右漫流,无处不到。万物依赖它生长,它却不用言辞来称说夸耀,有所成就之后却也不据为己有。养育化生万物却不自以为主宰,可称它为"小"。万物归附它,它仍不为主宰,可称它为"大"。由于道不认为自己伟大,所以最终能成就它的伟大。

【解析】道在《老子》五千言中被作了超形象、超实体的描绘,在这里,又对道的作用加以说明。它化育万物、包容万物,却从来不据为己有,不自恃己功,不宣扬自己的伟大,而是顺应自然,足以显示道的崇高性和超功利性。

乐与饵,过客止。道之出口,淡乎其无味,视之不足见,听之不足闻,用之不足既。

【注释】《老子·第三十五章》。乐与饵:音乐与美食。既:尽。音乐与美食可以使过客止步。道用语言表述出来,却淡得没有任何味道。它看不见,听不着,却用不完。

【解析】老子的道在其模糊、超感觉的表述中,带有浓重的神秘主义色彩,使后来许多人视《老子》为畏途而不敢涉足。剥开其神秘的外衣,我们可以看出,道是本原、是规律,看不见,摸不着,却遍存于万物,万物都离不开它,像鱼离不开水、人离不开空气一样。自然无为的大道,虽无行无迹,但能使人民和睦相处,安享太平。

将欲歙之,必固张之;将欲弱之,必固强之;将欲废之,必固兴之;将欲取之,必固与之。是谓微明。

【注释】《老子·第三十六章》。歙(xī):收敛。微明:征兆,即洞察微小的机智。想要使它收敛的,一定要先使它扩张;想要使它削弱的,一定先使它刚强;想要废弃它,必先让它兴旺发达;想要夺取它的东西,必先给予它一定的东西。这叫作洞察未来事物的微小的征兆。

【解析】老子的哲学中包含有辩证法的合理内核。在他"守雌""主静""贵柔""处下""不争"的原则中,对事物的反面是作了深刻认识的。他认为任何事物都有两极,并且相互转化。他选择"弱"的一面,正是为了向"强"的一面转化奠定基础。在这里,歙与张、弱与强、废与兴、取和与也是一个事物中的两个极端,根据"物极必反"的转化规律,想要得到某一极,而必先使它的另一极充分发展。有人认为,这是老子玩的一种权术,其实有悖于老子原意。老子一贯主张"无为而无不为"的自然之道,他不会想方设法去钻营权术。他的观点是一个智者对社会透彻体悟后总结出的规律,正暗合了后来权谋之士所谓的"权术"。所以,我们不能说老子是在搞阴谋。

柔弱胜刚强。鱼不可脱于渊,国之利器不可以示人。

【注释】《老子·第三十六章》。利器:国家的权势策略。柔弱能胜过刚强。鱼不可以离开深渊。治理国家的方略不可以随便让人知道。

【解析】老子总是以"弱"的方式来与"强"者相对抗。"弱"是他的斗争方式。他认为,柔弱在某种程度上可以战胜刚强。

道常无为而无不为。侯王若能守之,万物将自化。

【注释】《老子·第三十七章》。无为:顺其自然,不妄为。无不为:没有一件事不是它所为的。自化:自我化育,自生自长。道是经常顺任自然的,由于它顺任自然不妄为,所以没有一件事不是它所为的。侯王如果能把持住道,万民将会自我化育,自生自长。

【解析】无为,即顺应自然。其他如无欲、无知、无言、无事等都属于这个哲学范畴。从更广大的范围来说,诸如为弱不为强、为柔不为刚、为下不为上、为雌不为雄,都属"无为"思想支配下的行为方式。无不为,顺任万物,一切都按事物本身的规律运行,有如做了一切。老子告诫侯王执持此道来治理百姓,让百姓自我化育,勿扰其生活,勿夺其农时,使人民按照自己的意图生产、生活。

昔之得一者:天得一以清;地得一以宁;神得一以灵;谷得一以盈;万物得一以生;侯王得一以为天下正。

【注释】《老子·第三十九章》。得一:即得道。正:安定。凡是过去得到一的,天得到一而清明,地得到一而宁静,神得到一而灵妙,河川得到一而充盈,万物得到一而生长,侯王得到一而天下安定。

【解析】这里重在阐述道的作用,告诫侯王要守道,以道来治理天下,天下就会走向安定。

反者道之动;弱者道之用。天下万物生于有,有生于无。

【注释】《老子·第四十章》。反:复。弱:柔弱。有:指超现象界的形上之道。无:也指超现象界的形上之道。道的运动是循环的,道的作用是柔弱的,天下万物生于超现象界的形上之道。

【解析】自然界万事万物的运动变化莫不遵循着一定的规律,其中的一个规律就是"反":事物向相反的方向运动发展,同时事物的运动发展总要返回到原来初始的状态。道在创生万物,外物依道运行时并没有道凌驾于其上的感觉,即道总给人以柔弱的感受。

明道若昧;进道若退;夷道若颣;上德若谷;大白若辱;广德若不足;建德若偷;质真若渝;大方无隅;大器晚成;大音希声;大象无形,道隐无名。

【注释】《老子·第四十一章》。夷道:平坦的道。颣(lèi):不平。建德若偷:刚健的德好像怠惰的样子。质真若渝:质朴的纯真好像污浊的样子。辱:黑垢。隅:棱角。光明的道好似暗昧;前进的道好似后退;平坦的道好似崎岖;崇高的德好似低下的川谷;最洁白的好像充满黑垢的样子;广大的德好似不足;刚健的德好似怠惰的样子;质朴而纯真好似污浊的样子;最方正的反而没有棱角;最贵重的器物总是最晚完成;最大的音响听来反而无音响;最大的形象反而看不见形迹,道幽隐而没有名称。

【解析】道是隐微而难见的,它所呈现的特性也是异常的,以至于普通人往往会被表面现象所迷惑,从而认不清事物的本质。在日常生活中,我们体会较深的莫过于"大器晚成"。真正能成就大业的,往往不是一蹴而就,而是须经历艰难困苦的拼搏与奋斗过程。

道生一,一生二,二生三,三生万物。

【注释】《老子·第四十二章》。一:指道是绝对无偶的,用数来表示为一。二:指阴气和阳气。三:阴阳相合而形成的一种均匀的状态。道是独一无偶的,独一无偶的道禀赋了阴阳二气,阴阳二气交合而成一种均匀调适之状,而这种均匀之状就会产生万物。

【解析】这句话揭示了老子对宇宙生成的认识。一、二、三是道创生万物的历程。道对于杂多的现象来说,是独一无二的。老子又用一来形容道的未分状态,由未分到一分为二——阴阳,然后形成万物。姑且不去探究这种认识正确与否,单是老子思考问题的独特方式足以引起我们的思索。

大直若屈,大巧若拙,大辩若讷。

【注释】《老子·第四十五章》。最正直的东西好像是弯曲一样,最灵巧的东西好像是笨拙的一样,最杰出的辩才好像是不善言辞一样。

【解析】任何事物到极点之后,必然向其对立面转化。真正的大巧是朴拙,在外表上表露的是"拙"。真正的善辩,表达起来仿佛很笨拙。

祸莫大于不知足;咎莫大于欲得。故知足之足,常足矣。

【注释】《老子·第四十六章》。最大的祸患莫过于不知足,最大的过错莫过于贪得无厌。所以,知道满足的人,永远是满足的。

【解析】"知足者常乐",这是一种较高层次的精神状态。芸芸众生,竞相争逐,无非是为满足生命之欲。老子教人常知足,知足的人永远满足,也因而显得富足。欲壑难填,人的欲望之谷,永远无法填平,倘若不以正确的心态对待之,势必陷入无尽的争执与苦痛之中。生活的真正意义,并不在于你拥有多少。

不出户,知天下;不窥牖,见天道。

【注释】《老子·第四十七章》。牖(yǒu):窗。天道:自然的规律。不出门外,便可推知天下的事理;不望窗外,便能够了解自然的规律。

【解析】老子不注重外在经验知识而重内心的直观自省。他认为,我们的心智活动如果投射于外,就会干扰思绪。闭门塞牖,充分驰骋自己的心智,就会明白天下事理与自然规律。这种内敛的行为方式有极大的封闭性。

为学日益,为道日损。损之又损,以至于无为。

【注释】《老子·第四十八章》。为道:指通过冥想或体悟以领略事物未分状态的道。求学一天比一天增加,求道一天比一天减少,减少又减少,最后达到一种无为的状态。

【解析】老子认为,政教礼乐之事追求多了,人多机巧之心,而私欲也便增多。只有追求道的无为的精神状态,才能使私欲渐趋消失。

万物莫不尊道而贵德。

【注释】《老子·第五十一章》。万物没有不遵从"道"而以"德"为贵的。

【解析】《老子》又称《道德经》。道为体,德为用,德是道的表现形式。万物由道而生,依道而行,而行道必以德为前提。道德的尊贵在于不干涉万物的成长活动,而顺任万物自然化育,自我完成,丝毫不加外力的限制与干涉。

知者不言,言者不知。

【注释】《老子·第五十六章》。

【解析】有智慧的人不会夸夸其谈,夸夸其谈的人没有智慧。

挫其锐,解其纷,和其光,同其尘,是谓玄同。

【注释】《老子·第五十六章》。不露锋芒,消解纷扰,含敛光芒,混同于尘世,这才是玄妙齐一的大同境界。

【解析】锐、纷、光、尘是说事物存在着对立,而挫、解、和、同也是对立的统一。尖锐之物容易折断,为避免危险,最好将尖锐的地方磨去。世上的事纷纷扰扰,意见不合,只有全面看问题才不至于太烦乱。有阳光照到的地方,必有其照不到的地方,只有把两方统一起来,才能做到全面。人世纷争但不能"举世皆浊而我独清",应投入到大潮流之中去。只有这样才能达到"大同"的境界。

人多利器,国家滋昏;人多伎巧,奇物滋起;法令滋彰,盗贼多有。

【注释】《老子·第五十七章》。利器:权谋。伎巧:智巧。世间的权谋越多,国家就越会陷入混乱;人多智巧,邪恶之事也会多有发生;法令越多,盗贼越会多出现。

【解析】人间的权谋、巧诈、法令都是应复杂的社会生活而产生,为激烈的社会斗争服务的。而世间之事往往多悖论,权谋越多,社会越乱;巧智越多,邪恶越多;法令越多,盗贼越多。老子清醒地看到这一悖论,具有强烈的批判意识。

祸兮,福之所倚;福兮,祸之所伏。

【注释】《老子·第五十八章》。灾祸之中,已有幸福蕴藏;幸福之中,已有灾祸存在。

【解析】看问题不能太绝对化,要善于从福中看到祸,从祸中看到福。当陷入困境时,没有必要沮丧;当取得成功时,也绝不能骄傲自大、沾沾自喜。人世纷争,变幻莫测,真可谓"天有不测风云,人有旦夕祸福"。譬如,困难在某种程度上说来,是一件好事,它可以使一个人变得成熟;养尊处优,一帆风顺,往往导致一个人意志薄弱。

治大国,若烹小鲜。

【注释】《老子·第六十章》。小鲜:小鱼。治理大国,好像煎小鱼一样。

【解析】这个警句,在中国传统政治思想上产生了重大而深远的影响。老子告诫统治者,为政之要在于清静无为,安静无扰。若能清静无为,便能使人人各遂其愿而相安无事。

美言可以市尊,美行可以加人。

【注释】《老子·第六十二章》。嘉美的言辞可以博得人的尊敬,良好的行为可以被人所器重。

【解析】"美言""美行"的确在现实生活中是极为重要的。然而,会说不如会做,品行高洁,办事公道,自然会被人看重。

轻诺必寡信,多易必多难。

【注释】《老子·第六十三章》。诺(nuò):许诺,答应。轻易许下诺言,必然缺少信誉;把事情想得太容易了,反倒会遭遇到许多困难。

【解析】那些对任何事情,甚至是不易办到,不能办到的事都轻易许诺的人,必然会由于他的轻率而降低在人们心中的威信。久而久之,人们便对他失去信任。那些把任何事情想得都那么容易,因而没有也不会清醒地估算困难程度的人,一旦真正的困难摆在眼前,就会手足无措。这种人不懂得“行百里者半九十”。

圣人欲不欲,不贵难得之货;学不学,复众人之所过;以辅万物之自然而不敢为。

【注释】《老子·第六十四章》。复:返回。辅:辅助。圣人把没有欲望当作欲望,不以贵重的货物为贵重;圣人学习别人所不学的,把众人的过错复返而归之于道;以此来辅助万物,顺应自然发展,而不敢妄为。

【解析】欲望使人们在追逐利益中失却了自我,人完全异化为欲望的奴隶。一切都是那么背离自然,违反人性。所以,圣人要控制欲望。知识给人带来诡诈和各种过错,所以圣人要以没有知识为知识。圣人挽救众人的过失,以道辅万物,而不敢妄为。

古之善为道者,非以明民,将以愚之。

【注释】《老子·第六十五章》。古时候,奉行道的人,不是用道来启发人民精明智巧,而是用道来使人民淳厚质朴。

【解析】老子认为,“为政之要”在于使民愚朴返真,顺应自然。百姓的难治就在于他们有心智巧伪,追求“情欲文饰”。于是,社会离真朴日远,天下便不得安宁。老子要人民不明而愚,同统治者不用智术是相统一的,是“无为而治”思想的反映。这同后代统治者专以奸诈之术实行愚民政策是不同的。他们在实行愚民政策的时候,往往口诵老子之言,似乎找到了行为的根据,其实是荒唐的。

江海之所以能为百谷王者,以其善下之,故能为百谷王。

【注释】《老子·第六十六章》。百谷:百川。王:归往的意思。江海之所以能够汇集一切溪流,是因为它善于处在溪谷的下游,所以能成为许多河流所汇往。

【解析】这是用日常生活中的自然常识来暗喻人道。江海以“善下”而成为

"百谷之王",人君也当以"善下"的原则对待万物、对待百姓。骑在人民头上作威作福的,人民把他摔得粉碎;甘愿给人民当牛作马的,人民把他举得高高。秦始皇实行君主专制,压制百姓,秦国二世而亡。唐朝建国之初,为天下生灵计,推行仁道政治,走了上"贞观之治"的大道。

我有三宝,持而保之。一曰慈,二曰俭,三曰不敢为天下先。

【注释】《老子·第六十七章》。慈:慈爱。俭:俭约。我有三件珍宝,持有而珍重它们。第一件是慈,第二件是俭,第三件是不敢居于天下人的前面。

【解析】这里体现了老子保守哲学的原则。

祸莫大于轻敌,轻敌几丧吾宝。故抗兵相若,哀者胜矣。

【注释】《老子·第六十九章》。哀:有"慈"的意思。《说文》:"哀,闵也"。闵即"慈"。祸害再没有比轻敌更大的了,轻敌几乎丧失了我所有的三宝。所以,举兵相战,双方力量相当,那慈悲的一方必定取得最后的胜利。

【解析】骄兵必败,哀兵必胜。这已是一句流传千古的名言了。

圣人自知不自见,自爱不自贵。

【注释】《老子·第七十二章》。圣人有自知之明而不自我表现,自爱自重却不矜骄。

【解析】一个有学识的人绝不自我炫耀,这正是"桃李不言,下自成蹊";一个有见识的人自重自爱却不矜骄自贵。相反,那些浅薄的人,若井底之蛙,所见甚小却喋喋不休,自夸不止。而那些自不量力的人,往往容易高估自己的能力与价值。

天之道,不争而善胜,不言而善应,不召而自来,绰然而善谋。天网恢恢,疏而不失。

【注释】《老子·第七十三章》。绰(chǎn):诚信,诚厚。自然的道,不战而善于取胜,不言语而善于应答,不召唤而自动到来,诚厚而善于谋划。自然是广大的罗网,网眼虽然稀疏,却不漏失任何东西。

【解析】前边的几句话重在明言老子的"道"——无为而无不为。"天网恢恢,疏而不失"是后人常用的警句,用以比喻天道法力无边,任何罪恶都不可能逃脱天道的惩罚。

民不畏死,奈何以死惧之?

【注释】《老子·第七十四章》。奈何:怎么。惧之:使之惧怕。如果百姓普遍不怕死,怎么用杀人致死来吓唬他们呢?

【解析】杀人的恐怖政策对于为政者来说,是行不通的。老子对于治民的认识是深刻的。如果统治者依然不醒悟,必将自食其果。

人之生也柔弱,其死也坚强。草木之生也柔脆,其死也枯槁。故坚强者死之徒,柔弱者生之徒。

【注释】《老子·第七十六章》。槁(gǎo):干枯。人活着的时候身体是柔软的,死后的身体却是僵硬坚直的;草木生长的时候形质是柔韧脆软的,死后就变得干硬枯槁了。所以说,坚硬刚强的东西属于死亡的一类,柔弱细软的东西属于生存的一类。

【解析】“柔弱胜刚强”,老子用人类和草木的生存现象对这一道理加以说明。刚强的物体已失去了生机,柔弱的物体则充满了生机。他虽然没有认识到取得必然胜利的事物是新生事物,但是,这条光辉的原则,却为暂时处于劣势的新生力量,最终战胜貌似强大的旧势力,提供了有力的思想武器。

天之道,其犹张弓与? 高者抑之,下者举之;有余者损之,不足者补之。

【注释】《老子·第七十七章》。张弓:拉弓射箭。抑:压低。举:抬高。自然的道的规律,就如同拉弓射箭,高了就压低些,低了就抬高些,多余时就减少些,不够时就补充些。

【解析】这是老子提出的社会理想,即“均贫富”。在他看来,世界的纷争在于“不均”,如若运用道的规律,使万物均衡,则社会就会安康和乐。老子的理想当然具有乌托邦的性质,他还没有具体深刻地认识到社会出现丑恶的原因与根源,只是用自己的天才头脑进行了自认为合理的想象。

天下莫柔弱于水,而攻坚强者莫之能胜,以其无以易之。

【注释】《老子·第七十八章》。易:代替。普天下没有哪一种东西比水更柔弱的了,但攻击坚强却没有什么能胜过水,是因为它是没有任何东西可以代替的呀。

【解析】水,善利万物而不争,水性虚,遇方则方,遇圆则圆,似乎柔弱得连一丝个性都没有,柔弱得令人怜爱。然而,洪水所到之处,房屋倒塌,天地一片混沌,带来的是谁也无法挽救的灾难,有摧枯拉朽之势。这里老子仍在阐述柔弱胜刚强的道理。

天道无亲,常与善人。

【注释】《老子·第七十九章》。亲:偏爱。与:赞许,帮助。自然的道是没有偏爱的,永远亲近、帮助那些有德的善人。

【解析】由此可见,老子教人向善,做一个有德的人。有德之人,处处顺任自然而不妄为,所以与道相合,就如同道常帮助有德之人一样。

甘其食,美其服,安其居,乐其俗。邻国相望,鸡犬之声相闻,民至老死,不相往来。

【注释】《老子·第八十章》。老子的理想社会除了"有余者损之,不足者补之"以外,他还描绘了一个"小国寡民"之境:美衣美食,居处安定,生活悠闲,邻国相望却不互相搅扰,人们各自过着清静的日子,直至老死。这个境界影响了后代的许多文人,陶渊明的"桃花源"就是老子思想的折射,"黄发垂髫,并怡然自乐"。

【解析】这是老子对古代农村生活理想化的描绘。中国古代农业社会,是由无数自治自尚的村落所形成。由于交通的不便,经济上乃求自给自足。这是当时封建社会经济生活分散性的反映。

《庄　子》

　　《庄子》基本上是庄子(公元前360？—前280年)及其后学所作。庄子名周，宋国蒙(今河南商丘市东北)人，尝为蒙漆园吏，与梁惠王、齐宣王同时代人，生平事迹不详。《庄子·秋水》篇载楚王使人聘庄子，庄子不应，《史记》以为楚威王。事虽未必可信，但就此与《列御寇》篇所载同样的事来看，庄子是一个苟全性命，不求闻达的人，也符合庄子淡薄利禄的隐士思想。

　　现存《庄子》33篇，后人将《逍遥游》至《应帝王》7篇称为内篇，《骈拇》至《知北游》15篇称为外篇，《庚桑楚》至《天下》11篇称为杂篇。从风格上来看，内篇与外篇、杂篇有所不同。后人认为，内篇是庄子所作，而外篇与杂篇是庄子后学所为，并且找到了足以站住脚的证据。这种看法有一定的合理性。

　　从庄子的整个思想体系和哲学观点来看，他无疑是一个代表没落奴隶主阶级思想的哲学家。但由于社会的根本变化，庄子自身的地位难以维持，这就决定了他对现实社会极端不满。然而，他个人终究无法与整个社会相对抗，不得不走上隐居遗世的道路，一方面议君相，讥儒墨，甘贫贱而肆其志；一方面否定一切，齐万物，一死生，泯灭是非得丧，以追求内心的调和、精神的胜利，进行自我麻醉。

　　他认为，"人生天地之间，若白驹之过隙，忽然而已"(《知北游》)，"以生为附赘悬疣，以死为决疴溃痈"(《大宗师》)。其妻死则鼓盆而歌，有时还设想髑髅也不愿复活(《圣乐》)。因此，庄子的处世态度在表面看来是玩世不恭的，但从更深层的意义上来说，庄子本人内心是非常痛苦的。一个看透社会的智者，处在高处不胜寒的孤独之中，其忧思之深是常人无法理解的。

　　他看见山木以不材免伐，就想到"无用之用"才为大用。他甚至同老子一样，崇尚婴儿的质朴，把自己的最终理想归结为婴儿一样的无疵："彼且为婴儿，亦与之为婴儿……达之入于无疵。"他对社会的批判是激烈而尖锐的，"今世殊死者相枕也，桁杨者相推也，刑戮者相望也"，"窃钩者诛，窃国者为诸侯。诸侯之门，而仁义存焉"。庄子认为，仁义是供统治者利用的工具。老子《道德经》五千言为庄子提供了哲学上的基本点，而庄子又对老子的观点加以提升与扩展，其汪洋恣肆的为文风格，形成了浓郁的浪漫主义色彩。他吸取神话创作的精神,大量采用并虚构寓言故事,作为论证的根据,想象奇幻。

在庄子的笔下,蝉和斑鸠、小雀都会说话,虾蟆、甲鱼也会说话,蛇和风、栎树会说话,会辩论,也会讲道理。庄子善用譬喻,在其文中譬喻多而灵活。

其文中多用韵,声调铿锵,使读者读来有和谐的节奏感,真可谓"天籁之文"。

总之,《庄子》一书,特别是内篇,有时像风行水上,自然成文;有时像万斛泉源,随地涌出,汪洋恣肆,妙趣横生。其中那些富有哲理性的句子,或许对人生有所启迪。庄子的精神旨趣或许可以阔大读者的胸怀,使原本狭隘的人变得旷达,原本旷达的人变得更为洒脱。

举世而誉之而不加劝，举世而非之而不加沮，定乎内外之分，辩乎荣辱之境，斯已矣。

【注释】《逍遥游》。辩：通"辨"。能够做到整个世界都夸赞他却不会更加奋勉，整个世界都非议他却不感到沮丧。他能认定内我和外物的分际，辨别光荣和耻辱的界限。就这样罢了。

【解析】这段话是《庄子·逍遥游》中对宋荣子的评价。宋荣子为稷下早期人物，生当齐威王、齐宣王时代。其学派的思想要点是：见侮不辱，救民之斗，情欲寡浅。宋荣子是位杰出的反战思想家。宋荣子不为世俗的毁誉而动其心，能分清物我、辨别是非，但在庄子看来依然有所取舍，即"尤有所待"。可见，庄子的哲学主张彻底做到无所依恃，与天地精神相往来，不受任何干扰，最终彻底地逍遥于宇宙之中。

乘天地之正，而御六气之辩，以游无穷者，彼且恶乎待哉？故曰："至人无己，神人无功，圣人无名。"

【注释】《逍遥游》。乘天地之正：即顺万物之性，正指自然之性。六气之辩：六气的变化。恶乎待哉：有什么可依靠的呢？无己：意指没有偏执的小我。无功：意指庄子"无为"的政治观。无名：意指庄子独善其身的人生观。若能顺着自然的规律，而把握六气的变化，以游于无穷的境域，他还有什么可依靠的呢？所以说，至人没有偏执的小我；神人不自恃己功，实行无为而治；圣人独善其身，不注重外在的名声。

【解析】人生之所以受压迫，不自由，乃由于自己不能支配自己，而受外力的牵制，甚至为外物所控制。人之所以不能顺万物之性，主要是因为物我之对立。在物我对立中，人们总是以自己作为衡量万物的标准，因而发生是非好恶之情，给万物以有形无形的干扰，自己也会同时感到处处受到外物的牵挂、滞碍。有自我的封界，便会形成我与物的对立；自我的封界取消了，自然取消了以我为主的衡量标准，而觉得我以外万物的活动，都是顺其自然的。

鹪鹩巢于深林，不过一枝；偃鼠饮河，不过满腹。

【注释】《逍遥游》。鹪鹩（jiāoliáo）：小鸟。偃鼠：一名隐鼠，又名鼢鼠。小鸟在树林里筑巢，最多不过占用树的一枝；隐鼠在河里饮水，所需不过满腹。

【解析】这句话是尧让天下给许由时，许由所说。许由不愿意接受尧的馈赠，是由于许由认为一个人只要得到自己所需的就足矣，不需要多余的东西。正如小鸟筑巢只需占有一枝树枝，倘拿来整个森林，对它来说，一点儿用处也没有；偃鼠只需一腹水就能饱足，拿整条河给它，也没有太大的用处。我们人类，却为占有不尽的财富而争得头破血流，甚至失掉性命，为什么不学学偃鼠与鹪鹪的洒脱呢?

瞽者无以与乎文章之观,聋者无以与乎钟鼓之声。

【注释】《逍遥游》。瞽(gǔ):盲人。盲人无法与他共赏文章的华美,聋子无法与他一同欣赏钟鼓的乐声。

【解析】这句话重在阐述人与人之间的一种心灵的默契。如果心与心经过交流达不成一种默契,意即"志不同而道不合",那么二人彼此的交流有如对牛弹琴,也无异于让盲人观彩,聋子听音。引申到文学领域,欣赏作品也得具备一定的素质,才能真正理解作品的真谛。

无所可用,安所困苦哉。

【注释】《逍遥游》。没有什么用处,又有什么可痛苦的呢?

【解析】庄子追求一种"无所待"的绝对精神自由,它不受任何世俗的干扰。正如"无用之用才为大用"一样,既没有痛苦,也不受束缚。世俗之人往往被名与利束缚得死死的,像陀螺一样围着金钱地位这个轴心转个不停。个性消融了,纯真的精神自由不见了。

形固可使如槁木,而心固可使如死灰乎?

【注释】《齐物论》。形体安定可以使它像干枯的枝木,心灵寂静可以使它像熄灭的灰烬吗?

【解析】这句话后人沿用至今,即"形如槁木,心如死灰",但将庄子原义作了引申。庄子原义指人能够完全屏弃外物的干扰,进入一种虚静的状态,从形体上看,犹如枯槁的树木;从心灵来观照,像灰烬熄灭一样寂静。今人引申之后,用来形容一个人处于极端的绝望之中,无论肉体上还是精神上都受到了极度的摧残,无法使自己振作起来。

彼出于是,是亦因彼。彼是方生之说也。虽然,方生方死,方死方生;方可方不可,方不可方可。

【注释】《齐物论》。彼方是出于此方的对立面而来的,彼方也因着此方而成。彼和此是相对而生的,虽然这样,但任何事物随生就随灭,随灭就随生;刚说可就转向不可,刚说不可就转向可。

【解析】彼此相互对立而生,由此达彼,由彼达此,两者处于不停的转化之中。这显然是老子朴素辩证法的继承和发展,由对立而达齐一,此亦彼,彼亦此,因此也可看出价值判断的流变性。没有绝对的永恒,也没有绝对的正确和绝对的错误。

以指喻指之非指,不若以非指喻指之非指也;以马喻马之非马,不若以非马喻马之非马也。

【注释】《齐物论》。以大拇指来说明大拇指不是手指,不如以非大拇指来说明大拇指不是手指;以白马来说明白马不是马,不如以非白马来说明白马不是马。

【解析】如果用符号来代替这个道理,理解起来也许会容易一些:从A的观点来解说A不是B,不如从B的观点来解释A不是B。"指"与"马"是当时辩论的一个重要概念,尤其以公孙龙的指物论和白马论最为著名。庄子用"指""马"的概念作喻,在于提醒人们不必斤斤计较于彼此,更不必执着于一己的观点去判断他人。在判断时,若要做到全面,就该从与己对立的他人一方进行思考。

故为是举莛与楹,厉与西施,恢诡憰怪,道通为一。

【注释】《齐物论》。莛(tíng):草茎。楹:木柱。厉:借为疠,病癞。恢诡憰怪:形形色色的怪异之状。所以草茎和大木,丑陋病癞的女人和美貌的西施,以及一切形形色色怪异的事物,从道理上来讲都可通而为一。

【解析】《齐物论》的主旨在于肯定任何事物都有其内在的价值。这里将对立的两端:细小的草茎与大木柱,丑陋的女人和美貌的西施放在一起,用以说明即便是对立的事物,从某个角度、某个道理上来讲都有其内在的同一性。这个互同为一的东西便是道,与老子的道有联系,更是其进一步的发挥。

朝三而暮四。

【注释】《齐物论》。朝三暮四源于庄子寓言。此寓言说,有一个养猴的人,喂猴子吃栗子,对猴子说:"早上给你们吃三升,晚上给你们吃四升。"猴子不高兴,他又说:"那么早上吃四升,晚上吃三升,怎么样?"众猴皆悦。

【解析】后人将"朝三暮四"引申为遇事不专心,不执着于自己的追求,尤其形容男女感情之事,经常用到这个成语。

天下莫大于秋毫之末,而大山为小;莫寿于殇子,而彭祖为夭。天地与我并生而万物与我为一。

【注释】《齐物论》。大山:即泰山。殇子:夭折的小孩。彭祖:传说中以长寿著名的人物。天下没有比毫毛末端更大的东西,而泰山却是小的;没有比夭折的小孩更长寿的,而彭祖却是短命的。天和地与我并存,而万物和我融为一体。

【解析】在庄子看来,大与小、长与短都是相对的,比较而言的。每一个东西都比它小的东西大,也都比它大的东西小,所以每一个东西都是大的,每一个东西也都是小的。他教人扩展视野,以突破现象世界中的时空界限,这样才能从锁闭的境域中超脱出来,以达到与天地并生、与万物化一的境界。这种境界与天地精神相往来,追求的是一种超现实、超功利的绝对自由,不为世俗的利诱动其心,不为世俗的纷扰乱其意。

注焉而不满,酌焉而不竭,而不知其所由来,此之谓葆光。

【注释】《齐物论》。酌:取。葆光:潜藏的光明。注入多少都不会满,倾出多少都不会枯竭,不知它的源头来自何处,这就叫作潜藏的光明。

【解析】《老子》五千言反复描绘道的状态,而庄子之道是对老子之道的继承和进一步发挥。庄子理想中的道的境界也是一个深沉博大的万物之宗,正如老子所谓"渊兮,似万物之宗"。它先天地而生,而它自己的源头在哪里,却不得而知。既然连最根本的问题都很难知晓,不如息言说以养内心的虚静,在纷纭万物中纵横驰骋,游刃有余。

毛嫱、丽姬,人之所美也;鱼见之深入,鸟见之高飞,麋鹿见之决骤。

【注释】《齐物论》。决骤:快速奔走。毛嫱、丽姬是人们公认的美女。然而,鱼看到她们之后沉入水底,鸟见到她们高飞到天上,麋鹿见到她们后则快速奔走。

【解析】这句话重在阐述万物各有自己的是非评判标准,不能强求一律。在人类的思维里,像毛嫱、丽姬那样的美女是人见人爱的,谁都想多看几眼,而鸟、鱼和麋鹿见到她们却无动于衷,该沉则沉,该飞则飞,该驰骤则依然驰骤,绝没有"少年见罗敷,脱帽著绡头""耕者忘其犁,锄者忘其锄"的效应。

至人神矣!大泽焚而不能热,河汉冱而不能寒,疾雷破山而不能伤,飘风振海而不能惊。若然者,乘云气,骑日月,而游乎四海之外。死生无变于己,而况利害之端乎!

【注释】《齐物论》。冱(hù):冻。至人神妙极了。山林川泽焚烧却不能使他感到热,江河冻结却不能使他感到冷,雷霆摇动山岳却不能使他受到伤害,狂风激起海浪却不能使他感到惊恐。像这样的人,驾乘着云气,骑着日月,以游于无穷的四海之外,死生的变化对他来说没有任何影响,更何况利益与损害之类的世俗观念呢?

【解析】这里刻画的"至人"形象与藐姑射之山的"神人"的血脉是相通的。他们与天地并生、与万物化一,自然界的冷暖变换、风雨雷电,人世间的生死轮回等对他们来说,没有任何影响。他们餐风饮露,乘云气,骑日月,在无穷的宇宙之中遨游,没有任何外物能够束缚他们。他们的神妙来自于对时空与现实的无限制的超越,来自于对理想境界的执着追求。

昔者庄周梦为蝴蝶,栩栩然蝴蝶也,自喻适志与!不知周也。俄然觉,则蘧蘧然周也,不知周之梦为蝴蝶与?蝴蝶之梦为周与?周与蝴蝶,则必有分矣。此之谓物化。

【注释】《齐物论》。栩栩:翩翩,蝴蝶飞舞的样子。喻:愉。适志:快意。蘧蘧(qú)然:僵直之貌。物化:物与我界限消解,万物融化为一。

【解析】这就是后人一直流传沿用的"庄周梦蝶"的寓言。庄周不知是他在梦蝶,还是蝶在梦他,他与蝶已达到了浑融为一的境界,即物我交融化一的状态。庄子的理想就是将我与自然混同,水乳交融,从而可神游于无穷的大化之中。

吾生也有涯,而知也无涯。

【注释】《养生主》。涯:崖,边际,界限。知:知识。我们的生命是有限度的,而知识是没有限度的。

【解析】人的生命有限而知识无穷。这就不免引起许多仁人志士的感慨。今人,如何对待这个客观规律造成的悖论,如何解决这个悖论,还须进一步探讨。把有限的生命投入到对无限的追求之中,毫不气馁,乐观对待,尽最大努力丰富自己,不失为一种明智的选择。

为善无近名,为恶无近刑。缘督以为经,可以保身,可以全生,可以养亲,可以尽年。

【注释】《养生主》。缘督:含有顺着自然之道的意思。生:性。做那些世上的人认为善的事不要有求取功名之心,做那些世上的人认为恶的事不要遭到刑戮,顺着自然的"道"并把它奉为常法,这样就可以保护生命,保全天性,可以养护精神以享尽人寿。

【解析】老庄"贵生",把生命的存在放在第一位,为了生,可将功名弃而不取。为了达到"保身""全生""养亲"的目的,庄子告诫人们要顺任自然之道,并奉为常则,不存求取功名利禄之心,也不被外物拖累而遭刑戮,保持宁静淡泊之道,享尽天年。

臣以神遇而不以目视,官知止而神欲行。

【注释】《养生主》。官:耳目之官。神欲行:喻心神自运,随心所欲。我只用心神来仔细体悟而不用眼睛去看,使耳目之官停止活动而只让心神自由活动运行。

【解析】这是一种对超感觉的精神活动的细致描摹,体现出与艺术活动相通的客观规律。当我们的创作构思进入特殊阶段时,外界的一切活动似乎都停止了,只有"神思"在加速运作,"笼天地于形内"。

彼节者有间,而刀刃者无厚;以无厚入有间,恢恢乎其于游刃必有余地矣。

【注释】《养生主》。骨节之间有间隙,而刀刃却薄而无厚度,用无厚的刀刃去深入有空隙的牛骨节,牛骨节之间的缝隙宽阔,使刀刃有充分的回旋余地。

【解析】"游刃有余"被后人广泛应用,并已成为成语,比喻做某件事情时,条件很充分,有广阔的回旋余地。

泽雉十步一啄,百步一饮,不蕲畜乎樊中。神虽王不善也。

【注释】《养生主》。泽雉(zhì):沼泽里的野鸡。蕲(qí):求。王(wàng):通"旺",喻精神状态好。不善:不乐,不能自遂心愿。

【解析】沼泽里的野鸡虽然走十步才能吃到一口食物,走一百步才能喝上一口水,生活过得很艰苦,但却不愿意被养在笼子里过养尊处优的生活,即使是精神状态很好。这体现出庄子对自由的人生境界的追求。他不愿违背人性去俯就世俗的羁绊,否则,他会感到焦躁不安。

适来,夫子时也;适去,夫子顺也。安时而处顺,哀乐不能入也,古者谓是帝之悬解。

【注释】《养生主》。悬:困缚。帝之悬解:自然地解除倒悬,天然之解脱。正该生时,夫子(老聃)应时而生;正该死去时,夫子应时顺理而去。安心适时而顺应变化,哀乐的情绪不能侵入心中,古时候把这种情况称为自然地解除倒悬。

【解析】庄子以洒脱的态度对待生与死,把它们看作随顺自然的结果。生,是偶然的。死,亦属偶然。不必乐生,也不必惧死。于是,他提出了一个重要的哲学主张"帝之悬解"。其实,生死确实是不依人的意志为转移的客观规律。在这个规律面前,人不应当表现出无能为力的悲哀,而应体现随顺自然的乐观。

指穷于为薪,火传也,不知其尽也。

【注释】《养生主》。指:脂。穷于为薪:薪火烧尽的意思。烛火的燃烧是有穷尽的,火种却传续下去,没有穷尽的时候。

【解析】脂膏为薪火而烧尽,是一种转化,并非消灭,喻人由生而死,亦不过是一种转化,不必悲哀,体现出生死无变于己的旷达。后世将"薪尽火传"作为成语,用来形容前辈开创的事业被后世所继承,代代相传,永不断绝。

治国去之,乱国就之,医门多疾。

【注释】《人间世》。安定之国可以放心地离开,而对于乱离中的国家就需要前往,正如医生的门前多病人一样。

【解析】从这里可以看出,庄子并不是一味地消极避世,他对社会也有一份责任感。和平之国可行无为之政;而乱离之国,如果想要行无为之政,必先采取有为。

古之至人,先存诸己而后存诸人。所存于己者未定,何暇至于暴人之所行。

【注释】《人间世》。古时候的"至人",先求自己的修养充实,然后再去教导别人。如果自己在品德修养上还立不稳,怎么能去纠正强暴之人的行为呢?

【解析】俗语所谓"正人先正己",也即"以身作则",这样在规范别人的行为时才有说服力。可惜,世俗之人,往往明知故犯,拿自己还模棱两可的东西去教导别人,想"以其昏昏,使人昭昭",在道理上是行不通的。更有甚者,统治者自身伤风败俗,罪大恶极,却要求人民"忠君""遵礼""守法"。庄子能出此言,也是针对当时的社会现实而发的议论。当时正值"昏上乱相"的动荡时代,人民无处可安顿身心,统治者极尽争夺之能事,根本不考虑百姓的死活,却对百姓提出各种苛刻的要求,表面上是对人民的教导,实质上是对人民无以复加的压制。

以火救火,以水救水,名之曰益多。

【注释】《人间世》。用火来救火,用水来救水,可称之为帮凶。

【解析】以水救火,以土救水,这是人之常识。倘若用火救火,用水救水,多上加多,必成祸害。

若一志,无听之以耳而听之以心,无听之以心而听之以气!听止于耳,心止于符。

【注释】《人间世》。要纯一你的内心,对于世间的事物,不是用耳朵去听,而是用心去听;不是用心去听,而是用气去听。耳朵只限于听取事物,心才能与事物相沟通。

【解析】庄子讲"心斋"与"坐忘",追求内心的纯净与安宁。这种精神追求与艺术旨趣相通,在美学史上产生了深远的影响。艺术家用艺术的心灵去观照社会、人事、人生时,往往会摆脱世俗的纷扰,完全沉浸在艺术的神游境界之中。由于远离世俗,表面看来,似虚无淡漠,实质上,艺术家已进入一个高层次的审美享受与追求之中。当艺术家的心灵真正与艺术相通时,他是全身心投入的,他用心灵去贴近艺术。

哀乐不易施乎前,知其不可奈何而安之若命,德之至也。

【注释】《人间世》。不受哀乐情绪的影响,知道事情的艰难是无可奈何的,但依然能够以安静的心态对待之,并且安心地去做,这就是德行的极点了。

【解析】老子主张"重为轻根,静为躁君",推崇厚重、安静,反对浮躁、轻薄。庄子对这种学说加以充分阐发,他要求人们"喜怒无变于己",保持健康的、踏实的心理状态,而不是像浮萍一样,漂来漂去。在艰难困苦面前要保持镇定、乐观、从容地面对人生。

凡交,近则必相靡以信,远则必忠之以言。

【注释】《人间世》。靡:通縻,维系。大凡国与国相交,邻近的国家以信用来往,远国则以忠实的言语相互维系。

【解析】国与国相交,无论是邻近之国,还是远离之国,都应以诚相待,讲求信用,忠实地履行双方达成的协议,和平共处。

传其常情,无传其溢言,则几乎全。

【注释】《人间世》。要传达真实的言辞,不要传达言过其实的言辞,这样就可以保全自己。

【解析】这是庄子在处理国与国关系问题上所持的观点。两国相处,其使者应如实传递信息,不能有所褒贬或言过其实。这个原则同样适用于处理人与人之间的关系。那些搬弄是非的人,常常爱编造一些故事去挑拨离间,以至于闹得鸡犬不宁。

无迁令,无劝成,过度溢也。

【注释】《人间世》。不要随意改变所受的使命,不要强求事情的成功,过度地强求就是"溢"了。

【解析】凡事都有个限度,如若超过了这个限度,就与"不及"一样,没有好处,这也就是孔子的"中庸之道"。在庄子看来,随顺自然,不要人为地过度强求成功,安时处顺,才是最高的哲学总则——道的体现。

乘物以游心,托不得已以养中,至矣。

【注释】《人间世》。游心:即心灵的自由活动。随顺着万事万物的自然而游悠自适,寄托于不得已而蓄养心中的精气,这就是最好的了。

【解析】神采飘逸的庄子喜欢畅游于天地之间，达到"无所待"的绝对自由之精神境界。他与造物者游，与天地精神往来，不愿意在纷乱的现实中消耗自己的精力。其实，这种境界也只是庄子所企慕的理想之境，是对黑暗现实的变形反抗。

汝不知夫螳螂乎？怒其臂以当车辙，不知其不胜任也，是其才之美者也。

【注释】《人间世》。你不知道那螳螂吗？奋力举起自己脆弱的臂膀去抵挡车轮，不知道它自身之力并不能胜任，过分高估了自己的才能。

【解析】这也就是后世"螳臂挡车"典故的由来，讽刺那些自不量力的人，不现实地考虑问题，必将遭到毁灭。弱小势力在强大势力的威胁之下，只能采取以退为进的迂回战术，而不能死打硬拼。历史上以少胜多的战例，是智慧的胜利，绝不是死打硬拼的蛮干的胜利。

意有所至而爱有所亡，可不慎邪！

【注释】《人间世》。本意是出于爱，而往往适得其反，得到一个坏的结局，这是不可不谨慎提防的。

【解析】日常生活中这样的例子屡见不鲜。父母溺爱孩子，本是对孩子的一份关爱，孩子却在这种关爱之下，变得蛮横、骄纵，直至惹是生非，铸下大错。结局并不像开始预料的那样，甚至完全走向反面。

是不材之木也，无所可用，故能若是之寿。

【注释】《人间世》。这不成材的树木，没有什么用处，所以能成就它的寿命。

【解析】山木不材，终能成寿。可见，"无用"在某种程度上来说，也未必是件坏事。"无用之用方为大用"，这种辩证地看问题的观点，对后人有深刻的影响。它教人摆脱困惑、苦恼与烦乱，以乐观的态度对待生活。

来世不可待，往世不可追也。

【注释】《人间世》。未来的世事不可期待，而过去的世事却也不可能追回。

【解析】庄子作为对社会有大彻大悟理解的智者，以任性逍遥的方式来化解苦痛与悲哀。然而，化解之余，仍有孤独感充塞心头，前面的路浑然不可知，后面的路已走过，表现了自己的苦痛。庄子平静地参透了生死，用天地精神充实自己的心灵。

人皆知有用之用,而莫知无用之用也。

【注释】《人间世》。人们都知道有用的用处,但却不知道无用的用处。

【解析】哲人的眼光是深邃的,哲人的胸襟是宽广的,哲人的思维是立体的。常人应从哲人的思想中撷拾其闪光之处,把黑暗的人生照亮。当你不能实现自己的理想,不能做闪光的金子时,不妨做一条小路,给行人以方便。"退一步海阔天空",庄子教人如何以弱者的处境争取对强者的胜利。

立不教,坐不议;虚而往,实而归。

【注释】《德充符》。站立时,不施教;稳坐时,不议论。跟他学的人空虚而来,满载而归。

【解析】这是庄子对断足之人——王骀的评价。这个人虽然身体是残疾的,但心智却是健全而充实的。他行不言之教,口不臧否人事,却能使弟子们学到很多。其中关键在于"以身作则",他以自己的行动向世人昭示了一种人格风范,使仰慕这种风范的人自然而然地去效法学习,无须用多余的语言加以阐释。

死生亦大矣,而不得与之变,虽天地覆坠,亦将不与之遗。

【注释】《德充符》。不与之遗:不会随着遗落。死生就算是一件大事了,却不会使他受到影响而改变自己。即使天覆地坠,他也不会随着一起遗落。

【解析】用"德"充实的人,可参透生死,"不以物喜,不以己悲",不为外物所扰,保持着自己内心的纯一安静。如果保持一颗平静的心,一个人可以干成许多事;若是心情浮躁,如若"猴子掰玉米"总想得到一切,最终却什么也得不到,两手空空而归。这确实是对后人的忠实告诫。

自其异者视之,肝胆楚越也;自其同者视之,万物皆一也。

【注释】《德充符》。从万物相异的一面去看,一物与他物就如同胆与肝、楚与越那样相去遥远;从万物相通的一面去看,万物都是一样的。

【解析】这是对事物个性与共性关系的精辟论述。就个性而言,万物各不相同,但个性之中却有共性存在。

鉴明则尘垢不止,止则不明也。久与贤人处则无过。

【注释】《德充符》。镜子明亮就不落灰尘,落上了灰尘之后就不明亮。经常与贤人在一起,就没有过失。

【解析】古人常以"镜子"来比喻一个人心底的无私纯洁与品行的端正,明亮的镜子是容不下任何一粒灰尘存在的。因而,后来在衙门里,总挂有"明镜高悬"的匾额,以显示衙门的公正与清廉。

德有所长,而形有所忘。人不忘其所忘,而忘其所不忘,此谓诚忘。

【注释】《德充符》。所以只要在德行上能超过别人,形体上的残缺就会被人遗忘。人们如果不去遗忘应当遗忘的形体,而去遗忘不应当遗忘的德行,这才是真正的遗忘。

【解析】一个人肢体的残缺并不可怕,可怕的是心灵的残缺、德行的缺失。庄子重视的是人的内心修养,评价一个人也是以德行为标准来衡量的。他同时告诫世人,不要"以貌取人",外表的好看不能代表心灵与德行的充实健全。

人之不以好恶内伤其身,常因自然而不益生也。

【注释】《德充符》。人不应该以好恶之情来损害自己的本性,经常随顺自然,不用人为的方法去增减损益。

【解析】老庄共同反对人为,主张"法自然"。在他们看来,真正的圣人,从来不是喜怒无常、感情用事的。他们在自然法则面前得心应手,游刃有余,从不为外物所役使。像藐姑射之山的神人那样,餐风饮露,乘天地之正而游于无穷。在他们看来,生死都是客观规律的结果。生,无所谓乐;死,无所谓忧。参透生与死的界限,看透人世的纷争与不公,顿悟生命的真谛之后,庄子的解脱是深沉而自信的。

终其天年而不中道夭者,是知之盛也。

【注释】《大宗师》。知:通"智"。能够享尽天年而不中途夭折的人,是智慧盛大的缘故。

【解析】庄子把个体生存放在了第一的位置上。为了个体,他可能会抛却缠绕人心的功名利禄、富贵贪欲,所以在这里,他把"终天年"作为一个大的理想提了出来。他认为,真正的智者必能够保全自我。

古之真人,不逆寡,不雄成,不谟士。

【注释】《大宗师》。谟士:谋事。古时候的真人,不违逆寡少,不自恃成功,不谋虑事情。

【解析】以"自然无为"的手段达到"无不为"的目的,如果刻意人为地去追求什么和排斥什么都是不明智的选择。真人坦然地面对一切,顺任自然而不妄为,以不谋事的态度来达到成功地做一切事的目的。

登高不栗，入水不濡，入火不热。

【注释】《大宗师》。濡（rú）：湿。（真人）登上高处不感到害怕，进入水中不被沾湿，进入火中不感到炽热。

【解析】这依然是对得道真人的描述。逍遥自适，无为而成的古之真人已完全超脱了现实世界对他的干扰和束缚，进入高层次的绝对自由的人生境界。其实，这是庄子理想中的人格境界。现实中的任何人都不能揪着自己的头发离开地球，谁也不可能彻底地超脱于他所生存的社会环境。如若真有人不顾一切地洒脱的话，也只是自我调节的结果。正如庄子选择了"真人"的逍遥一样，陶渊明选择了"五柳先生""东方一士"的旷达，只是为了寻求不可解脱的解脱。

古之真人，不知悦生，不知恶死；其出不䜣，其入不距；翛然而往，翛然而来而已矣。不忘其所始，不求其所终。

【注释】《大宗师》。䜣：古"欣"字。距：古"拒"字。翛（xiāo）然：无拘束的样子。古时的真人，不知道为生欣喜，不知道为死苦恼。他出生时并不惊喜，入死时也不拒绝；无拘无束地去，无拘无束地来而已。不会忘记他最初的来源，也不去追求他最终的归宿。

【解析】道创生了万物，真人当然不会忘记道。除了遵循道的原则之外，真人对世间的生死采取了任其自然的态度。庄子理想中的旷达胸怀是少见的。与其形成鲜明对比的是：东汉末年文人五言诗所呈现出的对死的恐惧，对人生短暂，事业无成的忧思。"生年不满百，常怀千岁忧。昼短苦夜长，何不秉烛游"。这种浮躁的心态是乱世中的典型心态。庄子也身处乱世，但他以哲人的深邃化解了这种苦痛。

圣人之用兵也，亡国而不失人心。

【注释】《大宗师》。圣人用兵打仗，虽然亡掉了故国却并不失去人心。

【解析】这里姑且抛开庄子的一贯哲学原则不谈，单说他的治国之术也是极为高明的。人民往往憎恨的是亡国之君，因为他会使他们颠沛流离，死无葬身之地。如果国已亡，而人民不会怪罪君主，反倒愿意再为君主肝脑涂地，那么，这个人君的手段是非同一般的。

其好之也一，其弗好之也一。其一也一，其不一也一。

【注释】《大宗师》。一：指天人合一。不论人们喜好还是厌恶，天人总是合一的。无论人们认为天人合一或不合一，它们都是合一的。

【解析】"天人合一"思想是中国古代哲学中的一个重要观念。"天"指"道"，天人合一即人与道相合。庄子追求的最高哲学原则就是道。人若与道相合,便达到了人生的最高境界。

泉涸,鱼相与处于陆,相呴以湿,相濡以沫,不如相忘于江湖;与其誉尧而非桀也,不如两忘而化其道。

【注释】《大宗师》。呴(xū):嘘吸。濡:湿润。泉水干涸了,鱼处于陆地之上,互相用湿气嘘吸,用口沫湿润,倒不如在江湖里彼此相忘。与其赞美尧而责备桀,倒不如把那些是是非非都忘掉而融化于大道。

【解析】这依然是《齐物论》观点的体现,把一切是是非非的争论都同化于大道。在庄子看来,世俗的纷争是浅薄而徒劳的。此句中"相濡以沫"被后世沿用为成语,用来形容两人感情融洽和谐,可以同甘共苦,彼此相携。能达到这种程度,方可见出人间至情。

其为物,无不将也,无不迎也;无不毁也,无不成也。

【注释】《大宗师》。道作为物的时候,无不一面有所送,一面有所迎;无不一面有所毁,一面有所成。

【解析】道是万物之宗,可创生万物,也可使万物毁灭。因此,万物无时不在生成往来的运动变化中。

四人相视而笑,莫逆于心,遂相与为友。

【注释】《大宗师》。莫逆于心:内心相契。四人相视而笑,内心相契,于是结为朋友。

【解析】"莫逆之交"的典故源出于此,意即这种朋友是真正的心与心交的朋友,而不是世俗中所谓的"势利之交"。我们常说"君子之交淡如水",君子相交,以寻求内心的契合、理解与沟通,并不去考虑任何的功利因素。

得者,时也;失者,顺也。安时而处顺,哀乐不能入也。

【注释】《大宗师》。人之所以得生,乃是适时所致;死去,乃是顺应自然的结果。能够安心适时而顺应变化的人,哀乐的情绪不会侵入到心中。

【解析】生死是顺应自然的结果。庄子把对生死的旷达态度引申到对待得失的问题上。得到了是造化,得不到或失去了,也必定有其理由。凡事以旷达的胸怀处之,那么喜怒哀乐等人之常情便不会搅扰内心的平静。

芒然彷徨乎尘垢之外,逍遥乎无为之业。

【注释】《大宗师》。安闲地神游于尘世之外,逍遥自在于自然的境地。

【解析】这是庄子理想的人格形象,追求绝对的、超现实的自由。

盲者无以与乎眉目颜色之好,聋者无以与乎青黄黼黻之观。

【注释】《大宗师》。黼黻(fǔfú):古礼服,喻华美的衣饰。盲人无从欣赏眉目颜色的美好,也无从欣赏彩色锦绣的华丽。

【解析】无论是如花似玉的妙龄女郎,还是鲜花着锦般的绣绢,在盲人的面前统统没有用处。后人将这个简单的生活小常识应用到艺术领域,意即没有艺术细胞的人,任何精美的艺术品在他面前都毫无价值。欣赏音乐得有欣赏音乐的耳朵,欣赏绘画得有欣赏绘画的眼光,欣赏诗歌得有欣赏诗歌的体悟能力。凡此种种,如果不具备基本的素质,那么对任何艺术的欣赏都无从谈起。"对牛弹琴"就是一个很好的例子。不管你的琴声如何悠扬,老牛心里想的依然是怎么能够吃到更丰美的青草。

堕肢体,黜聪明,离形去知,同于大通,此谓坐忘。

【注释】《大宗师》。大通:一切无碍。遗忘了自己的身体,屏弃了自己的聪明,离开了形体,抛弃了智识,使一切无碍,这就叫作坐忘。

【解析】"坐忘"是一种人生境界,超然物外,它使精神在浩渺的宇宙中畅游。到达这一境界,人们便会完全忘却物质的形骸,也不去考虑能够刺激贪欲的各种智识活动。庄子要求摆脱由生理带来的各种欲望,同时屏弃能为生理欲望推波助澜的智识活动。

至人之用心若镜,不将不迎,应而不藏,故能胜物而不伤。

【注释】《应帝王》。将:送。圣人的用心犹如一面镜子,任物的来去而不加以迎送,如实反映而无所隐藏,所以能够战胜外物而不被外物所损伤。

【解析】圣人,得道之人。得道之人在对待世事的时候,内心坦然,顺任造化,与造物者为友而毫不矫饰与妄为。在这样的"无为"原则下,才能够"无不为",即能够战胜外物却不被外物所缠扰而迷失自我。而世俗之人,之所以没有圣人的旷达,正是由于束缚于名利机巧之中不能自拔,内心不能坦然面对荣辱得失。庄子的哲学意在为失意之人提供解脱的精神药方,使他们不平衡的心理趋向平衡。中国古代文人往往命运多舛,仕途的失意使他们痛苦忧伤,而庄子却使他们苦痛的心灵得到某种程度的抚慰。

凫胫虽短,续之则忧;鹤胫虽长,断之则悲。

【注释】《骈拇》。凫(fú)胫:野鸭的小腿。野鸭的小腿虽然很短,但如若续接上一段之后就会造成痛苦;野鹤的腿虽然很长,但如若砍断之后便会很悲哀。

【解析】事物各有自己的本性,不能以统一的标准强求一律。野鸭有自己的短腿,适于生存。野鹤有自己的长腿,也是为了适应生活。如若人为地给万物规定标准的话,就会造成违反本性的苦痛与悲哀。正如蛇本无足,画者没事儿找事儿,给蛇添了足,不仅无补于事,反而造成了不必要的麻烦。

小惑易方,大惑易性。

【注释】《骈拇》。惑:迷。方:四方。小迷则东西南北易位,大迷则可错乱本性。

【解析】人生在世,当有清醒的头脑,树立正确的价值观和人生观,沿着正确的人生轨迹走下去。倘若有迷误,也当立刻予以澄清。否则,当迷惑处在小的状态时,可扰乱你的生活方向,一旦变成大惑时,就会迷误本性。

至德之世,同与禽兽居,族与万物并,恶乎知君子小人哉!

【注释】《马蹄》。盛德之世,与鸟兽一同居住,与万物共同生长,哪里知道君子和小人的区分呢。

【解析】老庄共同主张"天人合一",认为自然与人是合而为一的。它们相互交融,共生于天地之间。

唇竭齿寒。

【注释】《胠箧》。

【解析】这就是"唇亡齿寒"这个成语的出处,后世用以比喻两件事物之间有密切的关系,正如唇与齿的关系,唇亡了,也就不能保护齿。

彼窃钩者诛,窃国者为诸侯,诸侯之门而仁义存焉。

【注释】《胠箧》。那些偷窃带钩之类小东西的人遭到了刑戮,而盗窃整个国家的人反倒成了诸侯,诸侯的门里也就有了仁义。

【解析】庄子的见解是深刻的。当时统治者之间相互争夺杀伐,为了取得自己的利益不择手段。然而,自古以来,"成者王侯败者寇",窃取国家王权的人为了维护自己的统治,便用虚假的"仁义"来骗取人民的信任。在表面看来,他们是恪守仁义道德的。庄子一针见血地指出病苦,并想引起疗救者的注意。他大胆抨击当时社会的勇气是令人佩服的。由此可以看出,庄子是个大智者。这个智者不怕王权,敢于蔑视卑劣而居心不良的统治者,并以自己独特的方式表明自己与社会的不合作。

天下每每大乱,罪在于好知。

【注释】《胠箧》。天下常常大乱,其罪过在于喜好巧智。

【解析】"绝圣弃智"是道家学派的重要观点。使民屏弃机巧与伪诈而复归于淳朴的道,是道家精神复归的最高理想。因而,在他们看来,天下大乱就是全社会好智巧之故。

君子不得已而临莅天下,莫若无为。

【注释】《在宥》。如果君子不得已而君临天下,最好是顺任自然。

【解析】尧让许由以天下,许由辞而不受。可见,在许由看来,功名利禄,霸天下于一人之身并不值得追求。庄子学派便是这样认为的。他们只以无为之态去对待生活,并不汲汲于名利富贵。如若有一天不得已被利禄功名所纠缠,最好以顺任自然的态度对待之。这样既不会失却道的本性,也不为世俗之累所困。

贵以身为天下,则可以托天下;爱以身为天下,则可以寄天下。

【注释】《在宥》。以尊重生命的态度去治理天下,才可以把天下托付给他;以珍爱生命的态度去治理天下,才可以把天下交付给他。

【解析】由"尊生""达生"观点可以看出,庄子是把个体生命的存在放在第一位的。如若个体生命完结了,即使拥有整个天下,对他来说,也没有任何实质性的意义。正是循着这样的逻辑,我们才可理解庄子这句话的实质性内涵:尊重生命、珍爱生命就不会为了贪欲而劳累身心,从而不至于太贪,不贪婪则会大公无私。以大公无私的精神去治理天下,人民理所当然会把天下放心地托付给他。

世俗之人,皆喜人之同乎己而恶人之异于己也。

【注释】《在宥》。世上的人都喜欢与自己观点相同的人,而不喜欢与自己观点相异的人。

【解析】这恐怕是人之常情,"物以类聚,人以群分"。志同道合的人能够走在一起,为什么呢?因观点相同而相互欣赏。"志不同道不合,则不相与谋",古人早就给我们做出了正确的选择。

大人之教,若形之于影,声之于响。

【注释】《在宥》。大人:至人。至人的教导,好像形对于影,声对于响一样。

【解析】圣人的教导方式是"行不言之教"。"影"和"响"都是看不清、摸不准,似有若无的,故而用来形容至人之教。虽然这种不言之教无法给人以具体的教诲,但却时时影响着你,你一刻也不能脱离他的影响。

有机械者必有机事，有机事者必有机心。机心存于胸中，则纯白不备；纯白不备，则神生不定；神生不定者，道之所不载也。

【注释】《天地》。生：性。有机械的必定有机事，有机事的必定会生出机心。机巧之心存于胸中，便不能保全纯洁空明；不能保全纯洁空明，便会心神不定，心神不定也就不能载道。

【解析】得道之人往往保持内心的淳朴宁静，并像镜子那样空明；而不能得道的人，则表现为心态的浮躁，且多机巧之心。而庄子认为，恰恰是机巧之事使人产生了机巧之心，所以提出了"绝圣弃智"的大胆论点。这是由当时的时代环境决定的，绝不能以我们今人的思维和眼光去挑剔庄子，那是不科学的。

孝子不谀其亲，忠臣不谄其君，臣子之盛也。

【注释】《天地》。孝顺的子女不阿谀他的父母，忠心的臣子不谄媚他的主上。能做到这些，可以说是臣与子最好的表现了。

【解析】阿谀奉承在国人的意识里极具贬义色彩，而专营阿谀奉承之人也往往为人所不齿。对待父母，我们须孝，但并不盲目趋从进而导致愚孝；对待君主，须忠，然而并不推崇愚忠。唐代的魏征是能言直谏的名臣，他之所以成为历代名臣的典范就是由于他在奉行忠君原则的同时，敢于直言相劝，使皇帝不至于产生失误，失去曾呕心沥血得到的江山。

轮扁斫轮，不徐不疾，得之于手而应于心，口不能言，有数存乎其间。

【注释】《天道》。斫（zhuó）：砍，削。数：术。

【解析】轮扁在堂下斫轮，桓公在堂上看书，当轮扁指出桓公所读之书为糟粕时，桓公懊恼。在这样的情境之下，轮扁陈述了自己的观点：得心应手，有术存于心中。无法说得清他自己精湛的技艺到底是什么，无法让人听明白进而学会其中的巧艺，也即"大匠能与人规矩，不能使人巧"。正如写文章，大体方法虽有，但若要写出好作品，必得具有极高的悟性，而这悟性恰恰是无法言传的。

水行莫如用舟，而陆行莫如用车。以舟之可行于水也，而求推之于陆，则没世不行寻常。

【注释】《天运》。寻常：指短距离。在水上通行，最方便的莫过于用船；而在陆地上通行，最方便的莫过于用车。如果因为船可以在水上行走便希望把它推到陆地上来行走，那么最终也走不了多远。

【解析】庄子善用比喻来说理。这句话重在阐述周与鲁不同，不能把周朝的制度施行到鲁国。其实，庄子同时在教育人们不能倒行逆施，违背自然规律，须顺任自然，方可最终取得成功。就像当时统治者给人民施加暴政的行为，这种行为是不符合人民意愿的,所以,它的最终灭亡也是不言而喻的。

龙,合而成体,散而成章,乘云气而养乎阴阳。

【注释】《天运》。养:翔。龙,合起来成为一体,分散开来则成为文采,乘架云气而翱翔于阴阳之间。

【解析】这里的龙在庄子原文中是用来形容老聃的。庄子把老子推崇为龙,足见其对老子学说的尊崇和服膺。龙,在中华民族的文化里占有重要的地位,人世间根本不存有它的形象,但它却存在于国人的心理积淀中。高高在上的一国之君被称为真龙天子。龙的形象在中国的文化里随处可见。皇宫大内龙柱、龙椅、龙袍……龙几乎处处伴随于天子的周围。它们乘云气,与造物者同游,气势磅礴,显示出一种庄严和无法言传的神秘氛围。

淡然无极而众美从之。

【注释】《刻意》。无极:无限。恬淡无极而众美都随之而来。

【解析】这是一条重要的艺术规律,即"淡极始知花更艳"。我们在艺术的欣赏中一定要注意这一点。文学创作展现在读者眼前时,虽然有些是纯朴平淡,缺乏文采的,但是仔细揣摩,其中的酸甜苦辣应有尽有,令人瞠目结舌。陶渊明的诗自然平淡,在自然平淡的背后却隐藏着丰富的内涵。情、景、意熔于一炉的韵味,令人百读不厌。

文灭质。

【注释】《缮性》。文饰破坏本质,形式掩盖内容。

【解析】"文"与"质"的关系在文艺理论中占有重要的地位。"文"指"文饰",意即以华丽的辞章来修饰;"质"指文章的思想内容。如果只重视华丽的文采,而忽视文章的本质内容,那么就会内容空洞,没有价值。但如果太重视内容而轻视文辞的润色,则会"言之无文,行而不远"。在两者关系上的处理必须达到"文质彬彬,然后君子"的状态。

不为轩冕肆志,不为穷约趋俗。

【注释】《缮性》。轩:车。冕:冠。轩冕:代指荣华富贵。不为荣华富贵而自纵心志,不因穷困窘迫而趋附世俗。

【解析】这是庄子理想人格的表现。真正的君子能够耐得住贫困、守得住寂寞,为了捍卫自己高洁的理想,视富贵如浮云、视金钱如粪土,傲视王侯,逍遥自适,不会趋炎附势,不会阿谀奉承。这一理想人格形象成为后世知识分子所企慕的人生境界。

吾长见笑于大方之家。

【注释】《秋水》。大方：大道。我定会长久地被懂得大道的人所耻笑。

【解析】此语是河伯所发的感慨，被后人广为沿用，意即浅薄之人在渊博之人面前故弄玄虚，从而显露出他的浅薄，也由此被耻笑。

至精无形，至大不可围。

【注释】《秋水》。最精细的东西是没有形体的，最广大的东西是没有外围的。

【解析】这就是后世数学上所讲的极限。无穷大的东西无法形容，也没有再比它大的外围；而无穷小的东西，也很难描述它的形状，再找不出比它更小的事物。至大与至小虽然极为模糊，但模糊中却包含了精确。

牛马四足，是谓天；落马首，穿牛鼻，是谓人。故曰，无以人灭天，无以故灭命，无以得殉名。

【注释】《秋水》。落：络，困缚。命：天性。得：贪。殉名：求名。牛马天生有四只脚，这叫作天然；用辔头络在马头上，把缰绳穿过牛鼻，这叫做人为。所以说，不要用人为去毁灭天然，不要因造作而毁灭天性，不要用贪得而求取声名。

【解析】道家"法自然"的观点在庄子这里得到了形象化的阐释，使人容易理解，也容易得到人的信服。牛马本来是自然界与人同生同活的生物，却被"穿牛鼻，络马首"，人为制造了痛苦。由此可以看出，人类在征服自然与改造自然的过程中，何尝不是以破坏自然法则为代价的。一旦自然被破坏再也无力按规律运行时，它是会报复人类的，这是科学家早已警告给人类的真诚之言。

以众小不胜为大胜也。

【注释】《秋水》。这里指不求小的胜利而求大的胜利。

【解析】这是处世谋事的一条重要法则。由此也可看出庄子的处事原则，小的胜利虽然容易取得，但是由于小而最终获利也小；大的胜利虽然不容易成功，但一旦成功，则意义甚大。

惠子曰："子非鱼，安知鱼之乐？"庄子曰："子非我，安知我不知鱼之乐？"

【注释】《秋水》。

【解析】这是庄子与惠子一段对话中的两句。双方以富有哲理性的语言探讨了鱼之乐。庄子与惠子共同在濠梁之上畅游，庄子看到鱼出游从容，便认为鱼很快乐，而惠子紧接着反问：你不是鱼，你怎么会知道鱼的快乐呢？庄子以卓绝千古的回答显示了作为一个智者的深邃思想:你不是我,你怎么会知道我不知道鱼的快乐呢?惠子与庄子的不同,显示了庄子分析事物的艺术心态。庄子是以审美的态度去观照事物的,而惠子则是以理性的认知态度去评价事物的。

庄子妻死,惠子吊之,庄子则方箕踞鼓盆而歌。

【注释】《至乐》。箕踞:蹲坐。庄子的妻子死了,惠子前去吊唁,看到庄子正蹲坐着,敲着盆子唱歌。

【解析】"鼓盆而歌"是庄子吊唁妻子的独特方式。他认为,人的生是由气聚而成的,气散则为死,气的聚散如春夏秋冬四季运行一样,所以生死也若春夏秋冬的运行,没有必要为生欢呼,也没有必要为死忧惧,顺其自然地对待生命的存亡,才符合于道。庄子已通达了生死,参透了其中的奥秘,真正做到了旷达。

死,无君于上,无臣于下;亦无四时之事,纵然以天地为春秋,虽南面王乐,不能过也。

【注释】《至乐》。南面:面朝南。

【解析】庄子在对死的分析中树立了自己的理想人格,无所谓君臣,只以春秋为序,逍遥自适,获得精神的绝对自由。如若能达到这种自由之境,南面称王的富贵尊位都可以弃之不顾。然而,这种绝对的自由之境只是庄子心中的"企慕情境"。

天地者,万物之父母也,合则成体,散则成始。

【注释】《达生》。天地是产生万物的根源,物质元素相合便形成物体,离散则成为另一物体结合的开始。

【解析】天地相合产生万物,这是一种朴素的唯物主义观点。

鸡虽有鸣者,已无变矣,望之似木鸡矣,其德全矣,异鸡无敢应者,反走矣。

【注释】《达生》。德全:精神凝寂。别的鸡虽然鸣叫,却不为所动,看起来像只木鸡,但是它的精神专一,其他的鸡不敢应战,看到它之后回头就走了。

【解析】这则寓言就是"呆若木鸡"典故的由来。纪渻子为周宣王养斗鸡。四十天之后,斗鸡由骄昂恃气、见影像而回应、怒视而盛气发展到精神凝寂,结果别的斗鸡不战自败,意在说明养神的重要性。当一个人能够不为外物所扰,专心致志地内敛思维,那么他离成就大业不远了。如果心气浮躁,精力分散,做任何事情都不会成功。

既雕既琢,复归于朴。

【注释】《山木》。经过了一番雕切琢磨之后,现在要回复到朴素之态。

【解析】这是与艺术精神相通的一条重要规律。艺术的极致是平淡自然,却又韵味无穷,意即最高的艺术在表面看来是复归于真朴的。经过琢磨雕饰之后而不留斧凿之痕,犹如鬼斧神工而渐近自然。这种自然不是照相式的实录,而是符合于真实的艺术的自然。

直木先伐,甘井先竭。

【注释】《山木》。

【解析】庄子在两千多年前就已深切意识到锋芒毕露所带来的负面影响。生存于世间,倘要与人世周旋,须讲求得当的方式与方法。

君子之交淡若水,小人之交甘若醴;君子淡以亲,小人甘以绝。彼无故以合者,则无故以离。

【注释】《山木》。君子之间的交情淡薄得像水一样,小人的交情甘美得像甜酒一样;君子淡薄却亲切,小人甜蜜却易断绝。所以,大凡没有缘故而结合的,也就会没有缘故而离散。

【解析】日常生活中,我们提倡朋友之间的真诚与彼此间的信任,把友谊建立在互助互爱的基础上。那种势利之交的小人,为大多数人所不齿。小人把友谊建立在相互利用的基础之上,如若一方由于某种原因,失却了其原有的利用价值,另一方会立刻撕破脸皮而中断友谊。

睹一蝉,方得美荫而忘其身;螳螂执翳而搏之,见得而忘其形;异鹊从而利之,见利而忘其真。

【注释】《山木》。

【解析】"螳螂捕蝉,黄雀在后",后人用此来比喻,当你得意忘形于自己的短暂成功时,也许早有人预谋给你致命一击。蝉得着美叶荫庇自己而喜不自胜,不知螳螂已准备捕它为食;螳螂以捕到美食而得意忘形,没想到异鹊趁机将其捕食。异鹊由此得意忘形,它的结果谁也无法预知。身处世间的我们,与社会的纷繁复杂共生,须有清醒的头脑,以清醒的态度对待生存之境,也许会减少烦恼。

其美者自美,吾不知其美也;其恶者自恶,吾不知其恶也。

【注释】《山木》。恶:丑陋。

【解析】庄子此意重在阐述行为善良而能去除自我炫耀的心态,到哪里都会受到喜爱,也不管你是丑是美。相反,如果美者自我炫耀,那么就会引起人的反感,人们便不觉得她怎么美。心地善良的丑女倒更能博得人们的赞誉。

天地有大美而不言,四时有明法而不议,万物有成理而不说。

【注释】《知北游》。明法:明显的规律。天地有大美却不言语,四时有明显的规律却不议论,万物有生成的道理却不说出。

【解析】天地、四时、万物符合于道的"自然无为"的规律。它们有大美、有规律、有道理却不炫耀自己。由此引申到社会人世,世俗的人们往往以小小的作为而要名取誉,口若悬河地加以宣扬,其实这是极为浅薄的表现。"知者不言,言者不知",真正的智者,不是肆无忌惮地自吹自擂,而是做出成绩,让人们心悦诚服。

疏瀹而心,澡雪而精神。

【注释】《知北游》。疏瀹(yuè):通导。澡雪:洗涤。通导你的心灵,洗涤你的精神。

【解析】艺术家必须具备一颗赤诚之心,不为世俗缠心,这样才能创作出好的作品。刘勰在《文心雕龙》中指出作家必须"疏瀹五脏,澡雪精神",才具备创作主体的条件,要怀着一颗赤诚之心,以涤荡后的精神状态投入到写作活动中去。

人生天地之间,若白驹之过郤,忽然而已。

【注释】《知北游》。白驹:阳光。郤(xì):隙。人在宇宙天地之中生存,好像阳光掠过缝隙那样一瞬间罢了。

【解析】人的生命与宇宙相较,恰如一道流星划过天空便迅速陨落。

寻常之沟,巨鱼无所还其体,而鲵鳅为之制;步仞之丘陵,巨兽无所隐其躯,而孽狐为之祥。

【注释】《庚桑楚》。寻:八尺。常:一丈六尺。还:同"旋",反转。制:折,转折自如。步:六尺。仞:七尺。祥:善。小水沟里大鱼无法转动身体,小鱼则能来去自如;小丘陵上巨兽无法隐蔽身体,妖狐适宜藏匿却以为善。

【解析】世间万物多姿多态,不可强求一律,小有小用,大有大用。人们应该实事求是地选择自己的生存环境,以期将自身的才华最大限度地发挥。

去人滋久,思人滋深。

【注释】《徐无鬼》。

【解析】"离愁渐远渐无穷,迢迢不断如春水",虽然离开心中的所爱已经很久,但对他或她的那份牵挂愈觉深远,念念之中无法忘怀。"才下心头,又上眉头"的思念之情,万水千山都无法阻隔,春夏秋冬四时轮转都无法消除。

钱财不积则贪者忧,权势不尤则夸者悲。

【注释】《徐无鬼》。尤:出众。夸者:指权势欲极强的人。

【解析】"人为财死,鸟为食亡。"世俗之人大多免不了受贪欲之累,即便是所得财物权势已大大超过了自身所需,追求之欲依然很强烈。欲壑难填,世俗之人确实应该深刻反思一下自身。

饰小说以干县令,其于大达亦远矣。

【注释】《外物》。小说:指一些低微的言论。干:求。县:高。令:名。粉饰浅识小语以求高名,那和明达大智的距离就遥远了。

【解析】庄子教人用志当大,只有立了大志才有大成。倘若只钻营一些浅识小语,并希冀求得高名,几乎是不可能的。只有明达大智之人思想深刻,方可成就一番大业。

知有所困,神有所不及也。

【注释】《外物》。

【解析】机智有困穷的时候,神灵也有不及的地方。即使一个绝顶聪明之人,也会有不知所措的时候。作为个人,不应骄傲自大,须时时留心、步步在意。

筌者所以在鱼,得鱼而忘筌;蹄者所以在兔,得兔而忘蹄;言者所以在意,得意而忘言。

【注释】《外物》。筌:捕鱼器具。蹄:兔网。

【解析】鱼筌是用来捕鱼的,捕到鱼是最终目的,所以捕到鱼之后就忘了捕鱼之具。同理,得兔、得意是最终目的,倘若目的已达到,作为手段的兔网和语言也可弃之不顾。

日出而作,日入而息,逍遥于天地之间而心意自得。

【注释】《让王》。

【解析】以逍遥的心态对待人生,人生就会是另一个样子,一切都不是那么沉重,一切都以轻松的面目展现于你的眼前。庄子的人生态度中包含有使人解脱的深邃思想。

以隋侯之珠弹千仞之雀,世必笑之。

【注释】《让王》。用隋侯的宝珠去弹击千仞之高的麻雀,世人一定会耻笑这件事。

【解析】这句话重在阐释所付出的多而得到的少,是为世人所不齿的。付出总有回报,但我们必须衡量收获与付出之间的比例关系。倘若以隋侯的宝珠作弹丸,射下来的是一只云中的麻雀,那简直就是愚蠢之至。

无财谓之贫,学道而不能行谓之病。

【注释】《让王》。

【解析】在庄子看来,"贫"与"病"是两个不相同的概念。"病"是主观意愿得不到满足之后所表现出的不正常状态,而"贫"只是客观状态原本的样子,没有任何主观态度的反映。君子无财,过得是贫穷的生活,但君子并没有"病"。当君子心中的理想与现实发生冲突,理想无法实现之时,君子才会表现为"病"的状态。

身在江海之上,心居乎魏阙之下。

【注释】《让王》。魏阙:宫殿之门,荣华富贵的象征。隐身在江海之上,心中却念念不忘朝廷之事和个人的荣华富贵。

【解析】这句话成了批判假隐士之流的武器。他们虽然表面上看来,视富贵如浮云、视金钱如粪土,然而骨子里向往的是封妻荫子、加官晋爵、荣华富贵。他们把归隐作为进身的方式,以退为进,从而达到个人目的。

吾闻古之士,遭治世不避其任,遇乱世不为苟存。

【注释】《让王》。

【解析】有道之士,处于治世不逃避责任,以天下为己任;处于乱世,也不随便苟且偷生。这是古代知识分子的理想人格。他们重视的是理想人格的建立,追求的是自我价值的实现,不是为了生活而生活,而是积极地寻求生活背后的真实意义。

好面誉人者,亦好背而毁之。

【注释】《盗跖》。好(hào):喜好。誉:称赞美。毁:诽谤。

【解析】这是庄子对世态人情透彻了解之后所得出的结论。作为复杂动物的人类,有各种各样的生活,也有层次纷呈的品质。其中有一类人,自身带有严重的劣根性,他们好当面阿谀他人,然而,背后又大加诋毁。这种两面三刀之人,是我们所应唾弃的。

真者,精诚之至也。不精不诚,不能动人。

【注释】《渔父》。

【解析】精诚所至,金石为开。真诚是人与人相处的基本准则。当你以真诚之心对待他人时,他人会感受到春天般的温暖。但如若你以真诚对待他人,他人却辜负了你的诚心,你也大可不必懊恼忧伤,因为他人的想法、他人的作为,你是无能力去主宰的。

施于人而不忘,非天布也。

【注释】《列御寇》。天布:自然的布施。向人施惠却不忘自己的功劳,这不是自然的布施。

【解析】自然地施惠于人而不求回报,这才是真正的爱心体现。可世俗之人急功近利,把向人施惠作为自己要取功名的手段,这本身已违反了自然之道。

吾以天地为棺椁,以日月为连璧,星辰为珠玑,万物为济送。

【注释】《列御寇》。济送:赠物。我用天地做棺椁,用日月做双璧,星辰做珠玑,万物做殉葬。

【解析】庄子对死采取了超然的态度。

独与天地精神往来而不敖倪于万物,不谴是非,以与世俗处。

【注释】《天下》。敖倪:傲倪,骄矜。不谴是非:是非无所拘泥。与天地精神相往来而不傲视万物,不拘泥于是非,以与世俗相处。

【解析】任性逍遥是一种轻松自如的人生态度,但现实中的轻松自如一定得与世俗相合,方能游刃有余而不受挫伤。所以,不必执着于是非对错的论争,以旷达的胸怀对待世事,就会给自己的心灵找到一方永久的栖息地。

国学经典
名句珍藏

诸子百家

名句解析

（下）

天人／主编

内蒙古出版集团
内蒙古人民出版社

《列　子》

　　《列子》是道家学派的经典著作,被称作《冲虚至德真经》。《汉书·艺文志》所著录的《列子》八篇早已亡佚,今本《列子》八篇是魏晋间人的伪托,因为从内容上看掺杂着大量魏晋思想,从语言使用上看,夹杂了许多先秦所不能有的词汇。

　　列子即列御寇,是战国时期身居郑国圃田的一位隐者。他有自己的老师、同学以及弟子,崇尚清虚无为,顺性体道。《庄子·让王篇》谓:"子列子穷,容貌有饥色,客有言之郑子阳者。"虽然贫穷,列子却不肯出仕而"为有国者所羁"。

　　今本《列子》是谁伪造的,已无确凿证据可考。《列子》内容多为民间故事、寓言和神话传说。

　　《列子》可代表一定时期的哲学思潮,是我们了解魏晋哲学发展中一个不可或缺的环节。《列子》赞同王弼等贵无派对两汉神学目的论和谶纬迷信的批判,却又反对他们"以无为本"的精神实体;它赞同裴颜等崇有派"无不能生有"的观点,却又断然毁弃他们所推崇的礼教纲常。它同时也不满意于两汉元气论用特殊物质去说明万物生成的原理,进而将眼光探到世界背后。《列子》在元气论上达到的高度,同它有较丰富的辩证法思想分不开。书中有关物质与运动不可分、时空无限与有限统一等精彩论述随处可见。

　　今人对《列子》误解最深、责难最多的在于《力命篇》和《杨朱篇》,认为前者代表统治者宣扬麻痹劳动人民的宿命论,后者则是魏晋门阀士族宣扬自身腐朽淫乐的世界观。但我们若用更深刻的眼光加以透视的话,可以发现问题并不是那么简单。《力命篇》确实宣扬命定论,但其出发点一开始就与相信天能赏善罚恶的宿命论有所不同,它恰恰反对两汉神学目的论的"天人感应"说以及有鬼论。《杨朱篇》高唱"六经以抑引为主,人性以纵欲为欢",宣扬享乐主义,其本质在于把宗教神学化的人性和道德拉回到现实世间,以人本身来说明人,因而有其进步意义。

　　《列子》具有较高的理论水平,也有相当的文学价值,其中有许多富有哲理性的思辨意味的警句。对此,"取其精华,去其糟粕"是我们的原则。

有生不生，有化不化。不生者能生生，不化者能化化。

【注释】《天瑞》。有被他物所生的，有不被他物所生的；有被他物所化的，有不被他物所化的。不被他物所生的能产生万物，不被他物所化的能够使万物变化。

【解析】所谓"生者""化者"指生死代谢的具体事物；所谓"不生者""不化者"是指比具体事物更为根本的东西，亦即道。道能生成万物，使万物发生变化，然而道本身是万物的本源，是一个根本性的东西。《列子》全书具有丰富的辩证法思想，从这句话的辩证论述中便可窥见一斑。

万物皆出于机，皆入于机。

【注释】《天瑞》。机：通"几"，细微的质素。

【解析】万物由细微的质素产生，又返回到细微的质素。可见，列子是一个朴素的唯物论者，认为万物皆是由微小的质素产生的，这个质素也就是后人所说的元素。仔细想想，世间的每个个体都是赤条条来、赤条条去，最终入于黄土，与之俱化，何尝不是入于微小呢？

人自生至终，大化有四：婴孩也，少壮也，老耄也，死亡也。

【注释】《天瑞》。耄(mào)：老。

【解析】人的出生入死是一个不断发展的过程，由纯朴天真的婴孩时代步入精力充沛的少壮时代，然后逐渐衰老，最后归于尘土。人们应当以乐观的态度对待这个自然规律，不应悲观失望，顺其自然地去体味各个阶段中的酸甜或者苦辣，踏实地体味和思考人生，最后"托体同山阿"也必将是一个壮美的结局。

物损于彼者盈于此，成于此者亏于彼。

【注释】《天瑞》。

【解析】"有得必有失"，这是辩证地看问题之后给我们的启示。得到某物是以失去某物为代价的，如若万事都想两全，几乎是不可能的。既然如此，生存于世间的个体都应当权衡得失轻重，尽可能以最小的代价换取最大的收获，以尽可能少的付出获取尽可能大的成功。

生不知死，死不知生；来不知去，去不知来。

【注释】《天瑞》。

【解析】苏轼有词云："十年生死两茫茫。"生与死之间有着不可逾越的鸿沟，人死之后是什么样的，活着的人不得而知；活着的人干些什么，死者也全然不知。

杞国有人忧天崩坠,身亡所寄,废寝食者。

【注释】《天瑞》。亡(wú):通"无"。寄:依附。

【解析】这就是后世"杞人忧天"典故的由来。西方寓言中也有忧愁天体将生变故,惴惴然害怕日轮渐逼地球,行且吸而吞之,因此寝不安席,生趣全无的。完全为不必要的事担忧,成为笑柄。其实,现实生活中,"杞人忧天"之类的笑话到处都有,人们只是习以为常而不觉察罢了。

至道不可以情求矣。

【注释】《黄帝》。情:普通的情理。最高深的道是不能以普通的情理去求得的。

【解析】道是万物的根本,是宇宙本体的最高哲学准则。它无处不在、无时不在,但却看不见、摸不着,所以它是最高的哲学抽象。抽象的东西,常人理解起来比较困难。

至信之人,可以感物也。

【注释】《黄帝》。

【解析】我国是一个重视诚信的礼仪之邦。做人的首要原则在于有信用,这样才能取得别人的信任。同时,在"天人感应"与"天人合一"思想影响之下,一个人的品德与天地万物沟通了起来,产生了"比德效应"。因而,诚信之人"惊天地,泣鬼神"的动人形象在不少文学作品中反复出现。"感天动地窦娥冤"引得六月飞雪,血溅白练,亢旱三年。

凡重外者拙内。

【注释】《黄帝》。重外:看重身外之物。

【解析】凡是看重身外之物的人,往往内心笨拙,缺乏灵气。搞艺术创作的人对这一点体会最深。艺术的创作与产生不能带有任何的功利目的,它需要艺术家"疏瀹五脏,澡雪精神",怀有一颗赤子之心。如若艺术家内心被世俗金钱、权位等纠缠,那么思想就会变得媚俗,好作品也不会产生,最多只能创作出一些牵强附会的雕饰之作。

不知吾所以然而然,命也。

【注释】《黄帝》。

【解析】世事难以预料,有些世事还很难分析,也很难得出一个正确的结论，找到一个正当的理由。事情就那样发生了，不知道为什么。尽管它不符合一个人的个性或他一贯的主张。在道家学派的列子看来，这是命使之然。命是一种人力不可控制的，超自然的东西。

至言去言，至为无为。齐智之所知，则浅矣。

【注释】《黄帝》。齐：限定。

【解析】最高深的言论是屏弃语言的，因为言在谈论道时，并不能尽意。最卓越的行为是不妄为，即无为。只限于个体的智巧而摒弃众人的智慧，是浅薄的表现。列子与老庄有共同的体认自然的思想，但他不主张"绝圣弃智"，而要求超越个体的智慧，集中集体的智慧，这样才能有益于社会人事的发展。

盖非舟车足力之所及，神游而已。

【注释】《黄帝》。

【解析】神道惟恍惟惚，不行而至。这是魏晋人喜用之语。他们注重精神的内在自由，畅游于世俗之外，希冀得到绝对的超然物外。《三国志·魏书·何晏传》记何晏品评朝士，有言曰："唯神也，不疾而速，不行而至。"

用志不分，乃凝于神。

【注释】《黄帝》。

【解析】专心致志，思维完全专注于自己的内心世界，外物对他来说似乎已经到了不复存在的地步。我们平时所说的"聚精会神"也即此意。干任何事情都需要专心，三心二意只能一败涂地。对于艺术家的艺术创作来说，需要的正是这种静下心来的虚静的精神状态。

神遇为梦，形接为事。

【注释】《周穆王》。遇：契合。精神与外界相契合为梦，形体与外物相接触为实事。

【解析】关于"梦"的解析历来有不同的看法，至今仍是一个难解的谜。但列子认识到"梦"是一种精神活动，是与外物相契合后的反映，有其进步意义。钱钟书由对梦的分析，提出了"反象以征"的理论，即梦见快乐之事，必定忧愁。列子也这样认为，他说梦见饮酒，醒来就会愁苦；梦见歌舞，醒来就会哭泣。弗洛伊德认为，梦是童年生活的经验，这也有一定的道理，因为在我们的梦境中时常会出现童年生活的剪影、童年的伙伴、童年所生活过的小山村等。

我体合于心,心合于气,气合于神,神合于无。

【注释】《仲尼》。我的形体契合于心智,心智契合于元气,元气契合于精神,精神契合于虚静。

【解析】列子把眼光最终落实到道的虚无之境上,追求庄子式的"心斋",即排除内心的一切思虑和欲望,然后去认识世界本体。列子所说的元气,是一种虚而待物的精细物质。这样看来,列子在对精神状态的直觉体悟与把握中,涉及物质的中介,摒弃了庄子"心斋"所产生的神秘性。

能仁而不能反,能辩而不能讷,能勇而不能怯。

【注释】《仲尼》。讷:出言迟钝。怯:胆小。

【解析】以仁爱待人但应因时变通,擅长巧辩但讲话应当谨慎,能够勇敢但应适时退让。这同样是孔子"中庸"处世哲学的体现。干任何事都应把握一个度的原则。

眼如耳,耳如鼻,鼻如口,无不同。

【注释】《仲尼》。

【解析】眼睛的作用像耳朵,耳朵的作用像鼻子,鼻子的作用像嘴巴,全身各部没有什么不同。如若达到感觉互通的境界,那么任何幽微的道理都能明白。后世由此出现了"通感"的修辞方式,从怒放的花朵中闻到了浓浓的香味,同时感觉到一股甜甜的溪水流过心头。

游之乐所玩无故。人之游也,观其所见;我之游也,观其所变。

【注释】《仲尼》。故:旧的。

【解析】游览的快乐在于欣赏那些从没欣赏过的美景。而普通的人游览,只去欣赏景色的表面,列子欣赏的却是景物中的变化。由此可见,游览也是一门学问,它不仅仅是让游者赏心悦目,而且从中还可体会出某种深味。

取足于身,游之至也;求备于物,游之不至也。

【注释】《仲尼》。

【解析】取足于自身的完备,是最理想的游览;而有求于外物的周全,是不完美的游览,意即应从人自身出发去观览万物之理的周全。在古人看来,人虽七尺之形,而天地之理备矣。"首圆足方,取象二仪;鼻隆口窊,比象山谷;肌肉连于土壤,血脉属于川渎,温蒸同乎炎火,气息不异风云。"世界中的万物是一个大的人身,而人自身却是个小世界。

物不至者则不反。

【注释】《仲尼》。

【解析】事物不发展到极端就不会走向反面,而一旦发展到极端就走向反面,这是我国古代思维系统中的一种重要的思维方式。春夏秋冬交替运行,人由生而死都是这个道理。引申到社会人事中,功成应当身退,否则就会招来杀身之祸。范蠡正是明白了这个道理,当功成之时,泛游五湖,行商天下,才保全性命。

智者之言固非愚者之所晓。

【注释】《仲尼》。

【解析】智者的言论本来就不是愚者所能明白的。有时智者说一些开玩笑的话语,愚者不知,反而信以为真;有时智者以自己的智慧发表一些议论,愚者更是听不大明白。生活正因有了智者和愚者之分才变得丰富多彩,饶有生趣。智者为世间创造财富,愚者为生活创造笑料。

愚公移山。

【注释】《汤问》。

【解析】北山愚公坚持铲除大山,这是一种毅力的象征。姑且不论行为本身用力多而见功少的最终效益,我们所肯定的是其中不怕苦、不怕累,吃苦耐劳的精神。

汝志强而气弱,故足于谋而寡于断。齐婴志弱而气强,故少于虑而伤于专。

【注释】《汤问》。志:意志。气:气质,身体素质。专:任性,固执。

【解析】心志强盛而气质柔弱之人,善于谋虑却缺乏决断;心志薄弱而气质强盛之人,因缺乏谋虑而过于固执。若拿处世来说,这两种人都不易成事。两者相结合,发挥所长,去除所短,那么就会取得极大的成功。列子对个体性格的把握与分析是比较准确的。

内不得于心,外不应于器,故不敢发手而动弦。

【注释】《汤问》。对内不能掌握自己的心意,对外还不能使乐器与心意相应和,所以不敢放手去弹动琴弦。

【解析】心有志而物有性,如果艺术家强物以从心志,也必将降低心志以就物性。从心志这方面来说,发于心,得于手,然后形于物;从物这方面来说,手以应物,心以应手。一件成功的艺术作品,必是内与心符,外与物契,匠心独运,最终还是顺应自然。可见,心、手、物三者相契合才会产生艺术中的佳品。否则,会牵强附会而令人生厌。

伯牙善鼓琴,钟子期善听。

【注释】《汤问》。

【解析】伯牙与钟子期由于能够彼此通晓琴声而引为知音,后钟子期先亡,伯牙不再弹琴。后人将此友谊给予了高度的评价,并慨叹知音难觅。茫茫人海,大千世间,却有人孤独难耐。

良弓之子,必先为箕;良冶之子,必先为裘。

【注释】《汤问》。箕:用柳条编制的簸箕。裘:这里指补缀皮袍。

【解析】善于制弓的人一定要先学会用柳条编制簸箕,善于铸造金属器具的人一定先要学会补缀皮袍,意即学习专业必须先练好有关的基本功。这是一个简单而深刻的道理。

朕直而推之,曲而任之,自寿自夭,自穷自达,自贵自贱,自富自贫。

【注释】《力命》。

【解析】命运是什么呢?是冥冥之中不可控制的一股力量,是非曲直,听任它自由发展,自然长寿与短命,自然穷困与显达,自然尊贵与低贱,自然富有与贫贱。这是对不可理解的命运所取的一种听天由命的态度。在日常生活中,我们应持的态度是"尽人事,听天命",尽自己最大的努力使事物向最好的方向发展,如果结局不尽如人意,那也不必痛苦懊恼。

衣其短褐,有狐貉之温;进其茙菽,有稻粱之味;庇其蓬室,若广厦之荫。

【注释】《力命》。貉(hé):指貉皮制成的衣服。茙(róng)菽:大豆。

【解析】虽然衣恶衣、食恶食、处恶室,却浑然不觉,反倒感觉温暖、香甜和舒适。人的幸福不在于物质财富本身,而在于对生活的态度,在于对待生活的心境,幸福是一种感觉。古时候,大多数的女子宁愿做穷人之家的妻,也不愿做富有之人的妾,也就是这个道理。

以贤临人,未有得人者也;以贤下人者,未有不得人者也。

【注释】《力命》。临:凌驾。

【解析】把自己的贤明凌驾于别人之上,将自己的贤明作为向世人标榜夸饰的资本,在道家学派看来是极其愚蠢的做法。只有谦虚待人,才能得到民心。善于处下,最终才能处上。锋芒毕露之人,常常容易遭受挫折;出头之鸟,往往被先行打落。这是现实生活的经验总结。

生生死死,非物非我,皆命也,智之所无奈何。

【注释】《力命》。

【解析】列子认为,"死生有命",人的智巧对它无能为力。这种认识很容易使人产生消极悲观情绪。作为今人的我们,应相信自己能够主宰自己的命运,发挥自己最大的能量创造美好的未来。

农赴时,商趣利,工追术,仕逐势,势使然也。

【注释】《力命》。趣:趋。仕:当官的。势:情势。

【解析】作为农民,必适时耕作;作为商贾,必重在营利;作为工业作坊之人,必追求技艺;当官的,必拿权夺势。这是人力所能为的情势所必然趋向的。古时把人划分为仕农工商,最被贬低的是商业,因而对商人也存在几多误解。

美厚复不可常厌足,声色不可常玩闻。

【注释】《杨朱》。

【解析】杨朱认为,人活着当享尽快乐,然而美厚的生活不可能经常得到,声色也不可能常常体味,似有遗憾之意。其实,美厚声色是扰乱人的视听、败坏人的品德的,作为今之人,不应当以追求这些作为人生的终极目标。人的官能感受的满足,毕竟是最低层次的生活享受。人之所以与其他动物有所区别,也正在于人能够追求自己的价值的实现,可以控制情欲。

人而已矣,奚以名为?

【注释】《杨朱》。

【解析】在杨朱看来,人存于世间,最足以珍贵的是生命本身。列子极为赞同,这与老庄的观点有一致之处。名相对于生命本身来说只是附赘悬疣。为了全身,则可弃名于不顾。庄子求"齐生死",杨朱求"贵身",都是念念不忘于生。正如舟行水上,鱼见之下沉,鸟见之飞翔,鸟兽与人一样,都有求生的欲望。

人之所以贵于禽兽者,智虑。

【注释】《杨朱》。

【解析】人能够以自己的独特方式进行思维,这叫做人有智虑,而禽兽则不然。它们只懂得饥渴难耐,需要吃喝;性欲膨胀,需要异性。此外,它们不会有别的想法。人,时时以自己的思维改造主观世界的同时也改造客观世界,即用自己的智慧去创造生活。

将治大者不治细,成大功者不成小。

【注释】《杨朱》。

【解析】"燕雀安知鸿鹄之志",有大志的人追求的是气势磅礴的大业,成大器的人关注的是天下的风云变幻。人的能力是有限的,把心思放在某一点上,其他点就会遭受损失,即"有所为就有所不为","有所得就有所失"。

为鸡狗禽兽矣,而欲人之尊己,不可得也。人不尊己,则危辱及之矣。

【注释】《说符》。

【解析】倘若想要别人尊重自己,就不要去做那些鸡鸣狗盗之事。既然你做了,那么人们不尊重你也是情理之内的事。若人不尊重你,你的危险与耻辱不久就会来临。

圣人不察存亡而察其所以然。

【注释】《说符》。

【解析】圣人看待事物,不看其表面结果,而重在考察造成这种结果的原因。这也是人类社会之所以向前发展的一个重要原因。人类时时在总结经验、时时在接受教训,于经验和教训中得出正确的行动方案,指导今后的工作。我国古代每个王朝灭亡之后,新的王朝总要总结上一个朝代的历史教训,提出适合社会发展的政策。

爵高者,人妒之;官大者,主恶之;禄厚者,怨逮之。

【注释】《说符》。逮:及、到。

【解析】爵位高的人,拥有许多常人所不具有的权力,自然遭到人的嫉妒;官位大的人,有官高震主之嫌,日久主上自然因害怕而讨厌他;财富多的人,各种积怨就会到来。历史上功高盖主的能臣被诛伐的事件屡见不鲜。

天下之辱,莫过于乞。

【注释】《说符》。

【解析】乞讨,是人类的耻辱,因为人人都可凭着自己的双手,创造精神财富和物质财富。有些人由于懒惰,不愿意付出却想收获。这种痴心妄想的不轨行为,理应被社会所唾弃。乞讨行为本身是没有尊严可言的,如若连尊严也没有了,一个人活在世上也便没有了意义。

《阴 符 经》

　　《阴符经》全称《黄帝阴符经》,《新唐书·艺文志》始著录,以后成为道家的重要经典,道家学者纷纷为之作注。《正统道藏》收有各种《阴符经》注本二十余种。有的注释假托伊尹、太公、范蠡、张良、诸葛亮等前代名人和赤松子、葛玄、许逊、钟离权等道教真人,其荒诞不待细说。

　　据王明先生考证,该书作于北魏后期,出于某博学善察的隐士之手。其说基本可取。这是一部讴歌矛盾与斗争,充满兵家气息,用词奇险的哲学著作,文字简练而内容精湛,可惜已无法考出作者姓名。该书传世有两种版本,一为李筌注本,全书三百字,分为三章;一为张果注本,在三百字之后又多出一百余字,不分篇章。

　　《阴符经》一出世即落于道士之手,经过他们诠注发挥,很快就以道经的面目流传于社会。它的真面目反而被人遗忘,教外学者极少对它研究阐述,其命运是不幸的。

　　《阴符经》开宗明义:"观天之道,执天之行,尽矣。"这一句话是全书的总纲。"观"字代表认识过程,"执"字表示行为过程,"尽"字说明这一哲学原则的普遍意义。三个字用得精当有力,道出了一个经典式的唯物论命题。从这个基本原则出发,《阴符经》进而论述了客观规律的决定意义和人的主观能动性的巨大作用,并强调两者的结合。例如,"立天之道,以定人也","自然之道不可违"等。《阴符经》对五行的理解摆脱了汉代的神秘色彩,且异于汉代多论五行相生,它着重揭示五行相克的规律。

　　《阴符经》在承认客观规律不可违的前提下,认为人对环境的改造有不可低估的参与作用。人能掌握自己的命运,主宰事物的运动。如"五贼在心,施行于天。宇宙在乎手,万化生乎身"等论述。

　　《阴符经》提出对立事物相互包含和转化的辩证思想,并指出对立面的转化是有条件和可控制的。

　　《阴符经》总的来说,上承《周易》《老子》《荀子》《论衡》和汉代道学哲学,用新的思维成果充实和提高了历代唯物论和辩证法,是南北朝时期最高水平的认识论哲学论文,把它看成南北朝道家哲学的代表作,是当之无愧的,其哲理性的光辉熠熠闪烁。

观天之道,执天之行,尽矣。

【注释】《阴符经·上篇》。

【解析】观察自然的运行规律,然后把握其中的规律,按照这个规律去行事。这是一种较科学的认识世界的方法,它让人遵循自然的不可移易的客观规律办事。今天的人们依然对此深信不疑。谁如果违背客观规律,谁就是搬起石头砸自己的脚,自食其果。

人食五味而生,食五味而死,无有怨而弃之者也。

【注释】《阴符经·上篇》。

【解析】这是对人生的一种透彻领悟。人从生下来之后,便逐渐在走向坟墓。人靠五味之食方得延续生命,但人何尝不是由于五味之食而得以最终走向死亡?即使如此,没有谁会舍弃五味而直接走向死亡,人们还是无怨无悔地追求着生命过程的五彩缤纷。由此给我们以启示:既然生命只是一个过程,我们何不豁达地对待人生,以积极的态度迎接其中的苦痛忧伤,尽自己最大的努力去体味自己所梦想的人生,然后对自己说:我已满足,微笑着走向坟墓。

天性,人也;人心,机也。立天之道以定人也。

【注释】《阴符经·上篇》。

【解析】"立天之道以定人也",说明了客观规律与人的主观能动性的关系。"天"即是"自然",只有首先认识客观法则,才能据以确定人的行为,客观法则是绝对不能违背的。我们应该在遵循客观法则的前提下,尽量发挥人的主观能动性,既改造人的主观世界又改造客观世界。大禹治水采用疏导的方法,是顺应规律的明智之举。而其父采用的是违背自然规律的堵塞之法,其失败是必然的。

不耕三年大旱,不凿十年地坏,杀人过万大风暴起。

【注释】《阴符经·上篇》。

【解析】人不耕而天旱,人不凿而地坏,大风暴起是由于杀人过万,这都是流行的"天人合一"哲学的体现,并有"天人感应"的思想。在中国古代的哲学中,总把社会人事和天道自然相联系,用天道自然的变化来验证社会人事,认为它们之间存在着一一对应的关系。也正由于此,中国古代社会的占卜活动十分兴盛,因而《周易》对中国社会及中国人的思维模式产生了深刻的影响。汉代董仲舒提出"天人感应"的神学论,把这种学说推向了极致。

火生于木,火发而木焚;奸生于国,奸成而国灭。木中藏火,火始于无形;国中藏奸,奸始于无象。非至圣不能修身炼行使奸火之不发。

【注释】《阴符经·上篇》。

【解析】国中的灾祸到来,有时是无声无息的,事先没有任何征兆,所以为政者当以圣人的标准来修炼自己,使自己具备"防微杜渐"的能力。世人当有这种居安思危的忧患意识。

天地,万物之盗;万物,人之盗;人,万物之盗。三盗既宜,三才既安。

【注释】《阴符经·中篇》。

【解析】这是著名的"三才"论。《易传》最早提出"天""地""人"三才的思想,而《阴符经》的三才为:天地为其一,代表全部自然环境;万物为其二,代表各种具体事物;人为其三,代表社会和个人。这种安排层次较合理。它重在说明人与环境之间相成又相毁的矛盾关系。通常人们只知道无限制地向环境索取,盗窃万物以养生,常常忘记环境会反过来向人报复。例如,人从自然界摄取食物来滋养身体,但饮食无节制也会腐蚀生命、损害健康。凡事应循理而行,适宜有度。

专用聪明则事不成,专用晦昧则事皆悖。

【注释】《阴符经·中篇》。晦昧:昏暗。

【解析】生存于世间的人要想在事业上有成,必须讲求处世艺术。太过聪明的人,给人一种机巧伪诈之感,因而很难得到别人的信任。若得不到别人的信任,则会减少许多机遇。机遇少了,成功的可能性也会相应减少。太过愚蠢的人,蔽于昏暗,不通世事,任何事在他那里都难以成功,所以也不易成事。只有把握好两者之间的度,才能在纷繁芜杂的世事中立于不败之地。

聩者善听,聋者善视。绝利一源,用师十倍。三反昼夜,用师万倍。

【注释】《阴符经·下篇》。

【解析】盲人的耳朵特别善于听,聋子的眼睛特别善于看。驱除物欲,专注于一事,其聪明的增加等于打仗时增加了十倍的兵力。若能专心致志,昼夜反复思考,则其事功必等于打仗时增加万倍的兵力。这一规律启示我们:干任何事都得专心致志,完全摒除外物的干扰,达到庄子所谓的"虚静"状态,然后深思熟虑。"三天打鱼,两天晒网",或者干这事想那事的人是不能够干好任何一件事的。

赏罚自立于上,威恩自行于下也。

【注释】《阴符经·下篇》。

【解析】治国重在赏罚分明,然后百姓可自行归于安顺。若赏赐无度,滥用刑罚,上既无纲常,也无原则,百姓自然就会乱而无礼可循,最终使社会一片混乱。

自然之道静,故天地万物生。

【注释】《阴符经·下篇》。

【解析】《阴符经》是道家学派的重要著作,其思想与老庄同,认为自然的道是虚一而静的,由虚一而静而化生万物。道生万物,万物依道而运行。

《关 尹 子》

　　《关尹子》是道家著作,旧题周尹喜撰。刘向以为关尹子名喜,号关尹子,或曰关令子。相传,关尹子曾为周代函谷关尹,老子西游至此,关尹子随老子西去。道教尊关尹子为"无上真人""文始先生"。《汉书·艺文志》著录该书为九篇,《隋书·经籍志》《旧唐书·经籍志》都未著录。原本已失传,南宋时始出于永嘉孙定家,《四库全书总目提要》以为是唐五代间方士所依托之伪作。

　　《关尹子》九篇分别为《一宇》《二柱》《三极》《四符》《五鉴》《六七》《七釜》《八筹》《九药》。其言驳杂,多法释氏及神仙方技家言。书中说"众人每同圣人",又说"物我交心生,两木摩火生","天下之理,是或化为非,非或化为是,恩或化为仇,仇或化为恩,是以圣人居常虑变"等等,也有许多可取之处。

吾道如海,有亿万金投之不见,有亿万石投之不见,有亿万污秽投之不见。能运小虾小鱼,能运大鲲大鲸,含众水而受之不为有余,散众水而分之不为不足。

【注释】《一宇》。

【解析】道是包容万物的,它可以包容金石,也可以包容污秽。道又是不多余也不欠缺的,永远是存在于万物之中的形而上的本体。

鱼欲异群,鱼舍水跃岸即死;虎欲异群,虎舍山入市即擒。圣人不异众人,特物不能拘耳。

【注释】《三极》。

【解析】鱼不能离水,虎不能离山,同样圣人也绝不能脱离众人而孤立存在。即使我们尊某个人为圣人,他也仍然有与普通人相通甚至相同的一面。圣人也是人,有七情六欲,有个人的主观愿望。这是道家学派"齐物论"在具体问题上的体现。

圣人以有言有为有思者所以同乎人,以未尝言未尝为未尝思者所以异乎人。

【注释】《三极》。

【解析】圣人是众人中的一分子,不能脱离众人而独立存在。但是圣人之所以被称为圣人,有他与常人所不同的地方。圣人尊崇道,无为而无所不为,无言而无所不言,无思而无所不思。

利害心愈明则亲不睦,贤愚心愈明则友不交,是非心愈明则事不成,好丑心愈明则物不契,是以圣人浑之。

【注释】《三极》。

【解析】这是智者对社会人事思考之后的深邃认识。利害、贤愚、是非、好丑都是人们评价人和事物的两个方面。如果界限太分明,则会影响人与人之间的关系,使亲戚不和、朋友不交、事业不成。所以,圣人采取齐同的浑然之态。这种齐同并不是泯灭是非、贤愚、美丑的界限,而是承认界限的客观存在,只是在对待它的时候适当采取豁达的超然之态。这样为人处世才不至于太过疾恶如仇,才能与世俗之人和睦相处,才能容忍现实中人和事物的缺点,才能办成事。

目视雕琢者明愈伤,耳闻交响者聪愈伤,心思玄妙者心愈伤。

【注释】《五鉴》。

【解析】刻意用眼睛去看,会伤害眼睛;刻意用耳朵去听,会伤害耳朵;刻意费尽心思去想,则会使心伤。真正的明智之举是不刻意使用自己的任何器官。以这种方式来处事,事可成、德可行、人可交,同时在自我精神状态的追求上达到忘我之境,与造物者游,与天地精神相往来,在自由之境中升华。

好仁者多梦松柏桃李,好义者多梦刀兵金铁,好礼者多梦簠簋笾豆,好智者多梦江湖川泽,好信者多梦山岳原野,役于五行未有不然者。

【注释】《六匕》。簠簋(fǔ guǐ):古代盛食物的方形和圆形器具。

【解析】这是关尹子对梦的解析。《关尹子》解梦是根据"日有所思夜有所梦"的理论来解析的。

磁石无我能见大力,钟鼓无我能见大音,舟车无我能见远行,故我一身虽有智有力有行有音,未尝有我。

【注释】《六匕》。

【解析】"无我"与"忘我"在道家学派的著作中经常出现。庄子夜梦蝶,栩栩然,不知庄周梦蝶,还是蝶梦庄周,蝶亦庄周,庄周亦蝶。"天地与我同化,万物与我为一","我"已彻底消融在自然之中。磁石不考虑自我,而能吸附重大之物;钟鼓不考虑自我,其声远播;舟车不考虑自我,其可致远。所以,个体忘掉自我,行无为之事,则可无不为。

勿轻小事,小隙沉舟;勿轻小物,小虫毒身;勿轻小人,小人贼国。能周小事然后能成大事,能积小物然后能成大物,能善小人然后能契大人。

【注释】《九药》。隙(xì):缝隙。

【解析】一条小的缝隙可毁掉一只大船,一只小的飞虫可毒害整个人的生命,一个小人可毁掉整个国家。所以,在日常生活中,一定不能忽视"小恶",即不能让这种"小恶"有生存下来的土壤和气候,应防范它们。同时,一个善于做小事的人,日后定能成大事;善于积累小物,最终会成就大物;善于与小人周旋的人也定能契合圣贤之人。我们不应当轻视小事、小物,因为"千里之行,始于足下",任何大的事业都是建立在一点一滴的基础之上的。

圣人无所见,故能无不见;无所闻,故能无不闻。

【注释】《九药》。

【解析】有所见就有所不见,有所闻就有所不闻。喜欢金色或喜欢玉色,只能执一色为目也;喜欢钟声或喜欢鼓声,只能执一声为耳也。只有圣人怀着"无所见"与"无所闻"的态度,才能既见金又见玉,既听鼓声又听钟声。

狡胜贼能捕贼,勇胜虎能捕虎,能克己乃能成己,能胜物乃能利物,能忘道乃能有道。

【注释】《九药》。

【解析】你的狡猾足以胜过贼,你就能捕获贼;你的勇敢足以胜过虎,你就能捕获虎;你能战胜自己的弱点,你就能成全自己的名位人格;你能战胜万物才能反过来施惠于万物;心中全然不去想道的修养,你才能得道。

少言者不为人所忌,少行者不为人所短,少智者不为人所劳,少能者不为人所役。

【注释】《九药》。

【解析】少说话,少做事,自然少犯错误,因而也不为人所嫉妒,也不为人所诋毁。无智慧,无能力,当然别人就会少用你。这体现了道家学说的辩证思想,凡事有一利就有一弊。

墨家类

洞察世界
体悟自然
天下大略
运于掌上

《墨 子》

　　《墨子》一书是由墨子及其弟子著述的。据《汉书·艺文志》记载,《墨子》有 71 篇,到了宋代,只有 61 篇,现存的《墨子》只剩下 53 篇了。

　　墨子,名翟,约生于公元前 479 年,卒于公元前 403 年左右。他是墨家学派的创始人,是当时著名的思想家。他早年受过儒家教育,是个极为博学的人。他发现儒家强调礼乐,主张厚葬久丧,不利于人民生活,于是开始反对儒家学派,创立了自己的学说。

　　墨家学派产生于春秋战国之际。当时诸侯兼并,各霸一方,统治者奢侈淫靡,残酷地剥削和压制人民,致使国家混乱,民不聊生。随着地主阶级的兴起,阶级关系发生了重大变化,不同阶级出身的知识分子纷纷要求参与政治。各国的君主也都礼贤下士,招揽人才,知识分子阶层逐步扩大,由此墨家学派得以产生。

　　当时的墨家弟子遍布天下,他们大多来自社会下层,过着极为俭朴的生活。

　　现存《墨子》可分为两大部分:《备城门》以前各篇算第一部分,是墨子及其弟子关于政治、经济、科学、逻辑等方面的论述;从《备城门》起,以下部分算第二部分,是墨子及其弟子论守城之法的言论,有"兵技巧家"的誉称。《尚贤》《尚同》《兼爱》《非攻》《节用》《节葬》《天志》《明鬼》《非乐》《非命》等篇是墨家学派的纲领性文字,不仅包括政治、伦理、经济、教育、认识论、逻辑学等方面的知识,而且包括关于中国最早的数学、光学、力学等方面的知识,有极高的学术价值。

　　我国独立性的辩学始于《墨子》,其论式组织在《小取》和《大取》两篇中,而《经说》各条就是辩学论式的具体例证,这完全是我们民族自己的东西,不同于西方的三段论。

　　墨子主张尚贤。只要贤能,不管远近亲疏都要任用,"官无常贵而民无终贱"。如果是无才无德之人,即使是王公大人的至亲,也不能任用。很显然,墨子的这种思想体现了他与奴隶主贵族相对立的一面,体现了他重视人民的进步立场。

　　墨子主张"兼爱""非攻"。他反对战争,认为任何不义之战都是彼此不相爱的结果。其反战思想体现了他对民生疾苦的关心和对社会现实的关注。

墨子主张"强本节用",强调发展农业生产,反对奢侈浪费,与他的节俭朴素的生活原则相一致。

墨子主张善守御。其守城之法值得仔细推敲。他认为,城防、兵器、粮草都要做到有备无患,官民应上下一致,并要求得到四邻诸侯的援助。

墨子认为,"言必有三表":一要考察古代圣王的经验,二要考察百姓耳闻目睹的实情,三要考察政治是否符合人民的利益。这种认识是科学的。

对《墨子》及其思想,我们依然采取一分为二的态度,"取其精华,去其糟粕",真正做到古为今用。

染于苍则苍,染于黄则黄。

【注释】《所染》。苍:青色。洁白的丝放在青色染缸里就成青色,放在黄色染缸里就成黄色。

【解析】"近朱者赤,近墨者黑",作为国君,必须正确选择自己的近臣,"近贤人,远小人";作为士,必须正确选择自己的朋友,只有这样才会受到好的熏染,否则只能得到坏的影响。历史上大量的事实给我们提供了佐证:许多国君由于"所染当"所以王天下,"功名蔽天地";另外不少国君则由于"所染不当",结果"国残身亡,为天下笑"。

所信不忠,所忠不信,六患也。

【注释】《七患》。

【解析】墨子认为,造成国家危亡的祸害有七种,其中第六种是:所信任的人不忠实,或忠于君主的人却得不到信任,即"君臣不遇合"。君主和臣下不能以心交心,共同为国家的强盛而努力,那么国亡无日矣。伍子胥为了吴国的事业,可谓鞠躬尽瘁,而他从吴王夫差那里得到了什么呢? 赐死。唐玄宗信任杨国忠,而杨国忠回报君主的又是什么呢? 乱国。我们推崇的是唐太宗与魏征的坦诚相待,"君臣遇合",共创大业。

食不可不务也,地不可不力也,用不可不节也。

【注释】《七患》。食:粮食。用:资财。粮食不可以不加紧生产,田地不可以不努力耕种,财用不可不节制使用。

【解析】"民以食为天",努力耕种田地,人民才能衣足饭饱。墨子告诫统治者当节约用度,不要奢侈浪费。自古成功的帝王将相,都是重视人民的力量。如果谁轻视人民,必将自食其果。谁给人民以衣足饭饱的生活,人民就拥戴谁。这是最简单的帝王为政之术。

仓无备粟,不可以待凶饥;库无备兵,虽有义,不能征无义。

【注释】《七患》。

【解析】两千多年前的墨子便懂得了粮食储备与国防的重要性。水旱灾害是人力无法阻挡的自然现象,若想在灾害到来之时,人民依然富足而稳定,必须有足够的储备粮。兵戈相见是人类社会所不可避免的,所以,若想抵制侵略,必须训练足够的兵力。任何时候,储备粮食和加强国防都是国家工作的重要内容。

节俭则昌,淫佚则亡。

【注释】《辞过》。佚(yì):放荡。

【解析】"忧劳可以兴国,逸豫可以亡身。"日夜辛劳忧愁,国家就可以昌盛,辛劳之人当然懂得节俭;享乐淫佚,不懂什么叫辛劳,纵欲过度,便是自取灭亡。

夫妇节而天地和,风雨节而五谷熟,衣服节而肌肤和。

【注释】《辞过》。夫妇关系和谐,天下就能和悦;风调雨顺,就能五谷丰登;衣服合宜,就能使肌肤舒适。

【解析】家庭是社会组织的最基层单位,如果每一个基层单位都能和睦的话,那么整个大的社会组织——国家,就会稳定和平,就像五谷丰登靠的是风调雨顺,肌肤舒适必然要有合宜舒服的衣服一样。

国有贤良之士众,则国家之治厚;贤良之士寡,则国家之治薄。

【注释】《尚贤上》。

【解析】国家拥有的贤良之士多,治理国家的力量就雄厚;贤良之士少,治理国家的力量就薄弱。我国古代社会重视个人道德品格的修养,推崇贤良方正之士,认为他们是国家的栋梁、是社会的希望。这与我们今天重视人才的机制是一脉相承的。

不义不富,不义不贵,不义不亲,不义不近。

【注释】《尚贤上》。

【解析】不义的人不给他厚禄,不义的人不给他高位,不义的人不和他亲密,不义的人不和他接近。义在儒家哲学里,占有重要的地位,有"舍生取义"的说法。可见,义在其终极意义上是超过了生命本身的。墨子也如此看重义,把义作为得到富贵高位和朋友之谊的首要条件。

官无常贵而民无终贱,有能则举之,无能则下之。

【注释】《尚贤上》。

【解析】当官的不会永远尊贵,做民的也不会永远低贱。有才能的就把他提拔起来,没有才能的就把他放下去。推崇贤人是为政之本,要想国家富、人民强,政治清明,就必须把有德有能的人选拔上来,不管他们的出身地位如何,也不管他们与王公大人的亲疏关系如何。管仲、百里奚等都是这种"唯才是举"政策下挖掘出来的贤才。

古者圣王为五刑,请以治其民,譬若丝缕之有纪,网罟之有纲,所以连收天下之百姓不尚同其上者也。

【注释】《尚同上》。请:诚,的确。纪:丝缕的头绪。纲:网上的总绳。古代先圣之王制定五种刑罚,确实是用来统治人民的,好比丝有拴丝的头绪,网有提网的总绳一样,是用来控制那些不肯统一于上级的百姓。

【解析】法律是统治阶级为维护其统治而设置的工具,是统治阶级利益和意志的体现。它好比丝的头绪和网的总绳一样,控制全社会以维持稳定。可见,墨子也是赞同法治的。

视人之国若视其国,视人之家若视其家,视人之身若视其身。

【注释】《兼爱中》。

【解析】这是墨子兼爱思想的具体反映。把别国视为己国一样去珍爱,把别人视作自己一样对待,把他人之家看作自己之家,用普遍的爱的眼光去对待自身以外的一切事物,那么天下就会太平,人心永得安宁。这种无差别的爱实际上带有极为强烈的幻想色彩。

爱人者人亦从而爱之,利人者人亦从而利之,恶人者人亦从而恶之,害人者人亦从而害之。

【注释】《兼爱中》。

【解析】生存于世间的人当怀有一颗真诚正直之心,以自身博大的胸怀去爱人,去为别人尽量做一些有益之事,那么你自然会得到他人的肯定,你自己也会为此而自豪。倘若你总想着自身的利益,为达目的,不择手段,时时处处在损害他人的利益,久而久之,你会为此而付出代价。不要总是抱怨自己得到的很少,应学会付出,付出之后才会得到回报。

古者明王圣人所以王天下正诸侯者,彼其爱民谨忠,利民谨厚。

【注释】《节用中》。正:长。谨:诚。古代明王圣人之所以称霸于天下,成为诸侯之长,是由于他们爱民确实忠诚,为民谋利确实多。

【解析】"得民心者得天下",如何得民心呢?爱民以忠,利民以厚。任何一个明于是非的君主都应懂得这个道理。民好比水,君好比舟,水能载舟,亦能覆舟。若不想被百姓推翻,君主必须为百姓的利益打算。

兴天下之利,除天下之害,令国家百姓之不治也,自古及今未尝之有也。

【注释】《节葬下》。

【解析】兴利除害是为君之道中的重要内容。在现实生活中,人民评价君主的功绩,其依据不是君主的口头承诺,而是他对社会成就的实际事业。武则天虽然是中国历史上一个较残暴的女皇,但在为政上,历史却不能否认她的功绩,安邦定国,招揽贤才,促进了唐朝经济的发展。康熙的英明至今为人所传诵,也是根源于他的雄才大略和励精图治。

杀一不辜者,必有一不祥。

【注释】《天志上》。

【解析】杀一个无辜的人,必定会遭受一种祸殃。这是墨子对天的意志的肯定。他幻想有一个至高无上的绝对权威来制裁天下的人,甚至包括天子。这个至高无上的天是赏善而罚恶的,谁若做了坏事,就会受到天的制裁和惩罚。杀了无辜之人,天便会给你施加一种不祥,让你刻骨铭心地记住为不义之事的深刻教训。

民有三患:饥者不得食,寒者不得衣,劳者不得息。

【注释】《非乐上》。

【解析】食不果腹,衣不蔽体,疲于奔命而不能休息,这是乱世之民颠沛流离的真实写照。墨子将其视为"民之三患"。翻开中国的历史,便会发现,其中记载着大量民不聊生的史实。每当易代之际,国家昏乱,人民充当着战争的牺牲品,经历着妻离子散的痛楚,谁能给民以食,赈民以衣,使他们安居,他们便归附于谁。

入则孝慈于亲戚,出则弟长于乡里,坐处有度,出入有节,男女有辨。

【注释】《非命上》。亲戚:古人称父母为亲戚。在家里孝顺父母,在乡里尊敬长辈,起居有常规,出入有礼貌,男女有分别。

【解析】儒家主张"仁""义""礼""智""信",并以此来塑造自己的理想人格。而墨家对社会人事也采取了肯定的态度,也主张父慈子孝、兄友弟恭、夫顺妇随。儒墨在其精神旨归上与道家形而上的超脱意识是格格不入的。

知:闻,说,亲。

【注释】《墨经上》。

【解析】人的知识来源分为"闻知""说知"和"亲知"。"闻知"是由传闻或传授得来的知识;由已知推论出的未知叫作"说知";由亲身观察,实践得来的知识叫"亲知"。由此可见,人的知识来源是多方面的,包括直接经验和间接经验。我们从书本中得来的知识是他人所总结出的成果,属间接经验;通过亲身感悟得到的知识,属直接经验。墨子学说有一定程度的科学性和思辨性,值得推究。

循所闻而得其意,心之察也。

【注释】《墨经上》。根据听到的话就知道他的意思,是由于心的积极活动。

【解析】古之人对人体的生理结构所知甚少，认为人的一切活动是由心脏活动所控制。其实，人的活动是由大脑来控制的。如果把古人的"心"理解为"思维"的话，可以发现他们在看问题上的科学性。人类的聪明就在于"见微知著""察言观色"，通过一些外在特征便可对其内在的本质进行科学判断和推理，得出正确的结论。

有诸己不非诸人，无诸己不求诸人。

【注释】《小取》。自己这样主张，不要反对别人这样主张；自己不这样主张，也不要强求别人这样主张。

【解析】这是一条重要的处世原则——不要强人所难。自己不愿意干的事，不要强迫别人去干。自己能干的事，不要认为别人就不能干。尽管世界上没有完全相同的两片树叶，人与人各不相同，毕竟人类有它的共性存在。大凡你不愿干的事，别人也不会很喜欢；大凡你能干的事，别人也会干好。

物有以同而不率遂同。

【注释】《小取》。率：都。遂：尽。

【解析】事物有相同的地方，但不一定都相同。这也就是事物的共性与个性的问题。共性寓于个性之中，共性依靠个性而存在。事物呈现于人前的总是千姿百态的表面现象，就人来说，有共同点，但每个人又都不同，有不同的外貌、家庭、学历、职业、年龄等。

杀所不足而争所有余，不可谓智。

【注释】《公输》。牺牲自己缺少的人民去争夺多余的土地，这不能说是明智。

【解析】墨子反对战争，要求博爱，即平等而普遍地爱一切人。所以，用人民的性命去换取别人的土地，是墨子所极力反对的。

今有人于此，舍其文轩，邻有敝舆而欲窃之；舍其锦绣，邻有短褐而欲窃之；舍其粱肉，邻有糟糠而欲窃之。

【注释】《公输》。文轩：指装饰华丽的马车。短褐：粗布衣服。

【解析】贪得无厌之人，对财富有一种莫名其妙的贪心。即使自己早已拥有百万家资，面对金钱，依然心向往之。自己有豪华的马车，却依然羡慕别人的破车；宁可不要自己的华丽衣服，也要对别人的粗布衣服垂涎；不珍重自己的山珍海味，却去窥视别人的粗茶淡饭。墨子以此来告诫君王不要有吞并他国的贪心。

我城池修,守器具,樵粟足,上下相亲,又得四邻诸侯之救,此所以持也。

【注释】《备城门》。我们的城墙和护城河修得好,防御器械完备,粮草充足,官民上下一致,并能得到四邻诸侯的援助,这是守御最根本的方法。

【解析】墨子在军事思想上重防御,认为只要做好足够的战争准备,一定可抵挡外敌入侵。

地得其任则功成,地不得其任则劳而无功。

【注释】《号令》。土地若能得到合理利用,就能取得成就;土地若使用不当,就会劳而无功。

【解析】我国是一个农业大国。自古以来,农业为国家之本。

仁者之为天下度也,非为其目之所美,耳之所乐,口之所甘,身体之所安。

【注释】《非乐上》。

【解析】在墨子看来,具有仁德之心的君子应该以天下为己任,为国家的安定和人民的富裕去劳心费力,而不能仅仅考虑自己享乐。这说明墨子是个极具同情心的仁人君子。

杂家类

纵横捭阖

各领风骚

精彩纷呈

妙语连珠

《公孙龙子》

　　公孙龙，战国时赵人，约生活于公元前325年至公元前250年，是与荀子、邹衍同时代人，主要政治经历是在平原君家作客卿。据记载，公孙龙与魏公子牟和惠施为好友，并游过燕，劝燕昭王偃兵，以倡说"白马非马"而成名，以创建"离坚白"学派而成家。

　　记载公孙龙学说的《公孙龙子》一书，传说有14篇，实际只有6篇，保存在《道藏》中。此书持论诡谲，叙说曲折，在先秦名辩思潮发展中起过承前启后的作用，为研究中国思想发展史所不容忽视的资料。

　　《公孙龙子》在《汉书·艺文志》《旧唐书·经籍志》《新唐书·艺文志》和《宋史·艺文志》中均被列为名家，《四库全书总目提要》列为杂家。

白马非马。

【注释】《白马论》。白色的马不是马。

【解析】白马非马是当时名家的具有代表性的论题,但充分论证了白马非马说,并以此闻名的则是公孙龙。他认为,马是指形,白是指色,白马是指马跟白的相加,已不是马,即白马非马,并说有马不是有黄马,要分别黄马与马这两个概念,即认为黄马不是马,所以白马也不是马。由于当时人们的逻辑思辨能力的局限,这样的诡辩独领风骚,但诚如《庄子·天下篇》所批评的"辩者之徒,饰人之心,易人之意,能胜人之口,不能服人之心"。这在实践中也行不通,公孙龙乘白马过关时也不得不纳马税。后来《墨经》对它批判后,它就成了牙慧唾余,无人愿意重提了。

物莫非指,而指非指。

【注释】《指物论》。指:手指,这里"指"是动词。物没有不是指的,而指又不是指。

【解析】《指物论》的中心就是这两句,它是公孙龙思想的理论基础,回答的是物质和意识的关系问题。所谓物,就是物质或存在;所谓指,就是意识和思维(指发展到后来有了旨意的意思)。这样,这句话的解释就成了:万物没有不是意识的显现,而意识本身则并不是意识的显现。这种思想源于"辞不能及,皆在于指",即不能定名,只好微扣手指,表示自己的意思。这是对于人类思维形式和成果的否定,也是对人类思维能力的彻底怀疑,并由此导出了"指非指"的结论。公孙龙的确是一个敢于怀疑的人,但却未必能追求到真理。

青以白非黄,白以青非碧。

【注释】《通变论》。以:与……合。青与白合起来不是黄色,白与青合起来不是碧色。

【解析】这组命题是作为例子来证明"二无一"这个方法论原则的。其目的是为"白马非马""离坚白"服务。青与白组合变不成黄色,这是对的,但白与青组合变成碧色却是浅显的常识。为什么会出现这种与实际明显相反的悖论呢?许多人认为,公孙龙理屈词穷,其实公孙龙的"通变"就是要通达万世变化之理,为"正名实,而化天下"做系统的理论准备。所以,他认为,在五行中青为东方属木,白为西方属金,木克金是碧,碧不是正色,木贼金非黄,黄却为五行中的中央土的颜色,是正色。碧不是正色,会引起君臣这对名实的混乱,所以必须要坚决取缔。

视不得其所坚而得其所白者,无坚也;拊不得其所白而得其所坚者,无白也。

【注释】《坚白论》。视:看。拊:抚摸。看只能看到白,看不到坚;摸只能感到坚,感觉不到白。

【解析】从各个感官的分工来说,这话是对的,但关键是公孙龙从这句话导出了"坚白石二"的结论,即或是白与石,或是坚与石。坚白石绝不是一个东西,这就在"白马非马"的基础上进一步割裂了个别与一般,完全否认了人对事物在感性认识后所具有的理性认识能力,最后竟导致了现象世界完全隐藏于彼岸世界而绝对不可知,这是不利于人类追求真理和不断进步的。

以其所正,正其所不正;以其所不正,疑其所正。

【注释】《名实论》。用正矫正不正,用不正来检验正。

【解析】《名实论》是公孙龙哲学的纲领性文章,从中他申明自己的哲学任务是"审其名实,慎其所谓",即考察事物的名与实,慎重地定名。同其他学派的正名方法不同,公孙龙是从哲学上来解决正名问题,所以他说:用不正来检验正。这也是他证明"白马非马""坚白石非三"的根本原因。他用"正名实"为政治服务,是无可非议的。他怀疑一切,并从不同角度进行创新也是令人钦佩的,但可悲的是:他的创新与人类的文明进步唱反调。等到封建地主政权统一了全国,他这种诡辩也就退出了历史舞台,无声地消失了。

《尹文子》

    《尹文子》，周朝尹文所著。齐宣王时，尹文游于稷下，与宋钘、彭蒙、田骈共同学习于公孙龙门下，并受到公孙龙的称赞。《汉书·艺文志》把尹文归于名家。《四库全书》把他归于杂家。《尹文子》分《大道上》和《大道下》两卷。根据《庄子》和《吕氏春秋》中引用《尹文子》的句子和现存文章语言文字运用来推断，其为魏晋时人伪造。书中大旨是指陈治道，要人处于虚静，然后万事万物一一综核其实，最后定名，从而达到最高法则，也算当时的一家之言。

有形者必有名,有名者未必有形。

【注释】《大道上》。形:形状,指实物。名:名称,指称谓。

【解析】尹文论证形名这个当时普遍的问题时,力图从哲学的高度以理来服人。他认为,大道是无形的,而器物必须有名称。有形状的东西一定有一个名称来对应,有些名称却不能够依它来验定形状。有形无名并不妨害这个形的真实面貌,有名无形则于事有差了。这种名与形的差异应用到政治上则会产生君术臣行、臣职君行的混乱,所以必须正名。尹文继承并发展了公孙龙的学说。

所贵圣人之治,不贵其独治,贵其能与众共治。

【注释】《大道上》。

【解析】尹文之所以正名,就是要使君与臣各守职分。他认为,世人皆想"独贤""独能""出群""绝众",这是不利于世风教化的,只有定了名分,才能贫不怨富,富不凌贫,愚丑不自贱,智美不自贵,各守本分,各尽职责。由此出发,他进一步提出:圣人之所以为圣人,是因为能与众人共治而不是独治。圣人高于常人而成圣人,圣法是依理而定的,法若出于己,就不是法,所以圣人之治与圣法之治又有区别,圣人之治是独治,圣法之治才是大道之治,才能使天下大治。如果说尹文对于正名有所发展,则圣人与圣法的提出就是明证。

为国者,无使民自贫富。

【注释】《大道下》。自:靠自己。

【解析】尹文提出,君名为君,就要操爵禄刑罚的大权,而人富了则不羡慕爵禄,贫了则不畏刑罚,这是因为富人能自给自足,穷人因不受刑罚而存身。他们本身的情况决定了他们的生或死,这样君的爵禄与刑罚就失去了威力,君也就无所谓君了。君一定要把生死贫富的决定权掌握在自己手里,这样才能有令必行,天下大治,君臣的名分才能合于正道。

《慎　子》

　　《慎子》,周朝赵国人慎到所著。《史记·孟子荀卿列传》记载慎到亦是稷下学者,与淳于髡、环渊、邹衍等各著书"言治乱之事,以于世主……学黄老道德之术"。因此,《慎子》当为道家学说,但其书中多论说治乱之事,所以刘向将他列于法家。班固《汉书·艺文志》中也将他归于法家。大概是慎到所说是道家与法家间的转捩,《四库全书》将它归入杂家。

　　《慎子》一书汉时有 42 卷,隋唐分为 10 卷,宋时大部分亡佚,现仅有 7 篇。

法虽不善,犹愈于无法,所以一人心也。

【注释】《威德》。愈:超过。一:划一。

【解析】慎子认为先贤尊贵无比,不是要使天下人均为他服务,而是使他通理于天下以令人信服,从而定名分,立法则。得好处不用谢谁,得坏处不用怨谁。因为有权衡以示公正,有书契以示公信,有度量以示公审,有法则以示公义。有公便无私,君动有规,行有矩,赏罚有所依而不受爱憎喜欲贵贱的影响。这样,人人以自己的所能任事,以任事的情况受赏,又有何怨何羡,并且有规矩法度,天下不必崇尚什么贤者智者,贤者智者也不会因受人尊敬而势长权重,从而把持朝政,所以说即使法度不完善也比没有好。

大君不择其下,故足。

【注释】《民杂》。大君:有道明君。足:充足。

【解析】一人有一能,万人便有万能,这是常理。有道明君不用一个标准衡量人,所以各种能人都能聚拢并为他所用。他则能无事而安逸,为什么?因为他因人任事,所以每一件事情都能办好。相反,有些君主自信比臣下能耐,每事都想亲自干,结果,君任臣事,臣反而不劳有逸了。君劳,则倦,倦则容易昏,再能干的君主也要犯错。慎子称这种君臣易位为"倒逆"。他要求君主明于君臣之分,任臣而不要自躬。

亡国之君,非一人之罪也;治国之君,非一人之力也。

【注释】《知忠》。

【解析】这种说法是很公允的,但慎子不是为亡国的君主或奸臣辩白,而是就其职分而言的。他说忠臣并非圣君才能有,桀纣也有;孝子并非一定有慈父,舜父瞽叟。所以,亡国治国,不在于是否有忠臣,而在于明主能否用其臣,大臣是否以才能任事。忠臣不得兼职,佞臣不越规矩,则各人不敢骄恣其功、敷衍其责,均都兢兢业业,团结合作共事君主,这样就达到至治了。从这点出发,他说房子不是一棵树搭成的,裘衣不是一个狐子皮能成的。治乱安危,存亡荣辱,当然也不是一个人的力量所致。

大君任法而弗躬,则事断于法矣。

【注释】《君人》。弗躬:不由身,即赏罚由法不由君。

【解析】此句亦说君主行赏处罚当以法,而不以君心定夺。以心定夺,虽赏罚得当,而臣下以为不公,赏只嫌薄而罚只求轻。一切以法定,臣下就不能埋怨君主。

无法之言,不听于耳;无法之劳,不图于功;无劳之亲,不任于官。

【注释】《君臣》。无法:不合于法。无劳:无功劳。

【解析】此句说君主当依法,不合法的话不听,不合法的事不因求功而为,无功劳的亲戚不封官。

《鹖 子》

    《鹖子》为周朝鹖熊所作。《汉书·艺文志》道家下有《鹖子》22篇,小说家《鹖子说》19篇。可能当时即有两种书。《列子》曾引三条,讲黄老清静说,同今本不同,可能是道家本。今本所载与贾谊《新书》引的六条风格略同,可能是小说家本。据《史记》记载,鹖熊为文王时人,早卒。《原序》中说,鹖熊是文王的老师,年达九十余,大概鹖熊为周文王时的名臣是不错的。《鹖子》篇目错乱,主要敷演大道,阐论教化刑德,"辞多斥救之要,理致通远,旨趣恢弘……王者览之可以理国,吏者遵之可以从政,足使贤者励志,不肖者涤心"。

    《诸子通考》认为今本《鹖子》是六朝以后伪造的。《四库全书》也认为它有伪造的倾向,并把它归入杂家类。

君子之谋能必用道。

【注释】《撰吏五帝三王传政乙第五》。谋：谋事。

【解析】鹖熊认为，君子不参与谋划政事就算了，要参与就一定要遵循道，而决不能逆道来苟全性命或由此而求得被君王所用。你可以尽忠，却不要想着一定被君主赏识；你可以存信，却不要想着一定被君主信任。君子即使认为那个人不善也不用言辞来讥讽，而是用善的行动来使他的不善昭彰，使是非分明，这就是君子的"用道"。

知其身之恶而不改也，以贼其身，乃丧其躯，其行如此，是谓大忘。

【注释】《大道文王问第八》。恶：错误、缺点。贼：害。

【解析】鹖子这里的意思是有过就要不惮于改，终日不为恶，则恶不能附身，如果有过不改，且只行恶不行善，其亡家丧躯的日子也就到了。

昔之帝王，所以为明者，以其吏也。昔之君子，其所以为功者，以其民也。

【注释】《贵道五帝三王周政乙第五》。以：因为。

【解析】这可能是诸子中最先讲为政选贤择能，成大功依靠的是平民百姓的了，但他的思想也有消极的一面，因为他后面还说"力生于神"，即有国必先有皇天上帝、社稷山川之神的灵佑。也就是说，只有冥冥上苍与人道相结合才能有国。

圣人在上，贤士百里而有一人，则犹无有也。王道衰微。暴乱在上，贤士千里而有一人，则犹比肩也。

【注释】《守道五帝三王周政甲第四》。

【解析】圣王在上，恩泽四海，即使百里就有一贤士，也因为圣道的宏大而显得微不足道，贤士虽多却像没贤士一般。王道衰微，政治混乱，百姓都想念贤人。即使千里才有一个贤士，也感觉就像比肩接踵一样多。这个道理后来被各家继承并加以利用，成为政治是否清明的一个试金石。

士民与之，明主举之，士民苦之，明主去之。

【注释】《撰吏五帝三王传政乙第三》。与：拥护。苦：意动用法，以…为苦。

【解析】此句说君王任用官吏，当以士民的"与"与"苦"为标准，不能凭自己的喜好随意任用。

知善不行者谓之狂，知恶不改者谓之惑。

【注释】《曲阜鲁周公政甲第十四》。狂：狂悖。惑：昏惑。

【解析】此句言圣王应以"狂"与"惑"为戒。

不肖者,不自谓不肖也,而不肖见于行,虽自谓贤人,犹谓之不肖也,愚者不自谓愚,而愚见于言,虽自谓智人,犹谓之愚。

【注释】《道符五帝三王传政甲第二》。

【解析】此句言人的贤、不肖、智、愚并非由自以为来定夺,而要靠实践来检验。一遇实践,原形毕现。

仁与信,和与道,帝王之器。

【注释】《道符五帝三王传政甲第五》。器:器具。

【解析】鹖子认为,要成就天下万物就要有器具。帝王治天下也有器具,即道、和、信、仁。他认为,发号施令能为天下谋福者就是道,上下相亲就是和,民不需外求而能甘食、安居乐业就是君行道的大信,除去天下之害就叫仁。

《子华子》

　　《子华子》一书,旧本题作周朝晋国程本,字子华的人所作。据《原序》说,程本"博学能通坟典丘索及故府传记文书","性阔爽,善持论,不肯苟容于诸侯"。孔子称他为"天下之贤士"。赵简子时,程本不愿为官,逃到齐国,与晏子交好,赵襄子执政后才返回,遂老死于晋。《原序》还称其书由门人及弟子共相编缀,已不是原书。此书"以道德为指归,而经纪以仁义,存诚养操,不苟于售"。据《四库全书·子华子提要》,此书为宋朝熙宁绍圣间赵氏宗子所作,并说它"文虽稍涉漫衍,而纵横博辨亦往往可喜","最有理致文采,辨其为赝品则可,以其赝而废之则不可"。

全生者为上,亏生次之,死次之,迫斯为下矣。

【注释】《阳城胥渠问》。

【解析】子华子解释说:所谓全生者,是六欲皆得其宜;所谓亏生者,是六欲分得其宜;所谓死,就是指像未出生一样毫无知觉;所谓迫生,是指六欲都得不到适宜的享受。他说:"辱莫大于不义,不义者迫生也,故曰迫生不如死。"可见,子华子是把义看得非常重要的。

乱之所由生,祸之所自起,皆存于欲善而违恶。

【注释】《北宫子仕》。欲善:与善人交好。违恶:与恶人分手。

【解析】天下之所以太平,是因为政治清明,政治清明在于百姓安定,百姓安定在于执政者公平。如果只想着交好善人而远离恶人,则心就有所不平,就会引起百姓骚乱,并且执政者不公平地对待恶人,恶人就会走到一起成为你的敌人,给你捣乱,你的祸也就来了。

是是非非之谓士。

【注释】《虎会问》。肯定对的,批判错的,这样的人才是士。

【解析】士的作用是褒贬是非,有士才可知是非,所以君主治国需要有士人来评判政事的得失。

游士之所以不立于君之朝,以党败之也。

【注释】《晏子问党》。游士:不做官的士人。

【解析】此句是说君主不应明说自己讨厌群臣结党。群臣结党诚然不好,但人君一说,阿谀亲近之徒就有了打击别人从而培植自己党羽的借口,反而使正直之士不能容身于朝廷,使小人充斥,结党营私。子华子在下边说道:"人主甚恶其党,则左右执事之臣有以藉口矣。"

圣人贵中,君子守中,中之为道也几矣。

【注释】《执中》。中:指行为适当。

【解析】此句说人不能走极端,或前或后,或左或右。人虽不能正好执中,但绝不能太过。行为适中几乎是为人之道了。这与孔子提倡的"中庸"思想颇为相近,难怪孔子曾称子华子为"天下之贤士"。

《计倪子》

  《计倪子》为春秋时计然所著。《计倪子》开篇有这样的记述：越王勾践从吴国返回来后，暗中想图谋吴国，雪洗耻辱，于是召计倪问，我想攻打吴国，但吴国地势有利，力量强大，恐怕不能攻取，该怎么办呢？计倪回答："兴师者必先蓄积。"如果没有钱粮，士卒饥饿疲乏，必然会失败。勾践很赞同他的意见。

  《计倪子》全书仅一篇，题为《内经》。计然主张，"主能通习源流，以任贤使能"，"视民之所不足及其有余，为之命，以利之"，以达到"邦富兵强而不衰"的目的，反对群臣的空恭之礼、淫佚之行，而应"务有于道术"。其说当归于阴阳家，《百子全书》将其归于杂家。

人主利源流，非必身为之。

【注释】《内经》。利：利用。身：亲自。

【解析】计然认为，人主的作用是明于"时交"，"早知天地之反"，即掌握天、地、荒、稔的规律，及时地指导百姓，而像越王勾践亲自耕和夫人亲自织则是不能明断于时，是不智。如果人主能"通习源流"，并"任贤使能"，则国富民强，千里之外的东西都可罗致，反之则邦贫兵弱，百里之内的东西都不能得到。

贤主置臣不以少长，有道者进，无道者退。

【注释】《内经》。置：授官。

【解析】计然认为，君主选拔官吏应当重德、重才，而不能把一个人的年岁大小作为标准。能胜任就授予官职，不能胜任就不任用，与资历无关。这是很明显的道理，但那时能达到这样的认识是很不简单的。计然是从"惠种生圣，痴种生狂，桂实生桂，桐实生桐"的观点得出"先生者未必能知，后生者未必不能明"这个结论的。可见，计然在治国用人方面是比较有魄力的。

《於陵子》

《於陵子》,周朝齐国人田仲所著。

据文中所述,田仲为躲避齐王的仕禄而隐居于楚的於陵,可能这就是他被称为"於陵子"的来历,又说於陵子与楚隐者接舆交好,而接舆不知是否为《论语》中所提到的隐者接舆。如果是,则於陵子当与孔子处同一时代。考文中大意,於陵子的思想主要是提倡人生当以适意为主,安守匹夫之分,不越职言事,遇事不"先人",耻于名利,主张去天下之忧而长保生活之乐。

从这些观点来分析,《於陵子》应为道家学说,《百子全书》归于杂家,全书共12篇。

衡予气便便,不知势位之荣也;廉予欲恬恬,不知金玉之利也。

【注释】《贫居》。衡:使……平衡,即不外泄。便便:祥和的样子。势位:权势地位。廉:使……寡少。恬恬:合宜而快乐的样子。减少欲望,保持中气的充盈,根本不知道有什么权势富贵。

【解析】於陵子从生应富贵还是贫贱的角度出发,指出最先前的人民均分天下物品,无贵贱之分,只是有些人因不知节制自己的欲望,不知养气为长生之道,从而导致贫富的出现。而在现实中,人人所钦羡的是富贵而不是富贵的人,所以富人失去富贵后也便失去了别人对他的尊重。人应养气、寡欲,从而忘却人间权势地位和富贵的存在,得到无忧、保命的快乐。

子庇子之盖,我庇我之意。

【注释】《遗盖》。庇:庇护。盖:遮盖。你凭借你的遮盖得到庇护,我庇护于我的心意之下。

【解析】这句话反映於陵子不为富贵权势等一切外物所动,而以自己的适意为行动的指导。

良金百炼而不失其采,美玉百涅而不渝其洁。

【注释】《辨穷》。采:通"彩",光彩。涅:黑土。渝:这里指改变。

【解析】北宋周敦颐《爱莲说》谈到荷花的品质:"出淤泥而不染,濯清涟而不妖……可远观而不可亵玩焉。"荷花与此句中的美玉良金具有同样的本质。

《鬼谷子》

　　《鬼谷子》的作者,据记载是一位隐士,由于隐居于颍川阳城的鬼谷,便自号"鬼谷"。他善养性洁身之术,传说苏秦、张仪为他的弟子,接受他的捭阖之术。他晚年又写出"七术",宋濂《诸子辩》斥为"小夫蛇鼠之智",以为"家用之则家亡,国用之则国债,天下用之则失天下,学士大夫宜唾弃不道"。刘向、班固编录书目时没有《鬼谷子》,《隋书·经籍志》始列鬼谷于纵横家。唐志认为它是苏秦所作,又有人认为为后人伪作。

　　今本《鬼谷子》是南朝陶弘景注本,内容多述"知性寡累"和揣摩、捭阖等术。今天读来,《鬼谷子》一书在谋略上还是有可取之处的。

捭之者,料其情也;阖之者,结其诚也。

【注释】《捭阖第一》。捭(bǎi):开。阖:闭。结:了解。

【解析】捭阖之术为《鬼谷子》的精华,战国时策士所谓"纵横捭阖"就由此而来。鬼谷子认为,圣人之所以为天下先,是因为观察阴阳的开阖来"命物",从而"知存亡之门户……达人心之理"。只有知道变化的规律,才能度权量能,识别贤愚,决定取或去,出或纳。捭阖就是依靠阴阳变动的规律,深深地了解各种事物。

不得其情而说之者见非,得其情乃制其术。

【注释】《内捷第三》。说:劝说。见非:被指责。制:用。

【解析】鬼谷子认为,群臣有的离君远却亲近,有的离君近却疏远,有的求用却不被用,有的得到一点名声,君王却迅速召见。这是因为君王有自己的志气、欲望、喜好,不能见用是没有抓住君王的嗜好,只有投合了君王的脾气才能被君王任用。这里可以明确地看出,《鬼谷子》一书的内容主要是讲怎么去游说君主,被君主所用,从而达到推销自己和实现自己理想的目的。

天地之合离终始,必有巇隙,不可不察也。

【注释】《抵巇第四》。巇(xī):山路狭窄。隙:细缝。

【解析】鬼谷子从天地的合离与终始都有缝隙来说明万事万物都有理可循,有迹可察,并说圣人就是抵塞这些缝隙的,无可抵则隐居,有可抵则谋划着合于上、察于下。

口者机关也,所以闭情意也;耳目者,心之佐助也,所以窥问见奸邪。

【注释】《权篇第九》。机关:犹言开关。窥问:犹言见与闻。

【解析】鬼谷子认为,口就像开关,使自己的情和意不外泄,耳目是用来看与闻,从而判断奸邪。那么"说者"就可以从君王的言辞所表达的忧、怒、喜、病、怨中,从君王的一举一动中进行谨慎判断与思考,从而达到为君王所用的目的。

《鹖冠子》

　　《鹖冠子》为周朝楚人所著,不知姓名,因以鹖[鹖(hé):一种善斗的鸟。]羽为冠而称鹖冠子,据书中所讲为赵武灵王时人。

　　《鹖冠子》全书共 19 篇,其旨博杂,初时本黄老,而末流于刑名。韩愈说:"使其人,遇其时,授其道而施于国家,功德岂少哉?"《汉书·艺文志》道家下列之,《四库全书》归入杂家。

　　今本《鹖冠子》为三卷,北宋陆佃注,或疑为后人托名所作。

圣贤者,以博选为本者也。

【注释】《博选第一》。博:广博。圣贤以广博地选录人才为根本。

【解析】选贤似乎是各家门派都很注重的问题。法家虽然讲"法",但也主张因人任事。鹖冠子在面临以法治国还是以德治国时,更垂青于后者,但以德以法均需广选贤能。

为而无害,成而不败,一人唱而万人和,如体之从心,此政之期也。

【注释】《天则第四》。有所作为而无害于民,成功了不会再败。一人唱而万人和,就像身体服从心的指挥,这是治国所期盼达到的目标。

【解析】为政要合乎百姓的真情实意才能得到百姓的拥护。百姓乐意听从君上的命令,国家才不致灭亡。

命者,自然者也。

【注释】《环流第五》。自然:不能使它然,也不能使它不然,即外人决定不了它。

【解析】鹖冠子认为,万物均生于气,通于道,因气因道而立法则,所以生成法则的是气和道。遵从法则而成的也是气和道。这个气、道便是命。凡是命所规定的,贤者不能改变它,不肖者也不会损失什么,人的寿夭、富贵均由命决定。这个命只有圣人才能识别,后来有亡国之君,是因为他们没有与前代圣人的认识相合。

舍天而先人。

【注释】《近迭第七》。舍:舍弃。先人:以人为先。

【解析】不以天为法则而从人出发,是因为鹖冠子认为天高而难以了解,不能够向它祈求福佑,不能够因它躲避灾难,命运的决定权应掌握在人手中。

欲逾至德之美者,其虑不与俗同。

【注释】《世兵第十二》。逾:达到。虑:谋虑。

【解析】作者从天有道而道有度,圣人可以用神明来了解它出发,认为那些圣人起衰振危并不是天变常、地变则,而是利用这些"常"与"则","不背时而弃利",建立大功名,达到至德的。

天不能使人,人不能使天。

【注释】《兵政第十四》。天不能改变人,人不能改变天。

【解析】这是说天与人都有自己的固有特性,有自己的数,只能顺其性利用它,而不能逆其性改变它。

《吕氏春秋》

　　司马迁在《史记·吕不韦列传》中说，吕不韦"使其客人人著所闻，集论以为八览、六论、十二纪，二十余万言，以为备天地万物古今之事，号曰《吕氏春秋》"。班固在《汉书·艺文志·诸子略》中说有《吕氏春秋》26篇后，自注曰"秦相吕不韦辑智略士所作"，并把它归入杂家类。可见，司马迁和班固都认为《吕氏春秋》是集体创作，而非出自吕不韦一人之手。到今天，《吕氏春秋》成了现存最大的杂家著作。吕不韦在此书编纂的过程中起到了组织者、指导者和整理者的作用，故而我们有必要对他做个介绍。

　　吕不韦是大商人，"家有千金"，生年不详，死于秦王政十二年（公元前235年）。他在赵国都城邯郸经商时，结识了作为赵国人质的秦国太子安国君的庶子子楚，认为"此奇货也，不可失"。当时安国君宠幸的华阳夫人没有儿子，吕不韦想把商业上的投机应用到子楚身上，进行政治投机。他花大量的金钱帮子楚收买宾客和讨华阳夫人的欢心。华阳夫人收子楚为嫡子后不久，安国君就登上了国君之位，立子楚为太子。一年后，安国君死去，子楚继位，为了感谢吕不韦，便以吕不韦为丞相，封为文信侯。三年后，子楚死去，其子继位，即后之秦始皇。秦始皇尊吕不韦为相国，号称"仲父"。吕不韦显贵后，就召集门客，大约于公元前239年左右编成《吕氏春秋》。后来，吕不韦与太后私通，并进献嫪毐（liào ǎi）供太后淫乱。嫪毐事发后，吕不韦被罢官。他害怕被诛，喝毒酒自杀，因投机而"泽可以遗世"的结果只是留下一部《吕氏春秋》。

　　《吕氏春秋》虽辑百家九流之说，组织上却有它的系统，理论上有它的体系。吕不韦曾明白宣称："上揆之天，下验之地，中审之人。若此则是非可不可无所遁矣。"

　　《吕氏春秋》保存着原本有分歧的各家学派学说，而不加以齐同，并没有割裂百家，任凭自己来折衷。其中以道家为主，儒家为辅，兼收并蓄。可以说，《吕氏春秋》是受天下统一这个大趋势、大潮流的影响而编著成的。

　　除了保存先秦各家各派各种不同的学说思想外，此书还有不少古史旧闻、古人遗语及一些古代科学知识（主要是医学和农学）。其中不少内容为他书所无，对于先秦学术研究，有很大的价值，大量的名言隽语更使我们在学习工作中受益匪浅。

无变天之道,无绝地之理,无乱人之纪。

【注释】《孟春》。绝:断。理:犹道。乱:违背、违反。纪:纲纪。不要人为地改变自然规律,不要违背人伦纲纪。

【解析】当时人们已经知道了违背"天道""地理""人纪"产生的危害,所以本书第一节《孟春纪第一》中人们以春天为例,说春天是万物生发的时期,禁止伐木,不倾覆鸟巢,不杀幼兽幼禽,祭祀不用母畜,不可以用兵等等,并说如果孟春行夏令,便会风雨不时,使得草木早早枯干;行秋令,便会疾风暴雨数至,使得藜莠蓬蒿并兴;行冬令,便会霜雪交加,使得庄稼颗粒不收。这些说法虽然不够科学,但还是有一定道理的。

始生之者,天也;养成之者,人也。

【注释】《本生》。最初生出天性和生命的是天,培养天性与生命成长并使之得以保全的是人。

【解析】人的生命是上天赐予的,这种说法不够科学。人一生下来便有天性,这却有一定道理。人一生下来,什么都不知道,但此时人有自己的自然需要,要吃、要喝、要人照顾。及至长大,有了意识,人的需求也便提高了,需要生命安全的保障、需要自我价值的实现、需要他人的尊重等等。而这些需求无不需要个人努力和他人的帮助,没有这两方面,人的天性是不能够得以成长保全的。所以说:"养成之者,人也。"

水之性清,土者抇之,故不得清。人之性寿,物者抇之,故不得寿。

【注释】《本生》。前一抇(hú)即泪,混浊的意思。后一抇是乱的意思。水的本性是清洌的,是土使它混浊了。人的生命是长寿的,是物使它缩短了。

【解析】两千多年前,我们的祖先已经发现了物质的占有与生命的长久并非成正比这一规律。他们在肯定物能养性的同时,提出物"非所以性养也",并为"今世之人,惑者多以性养物"的态度而焦灼万分,认为他们"不知轻重","重者为轻,轻者为重",并断言"若此,则每动无不败"。

凡生之长也,顺之也;使生不顺者,欲也。故圣人必先适欲。

【注释】《重己》。适:合适,不过分。生命的成长,要依顺它的天性,使生命的成长不顺利的必是欲望,所以贤德的人要节制欲望。

【解析】生命的成长要依顺它的天性,天性的需要得到合理的满足,生命就会顺利地成长。大凡生命的成长不顺利的,都是需要的供给无度。就像人有吃、穿、住的生存需要。吃要合理,整日吃糠咽菜,就会营养不良,面黄肌瘦;整日山珍海味,则会胃胀滞满,不胜食气。穿要合理,夏要薄一些,冬要厚一些,太厚易于过热,过薄易于着凉。住要合理,房子大了生阴,阴重则犯寒疾,房子小了气塞,气塞则人抑郁。所以,房子能够避燥湿就行,衣服能够逸身暖骸就行,饮食能够适味补体就行。

天下非一人之天下也,天下之天下也。

【注释】《贵公》。

【解析】这一句话是说治国之道的。当时对于社会的认识已经发展到不再尊天而开始尊人的地步,这在诸子的众多典籍中都能找到证据。最为鲜明的是孟子的"民为贵,社稷次之,君为轻"的提法。而当时的秦国正在极力加强君主专制集权,这虽然是社会发展的必然趋势,但终究有其弊端,故而有人便以这一命题对此现象进行批判,因为就像阴阳和合而生万物,甘露时雨滋润万物一样,要想得天下就必须"无偏无党"。以至公至正之心对待万民,不以为天下是自己一个人的天下,以天下利己,而认为天下是天下人的天下,以天下利天下人,这样天下人才能拥护你,你才能得天下。这句话后来被明末清初的启蒙思想家们借鉴,用来反对君主专制统治。

天无私覆也,地无私载也,日月无私烛也,四时无私行也,行其德而万物得遂长焉。

【注释】《去私》。遂:成就。天地、日月、四时,以其无私的功德使得万物成长壮大。

【解析】《说文解字》释公字曰:背私所以为公。公与私是一对对立的矛盾,要公,就得去私,去私即可得公。《去私》一文的目的就是要使那些有志于成就宏图霸业的国君们知道:要得天下,就得去私就公。如何才算公呢?尧有10个儿子,不传位给子却给舜;舜有儿子9人,不传位给子而授禹。这是因为尧、舜知道天下不是自己一个人的天下,而是天下人的天下,所以只能择取贤能的人传位给他,这算是君王中心胸至正至公的人。

惟不以天下害其生者也,可以托天下。

【注释】《贵生》。托:付。

【解析】道家讲"贵生",要求"六欲皆得其宜"。即使把天下交给道家学者而使他的生命受到妨害,他也不干,因为天下是身外之物,而生命是自己的,生命完结了就什么都没有了。老百姓只有想办法让天下落到"贵生"的人手中才安心,因为他绝不会因为身外之物而大动干戈,以此来损耗自己的生命。所以说:"不以天下害其生者也,可以托天下。"

天生人而使有贪,贪有欲,欲有情,情有节。

【注释】《情欲》。情:情欲。节:适度。

【解析】天生下人来,人就有生存的权利,饿了要吃,渴了要喝,冷了要穿衣,累了要休息。再进一步,耳想听听五音,目想看看五色,口想尝尝五味,这些都是人的本性。不论好人坏人,聪明不聪明,都有这些欲望。圣人高明于凡夫俗子的地方就在于圣人懂得节制。这些欲望可给人带来益处,但过度了就会伤害人。人应该在珍惜自己生命的基础上合理地满足自己的欲望。只有那些懂得节制的人,才能有长寿之身,以长久地占有声色滋味。

染于苍则苍,染于黄则黄,所以入者变,其色亦变,五入而以为五色矣。故染不可不慎也。

【注释】《当染》。

【解析】人非生而知之者,只有通过学,才能获得知识。可是,"吾生也有涯,而知也无涯",以"有涯"的生命学"无涯"的知识,就不得不用一些脑子了。一来"术业有专攻",学这就不学那;二来通过各种方法进行快速有效的学习。俗话说"三个臭皮匠,顶个诸葛亮""二人智慧胜一人",也就是说要广泛地听取别人的意见与想法,因为他们的想法与意见都是总结实践经验的结果,我们从中可以高效率地学到有用的知识。那么,与什么人结交,听什么人的意见?毕竟他们的意见与想法渗入了他们的感情,代表了他们的利益。孔子在说"三人行必有我师"的同时又说"择其善者而从之,其不善者而改之"。与人结交不当可致身死,国君择臣不当可致国灭。历朝历代,身死国灭者不可胜数,所以说"染不可不慎也"。

欲胜人者必先自胜,欲论人者必先自论,欲知人者必先自知。

【注释】《先己》。论:评价。知:了解。

【解析】宋代王阳明说:"破山中贼易,破心中贼难。"意思是说:战胜别人容易,战胜自己困难,因为人往往是说话的巨人,行动的矮子,说起别人来一套一套的,可若拿说别人的话来对照自己,则会自惭形秽。孔子认为:"欲正人者,先正己,己正则孰敢不正","己欲立而立人,己欲达而达人","己所不欲,勿施于人"。这与此条不谋而合,可见天下的真理是殊途同归的。

主执圜,臣处方,方圜不易,其国乃昌。

【注释】《圜道》。执:把持。圜(huán):天道。方:地道。易:改变。主上把持着天道,只管下命令,百官坚守着地道,各尽其职,主上与臣下的分工不乱,国家定会昌盛。

【解析】身体不适,肯定是某个器官发生了问题;机器不转,肯定是某个部件发生了问题;社会生活不能正常运行,则肯定是某个职能部门发生问题。如果说每个事物发展运动中每个部件都能正常运作,那么每个事物的发展运动都会很顺利。治理国家也是如此。领导核心考察了方方面面的情况,经过研究,形成了符合国计民生的方针政策,传达给各部门。各部门都恪守其职,认真领会领导的意图,严格执行,国家怎么会治不好呢?

行爵出禄,必当其位。

【注释】《孟夏》。行:封赏。出:赏赐。当:值,即相当。封官加禄,必须与他的地位相当。

【解析】这谈的是君主如何赏赐官员的问题。如果地位高而赏赐的少,臣下心中就会生出怨恨之情,认为主上恩德太薄,对己不公;如果地位低而赏赐多,臣下心中就会生出侥幸之情,认为主上昏聩无能,容易欺骗。这两种情况的结果都使得君臣二心,不能同心协力。只有赏赐的东西与其地位相符,才能使地位高的人觉得受到尊重,而更加尽心尽力、鞠躬尽瘁,地位低的人不产生非分之想,而恪守其职、积极奋进。君主睿智而洞察一切,臣下竭心尽力而万众一心,则人民必定安居乐业,国家必定兴旺发达。

为师之务,在于胜理。

【注释】《劝学》。务:要务。做老师最重要的在于掌握真理。

【解析】圣人都要"疾学",那么凡夫俗子更要学习了,而学习不可没有老师,那么学生如何选择老师呢?首先,老师要掌握真理,并能以犀利的口才说服人。如果一个老师不掌握真理,而仅仅靠顺从学生的意思,讨学生的欢心,那么这个老师就不是合格的老师。因为学生是怀着迷惑来求教的,你不解惑反而又迷惑他,就像掉到水里的人,你不救反而打一棒子,实是误人子弟。所以,学生在如饥似渴地求学时,也要认清老师是否合格。

学也者,知之盛者也。

【注释】《尊师》。盛:多。知识的积累要靠学习。

【解析】此文作者认为,人生来有耳、有目、有口、有心,耳能听、目能视、口能言、心能知,学习就是为了"全天之所生",是"达天性"。

无丑不能,无恶不知。

【注释】《用众》。不因无能而感到羞耻,不因无知而感到厌恶。

【解析】金无足赤,人无完人;尺有所短,寸有所长。天下没有全是优点的人或物,也没有全是缺点的人或物。大圣人孔子还"入太庙,每事问",大恶人桀纣也有可畏可取处。一个平常人怎么能因自己暂时的不知不能就感到羞耻而自暴自弃呢? 天下没有纯粹白色的狐子,但却有纯粹白色的裘衣,因为它把众多狐子身上的白毛皮集合在一起。一个人只有取人之长,补己之短,才能逐渐在各方面超过别人。所谓"操千曲而后晓声,观千剑而后识器",就是说在不断地集合众曲、剑的优点后,培养起自己对曲、剑的认识,从而使自己达到超越别人的境界。"人非生而知之者",关键在于后天的学习。

大乐,君臣、父子、长少之所欢欣而说也。

【注释】《大乐》。说:同"悦",喜欢。

【解析】这是早期阴阳家的言论。他们认为,人生来就有欲望,有欲望就有追求,有追求就会发生争夺,得由乐来调节,所以主张"非乐"的人是错误的,并且乐的形成只是在天下太平、万物安宁时,同时只有在社会平和、公正的时候才能用乐,乱世之中的乐如同囚犯唱歌、狂悖之人跳舞一般,已失去了原来的意义,所以人们行"大乐"时便是天下太平、争端息声时。也因为如此,才说大乐能使老百姓欢欣鼓舞。

失乐之情,其乐不乐,乐不乐者,其民必怨,其生必伤。

【注释】《侈乐》(chǐ lè)。生:生活。失掉了乐的实质,乐就不再使人感到欢欣喜悦,则老百姓肯定产生怨恨之情,他(用乐者)的生活就会受到妨害。

【解析】这一篇中,阴阳家再次对乐进行分析,认为知道乐,不知乐的实质,就如同人只知道生活而不知道怎样生活,只知道知识却不知如何获得知识一样,是舍本逐末,是失掉了最宝贵的东西。大凡乱世之主,其乐多为"侈乐",以鼓钟管磬声音的大为美,以人多为壮观。这种乐,失去了"大乐,君臣、父子、长少之所欢欣而说"的实质,其乐并不使老百姓感到快乐。老百姓因此产生怨言,亡国的危险就来了,所以用乐必须合乎乐之实质,即"与民同乐。"

治世之音安以乐,其政平也;乱世之音怨以怒,其政乖也;亡国之音悲以哀,其政险也。

【注释】《适音》。平:公正,合于道。乖:谬,不合于道。险:危险。

【解析】上篇言"侈乐"乃亡国之乐,那么乐有没有一个度呢? 有。其音不能太大,也不能太小;不能太清,也不能太浊。为此,阴阳家治乐者提出"衷"的概念,即"大不出钧,重不过石",这样音乐就平和了。如果以平和之心听音乐,就可通过音乐表现出安乐、悲哀或怨怒的情绪来,从中可得知其国的民风民俗,从而知道其国的政治是否清明,反过来再通过音乐来教化人民,即"平好恶,行理义"。这种说法虽有夸大音乐功能的倾向,但他们提出了通过音乐表达人的感情,却是功不可没的。

乐所由来者尚也,必不可废。有节有侈,有正有淫矣。贤者以昌,不肖者以亡。

【注释】《古乐》。节:适度。侈:过大。正:雅。淫:乱。昌:昌盛。亡:灭亡。音乐有合宜的、有过分的、有雅的、有乱的,贤者凭借乐可以使国昌盛,不贤者可以使国灭亡。

【解析】在阴阳家看来,乐只有在天下太平、社会合道、百姓都感到欢欣喜悦时才能实行,而亡国之时,其乐必是君主的侈乐或民间的怨怒和悲哀之音。合宜的音乐可以被圣人用来移风易俗,过分的音乐却被亡国之君用来满足自己的奢欲而引起民愤。所以,自古以来圣君贤臣都很注意音乐的教化作用,不论是远古的朱襄氏、葛天氏或陶唐氏,还是中古的黄帝、尧、舜、禹,抑或近古的文王、武王或成王,他们都以音乐来调节社会秩序,使国家兴盛起来。反之,一些不肖之君,用乐的结果都是身死国灭。

凡音者,产乎人心者也。

【注释】《音初》。

【解析】在音乐理论上,提出音乐是人心对于外物的感应,具有奠基意义。音乐本是客观存在的,因为它合乎了人的感情需要,从而成为反映一个人内心情感的镜子,人们通过它可以了解一个人的品德,鉴别一个人是贤还是不肖。如果一个民族欣赏的是靡靡之音,则这个民族的精神绝不会昂扬;一个国家响彻的是高亢之声,则这个国家一定会繁荣昌盛。

祥者福之先者也,见祥而为不善则福不至;妖者祸之先者也,见妖而为善则祸不至。

【注释】《制乐》。祥:祥瑞。妖:怪异,不正常。即使祥瑞出现了,你不干好事,福气仍不会降临;即使妖异出现了,你做好事,灾祸也不会发生。

【解析】到春秋末期,我们聪明的祖先在与大自然做斗争的过程中,已清楚地认识到了天并不能左右社会的发展。在社会发展过程中,起重要作用的是人。作为统治阶级最高代表的君主更明白这一点,但他们不点破这一点,而是把祥瑞和妖异之兆作为上天的旨意来看待,用以欺骗人民。

圣王有义兵而无有偃兵。

【注释】《荡兵》。义:仁义。兵:兵器,泛指战争。偃:放倒,这里是废止的意思。圣王能依仁义用兵却从不废止军备。

【解析】人都有欲求,并因此而发生争斗。争斗的赢家便为长、为君、为天子。贤德的天子用兵是用仁义之兵,其目的是"诛暴君而振苦民",不因为战争要死人,要损害暂时的利益而反对一切战争,就像不能因噎废食,因乘舟落水而禁止行船一样。用兵就像用水火,善用的人为民造福,不善用的人为民造祸;又像用药,用对了可能救人,用错了可能杀人。所以,人民对于仁义之师是很拥护的。

凡救守者,太上以说,其次以兵。

【注释】《禁塞》。太上:首先、最好。

【解析】中国古代的政治家在两千多年前便提出用外交手段来解决政治问题,这是一个了不起的创见。战争一起,必然伤及无辜,则原本为救黎民百姓反而害了更多的人,使得生灵涂炭、民生凋敝。所以在能用和平手段解决问题的时候,一定要使矛盾在不流血中解决,这也同兵家的"不战而屈人之兵"为最大胜利的主张一致。

诛不当为君者也,以除民之仇而顺天之道也。

【注释】《怀宠》。诛:诛杀。除:除掉。诛杀不合适做君主的人是除掉老百姓的仇敌,顺应天道。

【解析】齐宣王问孟子,历史上是否有做臣的武王诛杀做君的纣这件事时,孟子说:"闻诛一夫纣矣,未闻弑君。"是说纣是残害仁义的独夫民贼,武王没有弑君,因为纣不是人君。这可以说是儒家思想的精华,除这些独夫民贼是顺应天道。明末清初的一批资产阶级启蒙思想家,如王夫之、方以智、黄宗羲等,在反对封建君主专制时,曾利用这一思想武器。

义也者,万事之纪也,君臣上下亲疏之所由起也,治乱安危过胜之所在也。过胜之道,勿求于他,必反于己。

【注释】《论威》。纪:纲纪。

【解析】此句话说义是万事的纲领,君臣上下的亲疏、治乱安危的关键,都在于一个"义"字。诚如孟子所说:"义者,宜也。"而到底有没有一个划一的标准来确定是否合宜呢?古人从多方面进行了探索。首先就是从那些不可理解的自然现象和自己的生活实践出发提出"无变天之道,无绝地之理,无乱人之纪";其次从自身的欲求出发提出"节嗜欲",即控制自己的欲望;最后从人与自然、社会的关系出发提出"敬天保民""三纲五常""惩恶扬善"等伦理观念和道德标准,通过"天""人"与"社会"间的协调来保证社会在正常轨道上发展。

兵,天下之凶器也;勇,天下之凶德也。

【注释】《论威》。兵:兵器。兵是杀人的器具,所以是凶器;勇是用来威慑别人的,所以说是凶德。

【解析】君王之所以高于他人,就在于他可以用特权来获得自己所追求的东西,于是人们便为这九五之尊而逐鹿天下,可见战争是由欲求带来的。我们的先哲并不喜欢战争,知道"兵者,不祥之器",所以"不得已而用之",有什么不得已呢?"举凶器必杀;杀,所以生之也。"杀人是为了救人。"行凶德必威,威,所以慑之也。"行凶德是为了慑服敌人,敌人归顺了,便可以不用大动干戈了。对"兵""勇"一分为二地看,我们知道先哲对于协调"战争"与"仁义"这一对君王的法宝,浸入了多少心血。

兵势险阻,欲其便也;兵甲器械,欲其利也;选练角材,欲其精也;统率士民,欲其教也。

【注释】《简选》。角材:指将帅。教:训练。

【解析】战争是不可避免的,"义兵"更应该兴,且战争得符合一系列条件才能取胜。将帅必须精明,懂得为将之道,知道"将在外,君命有所不受",从而能因地制宜,按照实际情况布阵迎敌。武器装备又必须精良,士兵必须受过良好训练。孔子说:"以不教民战,是为弃之。"如果以为自己举兵合乎民心便可恃此横扫天下,实是痴人说梦。仁义之师是取胜的必要条件,但不是充分条件,只有各方面条件都具备时才会大获全胜。

夫兵有本干:必义,必智,必勇。

【注释】《决胜》。本干:根本。

【解析】战争获得胜利所必备的条件是:义,智,勇。自己兴的是仁义之师,那么敌兵必是不得民心,不得民心必然上下交怨,不能团结对敌,且会发生内讧;有智谋就能顺天而变,掌握时机和进退之道,知道敌我虚实;有勇则能果断做出决定,理直则气壮,气壮则勇,狭路相逢勇者胜,勇者可以寡敌众。这些都是古代兵家在实践中总结的经验,对于后世影响深远。

得民心则贤于千里之地。

【注释】《顺民》。得到民心比得千里之地更好。

【解析】文王在岐时事纣,因很恭敬,按时上朝,按时上贡,祭祀合礼,所以纣王很高兴,命文王为西伯,并赐给他千里之地,但文王却跪拜请求愿用千里之地换得纣王不用炮烙之刑,以此来换取人心。因为文王时代人们已经知道,人民是天下最宝贵的,是万物之长,虐民是不合天道的。只听过因德加于民而得民心立大功的事情,却没有失民心而成大事业者。只要办了人民所希望的事情,人民就会倾心于他。文王正是因这一点才以周之弱国一举而克殷的。

德也者,万民之宰也。

【注释】《精通》。德是万民真正的主宰。

【解析】到春秋末期,由于生产力的发展,人们提高了征服自然的能力,统治阶级感到神不灵了。所以《左传·僖公五年·宫之奇谏假道》中,宫之奇说:"鬼神非人实亲,惟德是依。"《周书》也说:"皇天无亲,惟德是辅。""民不易物,惟德系物。"就是说,如果无德,鬼神不会保佑,人民必会离弃。

工有不当,必行其罪,以穷其情。

【注释】《孟冬》。行:判决,执行。穷:穷尽,即断绝。工匠的活做得不恰当,就要判罪并执行,以断绝他的巧诈之心。

【解析】这句话在文章中的意思是:工匠不应用自己的技术来做一些巧淫的东西,免得因此而扰乱君主的心思,使君主行为失当。君主不被什么奇珍异宝所迷惑是对的,断绝臣下以贡献巧淫之物来获得主上欢心的做法也是对的,唯一不对的是文章的作者把君主的昏惑全归罪于臣下。须知一个意志很坚强的人是不会被外物打动的。

知生也者,不以害生,养生之谓也;知死也者,不以害死,安死之谓也。

【注释】《节丧》。害:妨害。安死:死后得以安宁。不取害生之物来养生,不为害死之事来安死。

【解析】凡生于天地之间的万事万物都有消亡之时,人亦不免一死。人死之后留下的无非是父母的恋子之情,子女们的思念之情。因此,生者不忍把死者丢到荒郊野外,所以有了埋葬一事,葬得浅,怕被野兽们糟蹋作践,深了,又怕水气浸湿腐烂,于是又选择丘陵之地,使用棺材,周围积石积炭,这些都无可厚非。然而有些不通生死之道的人硬要在墓中放入钟鼎壶皿、金银珠玉,做给别人看,以此来显示自己多么孝顺。然而不曾想,人之为利,不惜肝脑涂地去盗墓,不仅陪葬被盗,还会让死者不得安宁。

先王之葬,必俭,必合,必同。

【注释】《安死》。

【解析】人必有一死,死后其亲戚子女不为死者考虑,而以厚葬为风尚,以节俭为鄙陋,他们想到的只是别人对自己的诽誉,而不是以一个慈亲孝子的身份来安葬亲人,致使死者坟墓被盗,骸骨暴露。坟墓被掘,死者必受辱,而掘墓的原因是有利可图。所以圣人提出葬事必俭、必合、必同，"葬于山林则合乎山林，葬于阪隰(阪(bǎn)：山坡，隰(xí)：低湿的地方。)则同乎阪隰"。这样，生时自然抚养，死后复归自然，何其洒脱。

其知弥精，其所取弥精；其知弥粗，其所取弥粗。

【注释】《异宝》。弥：越。精：精微。

【解析】人越有学问，对于事物的态度、世界的看法就越通达，观察力就越深刻，思想也就越睿智。宋国的一个农夫，献玉给子罕，说："这是我的宝贝，愿相国笑纳。"子罕说："你以玉为宝，我以不贪为宝，我受了你的宝，那么咱们两人的宝都没了。"子罕不是不爱玉，而是因为爱玉有害于他的德。孙叔敖不让儿子受好地，而让他受贫地，因为贫地没人要，所以也就不会失去。孙叔敖想的是永久的拥有。他们都是历史上的"弥精"者，给我们以深刻的启示。

万物不同，而用之于人异也。

【注释】《异用》。不：丕，语词，无意。

【解析】水与火，生活中离不开，因为人们用以维持生命，但陷于水深火热之中，则是说人困于水火而不得活。弓箭，本来是人们用以射杀野兽保全性命的，但战争中，它却只有伤人才能立战功。同样怀有聪明才智，有人用它做坏事，有人用它定邦国。同样的财富，有人用它侵人财地，有人用它扶危救国。物之用，实际关系到治乱存亡，不得不慎重。

至忠逆于耳，倒于心。

【注释】《至忠》。倒：逆。

【解析】古代要求"臣事君以忠"，到战国时讲"至忠"。忠言总是惹君王不高兴，君王一旦发怒，其怒火就会一股脑儿地发泄在进忠者的身上。进忠者的生死也就靠君王的贤与不肖来决定了。

士议之不可辱者，大之也。

【注释】《忠廉》。议：家法。士所订之家法，不可辱这一条最重要。

【解析】《孟子·公孙丑上》曾说北宫黝"思以一豪挫于人，若挞之于市朝，不受于褐宽博，亦不受于万乘之君；视刺万乘之君若刺褐夫；无严诸侯；恶声至必反之"。作为士，他不受一点侮辱，受一点侮辱都像在闹市被人羞辱一样，不管谁羞辱他，他都报复，杀君主跟杀布衣一样。也正因为这样，他们才看不起富贵钱财，看不起权势。故而有势不会贪，处官不会谀，为将不会逃，所以"世主以为廉而礼之"。

苟便于主利于国,无敢辞违,杀身出生以徇之。

【注释】《忠廉》。辞违:语言违背。出:去。徇:保卫。

【解析】这讲的是古代对臣要求的愚忠,即不管其主如何,只要有利于主的,都要努力去做,不仅言辞上不能露出一点不情愿,即使杀身弃生也在所不辞。涉及到国的问题,为了国家的独立与尊严,确实应该杀身成仁,顽强抗敌,但在古代,国与君是一个概念,国家是君主的国家,百姓只是君主的私有财产,所以这是一种愚忠。

所贵辨者,为其由所论也。

【注释】《当务》。辨:同"辩"。论:论定。

【解析】此条讲儒家的"辨"。儒家以懂得天地之道的人为圣人,以战争中率先冲锋的人为勇者,舍己救人为义,明于时务为智,以物济人为仁。可是大盗跖却以能估计被偷者的钱财多少为圣人,以偷时的先入为勇,后出为义,知时为智,均分为仁。所以,儒家认为这种辨不如无辨,要辨就应按他们论定的辨来辨。

所贵信者,为其遵所理也。

【注释】《当务》。理:儒家的理。

【解析】此条讲儒家的"信"。儒家以为,父子如果偷窃,则"父为子隐,子为父隐",是"信"。可是楚人直躬则把父亲告到官府,又替父受刑,以为这是"信"。所以,儒家认为直躬之信,不若无信。

所贵勇者,为其行义也。

【注释】《当务》。

【解析】此条讲儒家的"勇"。只有"行义"的勇才是真正的勇。

所贵法者,为其当务也。

【注释】《当务》。法:惯例,条例。当务:合于时务。

【解析】此条讲儒家的"法"。儒家认为,法之所以宝贵在于可以作为行事的准则,从而便于事情的正常进行。可有些人却认为应"法先王之法","先王之法不可变",结果使得法不仅失去了其价值,而且起了反作用。所以,儒者在讲了"辨而不当论,信而不当理,勇而不当义,法而不当务"后说,这些乱了儒家的"辨""信""勇""法"的人是头昏乘快马,无理智舞"干将",必定使得天下大乱。

智所以相过，以其长见与短见也。

【注释】《长见》。长：远。智力高低的不同表现在看得远与看得近。

【解析】能料事于未发之时是为先见。儒家说：圣人上知千岁，下知千岁。兵家说：运筹于帷幄之中，决胜于千里之外。阴阳家说：上知天文，下知地理，能预卜人之吉凶祸福。古代人认为：当今对古代来说，犹如古代所说的后世；当今对于后世来说，犹如后世所说的古代。所以，审察当今就可以知古，古今前后是相通的。

士之为人，当理不避其难，临患忘利，遗生行义，视死如归。

【注释】《士节》。理：道理。遗：遗弃，犹不顾。归：回家。士为了理、义，可以不顾生命。

【解析】古代的士有士节，他们讲究"理"，讲究"义"，苟"义之所在，虽赴汤蹈火而在所不惜"，常常"舍生而取义"。对于"理"，他们认为如果有理，则"千万人吾往矣"。他们可以说是"富贵不能淫，贫贱不能移，威武不能屈"的好汉。士逐渐发展成后来的侠客。唐代的伟大诗人李白有一首《侠客行》，可以说淋漓尽致地勾勒出他们豪迈而洒脱的形象。他们的许多优秀品德都被后人继承下来，成为我们中华民族共同的精神财富。

贤主劳于求人，而佚于治事。

【注释】《士节》。劳：勤。佚：同逸，休息。贤明的君主致力于挖掘人才，而在具体办事时却放手让臣下干，自己很安逸。

【解析】天下有九州，九州有万民，万民有万事。在封建君主专制的体制下，君主要牢牢地把握住国家政权。聪明的君主不在于事无巨细必亲自过问，而在于发现人才，任用人才，使千万人的智力为我所用。唐太宗看到新科进士鱼贯而入时得意地说："天下英雄尽入吾彀（gòu）中矣。"

以富贵有人易，以贫贱有人难。

【注释】《介立》。以：凭着，依恃。

【解析】一般来说，人富贵时结交人很容易，贫贱时结交人很难，因为富贵时所结交的人，是冲着他的钱财去的，所以利尽而交疏，而贫贱时所结交的人则是君子，因为只有君子之交才淡如水。君子与人交往是因为他有某种品德值得交，并非贪图什么钱财。这种交是患难之交，是长久之交。

石可破也，而不可夺坚；丹可磨也，而不可夺赤。

【注释】《诚廉》。磨：磨切。石头可以击碎它，却不能改变它的坚硬；丹石可以磨平它,却不能改变它的赤色。

【解析】这是以石与丹来比喻人的本性不可改,诚如江山易改,本性难移。

不以人之坏自成也,不以人之庳自高也。

【注释】《诚廉》。坏:伤,即不全。庳(bēi):矮。

【解析】不要以别人的失败来衬托自己的成功,以别人的矮小来映衬自己的高大。

世之人主,得地百里则喜,四境皆贺,得士则不喜,不知相贺,不通乎轻重也。

【注释】《不侵》。四境:指举国。君主重地轻士,是不知轻重。

【解析】士人因君主的知遇之恩而以身相报。他们不为利动,不为势动。君主若可得到士,则大可得天下,次之可定一国,最下者亦可保证自己生命的安全和尊严不受伤害,可是君主往往重视土地,倾心于扩展疆域,而不重视士人。

上揆之天,下验之地,中审之人,若此则是非可不可无所遁矣。

【注释】《序意》。揆(kuí):推测,揣度。验:检验,验证。审:审察。遁:逃,避。

【解析】古人对于事物事理的考察大都因为当时物质条件与科学发展的限制而局限于形象思维,大多用类比方法概括一般的规律。所以,他们说:"在上探讨天的规律时,不逆天就是顺,顺天则事物能够发展,生生不息。在下探讨地的道理,不扰乱地的安排就能稳定,能稳定社会就能安宁。天地之中,定人伦信义,人人都讲信义,社会就会繁荣昌盛。"

私视使目盲,私听使耳聋,私虑使心狂。

【注释】《序意》。

【解析】古人讲,如果任由自己的目、耳、心,私视、私听、私虑,而不法天、地、人之理,则智慧会变成邪恶,会使福气日渐消亡,而灾难降临。

天地有始,天微以成,地塞以形。

【注释】《有始》。始:创始。微:细微。塞:充塞。

【解析】聪明的古代人除了关心衣、食、住、行、社会、人伦外,也关注宇宙的形成。阴阳家认为,天地初始,是以"有"为根本,细微的东西,就像尘埃飞扬一样上升成为天,重浊的东西则凝滞充塞于一处而成为地。道家的代表人物老子则以"无"为天地形成的根本,说"无名,天地之始",即天地是由一个哲学概念"无"生成的。

天地合和,生之大经也。以寒暑日月昼夜知之,以殊形殊能异宜说之。

【注释】《有始》。合:和。经:道。能:功能。宜:合宜。说:说明。

【解析】古人探讨了物的本源。道家的老子说:"有名,万物之母。"上述所引为阴阳家之说,认为天地阴阳之气合和是万物生成的大道,阴阳集天地之精而成寒暑,寒暑散精而生成万物,所以从四时、日月、昼夜的运行就可以知道这一大道。因为万物不同类、不同形,而各有各的功用,不能相互取代,所以用它来说明这一大道。

天地万物,一人之身也,此之谓大同。

【注释】《有始》。同:一样。

【解析】阴阳家以"先验小物,推而大之,至于无边"的方法来说明天地万物就像人的身体,有耳、目、口、鼻之不同一样,各有功能而不可相互代替,即天地万物与一人之身同理。他们把这叫作"大同"。这无形中符合了系统论,即万物都有一个系统。

凡帝王者之将兴也,天必先见祥乎下民。

【注释】《应同》。兴:兴起。见:显现。祥:祥瑞。

【解析】古代的阴阳家认为,"天斟万物",皆有"其类",故而努力探索国家的兴亡之道,指出祸福的由来,并总结出一套五行学说。他们认为,但凡帝王兴起之前,上天都降祥瑞,并以黄帝兴起时出现大螾(yǐn:通蚓。)大蝼(lóu 蝼蛄。),禹兴起时草木秋冬不死,汤兴起时天现金刃于水,文王兴起时玄鸟衔丹书于周社等传说来论证土、木、金、火、水的循环相生相克。

类固相召,气同则合,声比则应。

【注释】《应同》。类:同类。召:召唤。合:和。比:邻近。应:应和。具有同一属性的事物会互相招致。

【解析】阴阳家在总结出社会历史发展的五行循环规律后,进一步探讨了社会人伦关系规律,认为万物均有各自的质,具有同一质的事物自会互相招致。同一禀性的人自然走到一起,邻近的声调必然相互和鸣,就像击大宫则小宫应,击大角则小角和一样。如破坏了其相互感召的向心力,事物就聚不到一起。

平地注水,水流湿;均薪施火,火就燥。

【注释】《应同》。注:倾倒。湿:潮湿,此处指低洼之地。均:均匀。施火:放火。燥:干燥。

【解析】此句也是阴阳家言,与"类固相召,气同则合,声比则应"讲的是同一道理。水之所以流向低洼之处,是水有向低处流的特点,火之所以先燃干燥之薪,是符合水分越少的东西越易燃的特点。

子不遮乎亲,臣不遮乎君,君同则来,异则去。

【注释】《应同》。遮:止。与君主同气则来,不同气则去,不考虑什么君亲。

【解析】对于亲,孔子说:"父为子隐,子为父隐。"孟子说到舜父犯法,该如何办时讲,先绳之以法,后负父潜逃。对于君,孔子说"臣事君以忠","几谏而后止"。孟子讲"君之视臣如手足,则臣视君如腹心;君之视臣如犬马,则臣视君如国人;君之视臣如土芥,则臣视君如寇仇"。到后来,儒家发展了三纲说,"君叫臣死,臣不得不死,父叫子亡,子不得不亡",讲"文死谏,武死战"的愚忠愚孝。阴阳家则不同,他们在"气同则合,声比则应"的理论上讲"君同则来,异则去","君虽尊,以白为黑,臣不能听;父虽亲,以黑为白,子不能从"。

世之听者,多有所尤,多有所尤则听必悖矣。

【注释】《去尤》。尤:赘,这里指公正之外,另有所偏重。

【解析】世上人看待事物时,不能以公平合理之心去揣度,而是在理性之外附加了自己的主观爱憎之情。这样,他对于这一事物所下的定义评说必然不是至当恳切之言。

听言不可不察。

【注释】《听言》。察:审议。

【解析】这是很简单又很耐人寻味的一句话,首先人说"众口铄金","三人成虎",又说"千夫所指,积毁销骨",是指舆论的力量之大,使得听者不能不受到感染。曾参母闻子杀人的故事就是一例。其次,因为听言者心中有所偏私,所以必须对听来的话审慎地考察。

善不善,本于利,本于爱。

【注释】《听言》。辨别好不好的根本就在于是否有"爱利"。

【解析】人之情都知道爱利其亲、爱利其身。君主治国,不能因爱利自身而妨害了天下人。司马迁在《史记·货殖列传》中说:天下熙熙,皆为利来;天下攘攘,皆为利往,并说"故善者因之……最下者与其争"。

功先名,事先功,言先事。

【注释】《听言》。

【解析】想要举事先得揣度其有功无功,想要揣度其功先要看它是否名正言顺,想要使它名正言顺则必须探讨其计划的可行性,想要知道它的可行性就得审察事情的真相如何。这是举事的规律。

不学而能听说者,古今无有也。

【注释】《听言》。听说:此处指听别人有益的进言。

【解析】"人非生而知之。"孔子十五岁"有志于学"。禹"一沐而三捉发,一食而三起",为的是向有道之士学习。问己所不知,"学而后知不足",学习的结果是学问与智力的双重提高。只有学习了才能自觉思考、明辨是非、节制嗜欲,使自己保持清醒的状态,听别人有益的进言。

不知而自以为知,百祸之宗也。

【注释】《谨听》。宗:本,根源。

【解析】明明不知却自以为知,这是祸乱发生的根源。人贵有自知之明,老子曰:"知人者智,自知者明。"

主贤世治则贤者在上,主不肖,世乱则贤者在下。

【注释】《谨听》。在上:指在殿堂之上,即为官。在下:指在江湖之中,即不为官。

【解析】主贤世治,天下有道时,贤者就出来做官;天下无道,主不肖而世乱时,贤者就退隐了。孟子说:"穷则独善其身,达则兼善天下。"表现了积极昂扬的奋斗精神和强烈自觉的社会责任感与使命感。

俗主之佐,其欲名实也,与三王之佐同,而其名无不辱者,其实无不危者,无公故也。

【注释】《务本》。佐:辅佐。名:声誉。实:实利。辅佐平庸之主的人因为只有私心,所以名实都得不到。

【解析】这是说臣下要以大公无私的精神辅佐君主,才能名实双收。古代是"家天下",臣下的安危荣辱系于君主。君主的命运决定于民,而民之职则非臣下莫属,所以臣下如不能替君主着想,而只考虑自己能不能显贵,如果临财则贪得,身居其位而不尽其责,文不能谏,武不能战,那么这个国家的整个统治机器就会瘫痪,君主不得安宁,臣下也不能显荣。只有君臣齐心,国势昌盛,臣下才能得到君上的赏赐,君臣才能俱得安泰、共享荣华。

诈诬之道,君子不由。

【注释】《务本》。由:用。

【解析】古人认为,如果根本就没有功劳却幻想着荣华富贵,是诈。如果功劳不大却妄想得到厚赐,是诬;通过诈诬而求得显达的方法,正人君子是不用的。

古之事君者,必先服能然后任,必反情然后受。

【注释】《务本》。服:具备。反情:内省。受:受禄。有能力才去做官,有功才去受赏。

【解析】古人讲"陈力就列,不能者止"。如果自己无能,却高喊着用了自己可以使国强盛,必会误国。孔子说:"子率以正,孰敢不正。"又说:"君子之德风,小人之德草。"有什么样的官就有什么样的民,所以自己不可勉强去上任,古人还讲"无功不受禄"。"苟非己之所有,虽一毫而莫取。"若取了则有愧于心,又何谈享受,所以说"反情然后受"。

务在事,事在大。

【注释】《谕大》。一定要从事大的事业。

【解析】古人说:"取法乎上,仅得其中;取法乎中,仅得其下。""志当存高远。""立大志,立恒志,不恒立志。"都是对此条的诠释。

小之定也必恃大,大之安也必恃小。

【注释】《谕大》。定:安定。恃:依仗。

【解析】小的定要决定于大的安,大的安要依靠小的定。天下大乱,国不可能安,一国大乱,家不可能安,一家尽乱,则无处安身。前者是千里大堤,溃于蚁穴;后者是覆巢之下,无有完卵。

务本莫贵于孝。

【注释】《孝行》。

【解析】这是儒家乐正子春一派的言论。他们主张在知轻重的基础上,注重个人的精神修养与节操。他们认为,君主孝则名声显赫而臣下敬服;臣下孝则为官廉洁而对君忠心耿耿,能为君父献身而求大义;士民孝则耕耘卖力,打仗顽强。因此,他们总结说"执一术"而能有百利而无一害,天下都能服从的只能是孝,孝是三皇五帝的根本、是万事万物的纲纪。

刑三百,罪莫重于不孝。

【注释】《孝行》。不孝的罪是最大的。

【解析】在两千多年的封建统治中,不孝一直是十恶不赦的大罪。

士有孤而自恃,人主有奋而好独者,则名号必废熄,社稷必危殆。

【注释】《本味》。孤:孤傲。奋:矜持。熄:灭。士与人主不能相得而乐,却各自孤傲矜持,他们的名号不得显,社稷将危亡。

【解析】刘备三顾茅庐,感动"不求闻达于诸侯"的诸葛亮走出陇亩,与众将穷思竭志,浴血奋战,为无一立锥之地的刘备分得一份天下。这是"士不孤而自恃,人主不奋而好独"的结果。

审近所以知远也,成己所以成人也。

【注释】《本味》。审:考察。成:完善。

【解析】《论人》篇讲:"太上反诸己,其次求诸人。"《先己》篇说:"成其身而天下成,治其身而天下治,为天下者不于天下于身。"可与此文相互印证,讲的都是推己及人,成己而后成人的道理。

圣人之见时,若步之与影不可离。

【注释】《首时》。圣人见机而动,如同影之随人。

【解析】人讲"机不可失,失不再来"。战国时原轸说:"敌不可纵,纵敌,患生,违天,不祥。"认为战机实在是上天赐予的,不抓住,会辜负上天而受到惩罚。姜子牙抓住时机七十而钓于渭滨终于钓住了文王这条大鱼,成就了一番大业。

事之难易,不在小大,务在知时。

【注释】《首时》。事能不能成,不是事大事小的问题,而在于时机是否恰当。

【解析】本文讲事情成功与否在时机,时机一到,布衣可以成天子,卑贱可以成宰辅。所以,有道之士不必急,只需韬光养晦,勤以待时就可以了。

善教者,不以赏罚而教成,教成而赏罚弗能禁。

【注释】《义赏》。成:成就。善于治理人民的,不靠刑罚而靠教化。

【解析】继孟子、荀子性善性恶的辩论之后,阴阳家认为人的性情、习惯、道德面貌的形成是教化的结果。教化使"忠信亲爱之道"日益彰明,久而久之则"民之安之若性"。

赏罚之所加,不可不慎。

【注释】《义赏》。赏与罚要慎重。

【解析】防奸杜邪,移风易俗,一是教化,二是赏罚。教化的功效大,但时间长,见效慢。赏罚则可立即使有功者得赏,有罪者得罚。赏赐与惩罚之时要三思而后动,以人民的利益为最高标准。

成乎诈,其成毁,其胜败。

【注释】《义赏》。诈:这里指诡变用奇。

【解析】此句是说:成功与胜利,不是由正道得来,那么所成就的必定会毁掉,胜利也是失败。

有所自而得之,不备遵理,然而后世称之,有功故也。

【注释】《长攻》。自:从。备:尽,完全。遵:循。行事不完全遵循情理,可是因为有功,后世仍是赞誉。

【解析】千秋万代,功过由世人评说。而有功之人,行动不完全符合常理,往往也会得到世人的谅解。

功名大立,天也;为是故,因不慎其人不可。

【注释】《慎人》。慎:谨慎。人:人事。立大的功名,虽是由上天决定的,人为的努力却绝不可少。

【解析】一个人能否成大业得看时机,但机遇只垂青那些做好充分准备的人。桀纣为恶,当时诸侯八百,为何只有成汤、武王得天下?尧舜禅位,为何能选中舜禹?是因为他们本身所具有的才能。孟子说:"夫天未欲平治天下也,如欲平治天下,当今之世,舍我其谁也?"之所以有如此气魄是因为他自认为平日"善养吾浩然之气"。

尽有之,贤非加也;尽无之,贤非损也。

【注释】《慎人》。损:减少。贤不因有(无天下)而增加或减少。

【解析】一个人的品性是不因地位或别人的毁誉而改变的。他任高官,有天下,他贤;他为平民,无天下,他的贤也不会减少。

凡遇,合也,时不合,必待合而后行。

【注释】《遇合》。遇:遇人。合:合时。投靠人主,必须时机成熟,时机不成熟就等待。

【解析】春秋末期,天下大乱,有道之士,纷纷东奔西走,干谒诸侯,以期行己之道于天下。孔子终日奔走,便是等待时机成熟。

君子必在己者,不必在人者也。

【注释】《必己》。万事在自己的合时宜,不要苛责旁人。

【解析】中国传统文化中,以"严于律己,宽以待人"为准则,强调对于自我的修养和自我人格的完善。

贤主于安思危,于达思穷,于得思丧。

【注释】《慎大》。穷:约,即不显达。

【解析】老子《道德经》说:"祸兮,福之所倚,福兮,祸之所伏。""塞翁失马,焉知非福"的故事是对这句话的诠释。一个贤良的君主在国家安定时不忘记危亡,昌达时不忘记穷困,得利时不忘记丧失。

胜非其难者也,持之其难者也。

【注释】《慎大》。胜利并不难,难的是守卫胜利的果实。

【解析】唐太宗曾总结"打江山难,守江山更难"。这是有深刻道理的,含义与此条同。

小利,大利之残也;小忠,大忠之贼也。

【注释】《权勋》。残:害。小利、小惠对于大利、大忠是有害的。

【解析】古人认为,"小忠"应服从于"大忠","小利"应服从于"大利",成全了"小忠",则害了"大忠",贪图了"小利",必将吃大亏。

贤主之畜人也,不肯受实者其礼之。

【注释】《下贤》。畜:畜养,此处指拉拢。实:实物。礼:敬重。

【解析】魏文侯拜见段干木时,立在一旁,很疲倦了但不敢休息,回来与相国论事则"踞坐"在堂上,相国不服。魏文侯说:"既受吾实,又责吾礼,无乃难乎。"其意思很明白,你受我的官禄,理所当然要为我服务,而不受我官禄的人我则不得不以礼敬之了。

堪士不可以骄恣屈也。

【注释】《报更》。堪:高。屈:屈致。高士不可用骄横的方法来招致。

【解析】古语云:"女为悦己者容,士为知己者死。"士讲求的是"同气",只要气味相投,引为相知,则虽为之赴汤蹈火,粉身碎骨而在所不惜。这就是伯牙为钟子期而摔了他视如性命的琴,要离之刺庆忌,功成而又身死的原因。高士视天下如敝屣,视富贵如浮云,无利欲之心,无世俗之念,所以骄横傲慢,委屈他们,他们不会以身相报。

智者之举事必因时,时不可必成,其人事则不广,成亦可,不成亦可。

【注释】《不广》。前一"必"指一定。后一"必"指肯定。时:时机,天时。广:废。成就大事一定要合于天时,但人事上一定要尽心。尽了心,成与不成都不会遗憾。

【解析】聪明人要干成一件事,一定会尽力去创造各种成功的条件。如果说他没有尽力,导致了事情的失败,则他的内心肯定会懊悔不已,产生如王安石《游褒禅山记》中"力不尽"而止的遗憾。

三代所宝莫如因,因则无敌。

【注释】《贵因》。三代:指夏商周。因:即因势、因时的意思。万事能因其性,则万事能成。

【解析】自荀子提出"人定胜天"的观点后,后人对此便有两种解释。一种是人们能够把握大自然的脉搏,从而与大自然一起跳动,生生不息;一种是用人的力量改变大自然的脉搏,叫大自然按人的预想来加快或放慢它的进程。但无论采取何种方式,都必须因时顺势。

世易时移,变法宜矣。

【注释】《察今》。法应因时因世而变。

【解析】变革是社会前进的动力。社会是不断发展的,法也必须符合社会发展的规律,不能一成不变。

有道者之言也,不可不重也。

【注释】《先识》。要重视有道之士所说的话。

【解析】有道之士有深厚的历史文化底蕴,加上自己的智慧与思考,便可以高瞻远瞩。他们一言或可以兴国,或可以覆鼎。他们的话君主不得不重视。

有道之士,必礼必知,然后其智能可尽也。

【注释】《观世》。知:理解。必须理解并礼待有道之士,他的智能才能彻底发挥。

【解析】君主为国家计,应以"去俗甚远"的礼节来善待有道之士,使千里马能为我所用。

智亦有所不至。所不至,说者虽辩,为道虽精,不能见矣。

【注释】《悔过》。辩:宏辩。精:微妙。见:明了。谋臣的意见再高明,君主的智力达不到,也不能被采纳。

【解析】此句是说君主之所以不能接受臣子的远见卓识,是因为"智不至"。这有两种状况,一是君主的智力低下,反应迟钝;二是君主的智力过人,刚愎自用,自命不凡,听不进人言。而后一种往往居多,正因为如此,齐桓公九合诸侯,却不信仲父之言,亲近竖刁、易牙,以至死后三月不葬,蛆虫流尸;秦穆公千里袭郑,不信蹇叔忠告,终至丧师。

诚能决善,众虽喧哗而弗为变。

【注释】《乐成》。决:决定。善:善事、善人。喧哗:此指诽谤攻击。

【解析】贤明的君主在认定一个人才后,就放手让他发展,决不因众人的议论而动摇对他的信心。魏文侯信任乐羊而成大功就是一例。

治乱存亡,其始若秋毫,察其秋毫,则大物不过矣。

【注释】《察微》。秋毫:动物的毫毛,一年中秋天最细微,比喻极微小的事。物:此指事。

【解析】治乱兴亡之迹,当然不可能像高山与深谷、白日与黑夜一般差异分明,使人能一眼判断出是是非非。大事往往是由极细微的萌芽逐渐发展起来的。这就要求政治家们在观察事物时,不仅毫厘不差,而且洞若观火,及时判断出处于萌芽状态的事情起因,努力把灾祸消灭于细微之时,这样大的灾祸也就无从谈起了。

凡人必别宥然后知。

【注释】《去宥》。别:弃。宥:同"囿",指有所拘泥而见识不广。

【解析】人之所以不知,是因为视野不广阔,因而不能进行清醒的思考、准确的判断。

名正则治,名丧则乱。

【注释】《正名》。治乱的关键在于是否正名。

【解析】名家学派讲"正名",因为"名"是依"刑"来定的,有名分职责之意,认为名分不合于法,就会引起职责不清,越俎代庖,这样判定是非、贤与不肖,就失去了客观标准,从而使得君王昏乱,社会无序,而那些巧辩之人则凭着如簧之舌,信口雌黄,把善说成不善、贤说成不贤,颠倒黑白是非,从而使得天下大乱。所以天下要治,必先正名。

静者无知,知乃无知,可以言君道也。

【注释】《君守》。君道:为君之道。

【解析】法家认为,为君要修其数,行其理,在静中求得数、理,所以主张闭门静居,自己的欲望不外泄,外人的欲望不能入,这样达到无识无事的地步。只有无识无事,臣下才能恪尽职守,不敢懈怠,职责分明而万事有条不紊。这样天下将繁荣而昌盛,君贵而臣荣。

失之乎势,求之乎国,危。

【注释】《慎势》。势:即在上之势,优势。失去了在上之势,而想保有国家是不可能的。

【解析】这是法家之言,说君王一定要保持各方面的优势。如果失去了优势,就像吞舟的大鱼被搁到了陆地,连小蚂蚁都敢欺侮你。以众凌寡可以,以寡欺众不行;以重压轻可以,以轻压重就不行。位尊则说话有人听,法威则奸邪不敢进,万乘之君命令千乘之君行,反之则不行。所以,君臣的名分要确定、职责要分明,不能使臣下的权势过重。这样君主就能保持优势,坐稳江山。

一则治,异则乱;一则安,异则危。

【注释】《不二》。异:不统一。

【解析】法家以为,治国必须用一家之言。春秋战国时期,老子讲柔,孔子讲仁,墨子讲廉,关尹讲法,众说纷纭,使人昏惑不知所从。只有统一法令,才能使万民同俗,万众一心。不论愚智工拙,工作时都能竭力尽能;不论勇怯强弱,打仗时都能同进同退。这样,没有什么事不能成功。

人主出声应容,不可不审。

【注释】《审应》。出声:说话。应容:应人以容,即对人所说话的面部反应。

【解析】大凡贤明睿智的君主与臣下论事时,是不先发表意见的,他定是静听臣下畅所欲言,并且臣下议论时,采取虚怀若谷的态度,而不显现对于哪一方感兴趣而喜形于色。因为君主是高高在上的,掌握着生杀大权,你的"出声应容"不慎,则可能被一些善于察言观色、见风使舵之徒利用。这样你的耳目所见皆合你意,使你昏惑,无形中压抑了那些不同的声音,只见树木而不见森林。

圣人相谕不待言,有先言言者也。

【注释】《精谕》。谕:明白。圣人之间不用言语就可明白彼此要说什么。

【解析】人说"心有灵犀一点通",相互之间相处时间较久,共事多,彼此间的一举手一投足就能相互明白;而圣人,凭着阅历的丰富、人性的共同点,通过观察人,不用言语也可以互相明白心志。

言者,以谕意也。言意相离,凶也。

【注释】《离谓》。言是表达意的,言不达意,就危险了。

【解析】言是表达意的,言如果不能表达意,说出的话就言不由衷,那就危险了。

察而以达理明义,则察为福矣;察而以饰非惑愚,则察为祸矣。

【注释】《不屈》。饰:粉饰。惑:误。

【解析】只要察天下之道是为了达理明义,则这种察有利于百姓,能造福于百姓,可以保留。如果察是为了文过饰非,迷惑百姓,则察是祸害,要坚决取缔。

立功名亦有具,不得其具,虽贤过汤、武,则劳而无功矣。

【注释】《具备》。具:工具,即条件。

【解析】要立功名,必须条件具备,条件不具备,即使像汤、武这样的大贤人,也只能是劳而无功。伊尹曾经为庖厨,姜太公曾做隐士去钓鱼,不是不贤不智,而是条件不具备。

布衣人臣之行,洁白清廉中绳,愈穷愈荣。

【注释】《离俗》。布衣:平民百姓。绳:规矩。百姓人臣行事,进退符合道,行为清廉,则愈穷愈荣耀。

【解析】两袖清风、廉洁公正的官,愈穷愈能显示其正直。

动必缘义,行必诚义,俗虽谓之穷,通也;行不诚义,动不缘义,俗虽谓之通,穷也。

【注释】《高义》。缘:由。诚:成。通:亨通。

【解析】君子的穷达观与俗人不同,他们一举一动必合于义,行事则必使义成。孔子虽说"富而可求也,虽执鞭之士,吾亦为之",但又说"不义而富且贵,于我如浮云"。所以,孔子困于陈、蔡而弦歌不断。达亦乐,穷亦乐,他们认为因义而穷,穷就是达、就是通。如果功不当赏,就是赏也不要;罪当罚,就是赦也不乐。因不当而通,则通就是穷、就是困。他们行事只以是否有利于国、有利于主,是否无愧于心为标准。这就是他们讲的义。

严罚厚赏,此衰世之政也。

【注释】《上德》。衰世:没落之世,这里指乱世。严罚厚赏,是乱世之政。

【解析】太平盛世民风淳厚，奸邪自然潜息，根本用不上严罚重赏，所以说：严罚重赏，只是乱世或没落之世才施行的。

民无常用也，无常不用也，唯得其道为可。

【注释】《用民》。役使人民要妥当。

【解析】古人睁着困惑的眼睛注视着战国时期纷乱复杂的兴亡画卷，思索着为什么同样的人民，背叛桀纣而归顺汤武。在这以民为本的社会，君如何役使民，民便会归附于君？作者认为，君使民不以其道，无爱心，不顺其性，民就会背叛君，使他灭亡。

威不可无有，而不足专恃。

【注释】《用民》。加威于民不可过分。

【解析】古人认为，治民要用威，但用威一定要有所施，即先以仁义治之、爱利安之、忠信导之，为民除灾致福，这样才能得民的信任，建立威信。如果对民没有爱利之心，而一味恃威而行，则桀纣就是榜样。

使民无欲，上虽贤犹不能用。

【注释】《为欲》。使：假使。

【解析】君主定要使人有欲，有欲则可能犯矢冒死，赴汤蹈火而不辞，这样君主就可利用其欲而自利。所以，"善为上者，能令人得欲无穷"，从而使"人之可得用亦无穷"。

君子责人则以人，自责则以义。

【注释】《举难》。君子要求人，从常人之性出发；要求自己，则从义出发。

【解析】齐桓公用戚宁时，臣下因为戚宁是卫国人，不知其底细，要求打听。桓公说：打听肯定有小缺陷，因小缺陷而否定他整个人，这正是做君主的失掉天下士人的原因。所以他不同意臣下的提议。用人只要避其短而取其长，就能使得"人尽其才"。

废其非君，而立其行君道者。

【注释】《恃君》。非君：不行君道的人。废去不行君道的人，而立行君道的人为君。

【解析】伊尹学派认为，古人因为单个人对抗不了自然，不能保证生命安全，所以群居群处。为了大家的利益，又选立出君王，所以君王之道是为大家谋福利，也因为此，天下亡国多少，而君道不废。如果君王不能为天下谋福利，就是不行君道,就要把他废掉,而改立能为百姓办事的人做君王。

天下之士也者,虑天下之长利。

【注释】《长利》。为天下所敬仰之士,考虑的是天下的长远之利。

【解析】伊尹学派不但认为有道的君主应以天下百姓为重,有道的士也应以天下的长远利益为计。他们要求天下之士即使现在有数倍的好处,如果不利于后世也决不干。他们赞美那些眼光远大的人,而鄙弃那些目光短浅的人。

达士者,达乎死生之分,则利害存亡,弗能惑矣。

【注释】《知分》。达士知道了为何生为何死,所以利害存亡都不能使他迷乱。

【解析】孟子说:"生亦我所欲也,义亦所我欲也,二者不可得兼,舍生而取义者也。"孔子说:"无求生以害仁,有杀身以成仁。"仁义,是志士的人生理想。伊尹学派要求达士知生死之分,认为命是不知所以然的,只能靠义来判断。合于义,则能视死如归;不合义,以死要挟也不会屈服。

治川者决之使导,治民者宣之使言。

【注释】《达郁》。宣:疏导。

【解析】人说"防民之口,甚于防川"。治川不采用疏导的方法,而一味地阻截,那么积水越来越多,总有塌溃之时。国家治理不当,君王举止失措,百姓必然有怨言。如果不让百姓把心里话说出来,则百姓憋在心里,怨恨之情越积越深,等到有一天,必然像洪水一般倾泻而下。君王要使臣下畅所欲言,以臣下作为自己的镜子,使百姓有话就说,把百姓作为自己行为的评判标准,这样才能拭去身上的污点,减少错误。

人主之行,与布衣异,势不便,时不利,事仇以求存。执民之命,重任也,不得以快志为故。

【注释】《行论》。势:形势。执:掌执。志:心志。仇:仇敌。

【解析】在春秋战国那个战乱时期,大国称王称霸,小国不断灭亡。小国就如人家案板上的鱼肉,随时有被宰割吞吃的危险。作为小国之君,一来负有保国继嗣的职责,二来掌握着全国百姓的性命,在大国的夹缝里生存,不得不小心翼翼、殚精竭虑地去讨好大国。小君主的日子真是委屈为难之至。目睹了战乱危亡的士人,同情并深深地理解他们,已经不把它视作大节有亏了,进而把能否保国守民作为判断小国君主贤否的标准。

亡国之主,必自骄,必自智,必轻物。

【注释】《骄恣》。亡国之主,一定是因为自骄、自以为聪明,从而轻视一切人所导致的。

【解析】这是士从自身利益出发所说的话。因为君主自骄,一定慢士;自智,一定专横。而士所期望的无非是得到君主的礼遇,因之而展现自己的才能,成就一番功业。君主一旦自骄自智,无疑是堵塞了士的晋升之路。士在为自己打算的同时,也道出了一些治国的真理。

圣人之所以过人,以先知,先知必审征表。

【注释】《观表》。征:特征。表:表现。圣人先知的原因在于善于抓住特征、表现而识人识意。

【解析】"上古竞于道德,中世逐于智谋,当今争于气力。"所谓智谋,讲白了无非是一些莫测高深的奸诈阴谋罢了。士为了为君所用,一定会隐匿真心而投君所好,君不能不洞悉其情而取优去劣、赏善罚恶。君有好恶,为了使自己的权力更加牢固,一定会处心积虑地剪除异己。臣下不得不察言观色,以保全身家性命,而这些心与心的较量是一场智力的较量。胜者可以成王侯将军,败的可能亡身亡国。这就要求士和君王能够从对方的一言一行中准确地判断出其内心真正的意图。

天下之贤主,岂必苦形愁虑哉?执其要而已矣。

【注释】《察贤》。苦形愁虑:指形体疲惫,殚精竭虑。

【解析】人们判断君主的好坏,以他是否"勤政爱民"为标准。君王下功夫在择贤、任贤、用贤上,万事由臣下处理,自己不必亲自过问,事成则赏,事败则罚。这样,百官各尽其职,君主安逸而天下大治。事必躬亲,结果可能也会把国家治好,但却使自己骨瘦形销,疲惫不堪。

圣王通士,不出于利民者无有。

【注释】《爱类》。通:通达。利民:使民爱利。

【解析】惠施流派认为,爱他物,却对人不仁,不算仁;不仁爱他物,却对人仁爱,还可算作仁。仁就是对于同类的仁爱,所以称得上圣王通士的,其所作所为无不是为了他的同类,即百姓的利益。如果不是,他就不算圣王,不是通士。

力贵突,智贵卒。

【注释】《贵卒》。突:突发。卒:通"猝",原指狗突然从草丛中出来赶人,这里指快速。

【解析】兵家讲究速度,要求凡事快,不仅决策中讲急智,而且在实用中也讲急智。帅应运用智慧快速地下定决心,并攻击敌人疏忽的方面。只有快才能保持锐气,才能使战争的损耗降到最小。

君子计行虑义,小人计行期利。

【注释】《慎行》。计行:准备行事。虑:考虑。期:期望,这里亦指考虑。

【解析】君子立身行事,总是先考虑是否合义;小人立身行事,总是先考虑是否会带来好处。所以,君子总是心安理得,从而得到人们的拥护,而小人却因为心怀鬼胎,终日忐忑不安。

使人大迷惑者,必物之相似也。

【注释】《疑似》。大:特别。

【解析】传说墨子走到歧道上时大哭,因为此道可以南可以北,似向南又似向北。君主最害怕的也是这个。那些博闻强辩的人是否真的是通达之士,那些信誓旦旦的人是否真的忠心耿耿,都得详细考察辨别。

强大未必王也,而王必强大。

【注释】《一行》。

【解析】这里谈的是强大与王的关系问题。强大不一定都能成王,要想成王,除了强大外,还必须具备其他条件。王依赖什么能成,无非是威与利。不强大则无威,无威则不能令出必行。不强大则无利,无利则不能使民尽力,只有威盛利大,才能使得群臣效命。如果不知道如何用威用利才能使民得到好处,则威利反而起了反作用。所以,想成就一番王霸之业的,应重视这句话。

得言不可以不察。

【注释】《察传》。得言:听到别人的话。

【解析】孔子说:"学而不思则罔。"弟子从老师那里听到的都应思考,不思考就会迷惑。听到别人的话,必须仔细地分析,一定要从人情、物理甚至实践出发来进行有意识的判断。

贤主所贵莫如士,所以贵士,为其直言也。

【注释】《贵直》。贤主所看重的没有比士更重要的,因为他能直言国君的过失。

【解析】一代明君唐太宗说:以铜为镜可以正衣冠,以史为镜可以知兴亡,以人为镜可以明得失。士不论祸福只讲理义,可以揭露校正君王的过失,所以贤明的君主贵士。

乐不适则不可以存。

【注释】《过理》。乐:取乐。取乐过分,则国必亡。

【解析】伊尹学派说,君王是为大众的利益才产生的。那些争王争霸者,追求权势富贵,一旦他们的取乐超出一定范围,国家就会灭亡。

贤者之事也,虽贵不苟为,虽听不自阿,心中理然后动,必当义然后举,此忠臣之行也。

【注释】《不苟》。苟为:指不合于礼。自阿:自作阿媚之态以取悦于君王。

【解析】此句说忠臣虽然为君王所倚重,但不合礼的事不干,虽然君王对己言听计从,但决不自作阿谀之态,一举一动一定要合于理、合于义。

贤者善人以人,中人以事,不肖者以财。

【注释】《赞能》。善人:与人亲善相好。以人:以人的为人之道。事:治事。财:富有财物。

【解析】贤明的人与人相好,是看中他的为人之道;平常的人与人相好,是看中他能为自己办事;不肖的人与人相好,是看中他的钱财。所以,管仲虽然贫穷,但鲍叔仍然固执己见要桓公以管仲为相,因为他能为公子纠射杀小白(桓公),就能为桓公射杀别人,这是他的忠君之道。沈尹茎一定让荆王任命不能与世俗相融洽的孙叔敖为令尹,因为孙叔敖能行信义。

存亡安危,勿求于外,务在自知。

【注释】《自知》。外:自身以外。

【解析】此句说君主只要让臣下纵言自己的过失,自己就能知道自己的缺陷,不断地完善自我,纠偏补漏,长保江山,不必再苦心求什么别的。

所归善,虽恶之赏;所归不善,虽爱之罚。

【注释】《当赏》。所归:所归附于己。恶:厌恶。善:好。爱:喜爱。

【解析】主上的赏罚是否得当是关系到民心所向、天下兴亡的大事,不得不谨慎。阴阳家说:"凡赏非以爱之也,罚非以恶之也。"法家说:"至治之国,有赏罚而无喜怒。"善或不善才是赏罚的真正标准。

先王知物之不可两大,故择务,当而处之。

【注释】《博志》。两大:指面面俱到。择:选择。务:事。当:适当。处:此处指施行或存有。人干事不可能面面俱到,要成功,就要选择适当紧要的事情干。

【解析】人的精力有限,只能选择要紧的事务办,所以先代一些圣王心中一存大志,就一定剪除那些杂念。智力平庸之辈,却往往贪多,不自量力,结果一事不精,百事不成。

事多似倒而顺,多似顺而倒。

【注释】《似顺》。倒:逆,颠倒。

【解析】万事万物,有利就有弊,有弊就有利。老子说:"善者,不善者之师;不善者,善者之资。"善与不善是共存而统一的,聪明人能从顺中看到逆,从逆中看到顺;从尺中看出短,从寸中看出长。如奢华一方面显出富贵与大度,一方面预示衰亡与堕落一样。

骥骜绿耳背日而西走,至乎夕则日在其前矣。

【注释】《别类》。骥骜绿耳:均是良马。背:背对。

【解析】骥骜绿耳背对着日头向西猛跑,以为日在它后面,然而天黑时,日头仍在它前面。这则寓言说明有些人强于口舌之辩,往往犯理论与实际相违背的错误,从而指出"物多类然而不然",让君主知道应以什么样的态度来对待那些舌辩之士。

贤主有度而听,故不过。

【注释】《有度》。度:法度,此处指季子流派的不为私。贤主不为私利,所以无过。

【解析】季子学派认为,人主之所以有过是不能够体察人情人性。人主不知道这个道理而一味搜求珍玩奇宝,从而使心意不通,德道不达。只要心中有个"度",就能执一统万,使天下大治。

先王用非其有,如己有之。

【注释】《分职》。贤明的君主能用自己不具备的才能或事物,就如同自己具有的一样。

【解析】君主只要懂得执"天下万物各俱其职"这个"一"就可以"统万"。"执一"则无智,无智能使用众人智。无智便无能,无能便使用众能。尽忠职守之人,就用天下的爵与禄赏之,反之则罚之。这样就能使众智众能以及天下的爵禄之士为自己服务。

愚之患,在必自用。

【注释】《士容》。愚人的病根在于刚愎自用。

【解析】有许多人,听到别人说话绝不相信,以自己内心的想法为是,这是刚愎自用。又有许多人,听到别人说话就以为是真理,而不按实际情况加以验证,这也是刚愎自用。他们所犯的错误都在于应信而不信,不应信而信,不知道以客观实践作为标准、以人情世故作为依据,进行灵活合理的判断。

先圣王之所以导其民者,先务于农。

【注释】《上农》。导:教化。早期的圣王教化百姓的首要任务是使其务农。

【解析】战国时期,出现了以许行为代表的农家,他们为了宣传其学说著书立说。他们认为,务农的目的不是为了利,而是"贵其志"。务农能使民"朴",这样好为上使用,且能使民有恒产而重迁徙,从而不轻易背叛君主,叫战就战,叫守就守。反之,民舍本而逐末,如经商之类,就会变得智巧而易迁,不利于君主的统治。

天下时,地生财,不与民谋。

【注释】《任地》。下:降。谋:商量。

【解析】农家学派从重农的观点出发,总结了一些务农的经验,认为上天降下四时,地因时而能生财,君主不应在适于农耕稼穑之时,使民多服徭役,而使民失时。民也不应在此时置办别的事业。由于上天并不与民商量何时冬、何时春,所以不论君主还是人民都应适时而动,失时则无功而受饥荒。

兵 家 类

千 古 韬 略
高 人 奇 谋
运 筹 帷 幄
决 胜 千 里

《孙子兵法》

　　《孙子兵法》,孙武撰。孙武,字长卿,春秋末年齐国人,生卒年月未见史载,约与孔丘同时期人。《孙子兵法》又称《孙武兵法》,《吴孙子兵法》,简称《孙子》,是中国古代最著名的兵书,也是现存最早的一部兵书,宋代朝廷颁定的"武经七书"之一。它由孙武草创,后经门下弟子整理而成,约成书于春秋战国之交,原书13篇。《孙子兵法》在战国末期和汉初已经流行,当时流行的就是"十三篇"文本,"世俗所称师旅,皆道《孙子》十三篇"(《史记·孙吴列传》)。到汉成帝时,任宏论次兵书,定著《吴孙子兵法》82篇,图9卷。但后来由于各个朝代的增删补佚,最后完整地流传下来的仅有13篇。

　　今存《孙子兵法》约5900字,共13篇:第一《始计篇》,主要论述研究和谋划战争的重要性,通过战略运筹和主观指导能力的分析,以求得对战争胜负的预见,提出了"五事""七计""兵者,诡道也""攻其无备,出其不意"等军事原则;第二《作战篇》,主要讨论物力、财力、人力与战争的关系,提出了"兵贵胜,不贵久"的速胜思想和"因粮于敌"的原则;第三《谋攻篇》,主要论述"上兵伐谋"的"全胜"思想,提出了"知彼知已,百战不殆"的著名军事规律;第四《军形篇》,主要论述战争必须具备客观物质力量即军事实力,讲"先为不可胜,以待敌之可胜";第五《兵势篇》,主要论述在军事实力的基础上,如何正确实行作战指挥问题,通过灵活地变换战术和正确地使用兵力,造成锐不可当的有利态势;第六《虚实篇》,主要论述作战指挥中要"避实击虚""攻其必救""因敌而制胜",讲用"示形"欺骗敌人,调动敌人而不被敌人调动;第七《军争篇》,主要论述争取战场主动权的问题,提出"兵以诈立,以利动,以分合为变""避其锐气,击其惰归"的军事原则;第八《九变篇》,主要论述根据各种战场情况灵活运用军事原则的问题,提出"必杂于利害""君命有所不受"的思想;第九《行军篇》,主要论述行军、宿营和作战的组织指挥及利用地形地物,侦察判断敌情的问题;第十《地形篇》,主要论述地形的种类与作战的关系及在不同地形条件下的行动原则,还提出"视卒如爱子"的观点;第十一《九地篇》,主要论述九种不同作战地区及其用兵原则,提出"兵之情主速,乘人之不及,由不虞之道,攻其所不戒"的突然袭击的作战思想;第十二《火攻篇》,主要论述火攻的种类、条件和实施方法；第十三《用间篇》，从战略高度论述了使用间谍的重要性，提出先知敌情"不可取于鬼神"，"必取于人"的朴素唯物主义观点。

《孙子兵法》词约意丰，内容博大精深，揭示了战争的一般规律。在军事哲理方面，《孙子兵法》含有朴素的唯物论和辩证法思想，它十分强调政治、经济在战争中的作用；贯穿于全书的"知彼知己，百战不殆"的思想，至今仍是科学真理；它重视人事，反对天命，不信鬼神；它含有弱生于强，强在于弱的矛盾转化思想，"在利思害，在害思利"的辩证分析的思想，"兵无常势"的发展变化思想等。在战略战术方面，它重视战略谋划，反对轻易用兵，主张"慎战""全胜""不战而屈人之兵"；它把战略的内容归纳为"道、天、地、将、法"五个要素，指出将帅只有深刻了解、确实掌握这几个战略要素，才能够打胜仗；它强调战术的灵活性，提出"兵无常势""因敌制胜"，要根据不同的时间、地点、作战对象而采取不同的打法等战略思想。在军队建设方面，《孙子兵法》非常重视将帅的地位和作用，把具有"仁、信、智、勇、严"五个条件的将，看作是决定战争胜败的五个战略要素之一；主张文武兼施，刑赏并重，以法治军等。当然《孙子兵法》也存有糟粕，如在认识论、方法论方面，有一些唯心论和形而上学的成分；在历史观方面，过分夸大将帅的作用，提倡愚兵政策等，都是应该批判的。

《孙子兵法》在唐朝时传到日本，18世纪传到欧洲，相继出现了法、英、德、俄等译本，目前世界各国大都有自己的译本。《孙子兵法》被推崇为"兵学圣典""东方兵学的鼻祖""武经的冠冕"，在世界军事史上占有突出的地位。同时，在我们今天的商战中以及对人际关系的处理上，《孙子兵法》都具有重要的借鉴意义。

兵者,国之大事,死生之地,存亡之道,不可不察也。

【注释】《始计》。兵:可作兵器、军队、战争等解释,这里指的是战争。战争是国家的大事,它关系着人民的生死、国家的兴亡,不可不慎重地加以考虑。

【解析】这反映了新兴地主阶级注重战争的思想,是符合当时以武力推翻奴隶主阶级腐朽统治的历史要求的。它与儒家以"仁义"为幌子,极力反对进步战争的态度是完全对立的。

道者,令民与上同意也,可与之死,可与之生,而不畏危。

【注释】《始计》。道:就是使民顺从君主的意志,可以同生共死,而不怕任何危险。

【解析】孙武在论述制胜条件时,把"道"列为"五事"的首位,认识到新兴地主阶级要夺取战争胜利,首要的是革新政治,做到"令民与上同意"。这样,才能够在战争中使民众和士卒"与之死""与之生",而不"畏危",为其效力。

将听吾计,用之必胜,留之;将不听吾计,用之必败,去之。

【注释】《始计》。将:助词。计:计算,判断。如果听从我的判断,用兵作战一定能够胜利,我就留下;如果不听从我的判断,用兵作战必定失败,我就辞去。

【解析】此句强调将帅在战争过程中的指导作用。君王能够知人善用,充分发挥将帅的优势和特长,将帅才能在战争中运兵自如,灵活指挥作战,在战斗中取得胜利。

计利以听,乃为之势,以佐其外。

【注释】《始计》。计:估计,判断。佐:辅助。既已估计条件有利决定用兵了,还要造成一种"势",作为取胜的辅助条件。

【解析】孙武强调战争决策一经定下,将帅就要根据情况,"因利而制权",造成有利的作战态势,充分调动各方面的人力和物力,激励士兵的士气,达到战斗的最佳状态。

攻其无备,出其不意。

【注释】《始计》。攻击对方没有防备的地方,超出他的意料之中。

【解析】孙武提出"兵者,诡道也",即兵不厌诈的主张,要求将帅善于以各种手段隐蔽自己的意图,迷惑引诱敌人,给对方造成错觉,以便"攻其无备,出其不意"地打击敌人。

夫未战而庙算胜者,得算多也;夫战而庙算不胜者,得算少也。多算胜,少算不胜,而况于无算乎!

【注释】《始计》。庙算:庙,即宗庙,古代君主兴师命将时,必先在宗庙里举行仪式,并召开军事会议讨论作战计划,然后出师,称为庙算。未战以前预计可以取胜的,是因为得胜的条件多;未战以前预计不能取胜的,是因为得胜的条件少。胜利条件多的就能取胜,胜利条件少的就不能取胜,何况毫无胜利的条件呢!

【解析】战前的策划准备是取得战争胜利的重要条件,只有根据敌对双方的兵力部署情况,及其部队的真实情况做出正确的决策,才能在对敌斗争中取胜。

久则钝兵挫锐,攻城则力屈,久暴师则国用不足。

【注释】《作战》。旷日持久,就会使军队疲困,锐气挫伤,攻城就会耗尽力量。长期从事战争,就会使国家经济困难。

【解析】孙武指出了持久作战的不利因素。他着重从战争对人力、物力、财力的依赖关系分析,并进而指出如果国用不足、士兵疲困,就会异常危险。

夫钝兵、挫锐、屈力、殚货,则诸侯乘其弊而起,虽有智者,不能善其后矣。

【注释】《作战》。殚:竭尽。如果军队疲困,锐气挫伤,经济枯竭,别的国家就会乘机进攻,(在这种情况下)即使有杰出的将领,也想不出什么挽救的办法了。

【解析】此句同样指出了久战之兵的危险,不仅军队士气低落,国内补给不足,而且会给其他诸侯国以可乘之机。因此,孙武提出"速胜"的观点。

兵闻拙速,未睹巧之久也。夫兵久而国利者,未之有也。

【注释】《作战》。用兵作战只听说过用直截了当的办法去争取速胜,从来没有见过用巧妙持久的办法而能取胜的。战争持久而对国家有利,这是从来没有的。

【解析】孙武认为,宁可指挥虽拙而求速胜,也决不为求稳妥而旷日持久。孙武参加的吴军破楚入郢之战就是这一战略思想的绝好说明。当时如果楚军封锁义阳三关,前后夹击,吴军将处于十分被动的地位。

不尽知用兵之害者,则不能尽知用兵之利也。

【注释】《作战》。尽:彻底,透彻。不透彻了解用兵的危害,就不能透彻了解用兵的好处。

【解析】做任何事情均有其利弊,只有清楚地了解事情的弊端,才能在实际操作中避免其弊端,达到趋利避害的目的。

善用兵者,役不再籍,粮不三载,取用于国,因粮于敌,故军食可足也。

【注释】《作战》。役:兵役。籍:户籍。善于用兵的人,不重复征兵,不多次运粮,武器装备从国内补给,粮秣就从敌国征用,这样军用粮秣就可以满足了。

【解析】孙武为了解决战争需要与后方补给困难的矛盾,提出"因粮于敌"的原则,主张力争在敌国就地解决给养问题。

智将务食于敌,食敌一钟,当吾二十钟,萁秆一石,当吾二十石。

【注释】《作战》。钟:古代的容量单位,六十四斗为一钟。萁(qí):同"其",豆类的秆。秆:禾类的秆。石:古代120斤为一石。聪明的将帅应该从敌国补给粮食。因为吃敌人一钟粮食,可以抵得上国内运来的二十钟;用敌人的一石饲料,可以抵得上国内运来的二十石。

【解析】此句进一步指出了"因粮于敌"的重要意义。它不仅弥补我军运粮不便、补给不足的缺陷,而且还能使敌军丧失补给,进而打乱敌人的军事部署,战胜敌人。

杀敌者,怒也;取敌之利者,货也。

【注释】《作战》。杀伤敌人,只是由于愤怒,真正从敌人手中夺得的利益是物资。

【解析】杀伤敌人,只是为了发泄积压在心头的愤怒而已,而进行战争的目的,则是尽可能多地获取利益。

兵贵胜,不贵久。

【注释】《作战》。用兵贵在速胜,而不在于持久。

【解析】孙武认为,当时的实际是社会生产力水平低下,交通运输不便,加之战争规模扩大,动辄"日费千金",如果久拖,必然"屈力殚货",并且其他诸侯国也随时可能袭击。在这种情况下,孙武提出速胜战略思想,有其一定的道理。

百战百胜,非善之善者也;不战而屈人之兵,善之善者也。

【注释】《谋攻》。百战百胜,不能算是最高明的;不经战斗而迫使敌人降服,才是最高明的。

【解析】孙武强调"不战而屈人之兵,善之善者",并把它作为普遍的战争指导原则,是不切客观实际的。因为战争中,"伐谋""伐交"纵然是对敌斗争中不可缺少的重要手段,但这要与"伐兵"的军事手段相配合,才能发挥其作用,从实质上讲仍是"战而屈人之兵"。

上兵伐谋,其次伐交,其次伐兵,其下攻城。

【注释】《谋攻》。用兵的上策,是运用谋略取胜,其次是运用外交取胜,再次是歼灭敌人军队,下策才是强攻城池。

【解析】孙武提出了运用政治、外交谋略来战胜敌人的思想,这种思想在当时诸侯国间战争中占有非常重要的地位。因为战前的政治外交活动,既可以联络小国,同时也可以亲近大国,即使发生战争也可以免除后顾之忧。

善用兵者,屈人之兵而非战也,拔人之城而非攻也,毁人之国而非久也。

【注释】《谋攻》。善于用兵作战的人,降服敌人的军队而不用交战,夺取敌人的城邑而不靠硬攻,毁灭敌人的国家而不靠旷日持久的作战。

【解析】此句强调善于用兵之人所应具有的素质,能够不战而屈人之兵,并且善于运用谋略,采取巧妙灵活的战术,直接迅速地战胜敌人。

用兵之法,十则围之,五则攻之,倍则分之,敌则能战之,少则能逃之,不若则能避之。

【注释】《谋攻》。用兵的方法是,十倍于敌就合围它,五倍于敌就进攻它,一倍于敌就设法分散敌人而各个击破它,敌我兵力相当就要能抗击它,兵力比敌人少就要摆脱它,条件不如敌人就避免交战。

【解析】孙武主张在优势情况下与敌作战,反对在劣势情况下与敌硬拼,这种观点是正确的,并且他还强调要根据敌对双方兵力对比的不同而采取不同的战术。

小敌之坚,大敌之擒也。

【注释】《谋攻》。弱小的军队如果固守硬拼,就会成为强大敌人的俘虏。

【解析】孙武指出,在势力悬殊的情况下,与敌相拼,只能成为敌军的俘虏。真正的指挥家要善于避敌锋芒,击其虚弱。

以虞待不虞者胜。

【注释】《谋攻》。虞,准备。用预先有准备的军队对付没有准备的敌人,就能胜利。

【解析】此句强调有准备的军队对没有准备的敌人必将取得胜利。如若事先有准备,则是在对敌军较为全面了解的基础上,能够有针对性地攻击敌人的虚弱之处,以己之强攻敌之弱,必然取胜。

知彼知己,百战不殆。

【注释】《谋攻》。殆:危险。了解敌人而又了解自己,百战不败。

【解析】在这里,孙武用简洁、鲜明的语言,指明了战争指挥者对敌我双方情况了解和认识与战争胜负之间的关系,揭示了战争的普遍规律。孙武的这一思想,是很可贵的。

不可胜在己,可胜在敌。

【注释】《军形》。不可被战胜,在于对自己的全面了解;能够战胜敌人,在于敌人有了疏漏。

【解析】这是根据"知彼"与"知己"而提出来的。了解敌人绝没有了解自己那么充分、那么全面,只有在全面了解自己的基础上,根据自己的虚实状况做出正确的决策、进行充分的准备,才能不被战胜。以此为基础,伺机攻敌虚弱之处,便可战胜敌人。

善战者,能为不可胜,不能使敌之必可胜。

【注释】《军形》。善于指挥作战的人,能够做到不被敌人战胜,而不能使敌人一定被我所战胜。

【解析】此句同样指出,善于指挥的人,能够充分根据自己的优势特长,排兵布阵,做好准备,从而不被敌人战胜。但是对敌军的了解不充分,就根本不可能随心所欲地去攻击敌人、战胜敌人。

善守者,藏于九地之下,善攻者,动于九天之上,故能自保而全胜也。

【注释】《军形》。九地:极言其深。九天:极言其高。善于防守的人,深沟高垒好像把兵力藏在深深的地下一样;善于进攻的人,迅速猛烈好像活跃在高高的天空一般,所以他既能保全自己,又能取得全胜。

【解析】这里论述了攻守与"自保而全胜"的问题,指出"善守者"使敌无形可窥、无隙可乘,"善攻者"使敌措手不及,无法招架。这样,就能达到"自保而全胜"的目的。

善战者,立于不败之地,而不失敌之败也。

【注释】《军形》。善于作战的人,总是使自己先立于不败之地,并且不放过任何一个打败敌人的机会。

【解析】孙武指出,只要使自己立于不败之地,待机破敌的可能性总是存在的。他的这一思想,强调以自己的实力为基础,不放过任何可能战胜敌人的战机,既是稳妥的,又是积极的。

胜兵先胜而后求战,败兵先战而后求胜。

【注释】《军形》。打胜仗的军队,都是先具备了胜利的条件再去交战。打败仗的军队,总是先和敌人交战再去寻求胜利。

【解析】这是孙武"慎战"思想的体现。他强调军队应该进行充分的准备,并且创造一切有利于自己的战争条件,具有了必胜的把握之后再进行战争。

凡战者,以正合,以奇胜。

【注释】《兵势》。指挥作战,总是用"正"兵与敌人接触,用"奇"兵取得胜利。

【解析】此句强调"正"与"奇"配合运用,才能在战场上取得事半功倍的效果。孙武这一思想是对当时战争的总结,利用正兵正面接触,迷惑敌人,使敌不知所措,然后利用奇兵突然袭击,打乱敌军部署,"正""奇"配合,战胜敌人。

战势不过奇正,奇正之变,不可胜穷也。奇正相生,如循环之无端,孰能穷之哉!

【注释】《兵势》。作战不过奇正,可是奇正的变化却是无穷无尽的。奇正相生,就好像循环转动那样没有始终,谁能使它穷尽呢?

【解析】孙武认为,"战势不过奇正",而"奇"与"正"的关系则是相变相生的,"奇"可以变为"正","正"可以变为"奇","奇正之变,不可胜穷也"。高明的将帅能随着情况的变化而变化奇正战法,善出奇兵,打败敌人。

善战者,其势险,其节短,势如彍弩,节如发机。

【注释】《兵势》。彍(kuò):拉满。善于作战的人,他所造成的形势是险峻的,其冲击节奏是急骤的。形势险峻得像拉满的弩,节奏急骤得像触发弩机。

【解析】此句强调"势"的重要作用。此处的"势"指的是充分发挥将帅的指挥能力,以自己的军事实力为基础,造成一种猛不可当,压倒敌人的有利态势。在这种态势下,士卒就会勇不可当,充分发挥战斗力,战胜敌人。

纷纷纭纭,斗乱而不可乱;浑浑沌沌,形圆而不可败也。

【注释】《兵势》。在人马纷纭交错的混乱情况下进行战斗,必须使自己的军队不至于混乱。在敌情不明的情况下作战,就应布成圆阵,才不至于失败。

【解析】"兵以静胜",善于作战的部队面对敌人的强大而不惧怕,更不会溃败,且能在混战中以静制动,克敌制胜。而在对敌军情势不了解的情况下,应力求自保,伺机胜敌。

乱生于治,怯生于勇,弱生于强。

【注释】《兵势》。要知道严整可以转化为混乱,勇敢可以转化为怯懦,坚强可以转化为虚弱。

【解析】孙武揭示了"乱"与"治","怯"与"勇","弱"与"强"的辩证关系。它们之间可以在一定条件下互相转化。善于指挥的将帅能够使军队纪律严明,奋勇杀敌,形成强大的军事力量,而不善于指挥的将帅,则会令治者乱、勇者怯、强者弱。

治乱,数也;勇怯,势也;强弱,形也。

【注释】《兵势》。严整或混乱是由编制和战斗编组的优劣决定的。勇敢或怯懦是由形势的好坏产生的。坚强或虚弱是由力量对比形成的。

【解析】这里指出造成"治乱""勇怯""强弱"的原因。这种总结对当时军事上的部署和指挥均有一定的借鉴意义。它能给当时军事统治者以警醒,使其能够预先有针对性地做好准备,在战场上取胜。

善动敌者,形之,敌必从之;予之,敌必取之;以利动之,以卒待之。

【注释】《兵势》。善于调动敌人的人,显示某种假象,敌人就会听从调动;给予某些小利益,敌人就会被诱上当;以小利引诱敌人,以主力歼灭敌人。

【解析】为了"造势""任势",孙武强调要"示形""动敌"。他认为,这是出奇制胜的重要手段。

善战者,求之于势,不责于人,故能择人而任势。

【注释】《兵势》。善于指挥作战的人,利用形势去寻求胜利,而不苛责部属,所以他能量才用人,利用形势。

【解析】此句强调"任势"的重要作用,指出善于指挥作战的人,要充分利用形势,尽可能地造成有利于自己的作战态势,调动一切力量取得胜利。

凡先处战地而待敌者佚,后处战地而趋战者劳。故善战者,致人而不致于人。

【注释】《虚实》。凡先到达战场等待敌人交战的就安逸,后到达战场仓促应战就疲劳。所以,善于指挥作战的人,总是设法调动敌人而不被敌人调动。

【解析】以逸待劳,避实就虚,就能"致人而不致于人"。善于指挥的人,应该充分发挥自己的主观能动性,争取战斗的主动权,调动敌人而不被敌人调动。

能使敌人自至者,利之也;能使敌人不得至者,害之也。故敌佚能劳之,饱能饥之,安能动之。

【注释】《虚实》。能使敌人自动前来的,是设法利诱它;能使敌人不能前来的,是设法妨害它。所以,敌人闲逸,要能使它疲劳;敌人粮足,要能使它挨饿;敌人安稳,要能使它移动。

【解析】充分调动敌人在于能使敌人疲于奔命。善于为将的人,应利用自己的有利条件,给敌人以致命打击。

出其所不趋,趋其所不意。

【注释】《虚实》。进出于敌人所不去的地方,奔向敌人意料不到的地方。

【解析】孙武认为,应该出其不意,击敌之虚,以夺取战争的胜利。他的这一军事原则,历来为进步军事领袖所推崇,至今仍有极强的生命力。

善攻者,敌不知其所守;善守者,敌不知其所攻。

【注释】《虚实》。善于进攻的人,敌人不知道防守什么地方好。善于防御的人,敌人不知道从什么地方进攻好。

【解析】善攻的人,能够根据自己的实力,在对敌军充分了解的情况下,攻击对方不注意防守的或不易守住的地方,而善守的人,能够守住敌人不敢攻且不易攻破的地方。

进而不可御者,冲其虚也;退而不可追者,速而不可及也。

【注释】《虚实》。进攻而敌人无法抵抗的,是因为冲着敌人虚弱的地方;退却而敌人无法追击的,是因为我军行动迅速使敌人追赶不上。

【解析】此句强调要抓住时机,迅速主动地攻击敌人的虚弱之处,绝不能因行动迟缓而贻误战机。

形人而我无形,则我专而敌分。

【注释】《虚实》。既要察明敌人情况,又要隐蔽我军行迹。这样,我军的兵力就可以集中,而敌人的兵力就不得不分散。

【解析】通过"示形"的手段,来欺骗敌人,诱使敌军暴露其形迹,而自己不露形迹,使敌不知虚实,捉摸不定。那么,敌军必然分兵防守,力量受到削弱,而我军集中一处,以实击虚,取得胜利。

寡者,备人者也;众者,使人备己者也。

【注释】《虚实》。兵力少是处处防敌的结果,兵力多是使敌人处处防我的结果。

【解析】此句指出"寡""众"的辩证统一。自己集中兵力进攻,而敌军分散防守,那么我军虽寡亦众;如果我军处处防御敌人,那么虽众亦寡。孙武提出的这一观点是正确的,这就要求善战的人注意调动敌人,使敌军兵力分散,而自己的军队专一集中。

策之而知得失之计,作之而知动静之理,形之而知死生之地,角之而知有余不足之处。

【注释】《虚实》。认真分析敌情,研究敌人计谋的得失。调动敌人,以掌握敌人行动的规律。使用各种侦察手段,以了解敌人所占地形的优势。进行战斗侦察,以了解敌人兵力配备的虚弱。

【解析】要采取各种手段来了解敌军的虚实、兵力配备情况等,进而制定自己的作战方案。只有知彼知己,才能在战场中有针对性地攻击敌人的虚弱缺陷之处,才能避开其锋芒,取得胜利。

形兵之极,至于无形。

【注释】《虚实》。作战方式灵活到了极点,就可以做到不露一点形迹。

【解析】要采取灵活多样的作战方式,使敌军"不知其所守",也"不知其所攻"。如抗日战争时期,在日军的后方,我游击队灵活作战,采取各种战术,出其不意,攻其不备,歼灭了日军大量的有生力量,迫使日军改变了战争策略。

因形而措胜于众,众不能知;人皆知我所以胜之形,而莫知吾所以制胜之形,故其战胜不复,而应形于无穷。

【注释】《虚实》。把根据形势变化而制敌取胜的办法,摆在众人面前,众人也不能深刻地认识它。人们只能认识到我用以取胜的作战形式,而不能认识到我为什么要采取那种形式。因此,每次战胜都不要重复使用某一种作战形式,而是随着情况的变化而不断变化。

【解析】从战争表面看,似乎有些战争的打法是完全一样,但实际上它所采取的策略完全不同。因此,善于作战的人,应根据敌我形势的变化,灵活地采取战略战术,以胜敌于无形。

水因地而制流,兵因敌而制胜。

【注释】《虚实》。水由地形的高低制约其奔流的方向,用兵根据敌情的变化而采取制胜的方法。

【解析】以水的流动"避高而趋下""因地而制流",来说明军队也同样应"避实而击虚"。孙武这一思想,对于如何正确地选择作战目标、作战方向和指导军队的作战行动,具有重要价值。

军争之难者,以迂为直,以患为利。

【注释】《军争》。军争之所以难,就在于要把迂回的道路作为捷径,要把不利的条件变成有利。

【解析】孙武认为,在作战过程中,如何先敌占领战场要地和掌握有利战机,是两军相争中最重要、最困难的问题。但是只有真正懂得了"以迂为直,以患为利",才能采取表面上不利于己的手段来欺骗迷惑敌人,做到"后人发,先人至"。

兵以诈立,以利动,以分合为变者也。

【注释】《军争》。用兵作战要以诡诈方法取得成功,为造有利的形势而行动,以分散和集中作为变化的手段。

【解析】孙武认为,要采取欺诈的手段达到进军的目的,并且要不断"分合"变化使用自己的兵力。这些对当时的战争有一定的指导意义,即使今天的战斗也多借鉴这一原则。

人既专一,则勇者不得独进,怯者不得独退,此用众之法也。

【注释】《军争》。军队的行动统一了,那么,勇敢的人就不得独自前进,怯懦的人也不得独自后退了。这就是指挥军队作战的方法。

【解析】在战场上,军队的行动要统一。个人的力量是微弱的,但统一可攻敌于无形,而分散则会互相制约,不能充分发挥整体的战斗力。

三军可夺气,将军可夺心。

【注释】《军争》。对于敌人的军队,可以打击它的士气;对于敌人的将军,可以动摇他的决心。

【解析】两军对垒,攻心为上,必须从士气上、心理上打击敌人,使它懒于或疏于防范,从而在进攻中屈人之兵,使敌军自乱。

朝气锐,昼气惰,暮气归。

【注释】《军争》。军队的士气有三种状态,当其旺盛的时候,有如朝气那么锐利;当其懈怠的时候,有如昼气那么衰弱;当其疲惫的时候,有如暮气那么消沉。

【解析】孙武分析了士气的三种不同表现形态。它犹如一天的三个时段,早晨青春勃发,生命旺盛,是士气最为旺盛的时期;昼气则已失去其敏锐的锋芒,开始衰落;而暮气是一天的结束,将走向衰亡。善战的人应以自己的朝气攻敌之暮气。

归师勿遏,围师必阙,穷寇勿追。

【注释】《军争》。敌人撤兵回国不要拦击,合围敌人必须留个缺口,对于穷途末路的敌人不要急于追迫。

【解析】这一观点,反映了孙武军事思想不彻底的一面,是其阶级局限性的表现。实际上应依据具体情况来做出决定,否则会贻误战机。解放战争中,在渡江战役之前,蒋介石希望通过谈判来隔江而治,当时毛泽东认清形势写出了"宜将剩勇追穷寇,不可沽名学霸王"的著名诗句,表现出其对战争的态度,不给国民党军队以喘息的机会。

智者之虑,必杂于利害。

【注释】《九变》。聪明的将帅考虑问题,必须兼顾利害两个方面。

【解析】这是孙武的一个重要思想。他要求将帅必须做到全面地看问题,在有利的形势下要看到不利的方面,在不利的条件下要看到有利方面,这样才能趋利避害,防患未然。

屈诸侯者以害,役诸侯者以业,趋诸侯者以利。

【注释】《九变》。要使诸侯屈服于我,就要用各种手段去损害他;要使诸侯被我所役使,就要诱使他去从事劳民伤财的事业;要使诸侯听从我的调动,就要用利益去引诱他。

【解析】这是从维护诸侯国自身的利益出发而提出的观点,带有明显的阶级局限性。孙武指出,要使诸侯投降自己,可以采取各种手段,甚至不惜劳民伤财。

用兵之法,无恃其不来,恃吾有以待之也;无恃其不攻,恃吾有所不可攻也。

【注释】《九变》。用兵的方法,不要寄希望于敌人不会来,而要依靠我们的严阵以待;不要寄希望于敌人不会进攻,而要靠我们牢不可破的防守。

【解析】这是孙武在备战思想上提出的观点。他强调在任何时候都不要把希望寄托在敌人"不来""不攻"上面,而要充分准备,使敌人无机可乘、无懈可击。显然,这种观点是积极的、有价值的。

凡军好高而恶下,贵阳而贱阴,养生而处实;军无百疾,是谓必胜。

【注释】《行军》。配置军队力争占领高地,力避处于低地,最好是向阳,最坏是阴湿。环境要卫生,补给要便利。部队不生疾病就是胜利的保证。

【解析】孙武提出部署军队时所应注意的问题,强调部队占据有利地形,才能进可以攻,退可以守,才可能事先立于不败之地而后伺机取胜。

兵非贵益多也,唯无武进,足以并力、料敌、取人而已。

【注释】《行军》。兵力并不是愈多愈好,只要不盲动冒进,且能够集中兵力、判明敌情、战胜敌人就够了。

【解析】这里提出兵不在多而在于精的观点。孙武认为,并不是兵力越多越好,而是要能够集中兵力,协调行动,这样虽寡亦强,也能战胜敌人。历史上著名的以少胜多战役,说明并不因兵力众多就每战必胜。

令之以文,齐之以武,是谓必取。

【注释】《行军》。一方面要用体贴和爱护使他们心悦诚服,另一方面要用严格的纪律使他们行动整齐,这样才能每战必胜。

【解析】此句提出治军的原则,在于"令之以文,齐之以武",要求将帅既能注重平时对士兵的体贴关怀,又善于在战场上指挥军队,并用严明的纪律约束士兵,使士兵行动整齐,这样才能每战必胜。

令素行以教其民,则民服;令不素行以教其民,则民不服。

【注释】《行军》。平素教育士卒严格执行命令,他们就会服从命令;平素不教育士卒严格执行命令,他们就不会服从命令。

【解析】此句提出训练士卒应该严格,应在平时的训练中,树立将帅的威信,这一观点是正确的。只有注重平时的严格训练,士卒才能在战场上有令必行、有禁必止。将帅和士卒才能协调一致,共同战胜敌人。

进不求名,退不避罪,唯人是保,而利合于主,国之宝也。

【注释】《地形》。作为一个将领,前进不是为了追求个人的名誉,后退也不逃避自己应负的责任。一切都是为了保民,利于国家,这种将领就是国家的宝贵财富。

【解析】孙武强调将帅要深刻认识自己在战争过程中的重大责任,一切要以争取战争胜利为目的,只要合于新兴地主阶级的根本利益,就应"进不求名,退不避罪"。

视卒如婴儿,故可与之赴深谿;视卒如爱子,故可与之俱死。

【注释】《地形》。爱护士卒要像爱护自己的婴儿一样,就可以率领他们去赴汤蹈火了;对待士卒要像对待自己的爱子一样,就可以和他们同生共死了。

【解析】这种思想反映了新兴地主阶级在反对奴隶主阶级的过程中,不能不借助于民众的力量。尽管孙武强调的目的仅仅在于使士卒"与之俱死",但较之奴隶主阶级肆意虐待士卒,无疑是一个进步。

厚而不能使,爱而不能令,乱而不能治,譬如骄子,不可用也。

【注释】《地形》。一味溺爱而不能驱使他们,一味疼爱而不能指挥他们,违法乱纪而不能惩治他们,就像娇惯了的孩子,是不能用于作战的。

【解析】孙武强调对士卒要严格要求,不可过分地"厚""爱",以免把军队培养成"骄子"一般而不能打仗。

知兵者,动而不迷,举而不穷。

【注释】《地形》。懂得用兵的人,行动准确无误,措施变化无穷。

【解析】此句指出用兵的基本要求。只有目标明确,方向一致,才能用兵专一集中。而战术灵活多样,才能使敌军不知其所守,亦不知其所攻。

知彼知己,胜乃不殆;知天知地,胜乃可全。

【注释】《地形》。了解敌人,了解自己,胜利一定不会成问题;懂得天时,懂得地利,胜利才可以确保。

【解析】这里概括了指导战争的普遍原则,有其重要价值。只有充分了解敌人,了解自己,并且根据天时和地利的因素,才能知其可为和不可为,才能准确及时地采取措施,远避祸患或是取得胜利。

兵之情主速,乘人之不及,由不虞之道,攻其所不戒也。

【注释】《九地》。用兵的诀窍,贵在行动迅速,乘敌人来不及采取措施的时候,从它意料不到的道路,进攻他没有戒备的地方。

【解析】这是孙武对当时战争的精辟概括。他认为,兵贵神速,方能出其不意,攻其不备。这种思想在现代战争中也有体现。如二战期间,日本偷袭珍珠港,令美军来不及抵抗,伤亡惨重。

投之无所往,死且不北,死焉不得,士人尽力。

【注释】《九地》。把军队置于无路可走的境地,他们就是死也不会败退,人人拼死奋战,哪能不胜,生死关头,人人自会尽力而战。

【解析】孙武认为,士兵深临危地,就会无所畏惧,拼死作战,所谓置之死地而后生。这种观点有一定的局限性。

兵士甚陷则不惧,无所往则固,入深则拘,不得已则斗。

【注释】《九地》。士卒深临危地,就无所畏惧;无路可走,军心就会稳固;深入敌国,军心就不会涣散;迫不得已,就会坚决战斗。

【解析】这是从新兴地主阶级角度提出的观点,同样是指置之死地而后生。有了沉重的压力,部队才能够奋发图强,如同人有了压力,才能勤奋有为。

击其首则尾至,击其尾则首至,击其中则首尾俱至。

【注释】《九地》。(善于用兵的人,使军队就像蛇一样敏捷),打它的头,尾巴就来救应;打它的尾,头就来救应;打它的中间,头尾都来救应。

【解析】这就是兵书中所讲的"一字长蛇阵"。善于指挥军队的人,能够充分调动士兵的积极性,发挥他们的战斗力。当他们中的某些部位受到攻击,其他部位可以互相救应,打击敌人。

方马埋轮,未足恃也。齐勇若一,政之道也;刚柔皆得,地之理也。

【注释】《九地》。要想用拴起马匹,埋起车轮的办法来稳定军队是靠不住的。使军队齐心协力,才是统率军队所应遵循的原则。要使各种兵力、兵器都充分发挥其威力,那就要合理地利用地形。

【解析】形式上的简单连接,并不能使它整体强大,只有思想上的一致、内心的统一,才能缔造不倒的长城。

将军之事:静以幽,正以治。

【注释】《九地》。统率军队要沉着镇静而善于深思,严正而有条理。

【解析】这里指出统率军队所应具有的素质。要想从纷繁复杂的事物之中理出头绪,就得沉着冷静且善于思考。在大敌当前之时,要从容不迫,沉着应付。

施无法之赏,悬无政之令,犯三军之众,若使一人。

【注释】《九地》。犯:用。施行破格的奖赏,颁布非常的法令,指挥全军,就像使唤一个人一样。

【解析】此句提出赏罚应该分明,对于有功的人可以破格奖赏,对于违法的人必须严格处罚,同时应该严格地执行法令,从而使军队能成为一个团结的整体,指挥时才能灵活自如。

犯之以事,勿告以言;犯之以利,勿告以害。

【注释】《九地》。赋予下级任务,不须说明全部计划,只告诉他们有利的条件,而不告诉他们不利的条件。

【解析】这是从新兴地主阶级立场出发而提出的一种愚兵政策,指出士卒只应机械地服从命令,听从指挥,不能了解作战的实际情形,因而只是一种被动的作战方式,应该予以批判。

投之亡地然后存;陷之死地然后生。

【注释】《九地》。把军队投入亡地,然后才能生存;陷入死地,而后才能得生。

【解析】孙武及其所代表的新兴地主阶级,固然提出并采取一些爱护士卒的措施,但是封建地主阶级的本质决定了官兵不可能有完全共同的利害关系,也决定了以孙武为代表的封建地主阶级,要让士兵为其拼命,并提出"陷之死地然后生"的策略。

为兵之事,在顺详敌之意,并敌一向,千里杀将,是谓巧能成事。

【注释】《九地》。详:同"佯"。指导战争的原则,在于顺着敌人意图来愚弄他,而集中兵力,攻其一点。这就能长驱千里,擒杀其将。也就是说,巧妙地运用计谋就可以完成任务。

【解析】这里论述了两层意思:一是正确地选择进攻时机,一旦有机可乘,就要不失时机地开始行动;二是要选定主攻方向,集中兵力指向敌人既是要害而又虚弱的地方。具备了这两条,就使作战具有突然性,就"巧能成事"。

始如处女,敌人开户,后如脱兔,敌不及拒。

【注释】《九地》。当作战开始前,要像处女那样沉静,使敌不加防备;一旦发动起来,就要像逃跑的兔子一样迅速,使敌人来不及抗拒。

【解析】为了保障突然袭击的成功,一切军事行动的准备都要秘密地进行、巧妙地伪装,以诱骗敌人疏于防备,同时要抓住时机,集中优势兵力,快速作战,这样就能收到事半功倍的效果。

行火必有因,烟火必素具。

【注释】《火攻》。实施火攻必须具备一定的条件,火攻器材必须事先具备。

【解析】此句强调施行火攻必须具备一定的条件,才能以火佐攻,达到火攻的目的,同时必须充分准备火攻的器材,才能最大程度地发挥火攻的威力。

主不可以怒而兴师,将不可以愠而致战。

【注释】《火攻》。愠:含怒、怨恨。国君切不可因一时恼怒而兴兵,将帅也不可因一时愤恨而交战。

【解析】此句强调国君和将帅对战争要慎重从事,不可凭感情用事,轻率决定战争行动。这种慎战思想是可贵的,是先秦进步军事思想的共同点之一。

怒可以复喜,愠可以复说,亡国不可以复存,死者不可以复生。

【注释】《火攻》。说:通"悦"。愤怒可以恢复到欢喜,愤恨可以恢复到高兴,然而国亡就不能复存,人死就不能复活。

【解析】此句警告将帅必须慎重对待战争,绝不能由自己一时的喜怒而擅自发动战争,应该依据敌对双方的利益、实力而定,否则后果不堪设想。

先知者,不可取于鬼神,不可象于事,不可验于度,必取于人,知敌之情者也。

【注释】《用间》。要事先了解敌人情况,不能向鬼神问卜,也不能类比揣测,更不能用观察星象来判定,必须向了解敌情的人索取。

【解析】这是孙武朴素唯物主义思想的突出表现,与儒家唯心主义天命观和先验论是针锋相对的。他强调探知敌情必须向了解敌情的人打听,而不能主观臆断,求神问卜。

非圣智不能用间,非仁义不能使间,非微妙不能得间之实。

【注释】《用间》。不是英明圣贤的人不能使用间谍,不是仁慈慷慨的人不能利用间谍,不是精微巧妙的人不能取得间谍的真实情报。

【解析】此句强调使用间谍时,必须机智、果敢和精心细致,以防止被敌人欺骗和利用,偷鸡不成反蚀一把米,那样对自己的军队会异常危险。

《司马法》

　　《司马法》是"武经七书"之一,旧题司马穰苴撰。司马穰苴,其先人陈公子完奔齐,改姓田氏,因其任大司马之职故称司马穰苴,生卒年不详。《史记》称其为齐景公时人,《竹书纪年》载为齐威王时人,而《战国策》又说是齐闵王时人,本文以《史记》为据。《司马法》的具体成书年代也不详,大约成书于齐威王亲政的公元前348年至公元前341年之间。

　　今本《司马法》仅存5篇,其篇目和主要内容为:《仁本第一》,主要论述战争的性质、目的、起因和对战争的态度以及发动战争的动机,追述了古代的一些战法;《天子之义第二》,阐述君臣之礼,治国、教民和治军的不同方法,记述古代的一些作战形式、兵器配置、战车编组、旗语徽章、赏罚制度等;《定爵第三》,主要讲战争的准备、战场指挥、布阵原则、侦察敌情、战时法规等问题;《严位第四》,主要阐述战争战术和将帅指挥以及胜利后的注意事项等;《用众第五》,仍是讲战略战术及战场指挥等。

　　《司马法》包含有春秋以前的以及以后的军事原则,如"成列而鼓"等,但它更为丰富的内容是根据春秋末期和战国初的战争实践经验而提出的进步军事思想,概括起来主要有以下几点。

　　一、"相为轻重"的朴素辩证思想。就像《孙子兵法》将许多军事问题概括为"奇正"一样,《司马法》将战争中的诸多因素抽象为"轻重"这样两个对立统一的因素。《司马法》认为:"凡战,以轻行轻则危,以重行重则无功;以轻行重则败,以重行轻则战。故战,相为轻重。"也就是说,"以重行轻",轻、重相辅而成。它把统帅的战术指挥称为轻,战略指挥称为重,认为"上烦轻,上暇重",主张轻重相节,不可偏废。《司马法》认为,轻重又是可以相互转化的,指出"马车坚,甲兵利,轻乃重"。它的"轻重说"运用广泛,有时用于指挥号令,如"奏鼓轻,舒鼓重";有时运用于装备兵器,如"甲以重固,兵以轻胜"等。"轻重说"的另一层含意即是"杂",通过"杂"来扬长避短,取长补短,谋取优势。《司马法》指出:"行惟疏,战惟密,兵惟杂。""兵不杂则不利,长兵以卫,短兵以守。太长则难犯,太短则不及。太轻则锐,锐则易乱。太重则钝,钝则不济。"

　　二、"以战止战"的战争观。《司马法》的作者通过对春秋以来频繁战争的洞察,认识到要消除这种混战的状态,非用战争不可。所以,他极力支持正义战争。他所谓的正义就是指"安人""爱民",如指出:"杀人安人,杀之可也。""战道,不违时,不历民病,所以爱吾民也;不加丧,不因凶,所以爱夫其民也;冬夏不兴师,所以兼爱其民也。"他所说的爱民虽有一定的局限性,但这在当时却是具有进步意义的。另外,他还提出"国虽大,好战必亡;天下虽安,忘战必危"的重要思想。

三、以仁义为本的治军思想。《司马法》的仁义思想贯彻全书。对民施仁,"若使不胜,取过在己";对于被攻取之国,规定"无暴神祇,无行田猎,无毁土功,无燔墙屋,无伐林木,无取六畜、禾黍、器械。见其老幼奉归勿伤。虽遇壮者不校勿敌,敌若伤之,医药归之"。《司马法》把仁作为战争的最高策略,指出"以礼为固,以仁为胜"。

上述三条并不能全面概括《司马法》的军事思想,除此之外,还有其他一些具有进步意义的军事思想。如"难进易退""三军一人胜""赏不逾时""罚不迁列""教惟豫,战惟节"等观点,此处不一一介绍。

《司马法》不仅具有重要的理论价值,而且具有重要的史料价值。它关于三代的军赋、军法等军制资料被许多史家和兵家所征引;它的许多关于战争的锦言妙语广为传播,而且成为名言。

正不获意则权。权出于战,不出于中人。

【注释】《仁本》。正:通"政"。人:通"仁"。政治达不到目的时,就要使用权势,权势总是出于战争,而不是出于中和与仁爱。

【解析】政治与权势是达到某种目的的手段,通过政治解决不了的问题,往往要依靠权势的压制来实现。

杀人安人,杀之可也;攻其国,爱其民,攻之可也;以战止战,虽战可也。

【注释】《仁本》。杀掉坏人而使大众得到安宁,杀人是可以的;进攻别的国家,出于爱护他的民众,进攻是可以的;用战争制止战争,即使战争,也是可以的。

【解析】此句体现《司马法》中的战争观,它指出从仁爱出发,为了大多数人的利益,可以打击毁灭少数人的非正当利益。尤其是发动战争,只要是为了制止战争,爱护人民,就可以进行战争。

仁见亲,义见说,智见恃,勇见方,信见信。

【注释】《仁本》。说:通"悦"。君主应该以仁爱为民众所接近,以正义为民众所喜爱,以智谋为民众所倚重,以勇敢为民众所效法,以诚实为民众所信任。

【解析】此句提出君王被人民接受的几项要求,应该以"仁""义""智""勇""信"为准则。这是《司马法》中所推崇的五种美德,今天的领导人也应该借鉴其中的积极成分,为民众所接近、喜爱、倚重、效仿和信任。

国虽大,好战必亡;天下虽安,忘战必危。

【注释】《仁本》。国家虽然强大,好战必定灭亡;天下虽然太平,忘掉战争准备,必定危险。

【解析】发动战争,只能制造罪恶,为自己树立更多的敌人,所谓"得道多助,失道寡助",结果只能是亡国。但也不能因为天下太平就忘掉战争,要居安思危,否则就会有危险。

同患同利以合诸侯,比小事大以和诸侯。

【注释】《仁本》。合诸侯:指诸侯的集合、订盟。比:近,亲近之意。事:事奉,尊敬的意思。要以共同的利害来使诸侯联合起来,大国亲近小国,小国尊敬大国,和睦相处。

【解析】所谓唇亡齿寒,诸侯国只有互相依存,团结对敌,才能获得各自的生存和发展,离散则会导致灭亡。战国时期,秦灭六国的过程就是一个典型例子。六国先因团结对抗秦国得以生存,后因分散被秦所灭。

天子之义,必纯取法天地而观于先圣。士庶之义,必奉于父母而正于君长。

【注释】《天子之义》。天子正确的思想行为,应当是取法天地,借鉴古代君王。士人的正确思想行为,应当是遵从父母教训,不偏离君主和长辈的教导。

【解析】此句说明"天子之义"与"士庶之义"的不同来源。"士庶之义"应该来自于父母的训导,同时又不偏离君主和长辈的教导。

古者,国容不入军,军容不入国,故德义不相逾。

【注释】《天子之义》。国:朝廷。容:礼仪。古时候,朝廷的礼仪法度,不能用于军队,军队的礼仪法度,不能用于朝廷。所以,德和义就不会互相逾越。

【解析】"国容"与"军容"的侧重点不同,"国容"重在礼让,使国民和睦相处,而"军容"重在义勇,能使士卒奋勇杀敌,不相逾越,才能保持军队的独立性,才能灵活自如地运用战术。

上贵不伐之士,不伐之士,上之器也,苟不伐则无求,无求则不争。

【注释】《天子之义》。君主必须敬重不自夸的人,因为不自夸的人,是君主所宝贵的人才。如能不自夸,说明他没有奢望,没有奢望就不会和别人相争。

【解析】不自夸能被君王看重,是因为不自夸的人重在实际行动,重在脚踏实地地干事,而不是与别人争高下。

国中之听,必得其情,军旅之听,必得其宜,故材技不相掩。

【注释】《天子之义》。朝廷听取这些人的意见,一定能掌握真实情况,军队里能听取这些人的意见,事情就会得到妥善处理,这样有才能的人就不致被埋没了。

【解析】此句指出"不伐之士"的重要性,既有利于朝廷的正确决策,又有利于军队妥善处理事情。贤才可以被任用,国家就会变得昌盛。

从命为士上赏,犯命为士上戮,故勇力不相犯。

【注释】《天子之义》。对服从命令的人,上级要给予奖励;对于违抗命令的人,上级要给予制裁。这样,有勇力的人就不敢违抗命令了。

【解析】此句强调赏善罚恶的重要性。听从命令,服从指挥是军人的天职,而违抗命令,擅自行动则会给军队、国家带来不可估量的损失,对于这样的人必须加以惩治。

事极修,则百官给矣,教极省,则民兴良矣,习惯成,则民体俗矣,教化之至也。

【注释】《天子之义》。各项事业治理得好,各级官吏就尽到职责了。教育内容简明扼要,民众就容易学得好,习惯一经养成,民众就会按习俗行事了。这就是教育的最大成效。

【解析】此句指出了教民化俗的重要性。教育要依据民众的特点,灵活有效地采取一些措施,让民众在轻松的接触中就学到知识,培养兴趣,最终达到教民化俗的目的。

古者,逐奔不远,纵绥不及,不远则难诱,不及则难陷。

【注释】《天子之义》。古人用兵,追击败逃的敌人不过远,追踪主动退却的敌人不迫近。不过远就不易被敌人诱骗,不迫近就不易陷入敌人的圈套。

【解析】此句提出古人用兵的策略。敌人诱之以利,我们应不为所动,才能不至于陷入危险。不能只贪图眼前利益而使自己身陷牢笼,更不能贪图一时的快乐而使自己终身痛苦。

兵不杂则不利。

【注释】《天子之义》。各种兵器不配合使用,就不能发挥威力。

【解析】优秀的将帅在于能使各种兵器都发挥它的长处,避开它的不足,这样方能发挥兵器的威力,进退自如,不为兵器所羁。

师多务威则民诎,少威则民不胜。

【注释】《天子之义》。民:庶民,战时就是军队中的士卒。诎:同"屈",压抑。民诎:就是士卒受到压抑。治军过于威严,士卒就会受到压抑;缺少威信,就难以指挥士卒克敌制胜。

【解析】此句强调治理军队不仅仅只有威严,还要施以仁爱。太严,则会使士兵受到压抑,产生厌恶感,不严就会丧失威信。威严与仁爱,二者要有度,找到其最佳契合点,才能克敌制胜。

军旅以舒为主,舒则民力足。

【注释】《天子之义》。舒:徐缓。军队行动,以从容不迫为主,从容不迫就能保持士卒力量的充沛。

【解析】这是早期方阵战术进攻的特点。由于采用庞大的战车和步兵结合的方阵队形,要维持队形不乱,就必须在前进中不断整顿行列,即使交战也要"徒不趋,车不驰",与后来主张兵贵神速不同。

赏不逾时,欲民速得为善之利也;罚不迁列,欲民速睹为不善之害也。

【注释】《天子之义》。奖赏不要过时,为的是使民众迅速得到做好事的利益。惩罚要就地执行,为的是使民众迅速看到做坏事的恶果。

【解析】此句主张奖励和惩罚应该迅速。奖励是为了表扬为善的,同时鼓励民众积极向善。而惩罚是为了打击作恶的,让那些企图以身试法的人悬崖勒马。

大捷不赏,上下皆不伐善。上苟不伐善,则不骄矣,下苟不伐善,必亡等矣。

【注释】《天子之义》。大胜之后不颁发奖赏,上下就不会夸功。上级如果不夸功,就不会骄傲了;下级如果不夸功,就不会向上比了。

【解析】此句显示出《司马法》中对于军队胜利之后"奖赏"的一种态度。不进行奖赏,可以使将帅和士卒都认为取得胜利只是自己分内职责,没有必要夸耀什么,从而使将士没有过分的奢求,专心于本职工作。

大败不诛,上下皆以不善在己,上苟以不善在己,必悔其过,下苟以不善在己,必远其罪。

【注释】《天子之义》。大败之后不执行惩罚,上下都会认为错误是在自己。上级如果认为错误是在自己,必定决心改正错误;下级如果认为错误在自己,就必定不犯错误。

【解析】胜败乃兵家常事,奖赏胜者或惩罚败者并不是十分重要的,最重要的是要总结其成败的原因,从中吸取教训,让每一位将士都明白成功是自己的功劳,失败是自身的错误。

将心,心也;众心,心也。

【注释】《定爵》。将帅的意志和士卒的意志必须统一。

【解析】将帅意志和士卒意志的统一,是取得战争胜利的重要保证。从来没有将士不和而能在战场上取胜的例子。

教惟豫,战惟节。

【注释】《定爵》。训练重在平时,作战重在指挥。

【解析】只有注重平时的训练,加强其战斗力,在战场上将帅才能灵活自如地指挥,犹如学习,既要注重平时的学习,又要注重对知识的运用,这样才算是善学者。

将军,身也;卒,支也;伍,指拇也。

【注释】《定爵》。卒:古代军队编,一百人为卒。伍:五人为伍。把将军、卒、伍比作身体的一部分,说明只有协调一致,才能行动自如。

【解析】此句同样强调将军、士卒和伍的一致性。它们是完整统一、不可分割的,只有协调一致,在战场中才能进则同进,退则同退,应对自如。

凡战,智也。斗,勇也。陈,巧也。

【注释】《定爵》。作战指挥要用智谋,战斗行动要靠勇敢,军队布阵要巧妙灵活。

【解析】此句指出军队作战中,"战""斗""陈"的不同,概括比较精到。没有谋略的指挥家,只能是鲁莽的,战争也必然是失败的;不勇敢的军队在战场上只有退却,绝不可能战胜对方;若布阵是笨重的,只能是以己所短攻敌所长,结果必然失败。

用其所欲,行其所能,废其不欲不能。

【注释】《定爵》。力求实现自己的意图,也要量力而行,不要去做违反自己意图和力所不及的事。

【解析】力图实现自己的目的,要量力而行,不能以卵击石。所谓量力而行,就是在遵循客观规律的基础上,依据自己的实际能力来行事。

作兵义,作事时,使人惠,见敌静,见乱暇,见危难无忘其众。

【注释】《定爵》。兴兵要合乎正义,做事要抓住时机,用人要使恩惠,遇敌必须沉着,遇着混乱必须从容,遇着危险和艰难不要忘掉部队。

【解析】此句指出军队中应该注意的事情,合乎正义才能得到国民的理解和支持,把握时机才能先发制人,冷静才能运用谋略,静中求胜,而时刻以军队为虑、以国家为虑,将士才能奋不顾身。

居国惠以信,在军广以武,刃上果以敏。

【注释】《定爵》。治国要施恩惠、讲信用,治军要宽厚、要威严,临阵要果断、要敏捷。

【解析】此句概括了为国、治军、作战中的不同要求。治理国家要使人民得到实惠,受到人民的衷心拥护和信任;治理军队既要以威严来树立威信,又要以宽厚赢得士卒的信任和理解;而对敌人,要敏捷果敢,要英勇善战。

居国和,在军法,刃上察。

【注释】《定爵》。治国要上下和睦,治军要法令严明,临阵要明察情况。

【解析】此句同样指出为国、治军、作战要注意的事情。国内和睦,才能上下一致,同心协力,共同发展;以法治军,才能纪律严明,既无犯法之士,又无违令之禁;作战能明察情况,才能临阵不乱,从容应敌,取得战争胜利。

物既章,目乃明。虑既定,心乃强。

【注释】《定爵》。物:指旗帜。旗帜鲜明,部队才看得清楚。作战计划已经确定,决心就应坚定。

【解析】旗帜鲜明,部队才能有前进的方向,才能在战斗中有行动的目标。而作战计划一经决定,就必须坚决贯彻执行,而不能犹豫不决,似是而非。

容色积威,不过改意。

【注释】《定爵》。和颜悦色地讲道理或严厉地予以管教,都不过是为了使人改恶从善。

【解析】无论是和颜悦色地讲,还是严厉地教训,都只是希望人能够改恶从善的一种方式而已。

唯仁有亲。有仁无信,反败厥身。

【注释】《定爵》。厥:代词,他的。只有仁爱,才能使人亲近,但是只讲仁爱而不讲信义,反会使自己遭到失败。

【解析】讲仁爱的人,能够让人感到平易近人,令人感到亲切,因此值得信赖。但是只讲仁爱而失去信用,会令自己处在困厄之境。

凡战之道,位欲严,政欲栗,力欲窕,气欲闲,心欲一。

【注释】《严位》。栗:通"慄",畏惧,森严的意思。作战的一般原则,战斗队形中士卒的位置要严格规定,号令要森严,行动要敏捷,士气要沉着,意志要统一。

【解析】此句指出作战的基本要求,官兵应各司其职,协调一致,统一行动,绝不可以凭借一时的豪气,而不顾整个部队的组织和纪律。

远者视之则不畏,迩者勿视则不散。

【注释】《严位》。迩:近。对远处的敌人,观察清楚了就不会惶恐;对近处的敌人,要目中无敌,就会集中精力,进行战斗。

【解析】这是训练士卒的一种办法,要在战略上蔑视敌人,视其为无形;在战术上要重视敌人,以敌为重,才能集中精力,全力以赴地去攻击敌人。

人戒分日;人禁不息,不可以分食;方其疑惑,可师可服。

【注释】《严位》。对小部队下达的号令,半天以内就要执行;对个别人员下达的禁令,要立即执行,甚至不等吃完饭就要执行;要乘敌人尚在疑惑不定的时候,用兵袭击,可以征服他。

【解析】此句强调要迅速地做出反应,不能在时间上有所拖延。这样在战斗中才能抓住有利时机,给敌人以致命打击。

以力久,以气胜。

【注释】《严位》。凡兵力充实就能持久,士气旺盛就能取胜。

【解析】此句指出兵力和士气是军队能够取胜的两项重要条件。这就要求将帅要善于鼓舞士气,使军队具有旺盛的战斗力,并且能够充分调动士卒,使其成为一个完整的整体,具有强大的实力,在战争中取得胜利。

人有胜心,惟敌之视。人有畏心,惟畏之视。两心交定,两利若一。两为之职,惟权视之。

【注释】《严位》。人们都有了求胜之心,这时就应该着重研究敌情。人们都存畏惧之心,这时就应着重研究他们是畏惧什么?把求胜之心和畏惧之心都研究清楚,把两方面的有利条件都发挥出来。而对这两方面情况的掌握,就全在于将帅的权衡。

【解析】此句强调将帅的重要作用。将帅要能够根据彼此的情况,全面地去权衡战斗的利弊,从而做出正确的决定。

以轻行轻则危,以重行重则无功;以轻行重则败,以重行轻则战。故战,相为轻重。

【注释】《严位》。使用小部队对敌可能有危险,使用大部队对敌可能不成功。使用小部队对敌,大部队就要失败;使用大部队对敌,小部队就要迅速决战。所以作战是双方兵力的对比和较量。

【解析】这一观点有些偏颇,太多地注重了兵力数量对比在战争中的作用,而忽视了军队中官兵的战斗力以及战术运用对战争胜负的重要影响。

舍谨甲兵,行慎行列,战谨进止。

【注释】《严位》。驻军时要注意严整战备,行军时要注意行动整齐,作战时要注意进止有节。

【解析】这是早期战争的要求。但随着经济的发展和骑兵的投入使用等,这一战略要求就显得陈旧,不合时宜了。

敬则慊,率则服。

【注释】《严位》。凡是作战,谨慎从事就能达到目的,以身作则就能服众。

【解析】此句强调"慎战"和"为人表率"的重要作用,要根据实际情况,进行充分准备,坚决有序地进行战争,而不能盲目行动,轻率攻敌。

凡马车坚,甲兵利,轻乃重。

【注释】《严位》。只要兵车坚固,甲胄兵器精良,虽是小部队也能起大部队的作用。

【解析】这里强调军队装备的重要作用,同样有些偏颇,就以中国的解放战争为例,国民党可谓装备精良,既有飞机大炮,又有充足的物资补给,但在解放军小米加步枪的袭击中溃败。

上同无获,上专多死,上生多疑,上死不胜。

【注释】《严位》。将领喜欢随声附和,就不会有所成就。将领喜欢专横武断,就会多有杀戮。将领贪生怕死,就会疑虑重重。将领只知拼命,就不能取得胜利。

【解析】此句指出将领所应警戒的几种行为,要求有所作为的将领不能随声附和,应根据实际情况,做出自己的主观判断,更不能专断自私,贪生怕死,要具有博大的胸怀、远大的目标,决不能为了蝇头小利而丧失大局。

教约人轻死,道约人死正。

【注释】《严位》。一般作战,用法令约束人,只能使人不敢怕死;用道义感动人,才能使人们愿意为正义而死。

【解析】此句提倡用道义来约束军队,才能治理出无所畏惧、奋勇拼搏的军队,而用简单的法令来约束,只能使士卒被动地进行战斗。

三军之戒,无过三日;一卒之警,无过分日;一人之禁,无过瞬息。

【注释】《严位》。对全军下达的命令,三天之内就要贯彻执行;对百人小部队下达的命令,半天以内就要执行;对个别人员的指示,要立即执行。

【解析】此句强调下达的命令要准确及时地执行。只有准确及时,才能抓住有利战机,全面有效地去攻击敌人,给敌人以致命打击。

凡大善用本,其次用末。

【注释】《严位》。本:根本。末:末端。这里本指谋略,末指攻、伐、击、刺等。进行战争,最好的方法是用谋略取胜,其次才是用攻战取胜。

【解析】此句强调用谋略取胜才是"大善"。这与"上兵伐谋"的意思是一致的。这种思想观点的提出比先前只注重军队力量对比的战法有较大进步,它要求充分发挥人的主观能动性,依靠智谋来取得事半功倍的效果。

执略守微,本末惟权。

【注释】《严位》。必须掌握全局的形势,抓住具体环节,(以决定)是用谋略取胜还是以攻战取胜,这是作战时应该权衡的问题。

【解析】只有依据战场的全局情况,分析敌对双方的力量对比,才能做出正确的决策,采取有效的攻击办法,打击敌人。

凡胜,三军一人,胜。

【注释】《严位》。凡是胜利,都是由于全军团结得像一个人。

【解析】此句强调军队官兵团结统一、协调一致在战斗中的决定作用。官兵团结,才能发挥重要的作用,才能互相配合,发挥其长处,攻敌于无形。

凡战,既固勿重。重进勿尽,凡尽危。

【注释】《严位》。凡是作战,战斗力强就不要过于持重。即使兵力雄厚,进攻时也不要把力量一次用尽,凡是把力量用尽了的都很危险。

【解析】要能根据自己兵力的强弱,进行战斗,但注意要保存后备力量,不能全部都用上,同时在战斗中应该灵活有效地作战,不能太过持重。

凡战,非陈之难,使人可陈难,非使可陈难,使人可用难,非知之难,行之难。

【注释】《严位》。一般作战,不是布阵难,而是使吏卒熟悉阵法难,不是使吏卒熟悉阵法难,而是使他们灵活运用难。总之,不是懂得阵法难,而是实际运用难。

【解析】此句强调在战争中实际运用战术的重要性。它不只要求人能够纸上谈兵,夸夸其谈,而且要依据实际情况,灵活有效地采取措施,准确及时地攻击敌人。

人方有性,性州异,教成俗,俗州异,道化俗。

【注释】《严位》。各地的人各有其性格,性格随各州而不同。教化可以形成习俗,习俗也是各处不同。通过道德的教化就能统一习俗。

【解析】此句强调道德教化在化俗中的作用,这也在治军中有所体现,既要注重纪律,使士卒有令必行,又要以道德来教化士卒,使其衷心执行命令。

凡众寡,既胜若否。

【注释】《严位》。不论兵力大小,打了胜仗就要和没有打胜仗一样不骄不躁。

【解析】打了胜仗,要不骄不躁,如同没有打胜一样;要善于总结经验,作充分准备,以便将来取得更大的胜利。

心中仁,行中义,堪物智也,堪大勇也,堪久信也。

【注释】《严位》。思想要合乎仁爱,行为要合乎道义,处理事物要智慧,制服强敌要靠勇敢,长久地赢得人心要靠信任。

【解析】我们国家是礼仪之邦,向来注重礼仪,行事要合乎仁、讲究义,就连行军打仗也要遵循仁义原则,这样才堪称大智、大勇,才能长久被信任。

让以和,人以洽,自予以不循,争贤以为人,说其心,效其力。

【注释】《严位》。谦逊而和蔼,上下因而融洽,自己承担错误,而把荣誉让给别人,就能使士卒悦服,乐于效力。

【解析】行军打仗,讲究士气。唯有上下团结一致,长官善待士兵,领导有方,才能使士卒心悦诚服,乐于为其效力。

凡战,击其微静,避其强静;击其疲劳,避其闲窕;击其大惧,避其小惧,自古之政也。

【注释】《严位》。凡是作战,要进攻兵力弱小而故作镇静的敌人,避开兵力强大而沉着镇静的敌人;进攻疲劳沮丧的敌人,避开安闲轻锐的敌人;进攻非常恐惧的敌人,避开有所戒备的敌人。这些都是自古以来治军作战的办法。

【解析】攻打敌人虚弱之处,是用兵作战的方法之一,但具体用来又各不相同。避实就虚,知己知彼,方能百战不殆。

凡战之道,用寡固,用众治,寡利烦,众利正。

【注释】《用众》。指挥作战的要领,兵力弱小应力求营阵巩固;兵力强大,应力求严整不乱。兵力弱小利于变化莫测,出奇制胜;兵力强大利于正规作战。

【解析】扬长避短,根据自己实际情况做出布置,做到胸有成竹,不论用兵还是经商、行事,道理相同。所以,用兵时,若兵力弱小,应力求巩固阵营;兵力强大,应力求严整不乱,这样便能取胜。

凡战,设而观其作,视敌而举。

【注释】《用众》。一般作战,先摆好阵势,不忙于作战,看敌人怎样行动,再采取相应的行动。

【解析】作战要做周密计划,精心布置,不忙于应战,要做好充分准备,静观敌人行动,然后采取相应的行动。

攻则屯而伺之。

【注释】《用众》。屯:聚击,集中兵力的意思。如果敌人进攻,就看准敌人的破绽去打击他。

【解析】集中兵力攻打敌人破绽之处,使之方寸大乱,然后各个击破,定能大胜。

进退以观其固,危而观其惧,静而观其怠,动而观其疑,袭而观其治。

【注释】《用众》。用忽进忽退的行动,以观察敌人的阵势是否稳固;迫近威胁敌人,看敌人是否恐惧;按兵不动,看敌人是否懈怠;进行佯动,看敌人是否疑惑;突然袭击,看敌人阵容是否整治。

【解析】两军对垒,应运用自己的聪明才智,探其虚实,寻求攻破之法,或进退,或静观,或袭之。

击其疑,加其卒,致其屈。

【注释】《用众》。在敌人犹豫不决的时候打击他,乘敌人仓促无备的时候进攻他,使敌人战斗力无法施展。

【解析】在势均力敌之际,机遇对每方来说都至关重要,谁先抓住时机,谁就能趁其犹豫不决、仓促无备时攻之,使之无法发挥战斗力。

袭其规,因其不避,阻其图,夺其虑,乘其惧。

【注释】《用众》。袭击敌人并打乱他的部署,利用敌人冒险轻进的错误,阻止他实现目标,粉碎他既定的计划,乘他军心恐慌时歼灭他。

【解析】趁敌之不备之时,袭击他,打乱他的布阵,并能抓住敌人每一次失误,阻止他的企图的实现,粉碎他的作战计划,乘其军心恐慌之时一举歼灭他。

凡从奔勿息,敌人或止于路,则虑之。

【注释】《用众》。追溃败的敌人,一定不要让他停息。敌人如果在中途停止,就要慎重考虑他的意图。

【解析】面对敌人气势汹汹来犯,要做好迎战的准备。若敌人溃败逃跑,中途停止,则要考虑其目的。

凡近敌都,必有进路,退,必有反虑。

【注释】《用众》。迫近敌人都城的时候,一定要先研究好进军的道路;退却的时候,也一定要预先考虑好后退的方案。

【解析】在攻打敌人的都城时,一定要认真策划好进攻路线与撤退方案,因为敌人之都,是敌人熟悉之处,所以要考虑好,作好充分准备。

凡战,先则弊,后则慑,息则怠,不息亦弊,息久亦反其慑。

【注释】《用众》。作战,行动过早易使兵力疲惫,行动过迟易使军心畏怯,只注意休息会使军队懈怠,总不休息必然使军队疲困,休息久了,军队会产生怯战心理。

【解析】做事讲究恰到好处、点到为止,要掌握分寸。作战过早或过迟,休息不好或过多,都对行军不利。

书亲绝,是谓绝顾之虑。选良次兵,是谓益人之强。弃任节食,是谓开人之意。

【注释】《用众》。禁绝士卒和亲人通信,以断绝他们思家的念头。选拔优秀人才,授予兵器,以提高军队的战斗力。舍弃笨重装备,少带粮食,以激发士卒死战的决心。

【解析】作战方法固然重要,但是军队装备、士兵选拔以及士兵的精神状态,都会影响到作战。一支精良的部队,是一支综合素质较高的部队,古人已认识到这点,实为可贵。

《六　韬》

　　《六韬》是中国古代著名兵书，宋代颁定的"武经七书"之一，旧题周吕尚撰。吕尚，字子牙，原姓姜，周人称之为师尚父或太公望，为周初军事家、谋略家。但历代学者考证，认为就书中内容及文字结构而论，都不是殷周之际的作品，而是后人所伪托，约成书于战国时期。

　　关于《六韬》的篇目，《汉书·艺文志》著录为85篇，今存宋刻"武经七书"本只60篇，分为6卷，包括《文韬》《武韬》《龙韬》《虎韬》《豹韬》《犬韬》。

　　《六韬》"规模阔大，本末兼该"，内容非常丰富。《文韬》主要讲述了治国用人的政治战略；《武韬》着重论述了如何用兵的军事战略；《龙韬》阐述了军队的组织、奖惩、将帅的选拔和修养、军事秘密通讯、奇兵的运用、侦伺敌军的方法以及兵农合一的思想；《虎韬》主要讲述了各种特殊天候、地形及其他不利条件情况下的进攻和防御战术，并记述了古代武器装备的种类、形制、配制、作用和一般布阵原则；《豹韬》主要讲述森林、山地、河流、险隘地区作战和防敌突袭、夜袭以及遭遇战的战术；《犬韬》主要论述了军队的指挥调动、击敌时机、练兵方法、步车骑兵的组织协调和各自的战法等等。

　　《六韬》继承了它以前的兵家的优秀思想，又兼采诸子之长，所以思想内容很丰富。《六韬》在政治战略思想方面主张"同天下""天下同利"，反复强调"天下非一人之天下，乃天下人之天下"，"同天下之利者则得天下，擅天下之利者则失天下"；"重民""利民"，认为天下是属于民众的，因此"取天下"必须得到民众的拥护，强调"国之大务"在于"爱民"，要使"万民富乐而无饥寒之色"；"善于不争"，"削心约志"，其实质是轻徭薄赋，要求君主清静寡欲，不与民争利，"无取民者，民利之"，最后达到"取民"的目的；认为"上贤，下不肖"是治国之要道，具体阐述了举贤的标准和方法，明确提出了不能重用的十三种奸人，即"六贼七害"；认为"凡用赏者贵信，用罚者贵必"，提出了"杀贵大，赏贵小"的重要原则。

　　在军事方面，《六韬》主张"伐乱禁暴"，"上战无与战"，强调"知己知彼"，"密察敌人之机"，"形人而我无形"，"先见弱于敌"，要求战争指导者能依据实际情况，灵活运用战术，打击敌人。《六韬》重视客观环境对战术的影响，特别是地形、天候对战术的影响。它总结了各种兵的特点,具体指导他们采取有效的战略战术;重视对兵器的使用,取其所长,避其所短,真正做到人尽其才,物尽其用。对于秘密通讯,《六韬》也作了详细的说明,对将帅也提出了一定的要求,并提出了考察将帅的八条方法,即所谓的"八征"。

在军事哲理方面,《六韬》具有朴素的唯物主义思想,它一方面反对巫祝卜筮迷信活动,把它列为必须禁止的"七害"之一;另一方面又主张用天命鬼神去迷惑敌人,"依托鬼神,以惑众心"。它具有朴素的辩证法思想,初步认识到了矛盾的对立和转化,提出了"极反其常"的重要辩证法命题,对古代辩证法思想有重要贡献。它的许多军事思想都是建立在这一思想基础之上的,如"夫存者非存,在于虑亡;乐者非乐,在于虑殃","大智不智,大谋不谋,大勇不勇,大利不利","太强必折,太张必缺,攻强以强","无取于民者,取民者也",等等。

《六韬》是宋代颁定的"武经七书"之一,是先秦兵书中集大成之作,受到历代兵家的重视。它不仅文武齐备,在政治和军事理论方面往往发前人所未发,而且保存了丰富的古代军事史资料,如编制、兵器和通讯方式等,具有重要的理论价值和史料价值。同时,《六韬》也有许多糟粕,如《兵征》中的"望气"是一种迷信方术,等等。

钓有三权:禄等以权,死等以权,官等以权。

【注释】《文师》。君主收罗人才就像钓鱼一样,操有三种权术:用厚禄收罗人才,好像用诱饵钓鱼一样;用重赏收买死士,好像用香饵钓鱼一样;把不同的官位授予不同的人才,好像用不同的诱饵钓取不同的鱼一样。

【解析】这里用比喻的方法,形象地指明了君主统治天下的三种惯用手段,含有强烈的讽刺意味。

言语应对者,情之饰也;言至情者,事之极也。

【注释】《文师》。言语应付,是把真情掩饰起来了,能说真情实话,才是好事情。

【解析】常言道:言为心声。但实际上,表里不如一、言行不一致的情况却经常发生。这也从一个侧面反映了社会的复杂、人事关系的难以预料。

惟仁人能受正谏,不恶至情。

【注释】《文师》。只有仁德的人才能接受最直率的规劝,才不厌恶真情实话。

【解析】这说明"劝谏"与"受谏"是缺一不可的。唐太宗贤德,魏征得以畅其心怀,进行劝谏,君臣俱以美名传世;纣王无道,虽比干至贤至忠,但也难奏其效,唯死而已。

以饵取鱼,鱼可杀;以禄取人,人可竭;以家取国,国可拔;以国取天下,天下可毕。

【注释】《文师》。用香饵钓鱼,鱼可供烹食;以爵禄取人,人可竭尽其力;以家为基础而取国,国可为你所有;以国为基础而取天下,天下可全部征服。

【解析】出发点不同,手段不同,收到的效果迥然不同。这里强调君主治理天下,首先要具备开阔的眼界与气魄。

曼曼绵绵,其聚必散;嘿嘿昧昧,其光必远。

【注释】《文师》。嘿:通"默"。幅员广大,历时颇久的商王朝,它所积聚起来的东西,终归要烟消云散;不声不响,暗中准备的周国,它的光辉必定会普照四方。

【解析】这段话包含有朴素的唯物辩证思想,深刻地点出了朝代的更替是历史的必然,这在当时是十分难能可贵的。

天下非一人之天下,乃天下之天下也。

【注释】《文师》。

【解析】这句话能在当时条件下提出,实属不易。它表明我国人民的民主观念由来已久,人民群众为争取民主自由的斗争从来就没有停止过。

同天下之利者则得天下,擅天下之利者则失天下。

【注释】《文师》。擅:专,独揽。能和天下人同享天下利益的,就可以取得天下,独占天下利益的,就会失掉天下。

【解析】这与"得道多助,失道寡助"所阐释的道理基本一致,告诫君王要体察民情,不要骄奢淫逸、唯我独尊、滥用职权,否则必将失去天下。

天有时,地有财,能与人共之者,仁也;仁之所在,天下归之。

【注释】《文师》。天有四时,地有财富,能和人民共同享受的就是仁爱;谁有仁爱,天下就归谁。

【解析】这里宣扬儒家"仁"的思想,主张用"博爱"的精神去治理国家。这在当时是不可能办到的,但它的历史进步性却是显而易见的。

君不肖,则国危而民乱;君贤圣,则国安而民治,祸福在君,不在天时。

【注释】《盈虚》。君主不贤,则国家危亡而人民变乱,君主贤明,则国家太平而人民安定。所以,国家祸福在于君主贤与不贤,而不在于天命的变化。

【解析】这里包含有朴素的唯物思想,一针见血地指明了国家危乱与君主有极大关联,明显地摒弃了"天命论"思想,具有历史进步性。

所憎者,有功必赏;所爱者,有罪必罚。

【注释】《盈虚》。对厌恶的人,他有功必赏;对喜爱的人,他有罪必罚。

【解析】为政者不应将个人爱憎、个人私利带到国家治理当中,要实事求是。只有这样才能做到政治清明,贤愚分明,国泰民安。这种思想,在今天仍值得从政者借鉴。

利而勿害,成而不败,生而勿杀,与而勿夺,乐而勿苦,喜而勿怒。

【注释】《国务》。要给予人民利益而不要损害他们,要促进人民生产而不要破坏他们,要保护人民生命而不要杀害他们,要给予人民实惠而不要掠夺他们,要使人民安乐而不使他们痛苦,要使人民喜悦而不使他们愤怒。

【解析】这实际上是宣扬"民为贵,君为轻"的思想,指明君主统治国家要处处为人民的利益着想,以人民的利益为根本。这种思想具有显明的历史进步性。

为上惟临,为下惟沉。临而无远,沉而无隐。

【注释】《大礼》。作为君主,最重要的是能洞察下情;作为臣民,最重要的是能谦恭驯服。

【解析】此句虽然指明君主与臣民在国家治理中都负有责任,需要双方互相了解、配合,但是要求人民驯服的做法却明显地带有历史局限性。

安徐而静,柔节先定,善与而不争,虚心平志,待物以正。

【注释】《大礼》。君主要安详稳健而气质宁静,要柔和有节而胸有成竹,要善于与臣民协商问题而不固执己见,对人要谦虚而无私,处事要公正而不偏。

【解析】这是对贤明君主的期望,同时也是一般人为人处事的理想境界。它体现了中国古代哲学中的"中和之美"原则,即对"过"与"不及"都反对,向往一种和谐协调的关系。

勿妄而许,勿逆而拒。

【注释】《大礼》。不要轻率接受,不要因为意见不同而拒绝。

【解析】因时而为,因事而定,具体问题具体分析,这永远是办事的准则。反之,轻率、盲目则是办事的大敌。

高山仰止,不可极也。深渊度之,不可测也。

【注释】《大礼》。君主要像高山那样,使人仰慕效法。要像深渊那样,使人莫测其深。

【解析】这是君主神秘论,使得君主有一种君临天下、威仪四海的形象,以便对臣民实行统治。臣民们也由此服服帖帖,听从颐使,从而达到天下太平。这种思想具有一定的历史局限性。

目贵明,耳贵聪,心贵智。

【注释】《大礼》。眼睛贵在能看清事物,耳朵贵在能听到消息,头脑贵在能考虑周详。

【解析】耳目口鼻各司一职,富贱尊卑各占一行,评价人的作用与地位,应该因人而异,因事而论,牢牢把握住本质,不能一概而论。是眼睛,就用眼的标准去衡量;是耳朵,就用耳朵的标准去衡量,绝不可相互混淆。

以天下之目视,则无不见也;以天下之耳听,则无不闻也;以天下之心虑,则无不知也。

【注释】《大礼》。如果能使天下人的眼睛都去看,就没有看不见的事物;使天下人的耳朵都去听,就没有听不到的消息;使天下人的心思都去考虑,就没有考虑不周的事情。

【解析】事在人为,没有办不到的事情。但是由于各方面条件的限制,我们总是面临着许多困难,这就要求我们在处理事情的过程中,一定要从不同角度、不同立场进行多方面的考虑,不要老是以自己观点压抑他人思想。

义胜欲则昌,欲胜义则亡;敬胜怠则吉,怠胜敬则灭。

【注释】《明传》。正义胜过私欲,国家就昌盛;私欲胜过正义,国家就衰亡;勤恳胜过懈怠,国家就吉祥;懈怠胜过勤恳,国家就会灭亡。

【解析】这是对君主行为的一种期望,更是对社会风尚的一种普遍向往。要求正义、勤恳,反对私欲、懈怠,这自古以来都是一种立国、立身的准则,值得我们借鉴。

臣无富于君,都无大于国。

【注释】《六守》。臣民不得富于君主,城邑不得大于国都。

【解析】作臣民的不能比君主更富裕,普通城邑不得比国都更繁华、阔大,这是在竭力维护国君权威。古语说功高不可震主,说的也是这个意思。

无疏其亲,无怠其众;抚其左右,御其四旁。

【注释】《守土》。不可疏远家族,不可怠慢民众,要安抚近部,控制四方。

【解析】治理国家,如果能做到国内民众拥护,国外邦交正常,那么这个国家就能在安定、和平的环境中得到正常发展。遍观古今中外的朝代兴衰更替,莫不体现这一思想。凡兴旺、发达的朝代,都能做到内外安定,而衰亡、败落的朝代莫不是内忧外患,终至灭亡。

日中必彗,操刀必割,执斧必伐。

【注释】《守土》。彗:曝晒。太阳到了中午,要抓紧时间曝晒;拿起刀子就要抓住时机宰割;拿起斧子就要抓住时机砍伐。

【解析】该干什么事,就应抓紧时间,一鼓作气干完,最要不得的是干这件事时还考虑那件事,优柔寡断,这样就会把许多大好时光白白浪费,到头来一事无成。

涓涓不塞,将为江河;荧荧不救,炎炎奈何;两叶不去,将用斧柯。

【注释】《守土》。细小的水流不堵塞,就将扩展为江河;微弱的火星不扑灭,将会酿成熊熊大火;刚萌芽的两片嫩叶不摘除,将来就必须用斧头去砍。

【解析】海水不择细流,乃成其大;泰山不让寸土,乃就其高。这说的是一种由小变大、由弱成强的道理,告诫人们不要忽视小事物、小现象,而要重视它。星星之火,还可燎原呢。

疏其亲则害,失其众则败。

【注释】《守土》。疏远了宗亲,就会受害;失去了人心,就会失败。

【解析】"得道多助,失道寡助",寡助者则必定败身亡国,这是千古的教训。不管做人还是治国,必须有一种内外和谐的环境,才能得到发展。唐王朝的前期内外安定,则繁荣昌盛,到了后期内乱外扰,以至亡国。

顺者任之以德,逆者绝之以力。

【注释】《守土》。对于顺从你的人,要给予恩德而信任他;对于反对你的人,要用武力消灭他。

【解析】这与"顺我者昌,逆我者亡"说的是一回事,说到底是一种霸权主义、强权政治的行径,老子天下第一,凡事以我的意志为转移。这种做法不可提倡。

故春道生,万物荣;夏道长,万物成;秋道敛,万物盈;冬道藏,万物寻。

【注释】《守国》。春天的规律是滋生,万物都欣欣向荣;夏天的规律是成长,万物都繁荣昌盛;秋天的规律是收获,万物都饱满成熟;冬天的规律是收藏,万物都潜藏不动。

【解析】世界万物看似杂乱无章,其实是有规律的,就好像春夏秋冬四季,各有自己的规律。我们绝不可逆规律行事,那样,吃亏的永远是我们自己。

盈则藏,藏则复起,莫知所终,莫知所始。

【注释】《守国》。万物成熟应收藏起来,收藏起来(明年又)播种生长,(循环往复)没有终点,也没有起点。

【解析】自然界的基本规律就是周而复始,循环代谢,这看似重复,其实是一种发展过程。就像我们人一样,子子孙孙,繁衍了几千年,而且还要无限期地繁衍下去。

天下治,仁圣藏;天下乱,仁圣昌。

【注释】《守国》。天下大治,仁人圣主就隐而不露;天下大乱,仁人圣主就拨乱反正,建功立业。

【解析】"乱世出英豪""时势造英雄",社会的需要、环境的要求是造就人才最主要的条件。因此,我们一定不要脱离社会、脱离时代,要紧紧把握住时代的脉搏,使自己顺应时势,脱颖而出。

极反其常,莫进而争,莫退而让。

【注释】《守国》。当天下已恢复正常时,既不要进而争功,也不要退而让位。

【解析】这里说的还是一种顺应时代潮流的思想,同时也包含有一定的"中庸"思想,即不要逆历史潮流而动。天下已恢复正常,激进争功,易成为众矢之的;反之,若急欲退身让位,也会引起人们的猜忌。

王人者,上贤,下不肖,取诚信,去诈伪,禁暴乱,止奢侈。

【注释】《上贤》。作为君主,应当推崇德才兼备的人,抑制无德无才的人,任用忠实诚信的人,除去奸诈虚伪的人,严禁暴乱的行为,制止奢侈的风气。

【解析】崇贤尚德,任用诚信之人,这是君主的一条重要治国方略。周武王礼贤下士任用姜尚,刘备三顾茅庐盛请孔明,以此皆成大业。

无智略权谋,而以重赏尊爵之故,强勇轻战,侥幸于外,王者慎勿使为将。

【注释】《上贤》。没有智略权谋,为了获得重赏高官,而强横恃勇,轻率赴战,企图侥幸立功的人,君主切勿用他作将帅。

【解析】短兵相搏可恃勇,重兵之战必资谋。没有真才实学,没有统兵打仗的实践经验而仅靠一己之勇就想取胜,那是痴心妄想。楚王项羽力大无穷,武功盖世,然不用智谋,鲁莽专横,最终败于刘邦之手。

有名无实,出入异言,掩善扬恶,进退为巧,王者慎勿与谋。

【注释】《上贤》。有名无实,当面一套,背后一套,掩人之善,扬人之恶,到处钻营取巧的人,君主必须慎重,不能与他共谋大事。

【解析】君主必须任用忠信之人,这样方能于国于民有利;而对那些夸夸其谈、有名无实之人必须慎而又慎。这些人只知道为自己谋实利,根本不去想别人会怎样,国家将如何。

夫王者之道如龙首,高居而远望,深视而审听,示其形,隐其情。若天之高,不可极也,若渊之深,不可测也。

【注释】《上贤》。做君主的方法是像龙头一样,高瞻远瞩,洞察一切,深刻地观察问题,审慎地听取意见,仪表庄严肃穆,衷情隐而不露,使人觉得他像天那样高而不可穷极,像渊那样深而不可测量。

【解析】作为一名日理万机、统治一国的君主,能够居高临下、高瞻远瞩地考虑问题,是非常必要的,但是因此制造玄秘之态又是大可不必的。

可怒而不怒,奸臣乃作;可杀而不杀,大贼乃发;兵势不行,敌国乃强。

【注释】《上贤》。君主对应该斥责的人而不斥责,奸臣就会兴风作浪;当杀的而不杀,大乱随之就会发生;该用兵讨伐而不讨伐,敌国就会强大起来。

【解析】优柔寡断乃是为政之大敌,该责不责、该斩不斩、该伐不伐,那么必遗后患,就如养虎存患、自挖陷阱一样,吃亏的最终是自己,这很值得我们借鉴。

举贤而不用,是有举贤之名,而无用贤之实也。

【注释】《举贤》。选拔出贤能但不加以利用,这是有举贤的虚名,而无用贤的实效。

【解析】"举"的目的在于"用",举而不用,形如虚设,没有任何实用价值,不会收到任何效果。战国四公子举贤之名贯通古今,他们的门下食客云集,而真正得到任用的却寥寥无几,结果可想而知。

君以世俗之所誉者为贤,以世俗之所毁者为不肖,则多党者进,少党者退。

【注释】《举贤》。如果君主认为众人所称赞的是贤人,众人所诋毁的是不贤的人,那么党羽多的就会被任用,党羽少的就会被排挤。

【解析】君主任人,必须具有慧眼识珠的能力,必须根据国家利益,慎重地进行考虑,不能仅仅因为别人的议论就轻率下结论,这样的结果只能如木偶一样受人操纵、被人蒙骗。

赏一以劝百,罚一以惩众。

【注释】《赏罚》。奖赏一人以鼓励百人,惩罚一人来警戒众人。

【解析】赏罚的作用不仅仅在于它们本身,而在于劝示旁人。杀鸡给猴看,说的就是这个道理。孙膑曾受命为吴王训练宫女,宫女恃君无恐,不听号令,孙膑重责两位领头的女子,得以整肃军纪,旁人再不敢胡作非为,因此收到好的效果,受到吴王赏识任用。

用之在于机,显之在于势,成之在于君。

【注释】《兵道》。运用这种(统一意志的)力量在于不失时机,发挥这种力量在于因势利导,能否具有这种力量在于君主的所作所为。

【解析】机不可失,失不再来,把握住机会,因势利导,那么多大的问题也会迎刃而解,多么险峻的问题也会化险为夷。但是把这种力量的掌握权最终归结在君主一人之手的说法,则具有历史局限性。

夫存者非存,在于虑亡;乐者非乐,在于虑殃。

【注释】《兵道》。国家能否长存,在于能否居安思危;君主能否长乐,在于能否乐不忘忧。

【解析】"祸兮,福之所倚;福兮,祸之所伏"。事情没有一成不变之理,总是互相转化的,恰如"塞翁失马,焉知非福"。做人或治国,总得居安思危,乐不忘忧,作长远之计,这样才能有所作,也有所不作,才能享受长久的幸福安宁。

兵胜之术,密察敌人之机而速乘其利,复疾击其不意。

【注释】《兵道》。作战取胜的方法在于周密察明敌情,抓住有利的时机,而出其不意地打击敌人。

【解析】知己知彼,方能百战不殆;机而不失,乘一总万,才能抓住主动权,立于不败之地。战场上的情况总是瞬息万变的,稍有不慎,时机溜走,情况就会急转直下,胜败难料。

王其修德以下贤,惠民以观天道。

【注释】《发启》。君主要修德,要礼贤下士,要施惠于民,以观察天道的吉凶。

【解析】花香而蜂蝶自聚。君王只有进行自我修养,礼贤下士,有求贤之举,贤士才会云集。周武王修才修德,奋发图强,礼请姜尚执国,遍请天下英才,因此,国力大振,终于打败了纣王,得以统一天下,建立大业。

天道无殃,不可先倡;人道无灾,不可先谋。

【注释】《发启》。当天道还没有灾害征兆的时候,不可先倡导征讨;人道没有出现混乱的时候,不可策划兴师。

【解析】顺应时势,认清势头再行动,这是正确的。我们不论干什么事,都绝不可逆时代潮流而动。但把这种势头征兆归结为天意的说法,带有明显的唯心主义倾向。

必见其阳,又见其阴,乃知其心;必见其外,又见其内,乃知其意;必见其疏,又见其亲,乃知其情。

【注释】《发启》。既要看到他公开的言行,还要看到他秘密的活动,才能知道他的想法;既要看到他表面的行动,又要看到他内部的谋划,才能了解他的意图;既要看到他疏远什么人,又要看到他亲近什么人,才能掌握他情感上的倾向性。

【解析】要想真正认识一个人、了解一个人,必须既要观察他外在的行为,又要尽力了解他内心的活动。否则,不能算真正认识一个人。

行其道,道可致也;从其门,门可入也;立其礼,礼可成也;争其强,强可胜也。

【注释】《发启》。执行吊民伐罪的政治主张就可取得成功;遵循统一天下的路线前进,统一的目的就可达到;顺应民意建立军队和国家的制度,新的制度就能建立起来;争取建立优势力量,就可用于战胜强大的敌人。

【解析】无论治国抑或做人,道路的选择至关重要。只要能顺应时势,采取正确的方略,那么取胜是必然的,但若方略不正,背道而驰则前途定然困难重重。.

与人同病相救,同情相成,同恶相助,同好相趋。

【注释】《发启》。能与人同疾苦就能互相救援,同理想就能互相成全,同憎恶就能互相帮助,同爱好就有共同的追求。

【解析】从古至今,人们都倍加推崇手足之情、朋友之谊,因为志同道合的朋友能够推心置腹、患难与共。

大智不智,大谋不谋,大勇不勇,大利不利。

【注释】《发启》。有大智的人不夸耀他的智慧,有深谋的人不暴露他的谋略,有大勇的人不只凭血气之勇,图大利的人不只顾自己的利益。

【解析】海不显其阔,山不夸其高。真正的贤士从不夸夸其谈,但却总能显名于外。诸葛亮深居茅庐而时人尽知,刘备三请出山;赵括自认有勇有谋,夸饰其能,结果是纸上谈兵,落个身败名裂的结局。

利天下者,天下启之;害天下者,天下闭之。

【注释】《发启》。启:打开,此指欢迎。为天下谋利益的,天下人都欢迎他;使天下人受害的,天下人都反对他。

【解析】天下非一人之天下,乃天下人之天下。为天下人谋利益者,天下人当然欢迎他。周召二公以天下利益为重,不谋私利,共商大计,受天下人称颂。而谋害天下人利益者,天下人当然反对他。妲己助纣为虐,残害生民,理所当然受到人们的唾弃。

若同舟而济,济则皆同其利,败则皆同其害。

【注释】《发启》。(想取得天下的人)就像同船渡河一样,渡过了,大家就达到了共同的目的;失败了,大家都受害。

【解析】同舟共渡,到达对岸是共同的目标,也是利益所在,如周武王伐纣,胜利了,大家共享和平安宁的生活。

鸷鸟将击,卑飞敛翼;猛兽将搏,弭耳俯伏;圣人将动,必有愚色。

【注释】《发启》。鸷鸟:凶猛的鸟。敛:收缩。弭:平息,引申为收敛,服帖。猛禽将要袭击目标,必先敛翅低飞;猛兽将要捕捉猎物,必先贴耳伏地;圣人将要采取行动,先示人愚钝的样子。

【解析】本段以比兴的手法,先写鸟兽预发时的模样,用来引出圣人将出时的情状。

大明发而万物皆照,大义发而万物皆利,大兵发而万物皆服。

【注释】《发启》。日月当空就能普照万物,采取正义的行动对万民有利,大军出动就能使天下降服。

【解析】采取正义的行动将对万民有利,这是非常正确的。如周武王顺应时势,讨伐无道的昏君殷纣王,建立周朝,使天下共享太平,是正义的行动。因此,大军出动之时,纣王军队闻风降服。

何忧何啬,万物皆得;何啬何忧,万物皆逌。

【注释】《文启》。忧:忧虑。啬:惜。逌:聚集。圣人无须去忧虑什么,也无须吝惜什么,万物自会各得其所;不去忧虑什么,也无须吝惜,万物自会繁荣滋长。

【解析】这里包含着道家的"无为"思想,意即不必加以人为的干涉,让天下万物顺其自然,自由地发展。

政之所施,莫知其化;时之所在,莫知其移。

【注释】《文启》。政令的推行,要在不知不觉中潜移默化地进行,就像时间在不知不觉中自然推移一样。

【解析】这种思想是较为可行的。国家的政令关系国计民生,要注意连续性,循序渐进地推进,如果急行急止,则容易引起社会的波动、国家的混乱。

夫天地不自明,故能长生;圣人不自明,故能明彰。

【注释】《文启》。天地不须宣告自己的规律,万物也会按其规律生长;圣人不须宣告无为而治的思想,而自会显示出其辉煌的成就。

【解析】天地万物的规律是协调一致、互相统一的,并不是谁适合谁、谁服从谁的关系。但以此来炫耀圣人的功德,故弄玄虚是不可取的。

天有常形,民有常生,与天下共其生而天下静矣。

【注释】《文启》。天有一定的变化规律,人有经常从事的生业,能与人民共安生业,天下就会安静。

【解析】国家大计,重在安民。能急民之所急,想民之所想,与人民共谋生计,这样的君主是贤明的君主,这样的国家才能长治久安。

夫民化而从政,是以天无为而成事,民无与而自富,此圣人之德也。

【注释】《文启》。从:顺从。政:政令。人民被潜移默化而服从法令,上天"无为"却能生长万物,人民不需要施与,生活自能富裕,这就是圣人的德政。

【解析】这里所讲的潜移默化地施行法令,不扰民乏民的思想有积极的一面,但一味推崇"无为而治",让民众如同草木一样自生自灭,顺应自然,具有消极影响。

因其所喜,以顺其志,彼将生骄,必有奸事;苟能因之,必能去之。

【注释】《文伐》。奸:邪恶,狡诈。依照敌人的喜好,顺从他的心愿,使他滋长骄傲情绪而去做邪恶的事情,我方再巧妙地加以利用,就必能将他除掉。

【解析】骄兵必败,这是兵家常理。顺应敌人的情况,并加以诱导,滋长他的恶习,腐化他的战斗力,然后再进攻他,就能收到事半功倍的效果,这是有效的军事策略。

亲其所爱,以分其威。一人两心,其中必衰。廷无忠臣,社稷必危。

【注释】《文伐》。拉拢敌君的近臣,以削弱敌国的力量。敌之近臣既然怀有二心,其忠诚程度必然降低。敌人朝中没有了忠臣,它的国家就必定会处于危亡的境地。

【解析】柱之将腐,厦必将倾。拉拢敌国近臣,使之内部发生变乱,然后再从外部进攻,这样内外夹攻,必然会收到好的效果,比之单一从外面强攻要省时省力。

夫攻强必养之使强,益之使张,太强必折,太张必缺。

【注释】《三疑》。张:开弓拉紧,这里用来比喻骄傲自大的意思。要进攻强敌,必先助长他的恃强蛮横,使他更加猖狂自大。过于强横,必遭挫折;过于骄傲,必致失误。

【解析】月盈则亏,弓满将折。这里包含有一种辩证转化的思想,即事情发展到一定阶段,必然向其相反的方向发展。在军事上,避其锋锐的做法是十分可取的。

攻强以强,离亲以亲,散众以众。

【注释】《三疑》。要进攻强大的敌人,必先助长它的强暴;要离间敌人亲信,必先收买敌人亲信;要瓦解敌人军队,必先收揽敌国民心。

【解析】射敌先射马,擒贼先擒王,攻击敌人必先攻其要害。对方强大则诱使其变化,离间其亲信,收买其民心。这好像拆一间大厦,必须先破坏其主要支柱方能收到实效。

既离其亲,必使远民,勿使知谋,扶而纳之,莫觉其意,然后可成。

【注释】《三疑》。既已离间了他的亲信,也就会使他疏远人民,不让他发觉这是计谋,推推拉拉地把他引入了我们的圈套,而他还不明白我们的意图,然后就可成事了。

【解析】兵不厌诈,使用谋略诱惑敌人,在不知不觉中让敌人中了圈套,然后见机行事,必然收到事半功倍的效果。此所谓设饵诱虎,则可让其自入深渊。

惠施于民,必无爱财,民如牛马,数餧食之,从而爱之。

【注释】《三疑》。餧(wěi):同"喂",喂养。施恩惠于人民,不要吝惜财物,人民和牛马一样,经常喂养他们,就能使他们和你亲近。

【解析】既然君主的目标在于夺取天下,那么就不要吝啬财物,要与人民共享,这是正确的。但把人民比作牛马,妄图用小恩小惠的手法加以拉拢,这是有其局限性的。

心以启智,智以启财,财以启众,众以启贤,贤之有启,以王天下。

【注释】《三疑》。思考研究可以产生智慧,智慧可以产生财富,财富可以养育民众,民众中就可以涌现贤才,大批贤才涌现出来,就可以辅佐君主统治天下。

【解析】不论在军事上还是在政治上,倡导运用智慧、谋略都是正确的。用智慧、谋略可以统治国家、教育民众、创造财富。

凡举兵帅师,以将为命,命在通达,不守一术;因能授职,各取所长,随时变化,以为纪纲。

【注释】《王翼》。用兵时军队都以将帅作为司令。司令重在通晓和掌握全面情况,而不在于精通专项技术。他应该量才录用,取其专长,使之根据情况变化处理各项事务,这是统帅军队的根本所在。

【解析】专才可为将,通才乃为帅。没有全面渊博的知识,是不可能掌握一个庞大的军队,因为军队就是由各种专业人才组合而成的。

勇则不可犯,智则不可乱,仁则爱人,信则不欺,忠则无二心。

【注释】《论将》。勇敢就不可侵犯,明智就不可扰乱,仁慈就能得众心,诚信就不欺骗别人,忠实就能一心为国。

【解析】这是为君为臣应该具备的素质,也是做人应有的品质。有了这些品质,为君可以统服四方,为臣可以建功立业,留名后世。遍观古今贤君名臣,莫不如此。

兵者,国之大事;存亡之道,命在于将。

【注释】《论将》。战争是国家的大事,它关系着国家的存亡,国家的命运就掌握在将帅的手里。

【解析】战争是国家面临的生死存亡的大事。有时候,一场战役的胜负就可决定一个国家的存亡。垓下之战,结束了楚汉之争;官渡之战,导致袁绍从此一蹶不振,而曹操从此雄霸中原。

兵不两胜,亦不两败。

【注释】《论将》。战争的双方不可能都取得胜利,也不可能都失败。

【解析】战场无亚军。在棋盘上可有冠军、亚军之分,而真正的战场只有胜败之说,胜者王侯败者寇。所以,必须慎重对待战争,绝不可存侥幸之心。

见其虚则进,见其实则止。勿以三军为众而轻敌,勿以受命为重而必死,勿以身贵而贱人,勿以独见而违众,勿以辩说为必然。

【注释】《立将》。见敌虚弱就前进,见敌坚强就停止,不要以为我军众多就轻敌,不要以为任务重大就拼命,不要以为身居高位就能轻视别人,不要固执己见违背众意,不要把诡辩游说当成真理。

【解析】知己知彼,方能百战不殆。战争是敌我双方的事情,绝不可随心所欲而不顾及对方,否则易处于被动地位。因此,应就双方情况作综合分析,有利于我方,则进;不利于我方,就退。不可固执己见,轻举妄动。

国不可从外治,军不可从中御。

【注释】《立将》。国事不应受外部的干预,作战不能由君主在朝廷内遥控指挥。

【解析】常言道:将在外,君命有所不受。战争是件大事情,是敌我双方综合实力的较量。战场情况瞬息万变,时机稍有把握不准,战局便会急转直下,而君主远在朝廷之内,难以了解得十分详尽,因此,战场上的事不能处处受君主牵制。

二心不可以事君,疑志不可以应敌。

【注释】《立将》。臣怀二心就不能忠心耿耿地侍奉君主,将帅受君命的牵制,疑虑重重,就不能专心专意地去对付敌人。

【解析】专心致志,事事可成,三心二意则一事无成。三国中的诸葛亮,在刘备活着的时候,可谓用兵如神,志得意满,而到了后期辅佐刘禅的时候就有点力不从心,虽然四处出击,但实际上是处于被动局面的。为什么呢?他的精力被蜀国政事牵扯得太多了。

势因于敌家之动,变生于两阵之间,奇正发于无穷之源。

【注释】《军势》。奇正:古时用兵,以对阵交锋为正,以偷袭、侧击、腰截等特殊战法为奇。作战的形势是随着敌人的行动而变化的,随机应变产生于两军对阵的时候,奇正的运用来源于将帅的智慧与思虑。

【解析】战场上一定要相机而动,处处观察敌情,根据敌方情况制定我方策略,做到以我之长制彼之短,只有这样,才能掌握战场主动权。

至事不语,用兵不言,且事之至者,其言不足听也,兵之用者,其状不足见也,倏而往,忽而来,能独专而不制者,兵也。

【注释】《军势》。机要的大事不能泄露,用兵的策略不可外传,重大的决策不容纷纷议论,作战的行动不可暴露于敌,忽往忽来,独断专行而不受制于人,这是用兵的重要原则。

【解析】古往今来,军事策略、军事行动等都是重大机密,绝不可轻易泄露。如果你的策略、行动被敌方所掌握,那么你将处处受制于人,必败无疑。

善战者,不待张军;善除患者,理于未生;善胜敌者,胜于无形;上战无与战。

【注释】《军势》。善于用兵的人,取胜于展开军队之前;善于除害的人,消灭祸患于萌芽之前;善于取胜的人,取胜于无形之中;最好的作战是不战而屈人之兵。

【解析】运筹于帷幄之中,决胜于千里之外。用兵打仗,重在方略计谋、排兵布阵,这样才能收到事半功倍的效果。

事莫大于必克,用莫大于玄默,动莫神于不意,谋莫善于不识。

【注释】《军势》。玄默:沉静无为。这里引申为保守秘密。用兵最重要的是所攻必克,作战最重要的是保守机密,行动最重要的是出其不意,计谋最重要的是不被识破。

【解析】攻无不克,战无不胜,这是用兵之道;行军作战重在保守机密,出其不意,攻其不备;用计谋一定不要被对方所识破,否则就会受制于人。

未见形而战,虽众必败。

【注释】《军势》。没有摸清敌人情况就去作战,虽然人数众多,也必定失败。

【解析】官渡之战,袁绍军队十分强大,但他颐指气使,目中无人,不去确切了解曹操的军情,而自认为不管对方如何变化,胜的一方总会是自己,结果却大败而逃,从此一蹶不振。

善战者,居之不扰,见胜则起,不胜则止。

【注释】《军势》。扰:搅,搅动。引为扰乱。善于打仗的人,按兵不动时不受干扰,看到有胜利把握就进攻,没有胜利把握就停止。

【解析】善于打仗的人,相机而动,绝不盲目出击,也不受任何外界干扰。就如螳螂捕食,猎物不出现或不方便捕食时就蛰伏不动,一旦时机成熟,则飞扑上去,一般情况下总是不会有闪失。

智者从之而不释,巧者一决而不犹豫,是以疾雷不及掩耳,迅电不及瞑目,赴之若惊,用之若狂,当之者破,近之者亡,孰能御之。

【注释】《军势》。明智的将帅抓住战机就不放过,机智的指挥者,一经决定就不犹豫,所以才能像迅雷一样使人不及掩耳,像闪电一样使人不及闭眼,前进如惊马奔驰,战斗如狂风骤雨,阻挡它就被击破,靠近它就被消灭,谁能抵抗得了这种军队呢?

【解析】机不可失,失不再来。鸿门宴上,项羽优柔寡断,坐失良机,以至放虎归山,让刘邦逃回了军营。刘邦强大以后,一鼓作气打败了他。

古之善战者非能战于天上,非能战于地下,其成与败,皆由神势,得之者昌,失之者亡。

【注释】《奇兵》。古代善于用兵的人并不是能战于天上,也不是能战于地下,其成功与失败,都在于能否造成神妙莫测的态势,得此势的就胜利,不得此势的就失败。

【解析】善于作战的人,总是善于转换战争态势,变劣势为优势。在空城计中,诸葛亮一方本来危机四伏,面临覆灭之灾,但诸葛亮故摆空城,迷惑对方,使对方惊疑而退。

不知战攻之策,不可以语敌;不能分移,不可以语奇;不通治乱,不可以语变。

【注释】《奇兵》。不懂攻战的策略,就谈不上对敌作战;不会机动使用兵力,就谈不上出奇制胜;不精通军队的治理,就谈不上应变。

【解析】将帅要领导军队获胜,必须高屋建瓴,具有统观全局的能力。就如老鹰捕食,居高临下,四处观察,瞅准机会,急冲而下,无论猎物如何躲闪总能先其变化制服它。

将者人之司命,三军与之俱治,与之俱乱。

【注释】《奇兵》。将帅是军队的主宰。将帅精明,军队就严整;将帅无能,军队就混乱。

【解析】将帅是军队的主脑,如同人之头脑一般,如果头脑清晰精明,那么行为举止必定有礼有止、稳重大方,反之则一定举止失当、贻笑大方。

得贤将者,兵强国昌;不得贤将者,兵弱国亡。

【注释】《奇兵》。有了精明能干的将帅,就会兵强国昌;没有精明能干的将帅,就会兵弱国亡。

【解析】千军易得,一将难求。没有张良这样的人才辅佐,恐怕刘邦不会那么容易坐上皇帝宝座。

胜负之征,精神先见,明将察之,其败在人。

【注释】《兵征》。胜败的征候,首先在敌人精神上表现出来,明智的将帅是能够察觉的,而精神效果又反映在人的行为上。

【解析】无论战场上抑或商场上,最重要的防线是精神防线,一旦精神崩溃,万物俱毁。因此,观察敌方军队战斗力的强弱,首先要观察他们精神状态是否稳定。淝水之战,东晋将帅在战前就已分析出对方人心不一、貌合神离,表面强大,实则是纸老虎一个,因此敢于以小击大。

必出之道,器械为宝,勇斗为首。

【注释】《必出》。冲出敌人的包围,兵器器材最为重要,而且首先必须奋勇战斗。

【解析】一夫当关,万夫莫开,利在地形。平原交战,骑兵为要,说的是兵种器材的优越性。但不管何优何利,首要的是军队必须奋勇作战,没有作战的勇气与精神,一切都形同虚设,发挥不了任何作用。

凡三军以戒为固,以怠为败。

【注释】《金鼓》。三军:把全军分为三队。凡军队,有戒备就能巩固,若松懈就要失败。

【解析】军队像人一样,精神集中,那么力量凝聚,就能应付得了突然的变化;如若松懈,就会手忙脚乱,一塌糊涂。官渡之战,袁绍军队守备松懈,被曹操烧毁了乌巢军粮,结果军心动摇,最后一败涂地。

将必上知天道,下知地理,中知人事。

【注释】《垒虚》。为将帅的必须上知天时的逆顺,下知地理的险易,中知人事的得失。

【解析】将帅必须具有纵观全局的能力,必须具有渊博的知识,综合分析问题的能力。战场上,要想赢得主动,就必须尽力抢占天时、地利、人和的优势,否则,容易处于被动地位。

望其垒,即知其虚实;望其士卒,则知其去来。

【注释】《垒虚》。望敌人的营垒,就知道他内部的虚实;观察士卒的动态,就知道他调动的情况。

【解析】战争双方对垒作战,必须注意观察对方的一举一动,做到敌动我动、敌变我变,相机而发,有所针对。心动则神变,说的就是内心变化了,那么在外表上也一定会有所显现。军队也一样,一定要能通过对外观情形的观察判断其内部变动。

太疾则前后不相次,不相次则行陈必乱。

【注释】《垒虚》。疾:快,急速。陈(zhèn):阵。太忙乱,他的前后就没有秩序,没秩序,行列就会混乱。

【解析】忙则出错,忙则容易导致混乱。因此,不论作战还是办事,一定要做到有条不紊,一定要做到有秩有序,不给对方以任何可乘之机。

微号相知,令之灭火,鼓音皆止,中外相应,期约皆当,三军疾战,敌必败亡。

【注释】《敌强》。微:暗。部队都有暗号,互相识别,扑灭火炬,停息鼓音,以保内外策应,大家都按预先约定的信号准确执行,全军猛烈地战斗,敌必败亡。

【解析】部队行动重在有秩有序、协调一致,以使任务顺利完成。有暗号以及其他标志,可以使部队内部互相识别而不致出现混乱。古代战争常摆大阵,因此非常讲究旗色、服饰的区别。

事大国之君,下邻国之士,厚其币,卑其辞,如此,则得大国之与,邻国之助矣。

【注释】《少众》。敬事大国君王,礼交邻国贤士,多送钱财,言辞谦逊,就能与大国结盟,得到邻国的援助了。

【解析】钱可通神,这句话虽不完全正确,但却有一定道理,特别是礼交大国君王,聘请贤士,多以钱币作为进见之礼而后再作进一步打算。战国时期诸侯纷争,游说之士望风而行,这种方法也就用得特别广泛。

凡用兵之法,三军之众,必有分合之变。

【注释】《分合》。用兵的方法,由于三军众多,必然有分散和集中作战部署上的变化。

【解析】用兵之道,贵在分合自如。特别是大兵团作战,一定要有分散作战能力和集中攻坚的优势,而且要分散作战与集中作战配合,做到优势互用,攻守兼备。《水浒传》中的英雄们作战最精于此道,因此他们几乎战无不胜。

步贵知变动,车贵知地形,骑贵知别径奇道,三军同名而异用也。

【注释】《战车》。步兵作战贵在熟悉情况变化,车兵作战贵在熟悉地形状况,骑兵作战贵在熟悉别道捷径,步车骑同是作战部队而用法不同。

【解析】兵种不同,作战条件自然有别,互相混淆,则容易自己牵制自己。赤壁之战,本来是水战,而曹操却要在水中创造陆地条件,让步兵、骑兵如在陆地上一样,能够不晕船,且行动自如,结果被周瑜一把火烧得一败涂地。

《吴　子》

　　《吴子》是中国古代著名兵书,宋代颁定的"武经七书"之一,吴起撰。吴起,战国时卫国人,生年不详,卒于公元前381年。吴起重名轻利,敢于改革,善于用兵,是战国时期著名的军事家、政治家。

　　《吴子》成书于战国时期,书中反映了战国时期的军事特点,是经后人整理的吴起军事思想的记录。今本《吴子》约5000字,共6篇:《图国》主要围绕"内修文德,外治武备"的战略主张,论述经国治军"必先教百姓而亲万民",修德行仁,明耻教战,任贤使能,"简募良材,以备不虞",并对战争的起因和种类进行了初步探讨;《料敌》主要从战略的高度分析敌方的优劣短长,论述了侦察敌情的要领及对不同情况下的不同敌手的作战方法;《治兵》主要论述训练、行军、宿营及保养军马的原则和方法,提出了"以治为胜""教戒为先""用兵之害,犹豫最大,三军之灾,生于狐疑"等著名观点;《论将》主要论述将帅在治国统军中的重要性和应具备的条件以及观察分析敌情优劣的要领;《应变》主要讲述随机应变的战术思想,论述了遭遇强敌,敌众我寡,敌拒险坚守等情况下的应急方法和谷战、水战、车战、攻城战等作战要领;《励士》主要论述奖有功激无功,鼓舞部队士气。

　　《吴子》是"武经七书"之一,向与《孙子兵法》并称,军事思想颇为丰富,概括起来主要有以下几点。(1)"内修文德,外治武备"的战略思想。吴起强调首先要搞好国内政治,"教百姓而亲万民",修德行仁,达到国家和军队内部的协调统一,才可对外用兵;同时又强调必须加强国家的军事力量,要"简募良材,以备不虞","先戒为宝"。(2)随机应变的战术思想。《吴子》十分重视战争中各种事物的差别和变化,强调要侦察了解敌方军队素质,将帅特点,所占天时、地利、人和的情况,掌握战场的变化,根据不同的情况采取不同的作战方法,并总结出了在何种情况下"击之勿疑""急击勿疑",在何种情况下"避之勿疑"等带有规律性的战术原则。(3)"以治为胜""教戒为先"的治军思想。吴起认为,军队能否打胜仗,不完全取决于数量上的优势,重要的是依靠军队的质量。兵"不在乎众","以治为胜",要求把军队训练成"居则有礼,动则有威,进不可当,退不可追"的军队,要发挥士卒的各自特点,使其"乐战""善战""乐死",要求将帅要有优良品德和深邃的谋略,具备"理、备、果、戒、约"五个条件,懂得用兵"四机",强调"进有重赏,退有重刑,行之以信",以鼓励士兵。(4)朴素的军事哲学思想。吴子对战争的实质有了朴素的认识,他把战争发生的原因归纳为五条:"一曰争名,二曰争利,三曰积恶,四曰内乱,五曰因饥",并认为战争具有义兵、强兵、刚兵、暴兵、逆兵等不同性质。他朴素地认识到战争具有两重性,在对各国的政治、经济、民情和军队分析时,既看到了他们的长处、强处,又看到了他们的短处、弱处。他认识到了战争事物的发展变化,尤其是事物会向其反面转化,认为打胜仗孕育着未来的灾祸,"以数胜得天下者稀,以亡者众"。

《吴子》继承并发展了《孙子兵法》,总结了战国时期的战争规律和特点,具有重要的史料价值和学术价值。

明主鉴兹,必内修文德,外治武备。故当敌而不进,无逮于义矣;僵尸而哀之,无逮于仁矣。

【注释】《图国》。逮:及,相关。僵:倒。贤明的君主鉴于这些,一定要对内修明文德,对外加强武备。所以,面对敌人的侵犯而不去抗击,算不上"义",只知为倒下的尸体而哀伤,算不上"仁"。

【解析】"落后就要挨打""贫穷就要受欺"。只有"内修文德,外治武备",才是富国强民之路。回想旧中国百年屈辱的历史,联想当今国际社会一些强国的霸权行径,我们必须富强起来,否则就会永远处在"僵尸而哀"的时代。

吴子曰:"昔之图国家者,必先教百姓而亲万民。有四不和:不和于国,不可以出军;不和于军,不可以出阵;不和于阵,不可以出战;不和于战,不可以决胜。"

【注释】《图国》。百姓:春秋前期对奴隶主贵族的称呼,战国时一般指平民。谋划治理国家的人,必定先教化百姓而亲近万民。注意四种不和的情况:国内意志不统一,不可以出兵打仗;军队内部不团结,不可以临阵对敌;临阵对敌行动不一致,不可以进行战斗;战斗动作不协调,不能夺取胜利。

【解析】吴起认为,战争是政治的继续,战争是为政治服务的。战争正是所谓"图国家"的一种手段。这是对战争作用的正确认识。四种不和的情况指出了战前准备和动员的重要性。

民知君之爱其命,惜其死,若此之至,而与之临战,则士以尽死为荣,退生为辱矣。

【注释】《图国》。至:达到一定程度。让人民知道君主爱惜他们的生命,怜惜他们的死亡,达到这种程度,然后率领他们进行战争,那么将士就会以前进拼死为光荣,后退贪生为耻辱。

【解析】我国古代兵书在论述决定战争胜负的三个因素"天时、地利、人和"时,一向把"人和"作为最主要的因素。如越王勾践卧薪尝胆从而鼓起军队士气,反败为胜。但是吴起还只是站在统治阶级的立场上,为他们出谋划策,把人民作为争夺利益的工具。这是他的局限性。

圣人绥之以道,理之以义,动之以礼,抚之以仁。此四德者,修之则兴,废之则衰,故成汤讨桀而夏民喜悦,周武伐纣而殷人不非。举顺天人,故能然矣。

【注释】《图国》。绥:引导。道:指正确的政治主张。礼:指符合一定阶级利益的礼法、法规。仁:仁爱,这里是指新兴地主阶级的仁爱。非:非难,反对。顺天:指顺应客观形势。贤明的君主用正确的政治主张去治理国家,用正确的道德标准去治理政事,用礼法和法规去指导行动,用仁爱去安抚民众。这四种道德培养起来,国家就兴旺;废除了,国家就衰败。所以,商汤讨伐夏桀,周武讨伐殷纣,人们并不反对。这是由于他们顺应了人民的愿望和当时的客观形势。

【解析】战争在本质上是残酷的。它以杀戮为手段,从而达到目的。从这个意义上说,战争与"道""义""礼""仁"是格格不入的,而具备了这四种道德的"正义之师"却是无往而不胜的。商汤伐桀、周武灭纣是明显的例证。中国有句古话叫作"多行不义必自毙",无论是做人、治国、打仗都是如此。

天下战国,五胜者祸,四胜者弊,三胜者霸,二胜者王,一胜者帝。是以数胜得天下者稀,以亡者众。

【注释】《图国》。战国:这里指发动战争的国家。弊:疲弊、困乏。发动战争的国家,经过五次战争取得胜利的,会招来祸患;四次战争取胜的,国力疲弊;三次战争取胜的,仅能称霸;两次战争取胜的,可以称王;一次取胜的,才能成就帝业。因此,依靠不断发动战争而夺得天下的很少,亡国的倒是很多。

【解析】中华民族是一个多灾多难的民族。外族的入侵、内部的倾轧使得中国人民对战争有着切肤之痛。《吴子》虽是一部兵书,但它对当时那些热衷于追名逐利、穷兵黩武的贵族提出了严正的警告:"数胜得天下者稀,以亡者众。"

凡兵之所起者有五:一曰争名,二曰争利,三曰积恶,四曰内乱,五曰因饥。其名又有五:一曰义兵,二曰强兵,三曰刚兵,四曰暴兵,五曰逆兵。

【注释】《图国》。兵:这里指战争。争名:争王霸之名,这里指新兴地主阶级的统一战争。义兵:禁止强暴之兵。强兵:仗势欺人之兵。刚兵:刚愎自用之兵。暴兵:贪财掠夺之兵。逆兵:不得人心之兵。引起战争的原因有五种:一是争夺王霸之名,二是进行掠夺,三是积累了仇恨,四是内乱,五是国内饥荒。兴兵进行战争也有五种情况:一是义兵,二是强兵,三是刚兵,四是暴兵,五是逆兵。

【解析】对于战争的起源,历来众说纷纭。孔子说:"人生有喜怒,故兵之作,与民皆生。"这是为他的"性善"说服务的。而吴起的"争名、争利、积恶、内乱、饥荒"为义战大造舆论,是具有进步意义的。

君能使贤者居上,不肖者处下,则陈已定矣。民安其田宅,亲其有司,则守已固矣。百姓皆是吾君而非邻国,则战已胜矣。

【注释】《图国》。有司:负责专职的官吏。使贤德的人地位高于不贤之人,则形势稳定;使民众都安居乐业,亲近自己的官吏,守备就稳固;人民都拥护自己的国君,而反对邻国,战争就有胜利的把握了。

【解析】吴起是新兴地主阶级的代言人。他用法家的思想统一军队，坚持把治军原则同进行正义战争、建立新制度联系起来。他主张的"选贤任能、与民休养、团结人民"三个治军原则是服从于法家的政治路线的。这与孙子的"不战而屈人之兵"有异曲同工之妙。

然则一军之中，必有虎贲之士；力轻扛鼎，足轻戎马，搴旗斩将，必有能者。若此之等，选而别之，爱而贵之，是谓军命。

【注释】《料敌》。虎贲(bēn)：指勇士。搴：拔取。然而我军之中一定会有力大无比的勇士。他们能行善走，拔旗斩将。对这样的人一定要认真选拔，发挥他们的长处，给以重任。这些人是军队的命脉。

【解析】这段话体现了吴起重视人才的观点。他认为，应当"因材而用、赏罚分明"，这在当时奴隶主不把奴隶当人看待的时代是很可贵的。历史无数次的证明，人才是战争胜负的关键因素，项羽因刚愎自用最终败亡，而刘邦因知人善任最终成就帝业。以古鉴今，人才的争夺、人才的培养对中华民族的顺利发展起着至关重要的作用。

见可而进，知难而退也。

【注释】《料敌》。要善于捕捉战机，见到有胜利的把握就进攻，知道难以取胜就退走。

【解析】儒家主张一切都应该遵循礼法，连打仗也要打"堂堂之阵"，吴起这种坚持从战争实际出发，量敌而用兵，见机行事、知难而退的灵活战术是对儒家机械呆板、墨守成规战略战术的有力批判。

敌人之来，荡荡无虑，旌旗烦乱，人马数顾，一可击十，必使无措。

【注释】《料敌》。荡荡：散漫的样子。敌人前来，如果行动散漫而顾虑，部队混乱，人马东张西望，在这种情况下，以一击十，必能使敌人仓皇无措。

【解析】"骄兵必败"可以概括这句话的意思。各国的寓言和童话中都有讽刺骄傲者的故事。在战争中，骄傲同样可以带来灭顶之灾。袁绍在官渡之战中因轻敌自满被曹操以少胜多，打得一蹶不振。关羽因骄傲自负落得败走麦城。

诸侯未会，君臣未和，沟垒未成，禁令未施，三军匈匈，欲前不能，欲去不敢，以半击倍，百战不殆。

【注释】《料敌》。诸侯：指敌人的盟军。匈匈：喧嚷，惊惧。敌人的盟军还没有汇集，国内上下意见没有统一，工事构筑没有完成，号令还没有下达，军心惊惧,想前进不敢,想后退不能。在这种情况下,以半击倍,百战不殆。

【解析】此句强调要集中自己所有力量打败敌人的重要性。粟裕大将说过,强敌而未展开,虽强犹弱。吴起这段话指出在战争中要抓住时机,看准敌人的薄弱环节,果断出击。

武侯问曰:"兵何以为胜?"起对曰:"以治为胜。"

【注释】《治兵》。治:安定,指统治秩序的巩固。武侯问:"打仗靠什么取胜呢?"吴起回答说:"靠统治阶级统治秩序的巩固取胜。"

【解析】任何事物都有"标""本"两面。战争打赢了,这是"标",是表面的现象。它的"本"在于统治秩序的安定,国力的富强。在当时生产力极不发达的情况下,吴起一眼看穿了决定战争胜负的原因,不愧为一位天才的军事家。

治者,居则有礼,动则有威,进不可当,退不可追,前却有节,左右应麾,虽绝成阵,虽散成行。

【注释】《治兵》。当:挡。节:节制。麾:古代用以指挥军队的旗帜,这里作指挥讲。秩序在军队中稳固了,平时就会纪律严明,战时就有压倒一切的强大威力,前进时没有人能够阻挡,后退时没有人敢于追赶。前进和后退非常协调,左右移动都听指挥,虽然处于危险的境地,阵容也很严整,虽然处在被分割的状况,行列也不会混乱。

【解析】军队贵在纪律严明,行动一致。正确、成熟的指导思想,训练有素、临危不惊的作风正是一支优秀的军队所应具备的。

与之安,与之危,其众可合而不可离,可用而不可疲,投之所往,天下莫当,名曰父子之兵。

【注释】《治兵》。投:使用。当:同"挡"。全军上下能同安乐,共危难,始终团结如一而不会分裂,斗志旺盛而不会疲劳。这样的军队能指到哪里,打到哪里,没有谁能够阻挡他们的前进。这就是通常所说的上下一心,亲密团结的军队。

【解析】淝水之战中,苻坚因军心涣散而招致失败,而谢石、谢玄因为军队内部同仇敌忾而取得了这次以少胜多的著名战役的胜利。吴起认识到军队内部团结的重要性,并形象地称作"父子兵",影响是深远的。

上令既废,以居则乱,以战则败。

【注释】《治兵》。居:这里指防守。上级指挥失灵了,用以防守,就会不战而乱,用以进攻,就必然会打败仗。

【解析】"军人的天职是服从命令",但也因此出现了不少"盲从"的现象。我国古代的军事家说"将在外,君命有所不受",因而一个有能力的指挥员应该将这二者有机地结合起来,既做到"上令下通",又做到实事求是不盲从。

凡兵战之场,立尸之地,必死则生,幸生则死。

【注释】《治兵》。立尸:流血牺牲。幸生:姑息、贪图生路。凡属战场,都是流血牺牲的地方,只有不怕牺牲,勇敢杀敌,才能夺取胜利,保存自己;如果贪生怕死,不敢杀敌,就会招致失败,就会死亡。

【解析】项羽"破釜沉舟"一举击溃秦军主力,韩信"背水一战"而大获全胜,验证了"必死则生,幸生则死"的正确性。日常生活中也常有"置之死地而后生"的例子。要摆脱平庸、乏味的生活,就要拿出"必死则生"的精神来,敢闯敢干。

其善将者,如坐漏船之中,伏烧屋之下,使智者不及谋,勇者不及怒,受敌可也。故曰,用兵之害,犹豫最大。三军之灾,生于狐疑。

【注释】《治兵》。将:率领。善将:指善于带兵打仗。狐疑:多疑。善于带兵作战的将领,就像处理坐在漏水的船上,伏在着火的屋子里的情况那样迅速果断,使得敌军有智慧的人来不及谋划,勇敢的人来不及施展本领,这样就可以对敌作战,去夺取胜利了。所以说,用兵最大的祸害就是不果断,军队最大的灾难就是产生于多疑不定。

【解析】"空城计"是老幼皆知的一个故事。诸葛亮和司马懿就是果断的将领和狐疑的将领的代表。而诸葛亮的果断是在司马懿多疑的基础上形成的,司马懿的多疑也是由诸葛亮的严肃谨慎造成的。可见,果断不是武断,多疑不是瞎猜,要因人、因事而异。

夫人常死其所不能,败其所不便。故用兵之法,教戒为先。

【注释】《治兵》。不便:不熟悉。教戒:教诲、训诫。人在战斗中往往牺牲于本领不强,失败于技术不熟。所以,用兵的方法,首先是加强训练。

【解析】吴起具有朴素的唯物主义思想。他反对儒家那种靠"天命"的战争观,而是从实际出发,阐明军队的胜利来自平时刻苦的训练。正所谓"平时多流汗,战时少流血"。吴起的这个观点是有进步意义的。

教战之令,短者持矛戟,长者持弓弩,强者持旌旗,勇者持金鼓,弱者给厮养,智者为谋主。

【注释】《治兵》。厮养:给养,这里指后勤保障。要有计划地训练部队,明确地规定作战的号令:身体矮小的拿矛戟,身体高大的用弓弩,强壮的扛大旗,勇敢的操金鼓,老弱的管给养,有智谋的当谋士。

【解析】"人尽其才,物尽其用"是一种理想,在现实中总是有很多不合理的因素影响着人的才能的发挥。吴起这段话表明了他的用人观点:不分贵贱,以才录用。这批判了当时奴隶主认为自己天生高贵的观念。

夫总文武者,军之将也。兼刚柔者,兵之事也。

【注释】《论将》。总文武:兼通,既懂得政治,又懂得军事。兼刚柔:有勇有谋。文武双全的人,才能担任军队的将领。有勇有谋的人,才能统率军队作战。

【解析】在吴起之前,大概还没有人把政治能力也作为对将领的一个衡量标准。吴起要求一个将领既要有勇又要有谋,既要懂政治又要懂军事,是复合型的人才。在这方面,拿破仑是一个典型。当年,拿破仑得到无数青年的崇拜,和他的能力比较全面有密切关系。

将之所慎者五:一曰理,二曰备,三曰果,四曰戒,五曰约。

【注释】《论将》。将领应该具备下列五点:一是"理",即高度的组织指挥能力;二是"备",即警惕、防备观念;三是"果",即坚强的决心和必胜的信念;四是"戒",即戒骄戒躁;五是"约",即法令简约明了。

【解析】这五个条件是吴起为将多年的经验总结。"理"是一个将领能力高下的体现。一个组织能力不强的将领显然难以取得战斗的胜利。"备""果""戒"是面对敌人的一种心理状态。它可以影响战争的胜负。"约"是带兵的方法,要求简单、实用。

师出之日,有死之荣,无生之辱。

【注释】《论将》。将帅要忠于职守,从出兵的那一天起,就下定决心,宁可光荣战死,决不忍辱偷生。

【解析】中华民族近代以来屡遭强寇欺凌。虽然由于封建王朝的腐朽、没落,中国军队屡遭失败,但是将士们浴血奋战,如林则徐、邓子龙、陈化成、邓世昌这些民族英雄,他们英勇不屈的精神和吴起的"有死之荣,无生之辱"的精神是一脉相承的。他们是中华民族的脊梁。

凡兵有四机:一曰气机,二曰地机,三曰事机,四曰力机。

【注释】《论将》。气机:士气。地机:指利用有利地形。事机:用计谋。力机:指集中兵力。用兵作战有四个关键问题:一是"气机",即全军上下士气的高低要靠将帅掌握、调理;二是"地机",即选择狭路险道、高山要塞设防,要利用有利地形;三是"事机",即通过用计谋使敌人不战自乱;四是"力机",即使战车牢固,战船轻便,士兵熟悉阵法,战马熟练奔驰,动作快速以集中兵力。

【解析】孙武所谓"知彼知己,百战不殆"与吴起"四机"同出一辙。"气机""地机""力机"指将自己部队的战斗力发挥到极致,"事机"指最大程度地削弱敌人的战斗力。

其威、德、仁、勇,必足以率下安众,怖敌决疑。施令而下不敢犯,所在而寇不敢敌。得之国强,去之国亡,是谓良将。

【注释】《论将》。怖:使……恐怖。敌:侵犯。将领的威严、品德、仁慈、勇敢必须足以统率部下,安抚士兵,威慑敌军,决断疑难。下达命令,部属不敢违犯;镇守一处地方,敌人不敢入侵。得到他,国家富强;失去他,国家衰亡。这才叫良将。

【解析】这段话谈的是将领在军队中的威信问题。在阶级社会中不可能产生真正"爱兵如子"和"身先士卒"的将帅,这是由他们的阶级地位决定的。"得之国强,去之国亡"也过分地夸大了将帅的作用。

耳威于声,不可不清;目威于色,不可不明;心威于刑,不可不严。

【注释】《论将》。声:指军中鼓、金、铎等用发声来指挥军队。色:指挥军队所用的旗帜。心:思想。听觉统一于声音,所以声音不可以不清晰;视觉统一于颜色,所以颜色不可以不鲜明;思想统一于刑法,所以刑法不可以不严明。

【解析】吴起是法家代表人物之一。在这段话中,他表达了要用严刑峻法统一思想观念的想法。这在战争连绵不断的春秋战国时代是有进步意义的,为政治上的统一奠定了思想基础。但这种严刑苛政也束缚了思想的自由发展。

将之所麾,莫不从移;将之所指,莫不前死。

【注释】《论将》。将领下达命令,没有不按照命令行动的。将领所指向的地方,没有不勇敢向前杀敌的。

【解析】古代岳家军在战场上把强悍的金兵打得一败再败,凭的就是这种"将之所麾,莫不从移;将之所指,莫不前死"的严明纪律。

凡战之要,必先占其将而察其才。因形用权,则不劳而功举。

【注释】《论将》。占:了解。权:权谋。作战最重要的是,首先了解敌人的将领和考察他的才能,再根据不同的特点采取相应的对策,这样就会费力不多而得到成功。

【解析】杜甫的"擒贼先擒王"思想和吴起的"占其将而察其才"不谋而合。

这说明吴起具有军事家的敏锐眼光和务实精神。他抓住了事物的主要矛盾,并且能够"因形用权",从实际出发,使得原则性和灵活性得到有机结合。无怪乎他与诸侯大战七十六仗,全胜六十四仗。

一坐一起,其政以理,其追北佯为不及,其见利佯为不知,如此将者,名为智将,勿与战矣。

【注释】《论将》。政:政令,此处指指挥。追北:追击败兵。一举一动,指挥都很得当。追击我方逃兵假装追不上,看见财物也好像没看到,像这样的将领是高明的将领,不要轻率地同他作战。

【解析】这段话是吴起论述观察敌将才能的方法。他的标准只有一条:纪律是否严明。吴起之所以把纪律看得如此重要,这是源于他的法家思想。他认为,将领一定要用统一的思想统率自己的军队。而这种统帅的外在表现就是纪律严明、令行禁止。

三军服威,士卒用命,则战无强敌,攻无坚陈矣。

【注释】《应变》。威:威严,这里指将领的指挥。全军服从指挥,士兵不贪生怕死,这样就没有战胜不了的强敌,没有攻克不了的坚固阵地。

【解析】吴起在魏国为将,当时魏国国小力微,但是吴起却有用暴力统一天下的雄心壮志和气魄。这和他重视人的主观能动性,把人作为战争胜负的最关键因素是分不开的。虽然由于种种原因,吴起统一天下的理想没有实现,但是他主张进行革命战争,主张推翻旧制度,建立新制度是符合历史发展要求的。

以一击十,莫善于阨;以十击百,莫善于险;以千击万,莫善于阻。

【注释】《应变》。阨:狭窄的道路。险:险要的山地。阻:天险。以一击十最好是利用狭窄的道路;以十击百,最好是利用险要的山地;以千击万,最好利用或凭借天险。

【解析】战争的胜负是各种情况综合起来的结果。在《吴子》中强调最多的是人的因素,然而他也没有忽视"天时、地利"的因素。吴起主张在地势险要之地打伏击战,以达到以少胜多、以弱胜强的目的。抗日战争中著名的"平型关大捷",就是八路军利用地形,巧妙打败强大敌人的例证。

武侯问曰:"敌近而薄我,欲去无路,我众甚惧,为之奈何?"起对曰:"为此之术,若我众彼寡,分而乘之,彼众我寡,以方从之。从之无息,虽众可服。"

【注释】《应变》。薄:胁迫,侮辱。方:指方阵,方阵是古代步兵的一种战斗队形,有利于集中兵力。武侯问:"敌人临近而胁迫我,想摆脱他又没有道路,我军非常恐惧,应该怎么办?"吴起说:"对待这种情况的办法是,如果我众敌寡,就分成几路攻击他;如果敌众我寡,就用方阵同他战斗,连续不断地战斗下去,敌人虽多也可取得胜利。"

【解析】《吴子》中阐发了许多著名的战略战术原则。这一段话就提出了集中优势兵力和敌人作战的重要性。这个思想后来被广泛地应用到战争中。第二次国内革命战争时期,红军粉碎敌人的四次反革命围剿,以弱胜强,依靠的就是这条军事原则。而第五次反围剿的失利恰恰是放弃了这条军事原则的缘故。

凡攻敌围城之道,城邑既破,各入其宫,御其禄秩,收其器物。军之所至,无刊其木,发其屋,取其粟,杀其六畜,燔其积聚,示民无残心。其有请降,许而安之。

【注释】《应变》。宫:指宫府。御:掌管。禄秩:俸禄和职位。刊:砍伐。发:拆毁。燔:烧。军队攻占敌人城镇时应注意的政策是:打下敌人城镇后,要分别接近他的各个机关,控制他的官吏,留用他的人员,接收他的武器和物资。军队所到之处,不准随便砍伐树木、拆毁房屋、抢夺粮食、宰杀牲畜、焚烧仓库,要用这些向民众表明没有残忍之心。敌人有请求投诚的,要允许并安置他们。

【解析】有战争就会有破坏,虽然战争的目的有所不同。吴起是当时新兴的封建地主阶级的代表,他们在当时是先进生产力和生产关系的维护者。他们的战争是为了推翻旧制度,建立新制度。吴起这段关于战争后善后处理的论述,体现了他战争服务于政治的战争观。

夫发号布令而人乐闻,兴师动众而人乐战,交兵接刃而人乐死。此三者,人主之所恃也。

【注释】《励士》。闻:听从。恃:依赖。发号施令,人们乐于听从;出兵作战,人们乐于战斗;冲锋陷阵,人们乐于牺牲。这三点,才是君主打仗所应该依赖的。

【解析】吴起这段话提出了"得民心"的问题。虽然阶级地位的差别使统治者不可能从人民的根本利益出发来对待战争,但在当时条件下,他们代表着新兴的生产关系,在推翻旧制度上和人民有着共同的愿望。因而,战争依赖人民的观点是有进步意义的。

若车不得车,骑不得骑,徒不得徒,虽破军皆无功。

【注释】《励士》。车:名词作动词,车战。骑:骑兵战。徒:步战。如果车战的不能缴获敌人的战车,骑战的不能俘获敌人的骑兵,步战的不能俘获敌人的步兵,虽然击溃了敌人,但不能算有功。

【解析】吴起主张打歼灭战,反对打击溃战。一切军事的指导原则,都基于这样一个基本原则,那就是尽可能保存自己的力量,消灭敌人的力量,而消灭敌人力量最有效的办法是打歼灭战。因此,吴起主张"车得车、骑得骑、徒得徒",彻底消灭敌人力量。这种主张打歼灭战,最大程度消耗敌人力量的思想,在指导新兴地主阶级的统一战争中,起了很大作用。

《尉缭子》

　　《尉缭子》是中国古代著名兵书,宋代颁定的"武经七书"之一,尉缭撰。尉缭其人史书记载非常简略,因此,《尉缭子》一书的作者究竟是怎样的一个人,至今尚无定论。

　　《尉缭子》今传世本共24篇,其篇目和主要内容是:《天官第一》,主要论述战争中"天官时日,不若人事"的道理,批驳唯心主义的天命论;《兵谈第二》,主要论述立邑、土地、人口、粮食与固国胜敌的相互关系,说明"战胜于外,备主于内","兵胜于朝廷"的道理,提出了治国治兵的一些方法和对将帅的要求等;《制谈第三》,主要论述政治制度和军事制度与战争性质的关系,提出"凡兵,制必先定","修吾号令,明吾刑赏,使天下非农无所得食,非战无所得爵"等治军、治国方法;《战威第四》,着重论述高昂的士气对于取得战争胜利的重大作用以及激励部队士气的方法;《攻权第五》,着重论述进攻的战略战术,强调战前要有充分的思想、组织准备,要善于选择敌人的弱点发起进攻;《守权第六》,主要论述防守中的守城法则;《十二陵第七》,总结了治军的正反十二条经验;《武议第八》,内容很丰富,论述了战争的性质、目的和物质基础,将领的作用、条件和权力,刑赏的原则等;《将理第九》,着重说明执法不公会影响国计民生,造成军需匮乏,使国家危险的道理;《原官第十》,主要叙述国家分官设职的重要性以及君臣职能和施政办法;《治本第十一》,主要论述治国要以耕织为本,提出"往世不可及,来世不可待"的进步观点;《战权第十二》,主要阐述懂得战争权谋的重要性;《重刑令第十三》,主要讲惩处战败投降、逃跑将吏的刑罚措施;《伍制令第十四》,主要讲军队的连保制度及严格军纪、防止奸细的重要意义;《分塞令第十五》,主要讲军队营区的划分、建设和管理条例;《束伍令第十六》,主要讲战场上的赏罚制度和各级军吏的惩处权限;《经卒令第十七》,主要讲战斗组织、编队、佩戴标识符号及对战斗胜利的意义;《勒卒令第十八》,主要讲金、鼓、铃、旗四种指挥工具的作用和指挥方法以及军事训练和正确指挥的重要性;《将令第十九》,主要讲将军受命的郑重和将令的威严;《踵军令第二十》,主要阐述战斗的编组、各自的任务和行动部署,提出"欲战先安内"的观点;《兵教上第二十一》,主要叙述部队训练的方法、步骤和训练中的奖惩制度等;《兵教下第二十二》，主要阐述国君必胜之道和有关行军作战训练的问题;《兵令上第二十三》，主要讨论政治与军事的关系及列阵交锋的内容和要求等，提出"以武为植，以文为种"的观点;《兵令下第二十四》，主要讲述战场纪律条令及严格执行条令与战争胜利的关系。

《尉缭子》继承并发展了《孙子兵法》《吴子》等的军事思想，具有战国时代的特点。它具有朴素的唯物主义的战争观，反对用唯心主义的天命观指导战争，提出"天官时日，不若人事"的进步观点。它认为，战争有正义与不正义之分，反对不义之战，支持正义战争。在战略上，它提出了许多精辟的见解，这集中反映在它对军事与政治、经济的关系的论述方面，它把军事和政治形象地比喻为"植""种"和"表""里"，指出"兵者，以武为植，以文为种，武为表，文为里……文所以视利害，辨安危;武所以犯强敌，力攻守也"，意思是政治是根本，军事是从属于政治的。它认为，经济是治国之本，是进行战争的物质基础，主张发展耕织。

《尉缭子》注重战前思想、物质和组织的准备，主张"权敌审将，而后举兵"，"凡兴师，必审内外之权，以计其去，兵有备阙，粮食有余不足，校所出入之路，然后兴师伐乱，必能入之";注重奇正的灵活运用，认为"故正兵贵先，奇兵贵后，或先或后，制敌者也";主张集中，认为"专一则胜，离散则败"。进攻时，主张出其不意，先发制人;防守时，主张守军和援军要"中外相应"，守与攻相结合。

《尉缭子》的治军思想很丰富，重视将帅的政治品德和个人模范作用，要求将帅秉公执法，恩威并施，吃苦在前，临战忘身，为人表率;重视部队的行政建设，制定了较完备的战斗、内务、纪律条令，是研究先秦军制史的重要资料;注重军队的训练，论述了训练的目的、方法、步骤及训练中的奖惩制度，提出从最基层起逐级教训，最后合练的训练方法;重视赏罚，在书中记述的各种条令条例中都有赏罚的具体规定和要求。

《尉缭子》问世以来，受到历代统治者和兵家的重视，是一部具有重要学术价值和史料价值的兵书。但我们也应看到《尉缭子》深深地打着阶级烙印，不可避免地具有阶级局限性，因而书中有许多封建的糟粕，这就要求我们在阅读时能够批判地吸收。

建城称地,以城称人,以人称粟。

【注释】《兵谈》。城邑的兴建要和土地面积的大小相适应,城邑的大小要和人口的多少相适应,人口的多少要与粮食的供应相适应。

【解析】这里提出了城市的建设要与土地、人口以及粮食的供应相适应,对我们今天城市建设也有借鉴意义。如地区小而城市的规模又较大,则很难保证这个地区的正常运转。人多而后备供应不足,则会进一步制约城市的发展和繁荣。

战胜于外,备主于内,胜备相应,犹合符节,无异故也。

【注释】《兵谈》。能够战胜敌人于国外,主要在于国内有充分的准备,胜利和准备的一致性,就像符节的相吻合一样,这是两者之间没有差异的缘故。

【解析】充分的准备是取得战争胜利的关键。这里的准备包括战略上的准备,也包括战术上的准备。而充分的准备是我们取得事业成功的基础,也是机遇降临的必然前提。

夫土广而任则国富,民众而治则国治。

【注释】《兵谈》。土地广大而又能充分利用,国家就富足;人民众多而又有良好的组织,国家就安定。

【解析】土地是人类赖以生存的基础,充分发展和利用土地可以扩大我们的生存环境,丰富我们的生活,而广大人民能安定有序地生活就会更充分地利用土地,使国家繁荣和稳定。

不暴甲而胜者,主胜也;阵而胜者,将胜也。

【注释】《兵谈》。不使用武力就取得的胜利,是君主在政治上的胜利;经过战争而取得的胜利,是将帅在指挥上的胜利。

【解析】这里指出两种战争胜利的方式,肯定了“主胜”,认为只有通过内修政治,仁政爱民,才能战胜于朝廷,使四方皆服。而对于“将胜”则是不得已而为之的,“将胜”只反映出将帅的英明、军士的奋勇。

兵起,非可以忿也。见胜则兴,不见胜则止。

【注释】《兵谈》。进行战争,是不能意气用事的。预计有胜利的把握就采取行动,预计没有胜利的把握就坚决停止。

【解析】战争是达到政治目的的一种手段。只有胸有成竹,有了必胜的把握才发动战争,否则后果不堪设想。三国时的刘备为替关羽报仇,实现当初结义的誓言,大兴疲惫之师,结果只能以失败告终,从此蜀军大伤元气,一蹶不振,最终被魏国灭亡。

患在百里之内,不起一日之师;患在千里之内,不起一月之师;患在四海之内,不起一岁之师。

【注释】《兵谈》。祸乱发生在百里之内,不要只作一天的战斗准备;祸乱发生在千里之内,不要只作一月的准备;祸乱发生在四海之内,不要只作一年的准备。

【解析】平息祸患要进行多方面的准备,要依据祸患发生的地点、祸患的规模等而定,不应草率行事,否则不仅不能"以战止战",反而会给国家和人民带来更大的混乱和伤害。

宽不可激而怒;清不可事以财。

【注释】《兵谈》。要气量宽大,不可因刺激而发怒;要清正廉洁,不可被金钱所诱惑。

【解析】这是对将帅的一个要求。将帅既要有博大的胸怀,不为些许小事所羁绊,又要光明磊落,清正廉洁,不被金钱美女所引诱。这样才能认清形势,依据事实,客观公正地做出判断,才能在战争中统观全局,取得胜利。

制先定,则士不乱,士不乱,则刑乃明。

【注释】《制谈》。各种制度建立了,士卒就不会混乱。士卒不混乱,纪律就严明了。

【解析】这里强调订立制度的重要性。只有制度严密,责任明确,士卒才能有所依托,才能明白该干的和不该干的,这样,军队自然有良好的秩序。同理,如果国家的各项法规、条例制订得严密,那么就不会给那些贪赃枉法的人有可乘之机,国家就会健康有序地运转。

鼓鸣旗麾,先登者,未尝非多力国士也,先死者,亦未尝非多力国士也。

【注释】《制谈》。当击鼓挥旗发起进攻时,首先登上敌人城堡的,往往是那些乐于为国出力的勇士,首先战死的,也往往是那些为国出力的勇士。

【解析】只有保卫国家才是勇士心中的目标,为国出力虽死无悔;只有保家卫国才能激发勇士心中深深的爱国之情,才能使战士在战斗中勇往直前、奋不顾身。

明赏于前,决罚于后,是以发能中利,动则有功。

【注释】《制谈》。既有明确的奖赏鼓励于前,又有坚决的惩罚督促于后,所以出兵就能取胜,行动就能成功。

【解析】这里强调奖惩制度的重要作用。俗语说,"重赏之下必有勇夫",是以"发能中利,动则有功",而惩罚督促于后,必然是人人向前、个个争先。

诛一人无失刑,父不敢舍子,子不敢舍父,况国人乎!

【注释】《制谈》。如果做到一个违法者也不放过,那么即使是父亲也不敢放过儿子,儿子也不敢放过父亲,何况对于一般的人呢!

【解析】这要求法律的公正严肃,决不因父亲有权,儿子违法就可以被赦免,这样就可以尽可能避免包庇犯罪分子、纵容犯罪分子为非作歹,从而有利于维护法律的严肃性、公正性。

便吾器用,养吾武勇,发之如鸟击,如赴千仞之溪。

【注释】《制谈》。改善我们的武器装备,培养我们的战斗能力,军队一旦出动,就像鸷鸟捕食那样凶猛,像倾泻到深谷的急流那样势不可当。

【解析】军队具有坚强的战斗力,不仅依靠将帅的正确指挥,更要有士兵的旺盛精力,过硬的杀敌本领,以及充分的武器装备,只有这样,军队才能形成势如破竹之势,锐不可当。

吾用天下之用为用,吾制天下之制为制。

【注释】《制谈》。利用天下的财富充实我们的国力,参考天下的制度来修订我们的制度。

【解析】借鉴优秀的东西为我所用,必然会增强自身的力量。我们今天提出的"古为今用,洋为中用"的口号,正是要充分学习和利用一切先进的东西来增强我们的综合国力,发展我们的国家。

民言有可以胜敌者,毋许其空言,必试其能战也。

【注释】《制谈》。如果有人说他有制胜敌人的办法,可不能轻信他的空话,必须在实践中考验他。

【解析】表面的言谈不足以表明一个人的真才实学,只有在实践中才能验证他的学识,"纸上谈兵"的故事可谓无人不知。那自恃善用兵的赵括,平时夸夸其谈,而在真正的战场上却手足无措,只能血洒疆场,全军覆灭。

虽战胜而国益弱,得地而国益贫,由国中之制弊矣。

【注释】《制谈》。即使侥幸获胜,国家也会因此更加衰弱,即使攻占了别国的土地,国家也会因此而更加贫穷,这些都是由于国家制度有弊病。

【解析】这里揭示出这样一个问题,即使你兵力强大,战场取得胜利,然而国内的隐患重重,获得上地财物也不能成为增强自身国力的基础,反而成为国家新的祸患根源,虽胜亦不胜。

夫将之所以战者,民也;民之所以战者,气也。气实则斗,气夺则走。

【注释】《战威》。将帅所赖以作战的是军队,军队所赖以作战的是士气。士气旺盛就勇于战斗,士气低落就会溃败。

【解析】在战场上,将、民、气是战争能够取胜的决定因素。三者有机结合,既有英明的将帅,又有杀敌本领过硬的士卒,还有旺盛的战斗力,则无坚不摧,无往而不胜。如若结合不好,则会逢敌必败。

上无疑令则众不二听;动无疑事则众不二志。

【注释】《战威》。上级没有可疑的命令,大众也就不会无所适从;行动没有犹豫不定的事情,大众就不会三心二意。

【解析】在军队中,必须要有严格统一的命令,才能行动一致。事情必须早先决定,才能摆脱犹豫,思想达到一致。而作为领导或一般的民众,说话必须坚定,别人才能信服。

未有不信其心而能得其力者,未有不得其力而能致其死战者也。

【注释】《战威》。从来就没有不取得大众衷心信任,而能得到他们自愿效力的,也没有不取得大众自愿效力,而能使他们拼命作战的。

【解析】无论是在战场上,还是在一般的人际交往中,只有树立威信,具有号召力,别人才能为你效力。"士为知己者死",这里的"知己"就应该是值得信任的,能够理解你的人。

国必有礼信亲爱之义,则可以饥易饱。国必有孝慈廉耻之俗,则可以死易生。

【注释】《战威》。一个国家必须有崇礼守信、相亲相爱的风气,民众才能忍饥挨饿,克服困难。国家必须有孝顺慈爱、廉洁知耻的习俗,民众才能不惜牺牲去捍卫国家。

【解析】一个国家、一个民族只有具有一定的民族精神,具有能够约束全体民众的道德准则,才能有衷心维护其尊严的民众。

战者,必本乎率身以励众士,如心之使四肢也。

【注释】《战威》。将帅指挥作战,必须用自己的表率行为来激励部队,这样才能像头脑指挥四肢一样的灵活自如。

【解析】将帅应该成为军士学习的楷模,应该与军士同甘共苦,才能真正得到军士的信任和理解,才能有为其献身的士卒,而其指挥战斗也可以随心所欲,灵活自如了。

志不励,则士不死节,士不死节,则众不战。

【注释】《战威》。战斗意志不加激励,士兵就不会为国家效死,士兵不为国家效死,部队就没有作战能力。

【解析】决定战争胜负的重要因素是人,所谓"天时不如地利,地利不如人和"。军队中将士的同仇敌忾、协调一致将会使军队充分发挥其战斗力。

夫以居攻出,则居欲重,陈欲坚,发欲毕,斗欲齐。

【注释】《战威》。要由防御转入进攻,防御就要稳定,阵地就要坚固,发起进攻使用全部力量,战斗行动要协调一致。

【解析】防御与进攻是战争表现出的两种形式,二者结合得当就会在战场上来去自如,出可以攻,退可以守。而这其中,进攻时尤其要慎重,不仅要有稳固的后方基础,还要出击时全力以赴,敏捷快速地去攻击敌人。

王国富民,霸国富士,仅存之国富大夫,亡国富仓府。所谓上满下漏,患无所救。

【注释】《战威》。实行王道的国家,注意增加人民的收入;实行霸道的国家,注意提高武士的待遇;没落的国家,只图增加中上层贵族的财富;濒于灭亡的国家,只图增加君主自己的库存财物。所以说,只满足上层而忽略下层,其祸患是无法挽救的。

【解析】这里精辟地概括了行不同政策的国家,其产生的结果不同。只有重视下层人民利益的君王,才能使社会长治久安,才能使国家富裕强大。

天时不如地利,地利不如人和。圣人所贵,人事而已。

【注释】《战威》。天时有利不如地形有利,地形有利不如人心和睦。圣人所重视的,只在人的作为罢了。

【解析】人心和睦不仅在战场上,而且在现代社会生产中都有着重要的作用。人心和,则世事明。人心和睦就可以避免那些没有必要的扯皮吵闹,人们便可以利用有限的时间去干一些有意义的事情了。

夫勤劳之师,将不先己。

【注释】《战威》。勤劳的军队中,将帅与士卒同甘共苦,不先顾自己。

【解析】在军队中,将帅与士卒同甘苦;而在战场上,他们将会共患难。居于高位的人,总能与下层人民同甘苦,共同去体验生活,那么他们所能得到的不只是个人的幸福,也有国家的长治、稳定和繁荣。

兵以静胜,国以专胜。

【注释】《攻权》。军队以沉着冷静制胜,国家以统一团结制胜。

【解析】这里谈到军队和国家能够制胜的法宝。军队面对的不管是强大凶猛的敌人,还是弱小疲惫的敌人,均须沉着冷静,否则将会不攻自乱。而国家则需要团结一致,君民共同建设。如若全国一盘散沙,各自为政,必然会缺乏防御力,给外国势力有可乘之机,旧中国惨痛的历史就是证明。

力分者弱,心疑者背。

【注释】《攻权》。部署分散,力量就会削弱;军心动摇,士气就会涣散。

【解析】俗语说,单则易折,重则难摧,团结才有力量,而分散则只能使自身力量削弱。只有有坚定理想的军队,才能坚持自己的信念而不屈服。如果思想动摇,军心涣散,只会未见敌而先溃逃。

将帅者心也,群下者支节也。其心动以诚,则支节必力;其心动以疑,则支节必背。

【注释】《攻权》。将帅好比人的头脑,部属好比人的四肢,头脑的决心坚定,四肢的动作必然有力,头脑的决心犹豫,四肢的动作必然迟疑。

【解析】此句强调将帅在军队中的核心作用。他们的言语命令,必须坚定有力,才能给人以信心,激励士气。如若将帅迟疑不决,就会令军士对其产生不信任感,那么士气低落,将不战而败。

夫民无两畏也,畏我侮敌,畏敌侮我。见侮者败,立威者胜。

【注释】《攻权》。士卒是不会既畏惧敌人又畏惧自己将帅的。畏惧自己的将帅就会蔑视敌人,畏惧敌人就会蔑视自己的将帅。将帅被士卒蔑视,作战就会失败;将帅在士卒中有威信,作战就能胜利。

【解析】优秀的指挥员能够在军中树立威信,使士兵畏惧,从而在战场上灵活自如地指挥士卒奋勇杀敌,这样的军队才能不败。

夫不爱说其心者,不我用也;不严畏其心者,不我举也。

【注释】《攻权》。如果不能以爱抚使士卒悦服,士卒就不会为我所用;如果不能以威信使士卒畏惧,士卒就不会听我指挥。

【解析】"爱"与"严"是立军的重要原则。将帅平时要爱抚士卒,做到以情动人、以心服人,并且在训练中树立威信,才能使士卒为我所用,甘心听从指挥,这对管理者而言,同样有借鉴作用。

爱在下顺,威在上立,爱故不二,威故不犯。

【注释】《攻权》。爱抚在于使下级驯服,威信在于上级自己树立。爱抚能使士卒不怀二心,威信能使下级不敢违令。

【解析】这里强调"爱"与"威"的重要作用,它们能使下级既不怀二心,又不敢违令。这是对领导的一项重要要求,一方面要注意日常生活中的关心体贴,另一方面在工作中要严格要求,才能使下属自愿为你服务。

战不必胜,不可以言战;攻不必拔,不可以言攻。

【注释】《攻权》。作战没有必胜的把握,就不可轻言作战;攻城没有必取的把握,就不可轻言攻城。

【解析】这里体现了《尉缭子》的一个重要思想,即"慎战"的思想,强调只有经过充分的准备、严密的侦察,权衡利弊之后,才可以进行战争。

信在期前,事在未兆。

【注释】《攻权》。威信在于平素树立,事变要在事前预见。

【解析】人们应该在日常生活中树立自己的威信,善于从事情的细微之处观察到变化。人常说"书到用时方恨少",我们应注重平时的学习积累,在作文说话时信手拈来,随口道出。

众已聚不虚散,兵已出不徒归。

【注释】《攻权》。士卒一经集中,就不能随便解散;军队一经出动,就不能无功而返。

【解析】士气强弱是影响战争胜负的重要因素。随便解散军队,进攻的部队无功而返,均会给出征的士兵以沉重打击,使得士气低落,从而不利于军队的战斗。

求敌若求亡子,击敌若救溺人。

【注释】《攻权》。寻求敌人要像寻求丢失的孩子那样志在必得,进攻敌人要像抢救落水的人那样奋不顾身。

【解析】此句体现了对敌作战的重要原则,即必须坚决有力地攻击敌人,使敌人无喘息之机,更无还手之力。

分险者无战心,挑战者无全气,斗战者无胜兵。

【注释】《攻权》。分兵守险的,不会有决战的意图;进行挑战的,不会使用全部兵力;鲁莽作战的,不会有把握取得胜利。

【解析】这里分析了担任不同战略任务的军队,既有分兵防守的,也有进行挑战的,还有鲁莽作战的,这就要求将帅能够针对敌人的优缺点,分兵布阵迎击敌人。

争必当待之,息必当备之。

【注释】《攻权》。发动战争,必须看准时机,战争结束,还应当戒备。

【解析】此句体现了作战的重要原则,即发动战争要乘机而行,攻其不备,而取得战争胜利后还要加强自身的戒备,不要被胜利冲昏了头脑。

兵有胜于朝廷,有胜于原野,有胜于市井。

【注释】《攻权》。战争有靠谋略取胜的,有靠野战取胜的,有靠强攻取胜的。

【解析】此句强调战争取胜的几种情况,即有胜于朝廷的,是依靠谋略,内修政治,达到不战而屈人之兵;有依靠野战取胜的;还有战于市井的。

斗则得,服则失,幸以不败,此不意彼惊惧而曲胜之也。

【注释】《攻权》。要敢于战斗才能胜利,屈服退让就会失败,即使侥幸不败,也是由于敌人意外地发生惊慌而偶然胜利的。

【解析】此句体现了战斗中"勇者胜,怯者败"的特点。将士英勇奋战,个个争先,必将会取胜。屈服退让只能助长对方的气焰,损伤自己的士气,结果大多会失败。

权敌审将,而后举兵。

【注释】《攻权》。战前要分析敌人的虚实,察明敌将的才能,然后才能起兵。

【解析】所谓知彼知己,百战不殆。只有充分了解对方,进行有针对、有准备的战争,才能尽可能战胜对方。

凡集兵,千里者旬日,百里者一日,必集敌境。

【注释】《攻权》。大凡集中军队,远隔千里的,不能超过十天的时间;相距百里的,不能超过一天的时间,而且必须集中在敌人边境附近。

【解析】此句反映了聚集军队必须快速。只有快速地聚集部队,才能抓住战机,不失时机地出击,取得胜利。

夫城邑空虚而资尽者,我因其虚而攻之。

【注释】《攻权》。对城邑空虚而资财穷尽的敌人,我应乘虚攻击他。

【解析】此句体现了"乘虚而入"的作战原则。只有避重就轻,出其不意,攻其不备,才能尽可能地扩大战果。

凡守者,进不郭围,退不亭障,以御战,非善者也。

【注释】《守权》。围(yù):通"御"。凡是守城的军队,不在外城迎击敌人,不固守城郊险要据点,这样进行防御战斗,不是好的办法。

【解析】防守作战,军队应该据住险要,多重设防,才能来去自如,避免四面受敌的危险,不能仅仅固守城池,那将陷入四面楚歌的境地。

出者不守,守者不出。

【注释】《守权》。出击部队不担任守备任务,守备部队不担任出击任务。

【解析】这里体现了军队的分工严格,有其好处。出击的部队没有守备的任务,就可以毫无顾虑地去攻击敌人,而守备部队则可以严阵以待,尽心竭力地去守卫。

必鼓其豪杰雄俊,坚甲利兵、劲弩强矢并于前,么麽毁瘠者并于后。

【注释】《守权》。么(yāo):同"幺",幼小。麽:细小。毁:残废。瘠:瘦弱。在危急关头,必须勉励豪杰英雄率领精锐部队,使用精良武器,奋力战斗于前,使老幼残弱者并力支援于后(才有希望坚持下去,打开局面)。

【解析】身陷困境的部队所应采取的策略是,勇者在前,奋勇杀敌,鼓舞士气,残弱者在后,鼓励支援前面的勇士,这样可以各尽所能,团结一致地打破危险的局面。

凡兵不攻无过之城,不杀无罪之人。

【注释】《武议》。凡是用兵,不要进攻无过的国家,不要杀害无辜的人民。

【解析】此句提出了用兵的原则。大凡用兵,不能根据自己的心意,随意进攻别人,而应依据他人的功过是非来确定。

兵者,所以诛暴乱,禁不义也。

【注释】《武议》。战争的目的是平定暴乱,制止不义行为。

【解析】这里指出了战争的积极作用。战争应该是一种维护和平,制止不义的行为,而不能恃强凌弱,成为统治者满足个人私欲的工具。

万乘农战,千乘救守,百乘事养。

【注释】《武议》。万乘之国实行农战结合(以足食足兵),千乘之国要能自救自守,百乘之国要能自给自足。

【解析】发动战争要有坚强的后备基础,要有充分的物质供应和力量的支援。国家大小有差异,而他们的后备补给必须依据其自身的情况,来采取不同的补给措施。

夫出不足战,入不足守者,治之以市。

【注释】《武议》。(在国防经济上)如果出战不足以战胜敌人,进攻不足以进行固守,那么就应该用发展集市贸易的办法来解决。

【解析】这里提出了解决战守矛盾的方法。只有发展自身的经济,增强自身的物质供应能力才能善战。这对我国的国防建设尤有借鉴意义。只有发展经济,增强自身的综合国力,才能建设现代化的国防。

是兴亡安危,在于枹端,奈何无重将也。

【注释】《武议》。枹(fú):鼓槌。国家的兴亡安危,在于将帅的指挥是否得当,这怎能不使人重视将帅的作用呢?

【解析】这里指出了将帅在战场上的重要作用,他关系着军队的安危、国家的兴亡,他的建议有时会使军队陷于绝地,有时会使军队绝处逢生。

起兵,直使甲胄生虮者,必为吾所效用也。鸷鸟逐雀,有袭人之怀,入人之室者,非出生,后有惮也。

【注释】《武议》。鸷(zhì):凶猛的鸟。进行战争,能使军队坚持长久作战的,必然是由于军令严明,官兵不得不为我效力的缘故。譬如凶猛的鸟追逐小雀,有时竟使小雀窜入人们的怀中,闯进人家的室内。这并不是它愿意舍生就死,而是怕后面的凶鸟追上来的缘故。

【解析】此句说明纪律严明、制度严格能够使士卒为我所用,奋勇杀敌,士卒决不会因些许小事而脱离部队。这里强调了治军严明的重要作用。

良马有策,远道可致。贤士有合,大道可明。

【注释】《武议》。良马得到鞭策,就可以日行千里;贤士得到重用,就可使政治昌明。

【解析】此句运用比兴手法,说明贤士的重要作用。贤士可以使国家昌明,使经济获得全面发展。

兵者,凶器也,争者,逆德也,将者,死官也,故不得已而用之。

【注释】《武议》。武器是杀人的凶器,战争是暴力的行动,将帅是掌握生杀的官吏,所以只有在不得已的情况下才能使用它们。

【解析】此句指出发动战争是在不得已的情况下进行的,并且认为武器、战争、将帅均是恶行,具有进步意义。

一人之兵,如狼如虎,如风如雨,如雷如霆,震震冥冥,天下皆惊。

【注释】《武议》。万众一心的军队,行动起来就像虎狼般勇敢,风雨般急骤,雷电般突然,声势浩大,行动莫测,使天下惊惧。

【解析】此句指出了团结对敌的威力,既勇猛,又迅速,而且令人高深莫测。抗日战争时期,正是由于全国人民的团结一致、同仇敌忾,才赶走了凶恶的日本侵略军。

胜兵似水,夫水至柔弱者也,然所触丘陵必为之崩,无异也,性专而触诚也。

【注释】《武议》。胜利的军队像水一样,水看来是最柔弱的,它所冲击的地方,山陵也会崩塌。这不是别的原因,而是由于水总是流向一个方向,不断冲刷的结果。

【解析】所谓以柔克刚,以弱胜强,就是由于柔的事物、弱的东西能够利用巧妙的办法,持久地专注于某一事物,而最终获得胜利。善战的军队能综合多种因素获得胜利。水滴石穿、绳锯木断说的也是这个道理。

乞人之死不索尊,竭人之力不责礼。

【注释】《武议》。凡是要求人家为你效死,就不能要求人家对你毕恭毕敬;要求人家竭尽全力,就不能讲究那些繁文缛节。

【解析】这对于我们现代任用人才也有借鉴意义。我们希望所用人才能够尽其所能工作,就不能太多地苛求于他的言行,而应包容他的一些缺点。

将受命之日忘其家,张军宿野忘其亲,援枹而鼓忘其身。

【注释】《武议》。枹(fú):鼓槌。将帅奉命出征的时候,就忘掉自己的家庭;带领军队到达战场的时候,就忘掉自己的亲属;临阵指挥的时候,就忘掉自己的安危。

【解析】这里提出了对将帅的要求。只有"忘其家""忘其亲""忘其身",才能在战场上无所畏惧,专心致志地进行战斗。

望敌在前,因其所长而用之,敌白者垩之,赤者赭之。

【注释】《武议》。垩:白土,此指白色。赭(zhě):红褐色。与敌人接近时,应根据敌人的特点来接近他,如果敌人使用白色标记,我也用白色标记来欺骗它,敌人用红色标记,我也用红色标记迷惑他。

【解析】针对敌人的特点,采用疑兵制胜,使敌军防不胜防,这要求将帅能从表面一致性中看出差异,相机而动。

材士则是矣,非吾令也。

【注释】《武议》。他诚然是有本领的,但他违背了我的命令。

【解析】这说明在战场上,不是靠某个勇士的奋勇杀敌来争取胜利,而是依据全军的协调一致作战取胜,依据全军的听从号令来取胜。

凡将理官也,万物之主也,不私于一人。

【注释】《将理》。将帅是掌管刑法的官吏,也是一切事务的主宰者,不应偏袒任何人。

【解析】将帅在战场上具有重要的作用,他不能因有才就偏袒,更不能因人无能而去用刑。公平、严正执法,才能树立将帅的威信,才能有为其死命的士卒。

夫能无私于一人,故万物至而制之,万物至而命之。

【注释】《将理》。由于不偏袒任何人,所以任何事情发生,都能公平裁决,任何情况出现,都能正确处理。

【解析】这对于当今的执法者尤其具有借鉴意义,决不能因犯法者是王孙公子便去袒护他。心底无私天地宽,执法者只有内心没有私心杂念,才能腰杆挺直,公平正确地处理任何事情。

知国有无之数,用其仂也。知彼弱者,强之体也,知彼动者,静之决也。

【注释】《原官》。仂(lè):零数,余数。了解国家资财的多少,这是(量入为出)节约开支的根据。了解国家的薄弱环节,这是弥补弱点、变弱为强的依据。预见国家可能发生的动乱,这是防患未然,安定国家的决定因素。

【解析】充分地了解自身,是进行正确决策的基础。大至国家,小到我们的个人生活,全面了解个人的实力,才能有针对性地提高自己。

夫谓治者,使民无私也。民无私,则天下为一家,而无私耕私织,共寒其寒,共饥其饥。

【注释】《治本》。所谓良好的政治,在于教育民众不自私。如果民众不自私,天下就像一家人一样,而不必进行私耕私织,大家把别人的寒冷当作自己的寒冷,把别人的饥饿当作自己的饥饿。

【解析】良好的政治是使全国人民不自私,能够分享共有成果,能"共寒其寒,共饥其饥"。这是一种理想社会,与当时的社会生活是完全不相适应的。

民有轻佻,则欲心兴,争夺之患起矣。

【注释】《治本》。如果民众不安分,私欲就会产生,争权夺利的祸患就随之而起了。

【解析】这里把私欲的产生、争权夺利、祸患的兴起原因,归结为人民的不安分,是错误的。其真正的根源在于经济的不发展,财产分配的不合理。而人民发展私耕、私织就是去发展经济,缩小与统治者在物质拥有上的差距,求得社会的稳定。

善政执其制,使民无私,为下不敢私,则无为非者矣。

【注释】《治本》。好的政治,就是坚持法制,教育民众不自私,大家不自私,就没有为非作歹的人了。

【解析】这里强调坚持法制的重要性,对我们今天建设法治社会具有重要意义。我们应该依据法律,严格按照法律的程序办事,以避免许多违法事件的发生。

苍苍之天,莫知其极? 帝王之君,谁为法则? 往世不可及,来世不可待,求己者也。

【注释】《治本》。蓝蓝的天空,谁知道它的边际? 五帝三王的政治,谁的方式可供效法呢? 过去的时代不可能重现,未来的理想也不能只靠等待,只有求之于自己的创造。

【解析】苍天云阔,无人知其边际,五帝三王都曾辉煌一时,但今天又能效法谁的政治呢? 只有依靠自身的力量去创造生活、创造未来,才能无愧于祖先、无愧于历史、无愧于自身。

野物不为牺牲,杂学不为通儒。

【注释】《治本》。不能把野生的动物作为祭品,不能把杂凑的学说当成真才实学。

【解析】这里强调只有正统的事物,才能担当正式的任务。山猫野兽来祭奠祖先,只能是对祖先的蔑视。旁门杂学只是歪门小道,并不是真正的学习。这里显示出对于正统之外事物的轻视。

百里之海,不能饮一夫,三尺之泉,足止三军渴。

【注释】《治本》。百里宽的大海,不够一个贪得无厌的人喝,三尺深的小泉,却够三军之众解渴。

【解析】人的贪欲是无法填满的沟壑,而贪欲的旺盛必然导致个人的覆灭。现代的许多贪官污吏,为了贪图个人的私利,满足其一时的快乐,最终受到了人民的惩罚。

欲生于无度,邪生于无禁。

【注释】《治本》。人的私欲产生于没有节制,邪恶产生于禁止不力。

【解析】每个人都有其合理的欲望,理智的人能够节制自己的私欲,能知足常乐。昏聩的人,则放纵自己的欲望,为了满足个人的私欲,甚至不择手段,最终走上邪路,这时欲望也就成为罪恶。

夫禁必以武而成,赏必以文而成。

【注释】《治本》。禁止坏人坏事,必须使用强制手段才能成功;奖励好人好事,必须结合教育才能奏效。

【解析】用武力可以暂时阻止恶的行动,而对其心理上的攻击才能使他们彻底地与坏事告别。所谓攻心为上,敌城为下,就是这个道理。奖励好人好事,才能更有效地教育普通人在实际生活中多做好事。

千人而成权,万人而成武。

【注释】《战权》。兵力小的可用权谋取胜,兵力大的可用武力取胜。

【解析】敌强智取,敌弱则强攻。只有依据自身力量,在了解对方的基础上,确定正确的战略战术原则,才能攻无不克、战无不胜。不能只是鲁莽作战,那样受伤的是自己。

权先加人者,敌不力交,武先加人者,敌无威接,故兵贵先。

【注释】《战权》。先敌使用权谋,敌人有力量也无法使用,先敌使用武力,敌人有力量也无法抗拒,所以用兵最好先发制人。

【解析】此句体现了先发制人的重要军事原则,先发制人,后发制于人。只有先发制人,才能实现自己的战略意图,同时打乱对方的战略部署,而取得胜利。后发制人,则会被敌所制,失去战机。

夫精诚在乎神明,战权在乎道之所极。

【注释】《战权》。精细周到的谋略在于明察敌我双方情况,机动权变的指挥在于实际运用作战原则。

【解析】全面地了解对方,搜集与其有关的各种信息,才能有效地制定战略计划。而灵活地运用战术,就会给敌人以致命打击。

有者无之,无者有之,安所信之。

【注释】《战权》。有力量装作没有力量,没有力量却装作有力量,敌人怎么能摸清我们的真实情况呢?

【解析】此句体现了重要的军事原则,即设立疑兵让敌人摸不着头脑,使敌军既不知何时出击,也不知该击在何处,更不知自己是否有力量击败对手。这样将迷惑敌人,更有利于实施自己的战略部署,打击敌人。

先王之所传闻者,任正去诈,存其慈顺,决无留刑。

【注释】《战权》。先王之所以为后世传颂,在于能任用正直的人,清除奸诈的人,保护善良恭顺的人,(而对于那些触犯刑法的人)决不留情。

【解析】先王能传颂于后世,正是因为他的英明决策。他能够任贤治国,能够从人民的利益出发,制定策略,而对那些妨害国家安全与生存的人则给予坚决的打击。

求而从之,见而加之,主人不敢当而陵之,必丧其权。

【注释】《战权》。如果敌人求战,我就应战,或者见到敌人就去进攻,或者我军的力量本来不能阻挡敌人的进攻,而又轻率地交战,都必然会丧失战争的主动权。

【解析】这里从反面来强调"慎战"的重要性,不能由于敌人的挑衅就去仓促应战,更不能见到一些微利就去谋取,这都会丧失战机,而应注重谋术的运用,充分全面地考虑之后再去应战。

意往而不疑则从之,夺敌而无前则加之,明视而高居则威之。

【注释】《战权》。军队斗志昂扬而毫不犹豫,就同敌人作战;敌人动摇而又不敢前进,就乘机发动进攻;明了敌情而又居高临下,就利用威势压倒敌人。

【解析】"一鼓作气,再而衰,三而竭",就是要利用军队旺盛的士气,去攻击敌人衰落的士气,同时要因地因时而动。

其言无谨,偷矣;其陵犯无节,破矣;水溃雷击,三军乱矣。

【注释】《战权》。军队言语不谨慎,就会泄密;作战行动无节制,就会失败;士兵散漫急躁不受约束,就会溃乱。

【解析】此句指出军队应该注意的三件事情,士卒既要言语谨慎,又要遵守纪律,听从指挥,这样才能避免不战而败的结局。

高之以廊庙之论,重之以受命之论,锐之以逾垠之论,则敌国可不战而服。

【注释】《战权》。廊庙:朝廷。朝廷的决策要高明,将帅的选择要慎重,进入敌人国境要迅速,这样就可以不经战斗而使敌国屈服了。

【解析】这是最高明的战争,不战而屈人之兵。如何能达到这样的效果呢?就在于其国内政治清明,军队训练有素,作战能力强。正是以其强大的政治、经济、军事的威慑力,使敌国不战而屈服。

刑重则内畏,内畏则外坚矣。

【注释】《重刑令》。刑罚重则人心畏刑,人心畏刑就会坚强对敌了。

【解析】这里强调了严于刑法的作用。它能使士兵畏惧刑法而奋勇对敌。

内无干令犯禁,则外无不获之奸。

【注释】《分塞令》。内部没有触犯禁令的人,外来的奸细也就不难查获了。

【解析】通过采取一系列的措施,既可防止内部人员违法犯罪,又可打击和查获外来的奸细,从而可获得社会的稳定和人民生活的安定。

鼓之,前如雷霆,动如风雨,莫敢当其前,莫敢蹑其后,言有经也。

【注释】《经卒令》。命令一下,军队前进就像雷霆那样迅速,冲击就像风雨那样猛烈,没有哪个敌人敢于在前面阻挡,也没有哪个敌人敢于在后面尾随,这就说明了经卒令的重大作用。

【解析】经卒令在战斗中具有重要作用,它可使军队行动迅速、猛烈、锐不可当。它是治理好一支优良善战军队的手段。

夫蚤决先定,若计不先定,虑不蚤决,则进退不定,疑生必败。

【注释】《勒卒令》。用兵必须提早下定决心,预先确定作战计划,如果计划不预先制定,决心不及早下定,就会进退不定,疑虑丛生,这样必然招致失败。

【解析】此句说明早作计划,及早做出决定的重要性。提前做出决定有助于作战的周密指挥和行动有序,避免狐疑,这样打击敌人才能坚决有力。

凡明刑罚,正劝赏,必在乎兵教之法。

【注释】《兵教上》。要想做到刑罚严明、奖赏公平,必须在军队平时训练中实施。

【解析】此句说明平时训练中应该明确贯彻赏罚制度的重要性。只有让士兵在平时就具有赏罚观念,才能在执行任务的时候做到公正严明,让人心服口服。

战胜在乎立威,立威在乎戮力,戮力在乎正罚。

【注释】《兵教上》。戮(lù)力:合力。战胜敌人在于能树立军威,树立军威在于使人同心协力,使人同心协力在于刑罚公正。

【解析】这里强调了刑罚公正的重要性。刑罚公正,才能使士兵心服口服,才能在士兵中树立威信,才能使官兵协调一致,共同对付敌人。

令民背国门之限,决死生之分,教之死而不疑者,有以也。

【注释】《兵教上》。要使士兵出国作战,在生死关头毫不犹豫地牺牲生命,靠的就是赏罚严明。

【解析】此句同样强调刑罚严明的重要作用。这里正是强调法制在治军中的重要地位,它能使军队协同作战,能使士卒无所畏惧,英勇奋战。

举功别德,明如白黑,令民从上令。如四肢应心也。

【注释】《兵教上》。提拔有功的人,表扬有德的人,功过是非黑白分明,这就能使士兵按照上级的命令行动,如四肢听从头脑的指挥一样灵活了。

【解析】此句同样说明奖惩严明带来的效果。军队中将帅能够奖励有功的、惩治为恶的,做到赏罚分明,必然使士卒信服,进而在军中树立威信,在战斗中才能灵活自如地指挥军队。

人君有必胜之道,故能并兼广大,以一其制度,则威加天下。

【注释】《兵教下》。人君掌握了必胜的方法,就能兼并广大的土地,实行统一的制度,从而威震天下。

【解析】这里所谓的必胜方法,就是要修明政治,任用贤才,发展经济,同时注重部队建设,增强部队的战斗力。这样国力必然强盛,威名也必将远扬,结果自然"并兼广大","威加天下"。

为将忘家,逾垠忘亲,指敌忘身,必死则生,急胜为下。

【注释】《兵教下》。受命为将要忘掉家庭,出国作战要忘掉父母,临阵杀敌要忘掉自己,只有抱着必死的决心,才可以求得生存,急于求胜,是不好的。

【解析】"忘家""忘亲""忘身",解除了后顾之忧,就能在战场上专心一致地对敌。破釜沉舟,断绝一切退路才能拼力杀敌,也才能置之死地而后生,但也要沉着冷静,不能急躁。

百人被刃,陷行乱阵。千人被刃,擒敌杀将。万人被刃,横行天下。

【注释】《兵教下》。百人死战,就可以摧破敌阵。千人死战,就可以擒敌杀将。万人死战,就可以横行天下。

【解析】俗语说"一人拼命,万人难敌"。"狼牙山五壮士"正是以他们毫不怕死的精神才迎战了众多敌人。也正是他们的英勇抗战、毫不畏惧的精神鼓舞激励着每一位祖国的热血男儿。

赏如山,罚如溪。

【注释】《兵教下》。奖励好人好事,要像高山那样坚定不移;惩罚坏人坏事,要像溪水那样通行无阻。

【解析】奖励与惩罚不应依据一时的喜好来行事,而要建立成一贯的制度,坚决地去贯彻,即奖励好人好事能够像高山那样稳固不移,而对坏人坏事的惩罚则要像溪水那样通行无阻。

太上无过,其次补过,使人无得私语。

【注释】《兵教下》。执行赏罚最重要的是不发生差错,其次是有了差错及时纠正,这就不会使人背后议论了。

【解析】执行赏罚最重要的是能够赏罚严明,决不能有功而受罚,有错而受奖。在执行的过程中,难免失误,重要的是敢于纠正自己的过失,这样才能增加别人对你的信任,也可以避免别人在背后议论你。

凡兴师,必审内外之权,以计其去。

【注释】《兵教下》。兴兵作战,必须仔细研究敌我形势的变化,以计划军队的行动。

【解析】作为将帅应善于权敌审将,了解国内的虚实情况,国外的援兵问题,这样在全面深刻地了解自身的情况下,再去权衡敌人,计较去留,才能百战不殆,同时也应发展地看问题,能够随着发展了的形势,采取灵活的战术。

日暮路远,还有挫气,师老将贪,争掠易败。

【注释】《兵教下》。成功无望,还师罢军,挫伤士气,久战疲惫,将帅贪功,士卒劫掠,就很容易被战败了。

【解析】此句分列了战争失败的几种因素,将帅要善于认清形势,分析利弊,避免在战场中使用困兵、贪兵和乱兵。

伤气败军,曲谋败国。

【注释】《兵教下》。士气低落,军队就会失败;谋略错误,国家就会败亡。

【解析】谋略和士气是部队能够取胜的重要因素。士气旺盛,军队的战斗力就强,如若士气低落,不战就有败军之象,而谋略错误、方针错误则会使国家败亡。

兵者,以武为植,以文为种。武为表,文为里。能审此二者,知胜败矣。

【注释】《兵令上》。战争这个问题,军事是手段,政治是目的;军事是现象,政治是本质。能弄清二者的关系,就懂得胜败的道理。

【解析】此句着重讨论军事和政治的关系问题。军事是实现政治目的的一种手段,表面的军事背后均有深刻的政治背景。

文所以视利害,辨安危;武所以犯强敌,力攻守也。

【注释】《兵令上》。政治是用来明察利害,辨明安危的。军事是用来战胜强敌,保卫国家的。

【解析】此句进一步谈到了军事和政治的关系。它们尽管分工不同,但是所要达到的最终目的是一致的,都是求得国家的安稳和主权的统一。

专一则胜,离散则败。

【注释】《兵令上》。意志统一就能胜利,离心离德就会失败。

【解析】此句强调同心同德、协同作战的重要性。意志统一,协调一致就会形成一股合力,要比单个力量的简单相加更为强大,因此在战斗中能够取胜。而分散则只能是单个人的力量,这样斗争的结果只能是失败。

陈以密则固,锋以疏则达。

【注释】《兵令上》。陈(zhèn):通"阵"。布阵队形密集有利于巩固,行列疏散则便于使用兵器。

【解析】尺有所短,寸有所长,也就是说各种事物都不是完美无缺的,都有其优点,也有其不足,排兵布阵同样如此。布阵队形密集尽管有利于巩固,却不便于使用兵器,而疏散则又不利于巩固。所谓白璧无瑕是为最好,但只因有瑕才为真玉。

安静则治,暴疾则乱。

【注释】《兵令上》。将帅沉着,军队就会严整;将帅急躁,军队就会混乱。

【解析】此句显示了将帅在军队中的重要作用。将帅是军队的旗帜和方向,他的言行会指引军队走向胜利或者陷入困境。将帅沉着稳健、善于谋略,就能给人以信心,使军心有所依托。将帅暴躁不安,则会令士卒失去信心,军心动摇。

军之利害,在国之名实。今名在官,而实在家,官不得其实,家不得其名。

【注释】《兵令下》。军队的利害得失,在于国家的编制名额与实际人数是否相符。现在不少士兵的名字列在军队,而本人却在家中,军队没有实际的兵员,家中没有本人的名字。

【解析】此句指出了军队出现的一种弊端——名实不符,或者有名无实,或者有实无名。这将会给国家和军队带来严重的损害。

聚卒为军,有空名而无实,外不足以御敌,内不足以守国,此军之所以不给,将之所以夺威也。

【注释】《兵令下》。国家调集士兵编成军队,如果只有空的名额而无实际的兵员,对外不足以抵抗敌人,对内不足以守卫国家,这就是军队之所以战斗力不强,将帅之所以丧失威望的缘故。

【解析】此句指出名实不符、有名无实带来的危害,使部队既不能守卫国家,又不能抗击敌人,而将帅也由此丧失威望。

百万之众不用命,不如万人之斗也。万人之斗不用命,不如百人之奋也。

【注释】《兵令下》。百万之众如不贯彻执行命令,还抵不上一万人齐心协力去战斗。用万人进行战斗,如果不贯彻执行命令,还抵不上百人齐心战斗。

【解析】此句说明军队进行战斗必须严格执行军令,按照军事纪律办事,决不能擅自行动。军队不只在于人多,而在于能严格执行军令。这样才能成为一个整体,才能在战斗中取得胜利。否则,人越多越乱,也越容易失败。

赏如日月,信如四时,令如斧钺,利如干将,士卒不用命者,未之有也。

【注释】《兵令下》。奖赏要像日月当空那样光明,守信要像四时交替那样准确,号令要像斧钺那样威严,决断要像干将那样锐利。这样,士兵不服从命令的,就不会有了。

【解析】在军队中,赏罚必须严明,号令必须有力果决,将帅才能指挥有力,士卒方能信服。这样的部队能形成坚强的整体,并能有力地攻击敌人。

《素　书》

　　《素书》是中国古代流传下来的著名兵书,旧题黄石公撰。其实黄石公属秦末汉初隐士,相传黄石公演天理而成《素书》,密授张良。张良仅用其中十分之一二,便帮助刘邦灭项羽而建立汉朝,且张良功成身退,做到了明哲保身。张良死后500年,有盗发张良墓者,于玉枕中获此书,上有秘戒:"不许传于不道、不神、不圣、不贤之人。若非其人,必受天殃。"然也有人认为《素书》非黄石公亲撰,应当为后人托黄石公名而作。

　　《素书》一卷,仅千余字,有《原始》《正道》《求人之志》《本德宗道》《遵义》《安礼》六章,主要思想是以道、德、仁、义、礼为一体,主张卑谦损节、相机行事,有助于兵家领兵作战。汉代黄老思想对军事理论的影响,在此书中可略见一斑。

夫道、德、仁、义、礼,五者一体也。

【注释】《原始章第一》。

【解析】道、德、仁、义、礼五个范畴,无论道家、儒家还是其他用于治国兴邦的思想体系,无不将此作为根本。老子说:由于世风日下,人们距离天道本有的和谐完美越来越远,人心日益丧失先天的淳朴自然,矫情伪饰成了人们必备的假面具,所以才不得不用伦理道德教育世人。当用道德教育也不起作用时,只好提倡仁爱。当人们的仁爱之心也日益淡薄时,就呼唤要有正义。当正义感也不为人们所重时,就只能用法规性的礼制来约束民众了。因此,道、德、仁、义、礼这五个方面是天道的统一体。

义者,人之所宜,赏善罚恶,以立功立事。

【注释】《原始章第一》。义:理之所在谓之义。

【解析】如果说"仁"是指人和人的亲和关系,那么"义"则是指人们的行为规范——行为适宜,符合标准,也就是所谓办事要公正。衡量办事是否公正,大众的目光自然会不约而同地集中在当权者的身上。而有职有权的人公正与否,突出表现在是否赏罚分明。只有赏罚得宜,才会发挥人民大众的聪明才智,使大家争相建功立业,使国家事业兴旺发达。理和义是统一的,只有按照真理判断、处理事务,才会体现出仁义。赏善罚恶,是正义的基本原则。能否建功立业,则是检验正义是否得到落实的标准。

贤人君子,明于盛衰之道,通乎成败之数,审乎治乱之势,达乎去就之理。

【注释】《原始章第一》。

【解析】大凡以高尚道德为立身处世原则的伟大人物,在其走上社会,施展抱负时,就已经对历史的发展规律了然于胸,既能预测未来的趋势,又能洞悉兴亡、治乱的玄机了。由于对主观和客观的规律、时事变幻的奥秘洞若观火,所以天下的兴亡仿佛就掌握在他的手中一般。

行足以为仪表,智足以决嫌疑,信可以使守约,廉可以使分财,此人之豪也。

【注释】《正道章第二》。

【解析】行为能够被人奉为楷模,起到表率作用;在功名利禄、是非恩怨面前,能够保持清醒的头脑,识大体、顾大局,能以大智判断、处理这些很容易使人身败名裂的问题;说一不二,一诺千金,诚实守信;重义轻财,一心为公,能与下属有福同享,同甘共苦。具备这些品质的,就是人中之"豪"。美色、功利、私情等都有可能使人丧失理智,然而真正的智者是不会为这些所迷惑的,而且只有真正的智者才能在这些诱惑面前保持冷静和清醒。

绝嗜禁欲，所以除累。

【注释】《求人之志章第三》。

【解析】人生在世，难以杜绝的欲望和弊处，唯独酒色财气。这四样东西，实为伤身、败德、破家、亡国之物。要完全禁绝这些欲求，也是不现实的，连孔圣人都说："饮食男女，人之大欲存焉。"然而适当节制一些欲望总还是能做到的。广厦千间，居之不过七尺；山珍海味，食之无非一饱。人生一世，本身所需甚少，只因一个"贪"字，便使许许多多的人演出了一幕幕身败名裂的悲剧。

避嫌远疑，所以不误。

【注释】《求人之志章第三》。

【解析】古语说："瓜田不纳履，李下不整冠。"日常行止尚且如此，更何况办大事呢？所以，人们要在行动上远避嫌疑。这样做一是为了不节外生枝，干扰做大事；二是为了远祸消灾，避免给自己一世英名带来污损。

高行微言，所以修身。

【注释】《求人之志章第三》。

【解析】老子说："大直若屈，大巧若拙，大辩若讷。"想行为高尚，应少说大话，这是加强自身修养的一个重要方法。

恭敬谦让，所以自守。

【注释】《求人之志章第三》。

【解析】古人有言云："我有一言君记取，天地人神都喜谦。"勤俭是立身持家的根本，谦虚是品德才智的标志。人立身处世，只有采取谦虚恭谨的态度，不与人发生无谓的争执，方能使自己远祸自守，终身平安。

谋深计远，所以不穷。

【注释】《求人之志章第三》。

【解析】真正具备大智慧的人，没有一个不是虚怀若谷、清雅脱俗的。只有这样，才能奠定坚实的道德基础，进而再深谋远虑，运筹帷幄，退则自保，进则成事。管仲的政治谋略虽然可以"九合诸侯，一匡天下"，但因道德的根基不深厚，故而缺少统一天下的大志，使孔子惋惜不已。至于商鞅和汉武帝时的桑弘羊，则谋略有余，仁义不足，二人都死于非命，终不能自保，所以还算不上真正的谋略之士。所以说，谋略应该建立在立德的基础之上。如果缺少德，仅靠谋略是靠不住的。老子说大智若愚,最高的谋略是不用谋略,也有这方面的意思。

推古验今,所以不惑。

【注释】《求人之志章第三》。推:推论。验:验证。

【解析】以古为镜,可以知兴替。因为历史经验都是以无数苦难甚至生命为代价证明过了的。社会的生活方式尽管日新月异,但社会的发展规律是永远不会改变的。所以,有作为的人,必须要认真研究古人的行为得失。具备了丰富的学识,方能推断出历史发展的趋势,做到顺时而变。

孜孜淑淑,所以保终。

【注释】《求人之志章第三》。孜孜:指十分勤奋。淑淑:善之又善。

【解析】一般来说,创业艰难,守业更难,唯有勤勉奋发,修身治事精益求精,才能在自身修养上和事业功名上有所成就,才能永远立于不败之地。

安莫安于忍辱。

【注释】《本德宗道章第四》。

【解析】能够忍受得了小的屈辱,才能永远自安而无祸。“莫大之祸,起于须臾之不忍。”所以,民间自来就有“和为贵,忍最高”这样的劝世良言。人是感情动物,内心活动如潮起潮落,瞬息即变,如若自己能够克制自己的愤怒情绪,就可能转祸为福,否则往往会因一把怒火而危及自身。尤其是身处高位之人,如果该忍处不忍,后果不堪设想。作为一个真正的政治家,则必须具备三忍:容忍,隐忍,不忍。人虽然也有所不忍,但明智者必须要处理好忍与不忍之间的分寸,而这个分寸往往是最难掌握的。

先莫先于修德。

【注释】《本德宗道章第四》。

【解析】作为人,首要的是应该修养自己的操守和德行。道德是否高尚,既关系到自身的人品修养,也关系到事业的成功。作为一个领导人,要想使下属衷心拥护,则必须首先能让人心悦诚服。而要达到这一目的,就一定要自身具备好的德行。

吉莫吉于知足。

【注释】《本德宗道章第四》。吉:吉祥。

【解析】对于一个人来说,最可以使自己远祸的办法莫过于知足而不贪。广厦千间,夜眠七尺;珍馐百味,不过一饱。人生所需,其实甚少。懂得这一点,人才会除却诸多烦恼。俗话说:知足者常乐。知足不光心理上可以达到平衡,而且不会因为贪欲引出麻烦来,所以说知足是莫大之吉祥。

苦莫苦于多愿。

【注释】《本德宗道章第四》。

【解析】人应该学会豁达,对于身外之物,来就来,去就去,无须牵挂。范仲淹"不以物喜,不以己悲",财物的聚散多寡,不值得人为之大喜大悲。佛门认为,有求皆苦,人的各种烦恼莫不是因为人愿望渴求太多而苦难缠身。儒家以为,无欲则刚,恭谦俭让,对人不求名,对物不求奢,是为君子。道家则根本以无欲无求,一身傲骨,两袖清风,遨游人间。人心不足,欲海难填,然而其结果只能有如秦皇汉武,身虽尊贵,心中烦恼却颇多。清心寡欲,贫贱如此,富贵也应如此。

病莫病于无常。

【注释】《本德宗道章第四》。

【解析】天地万物之所以永恒,是因为它有自己不变的规律。如果强行打破它,就会受到规律的惩罚。人若无视自然规律,不正常生活,时间长了自然会生病。当然,这里的病不光是指人生理上的病,主要是言明做人如果不守一定之规,无论在哪一方面都会发生问题。

短莫短于苟得。

【注释】《本德宗道章第四》。

【解析】以不义的手段得来的东西,必将很快丧失。身处平安之地而不忘危难,现在拥有的东西能够珍惜,不是自己应该得到的东西不去贪求,这样的人才会天长地久。孔子曾以"富贵无常"告诫王公,勉励百姓。所以古人说:利不苟取,祸不苟免。只有凭自己的劳动得来的财富,才会享用得心安理得,才不至于使自己败亡。

幽莫幽于贪鄙。

【注释】《本德宗道章第四》。

【解析】人生的悲剧大多来源于一个"贪"字。贪财、贪色、贪酒……贪的结果,轻则神志昏昏,重则无法无天,不择手段。如欲一生平安,首先必须从戒贪做起。另外,有贪心的人都是卑鄙小人,为君子所不齿。

孤莫孤于自恃。

【注释】《本德宗道章第四》。

【解析】自恃则气骄于外而善不入耳,不闻善则孤而无助。有才华的人最容易犯的一个错误就是恃才自傲。世上好骄傲的只有两种人,一是真有才华的人,因而目中无人;另一种其实腹中空空,无德无能,只好以傲慢来维持其心理平衡。对于后一种人,无话可说;对于恃才自傲的人,只能说:自傲其实本身就是一种无见识的表现。你看不起人家,挡得住人家不理你吗?这句古语应成为所有恃才自傲者的座右铭:"水唯善下方成海,山不矜高自极天。"

以明示下者暗。

【注释】《遵义章第五》。

【解析】圣贤之道,内明外晦。事事明察,则是不会用人的表现。水至清则无鱼,人至察则无友。当领导的,明于内而憨于外,则时时主动;否则,下边的人都不满意你,你这领导就不好当了。

有过不知者蔽。

【注释】《遵义章第五》。

【解析】有过不自知是最愚蠢的人。最聪明的人是看到别人的过失,引以为戒,主动克服自身的类似不足;比较聪明的人是自己犯了错误能自觉改正;至于有了错误仍执迷不悟,一错到底的,那只有是那些愚者了。

迷而不返者惑。

【注释】《遵义章第五》。

【解析】人之迷惑都是自己迷惑自己。人常说:"酒不醉人人自醉。"人心本自清静,无奈想法不对,意志不坚,经受不住外物的诱惑。一人迷途,九牛难拔,可不慎哉!

以言取怨者祸。

【注释】《遵义章第五》。

【解析】用言语取怨于别人的,容易惹祸。事情还没有做,就开始满天吹牛,口出狂言,那么事情能不能办成的主动权就在人而不在我;相反,事情成功后,再相机设词,主动权就在我不在人。这是就一般事理而言。如果事关重大,那就是祸福攸关的问题了。此"祸从口出,病从口入"谓也。

好直辱人者殃。

【注释】《遵义章第五》。

【解析】说话不讲究方式,常侮辱别人,这样的人没有好结果。所以人的一言一行都要注意方式方法。

慢其所敬者凶。

【注释】《遵义章第五》。

【解析】对应该尊重的贤能或老者,如果慢待了,说明你的修养不到位。这是很危险的事情。这也是儒家的思想,人不光讲究"仁""义",还要讲究"礼"。

亲谗远忠者亡。

【注释】《遵义章第五》。

【解析】谗者合意使人多悦,忠者逆意使人多怨。所以,历史上因亲小人、远贤臣而败亡的教训太多了。虽然没有一个当皇帝的不知道"亲贤臣、远小人"则事业成、国家兴,但实际上却没有几个能做到,为什么?就因为小人善拍马屁,贤臣好进忠言。小人于国于民有害,但能让主上舒服;忠臣于国于民有利,但往往扫了君王的兴。伍子胥、屈原的悲剧人人皆知。

略己而责人者不治。

【注释】《遵义章第五》。

【解析】对己宽容,对人严厉,对自己的缺点过失千方百计找理由辩解,而对别人的失误却不加体谅,一味求全责备,这样的领导人违背了一条重要的谋略原则:"宽则得众",所以什么事情也不会办好,甚至会给自己招来祸端。

多许小与者怨。

【注释】《遵义章第五》。

【解析】人应看重自己的诺言,答应得多,兑现得少,这是与人结恨记仇的一个重要原因。

薄施厚望者不报。

【注释】《遵义章第五》。

【解析】老子说:施恩不要心里老想着让人报答,接受了别人的恩惠却要时时记在心上,这样才会减少烦恼。许多人怨恨人情淡薄,好心不得好报,甚至做了好事反而与人结怨,原因就在于做了点好事,就天天盼着人家报答,否则就怨恨不已,恶言恶语。他们不明白,施而不报是常情,薄施厚望则有违天理。

贵而忘贱者不久。

【注释】《遵义章第五》。

【解析】富贵了,有权了,就翻脸不认人,这样的人是不会长久的。这是一种典型的小人得志心态。他们不明白,贵贱荣辱,是时运机遇造成的,并不是他们真的比别人高明多少。倘若因此而目空一切,即便荣华富贵,也会转眼即逝。在这个问题上,要学习天地圣人的那种气度。在天地圣人眼里,万物也好,人也好,都不过是来去匆匆的小虫小草,可以保护他们,养育他们,至于他们如何对待自己、回报自己,从不放在心上。苟如此,怨恨之情从何而来?

念旧恶而弃新功者凶。

【注释】《遵义章第五》。

【解析】人有一点坏处便耿耿于怀,即便后来有恩于自己也不能释然,这种人不但不会有成,而且会惹祸。汉高祖不计较与雍齿有私仇,仍然封他为什邡侯;唐太宗不在意魏征曾是李建成的老师,仍然任命他为宰相,这都是成大事业者的气量。那种念念不忘别人的小错,非要以眼还眼、以牙还牙,方解心头之恨的做法,是十足的小人行径。这种人是成不了大器的。

用人不正者殆。

【注释】《遵义章第五》。

【解析】选贤任能自古以来都颇受治国者重视,领导所重用的人如果不正派,那就危险了。

闻善忽略、记过不忘者暴。

【注释】《遵义章第五》。

【解析】听到正确的意见不采纳,有了过错抓住不放,这是残暴的表现。这种人也属于小人之列,是与帝王韬略背道而驰的。

听谗而美,闻谏而仇者亡。

【注释】《遵义章第五》。

【解析】当领导的最容易犯的过失有三条:一是好谀,二是好货,三是好色。英明的领导人可以避免珍宝美色的诱惑,但最难避免的是喜欢别人阿谀奉承,往往最初有所警觉,日久天长,慢慢就习惯了,最后听不到唱赞歌,就开始生气。到了对歌功颂德者重用,对犯颜直谏者仇恨的地步,就要亡国了。

自疑不信人，自信不疑人。

【注释】《安礼章第六》。

【解析】对自己都怀疑的人，绝不会相信别人；有自信心的人，绝不会轻易怀疑别人。自疑疑人，是由于对局势不清楚，对情况不了解；自信信人，是由于对全局了然于胸，有成就事业的能力。

枉士无正友，曲上无直下。

【注释】《安礼章第六》。

【解析】常言道：人以类聚，物以群分。人品、行为不端正的人，所结交的朋友大多也是不三不四的人。又有言曰：上有所好，下有所效。居高位者品德不佳，身边总要聚集一些投其所好的奸佞小人或臭味相投的怪诞之徒。楚王好细腰，宫人多饿死；汉元帝庸弱无能，才导致弘恭、石显这两个奸宦专权误国；宋徽宗爱踢球，因重用高俅而客死他乡；唐朝宰相李逢吉死党有八人，另有附庸八人，凡有求于李逢吉的，必先通过这十六人，所以被称为"八关""十六子"……纵观中国历史，此类事例，比比皆是。

地薄者大物不产，水浅者大鱼不游，树秃者大禽不栖，林疏者大兽不居。

【注释】《安礼章第六》。

【解析】这里用自然现象进一步说明假如上自朝廷下至地方的有权势者不具备振兴国家的品德和谋略，就必然不会吸引大批人才，正像贫瘠的土地不产宝物，一洼浅水养不住大鱼，无枝之木大禽不依，疏落之林猛兽不居一样。法天象地的圣贤，自然不会流连于危乱之邦；浅薄无知的小人，当然不会有什么品德而言。因此，这样的国家是不可能治理好的。

山峭者崩，泽满者溢。

【注释】《安礼章第六》。

【解析】山陡峭则崩，水太满则溢，这是自然常理。此句警戒为人切勿得意忘形，以免到手的权势、财富、功名转眼逝去。当人处在危难困苦之时，大多数人会警策奋发、埋头苦干，一旦愿望实现，便会骄横妄为。因此，古今英雄，善始者多，善终者少；创业者众，守成者鲜。这也许是人性之固有的弱点吧。故而古人提出："聪明广智，守以愚；多闻博辩，守以俭；武力多勇，守以畏；富贵广大，守以狭；德施天下，守以让。"以此作为矫正人性这一弱点之方法，不可不用心体味。

与覆车同轨者倾,与亡国同事者灭。

【注释】《安礼章第六》。

【解析】跟随前面翻了的车走同一条道,也会翻车;做与前代亡国之君同样事的,也会亡国。汉武帝不记取秦始皇因求仙而死于途中的教训,几乎使国家遭殃,幸亏他在晚年有所悔悟。

见已生者慎将生,恶其迹者须避之。

【注释】《安礼章第六》。

【解析】知道已经发生的不幸事故,发现类似情况有重演的可能,就应当慎重地防范它,把它消灭在萌芽状态;厌恶前人有过的劣迹,就应当尽力避免重蹈覆辙。最彻底干净的办法就是根本不生这样的念头,根本就不去做。

务善策者无恶事,无远虑者有近忧。

【注释】《安礼章第六》。

【解析】人生在世,立身为本,处事为用。立身要以仁德为根基,处事要以谋略为手段。以仁德为出发点,同时又要善用权谋,有了机会,可以追求成功。如若时运不至,亦可安身自保,不至于有什么险恶的事发生。只图眼前利益,没有长远谋虑的人,连眼前的忧患也无法避免。俗语云:“人无远虑,必有近忧。”“但行好事,莫问前程”,讲的也正是这个意思。

重可使守固,不可使临阵。贪可使攻取,不可使分阵。廉可使守主,不可使应机。

【注释】《安礼章第六》。

【解析】稳重守信的将领,可以让他坚守阵地,不宜让他去冲锋陷阵;贪功逞强的将领,可以让他去攻坚掠阵,但不可让他独率一军守护营垒;清廉公正的人,可以任命他在主上的身边为官,但不宜派他处理需要随机应变的事情。有的人善于谋略,有的人善于规划,有的人安稳如山,有的人锐意进取,有的人忠诚刚直。尺有所短,寸有所长,知人善任,量才而用,是任何领导人物都必须牢牢把握的最高的领导艺术。

同恶相党,同爱相求。

【注释】《安礼章第六》。

【解析】为非作歹、阴谋不轨的党徒肯定要拉帮结伙;有相同爱好的人,自然会互相访求。据说商纣王的奸臣恶党数以万计。春秋时期的盗跖聚众九千。晋惠帝爱财,身边的宦官全是一帮巧取豪夺的贪官污吏。秦武王好武,大力士任鄙、孟贲个个能加官晋爵……大凡有不良爱好的人,性情一般来说都比较偏激怪诞,这种人往往会心被物牵、智为欲迷,做出愚蠢之事来。

同美相妒,同智相谋。

【注释】《安礼章第六》。

【解析】同为倾城倾国之貌的佳丽,彼此总要争风吃醋;才智同样卓绝的人,双方一定会先是一比高下,进而互相残杀。各朝各代,粉阵厮杀,智者火并的悲剧实在太多了。这既是人性之弱点,同时也是自然之道。智者应对此有所认识,从而避免此类不幸在自己身边发生。

同贵相害,同利相忌。

【注释】《安礼章第六》。

【解析】具有同等权势地位的人,互相排挤,彼此倾轧,甚至不择手段地以死相拼。在艰难困苦的时候,还可相互扶持帮助,一旦有些许利益在眼前,就开始相互中伤诽谤,双方都变成了眼红心黑的冤家对头。难道权力、财富真的是人性的腐蚀剂吗?我们不否认好利是人性之自然,但智者亦可超脱其外,并非人人皆然。

同类相依,同义相亲,同难相济,同道相成。

【注释】《安礼章第六》。

【解析】同一类东西能够互相依存,利益共同体中的各个方面,容易相互亲近。处在困难中的人们,很容易和衷共济,以期共渡难关。国与国之间或同僚之间,如果体制相同或政见一致,就会互相结为同盟。六国联合起来抗秦,是因为都感觉到了同一敌人的威胁;刘备和孙权联合抗曹,并不是蜀吴两国真的那么友好,真正的原因是同样的利害和命运迫使他们不得不这样做,根本不是出于什么仁义。因危难而结成的联盟不会长久,但基于志同道合的真诚团结必定长久。

同艺相窥,同巧相胜。

【注释】《安礼章第六》。

【解析】传说后羿善射,逢蒙把他的技艺学到手后就杀了他。秦国的太医令李醯虽然没本事,却对扁鹊高明的医道非常嫉妒。在扁鹊到秦国时,他派人刺杀了扁鹊。自古文人相轻、武夫相讥,这都是因为才能和技艺不相上下,双方不能相容的缘故。且不说墨子用九种守城的方法挫败了鲁班的九种新式攻城武器的进攻,就连西晋时的王恺和石崇,为了炫耀自家的奇珍异宝,也曾上演过一场令人咋舌的斗富好戏。这些事例说的都是这个道理。

条目拼音索引

A

ai

爱人者则人爱之，恶人者则人恶之。 …………………………… 10

爱近仁，度近智，为己不重，为人不轻，君子也夫。 ………… 13

爱其人者，兼屋上之乌；憎其人者，恶其余胥。 ……………… 74

爱臣太亲，必危其身；人臣太贵，必易主位。 ………………… 83

爱多者则法不立，威寡者则下侵上。是以刑罚不必则禁令不行。 … 99

爱人者不阿，憎人者不害。爱恶各以其正，治之至也。 ……… 144

爱之、利之、益之、安之，四者道之出。帝王者用之，而天下治矣。 … 155

哀乐不易施乎前，知其不可奈何而安之若命，德之至也。 …… 217

爱人者人亦从而爱之，利人者人亦从而利之，恶人者人亦从

　而恶之，害人者人亦从而害之。 ……………………………… 257

爱在下顺，威在上立，爱故不二，威故不犯。 ………………… 388

an

安危在是非，不在于强弱；存亡在虚实，不在于众寡。 ……… 97

安徐而静，柔节先定，善与而不争，虚心平志，待物以正。 … 352

安静则治，暴疾则乱。 ………………………………………… 401

安莫安于忍辱。 ………………………………………………… 406

B

ba

霸王者，人主之大利也。人主挟大利以听治，故其任官者当能，

　其赏罚无私。使士民明焉，尽力致死，则功伐可立而爵禄可

　致，爵禄至，而富贵之业成矣。 ……………………………… 117

霸王之形，象天则地，化人易代，创制天下，等列诸侯，宾属四

　海，时匡天下。 ………………………………………………… 162

霸王之所始也,以人为本。本治则国固,本乱则国危。 …………………… 163

bai

百姓有罪,在予一人。 …………………………………………………… 73

白马非马。 …………………………………………………………………… 263

捭之者,料其情也;阖之者,结其诚也。 ……………………………… 280

百战百胜,非善之善者也;不战而屈人之兵,善之善者也。 ……… 320

百里之海,不能饮一夫,三尺之泉,足止三军渴。 ………………… 395

百人被刃,陷行乱阵。千人被刃,擒敌杀将。万人被刃,横行天下。 … 399

百万之众不用命,不如万人之斗也。万人之斗不用命,不如百

人之奋也。 ………………………………………………………………… 401

bao

薄施厚望者不报。 ………………………………………………………… 409

ben

奔车之上无仲尼,覆舟之下无伯夷。 ………………………………… 96

bi

彼妇人之口,可以出走;彼妇人之请,可以死败,优哉游哉,聊以卒岁。 …… 14

必得之事,不足赖也。必诺之言,不足信也。小谨者不大立,

饕食者不肥体。 …………………………………………………………… 148

彼出于是,是亦因彼。彼是方生之说也。虽然,方生方死,方

死方生;方可方不可,方不可方可。 ……………………………… 211

彼节者有间,而刀刃者无厚;以无厚入有间,恢恢乎其于游刃

必有余地矣。 …………………………………………………………… 215

彼窃钩者诛,窃国者为诸侯,诸侯之门而仁义存焉。 …………… 224

必见其阳,又见其阴,乃知其心;必见其外,又见其内,乃知其

意;必见其疏,又见其亲,乃知其情。 ………………………… 357

必出之道,器械为宝,勇斗为首。 …………………………………… 365

必鼓其豪杰雄俊,坚甲利兵、劲弩强矢并于前,么麽毁瘠者并于后。 … 390

避嫌远疑,所以不误。 …………………………………………………… 405

bian

扁鹊不能治不受针药之疾,贤圣不能正不食谏诤之君。 ………… 63

便吾器用,养吾武勇,发之如鸟击,如赴千仞之溪。 …………………… 384

bing

兵行敌所不敢行,强;事兴敌所羞为,利。 …………………… 133

兵者,不祥之器,物或恶之,故有道者不处。 …………………… 197

兵,天下之凶器也;勇,天下之凶德也。 …………………… 291

兵势险阻,欲其便也;兵甲器械,欲其利也;选练角材,欲其精
也;统率士民,欲其教也。 …………………… 291

兵者,国之大事,死生之地,存亡之道,不可不察也。 …………………… 318

兵闻拙速,未睹巧之久也。夫兵久而国利者,未之有也。 …………………… 319

兵贵胜,不贵久。 …………………… 320

兵以诈立,以利动,以分合为变者也。 …………………… 327

兵非贵益多,唯无武进,足以并力、料敌、取人而已。 …………………… 329

兵之情主速,乘人之不及,由不虞之道,攻其所不戒也。 …………………… 330

兵士甚陷则不惧,无所往则固,入深则拘,不得已则斗。 …………………… 331

兵不杂则不利。 …………………… 338

兵胜之术,密察敌人之机而速乘其利,复疾击其不意。 …………………… 357

兵者,国之大事,存亡之道,命在于将。 …………………… 362

兵不两胜,亦不两败。 …………………… 362

兵起,非可以忿也。见胜则兴,不见胜则止。 …………………… 382

兵以静胜,国以专胜。 …………………… 387

兵有胜于朝廷,有胜于原野,有胜于市井。 …………………… 389

兵者,所以诛暴乱,禁不义也。 …………………… 391

兵者,凶器也,争者,逆德也,将者,死官也,故不得已而用之。 …………………… 392

兵者,以武为植,以文为种。武为表,文为里。能审此二者,知
胜败矣。 …………………… 400

病莫病于无常。 …………………… 407

bo

伯牙善鼓琴,钟子期善听。 …………………… 241

bu

不修其中而修外者,不亦反乎? …………………… 10

不观高崖,何以知颠坠之患;不临深泉,何以知没溺之患;不观
巨海,何以知风波之患。 …………………… 17

不登高山,不知天之高也;不临深溪,不知地之厚也。 …………… 28

不积硅步,无以至千里;不积小流,无以成江海。 ……………… 29

不闻不若闻之,闻之不若见之,见之不若知之,知之不若行之。 ……… 33

不杀老弱,不蹋禾稼,服者不禽,服者不禽,格者不舍,奔命者不获。 … 36

不知其子视其友,不知其君视其左右。 …………………………… 42

不富无以养民情,不教无以理民性。 ……………………………… 43

不通于论者难于言治,道不同者不相与谋。 ……………………… 53

不违农时,谷不可胜食。蚕麻以时,布帛不可胜衣也。斧斤以
　　时,材木不可胜用。田渔以时,鱼肉不可胜食。 …………… 61

不作而养足,不仕而名显,此私便也;息文学而明法度,塞私便
　　而一功劳,此公利也。 ……………………………………… 119

不明于敌人之政,不能加也;不明于敌人之情,不可约也;不明
　　于敌人之将,不先军也;不明于敌人之士,不先阵也。 ……… 153

不法法则事毋常,法不法则令不行。 ……………………………… 160

不侈,本事不得立。 …………………………………………………… 165

不犯天时,不乱民功。秉时养人,先德后刑。 …………………… 168

不以饮食之癖害民之财,不以宫室之侈劳人之力;节取于民,
　　而普施之。 …………………………………………………… 179

不因喜以加赏,不因怒以加罚;不从欲以劳民,不修怒而危国。
　　上无骄行,下无诌德;上无私议,下无窃权……贤君之治若此。 …… 181

不尚贤,使民不争;不贵难得之货,使民不为盗;不见可欲,使
　　民心不乱。 …………………………………………………… 189

不出户,知天下;不窥牖,见天道。 ……………………………… 202

不为轩冕肆志,不为穷约趋俗。 …………………………………… 227

不知吾所以然而然,命也。 ………………………………………… 237

不耕三年大旱,不凿十年地坏,杀人过万大风暴起。 …………… 245

不义不富,不义不贵,不义不亲,不义不近。 …………………… 256

不肖者,不自谓不肖也,而不肖见于行,虽自谓贤人,犹谓之不
　　肖也,愚者不自谓愚,而愚见于言,虽自谓智人,犹谓之愚。 …… 272

不得其情而说之者见非,得其情乃制其术。 ……………………… 280

不以人之坏自成也,不以人之庳自高也。 ………………………… 296

不学而能听说者,古今无有也。 …………………………………… 299

不知而自以为知,百祸之宗也。 …………………………………… 299

布衣人臣之行,洁白清廉中绳,愈穷愈荣。 ……………………… 307

不尽知用兵之害者,则不能尽知用兵之利也。 …………………… 319

不可胜在己,可胜在敌。⋯⋯⋯⋯⋯⋯⋯⋯⋯⋯⋯⋯⋯⋯⋯ 322

不知战攻之策,不可以语敌;不能分移,不可以语奇;不通治
　乱,不可以语变。⋯⋯⋯⋯⋯⋯⋯⋯⋯⋯⋯⋯⋯⋯⋯⋯⋯ 364

步贵知变动,车贵知地形,骑贵知别径奇道,三军同名而异用也。⋯⋯ 367

不暴甲而胜者,主胜也;阵而胜者,将胜也。⋯⋯⋯⋯⋯⋯⋯⋯ 382

C

cai

财屈力竭,下无以亲上;骄泰奢侈,上无以亲下。上下交离,君
　臣无亲,此三代之所以衰也。⋯⋯⋯⋯⋯⋯⋯⋯⋯⋯⋯⋯⋯ 176

材士则是矣,非吾令也。⋯⋯⋯⋯⋯⋯⋯⋯⋯⋯⋯⋯⋯⋯⋯ 393

cang

仓廪实则知礼节,衣食足则知荣辱。⋯⋯⋯⋯⋯⋯⋯⋯⋯⋯⋯ 147

仓无备粟,不可以待凶饥;库无备兵,虽有义不能征无义。⋯⋯⋯ 255

苍苍之天,莫知其极?帝王之君,谁为法则?往世不可及,来
　世不可待,求己者也。⋯⋯⋯⋯⋯⋯⋯⋯⋯⋯⋯⋯⋯⋯⋯ 394

ce

策之而知得失之计,作之而知动静之理,形之而知死生之地,
　角之而知有余不足之处。⋯⋯⋯⋯⋯⋯⋯⋯⋯⋯⋯⋯⋯⋯ 326

cha

察实者不留声,观行者不几辞。⋯⋯⋯⋯⋯⋯⋯⋯⋯⋯⋯⋯⋯ 71

察士然后能知之,不可以为令。夫民不尽察。贤者然后能行
　之,不可以为法,夫民不尽贤。⋯⋯⋯⋯⋯⋯⋯⋯⋯⋯⋯⋯ 119

察而以达理明义,则察为福矣;察而以饰非惑愚,则察为祸矣。⋯⋯ 307

chang

常思困隘之时,必不骄矣。⋯⋯⋯⋯⋯⋯⋯⋯⋯⋯⋯⋯⋯⋯⋯ 69

chao

朝无幸位,民无幸生。⋯⋯⋯⋯⋯⋯⋯⋯⋯⋯⋯⋯⋯⋯⋯⋯⋯ 33

chen

臣语其朝廷行事,不论其私家之际也。 ······ 9

臣闻大都疑国,大臣疑主,乱之媒也。 ······ 46

臣罪莫重于弑君,子罪莫重于弑父。 ······ 62

臣不赦死,不宥刑。赦死宥刑,是谓威淫,社稷将危,国家偏威。 ······ 84

臣尽死力以与君市,君垂爵禄以与臣市,君臣之际,非父子之
　亲也,计数之所出也。 ······ 107

臣之忠诈,在君所行也。君明而严则群臣忠,君懦而暗则群
　臣诈。知微之谓明,无赦之谓严。 ······ 112

臣不亲其主,百姓不信其吏,上下离而不和,故虽自安,必且
　危之。故曰:上下不和,虽安必危。 ······ 172

臣天下,一天下也。一天下者,令于天下则行。禁焉则止。 ······ 186

臣以神遇而不以目视,官知止而神欲行。 ······ 214

臣无富于君,都无大于国。 ······ 353

cheng

乘天地之正,而御六气之辩,以游无穷者,彼且恶乎待哉? 故
　曰:"至人无己,神人无功,圣人无名。" ······ 210

乘物以游心,托不得已以养中,至矣。 ······ 217

成乎诈,其成毁,其胜败。 ······ 302

诚能决善,众虽喧哗而弗为变。 ······ 305

chi

持天地之政,操四海之纲,屈申不可以失法,动作不可以离度,
　谬误出口,则乱及万里之外。 ······ 59

尺有所短,寸有所长。 ······ 69

chong

宠辱若惊,贵大患若身。 ······ 192

chu

触死亡以干主之过者,忠臣也;犯严颜以匡公卿之失者,直士也。 ······ 64

处多事之时,用寡事之器,非智者之备也;当大争之世,而循揖
　让之轨,非圣人之治也。 ······ 119

出其所不趋,趋其所不意。·······································325
出者不守,守者不出。···································390

chuan

川渊深而鱼鳖归之,山林茂而禽兽归之,刑政平而百姓归之,
　礼义备而君子归之。·································35
传其常情,无传其溢言,则几乎全。···········217

chun

唇竭齿寒。···224

ci

此事非难,唯欲行之云耳。·······························10
磁石无我能见大力,钟鼓无我能见大音,舟车无我能见远行,
　故我一身虽有智有力有行有音,未尝有我。··250

cong

从道不从君,从义不从父。·······························44
从命为士上赏,犯命为士上戮,故勇力不相犯。····337

cun

存亡安危,勿求于外,务在自知。·············312

cuo

挫其锐,解其纷,和其光,同其尘,是谓玄同。··202

D

da

大巧在所不为,大智在所不虑。·················37
大德不逾闲,小德出入可也。·····················53
大臣执柄独断而上弗知收,是人主不明也。····87
大道废,有仁义;智慧出,有大伪;六亲不和,有孝慈;国家昏乱,
　有忠臣。···193

大道氾兮,其可左右。万物恃之以生而不辞,功成而不有。
　　衣养万物而不为主,可名于小;万物归焉而不为主,可名
　　为大。以其终不自为大,故能成其大。·················· 199

大直若屈,大巧若拙,大辩若讷。·················· 201

大人之教,若形之于影,声之于响。·················· 225

大君不择其下,故足。·················· 268

大君任法而弗躬,则事断于法矣。·················· 268

大乐,君臣、父子、长少之所欢欣而说也。·················· 288

达士者,达乎死生之分,则利害存亡,弗能惑矣。·················· 309

大捷不赏,上下皆不伐善。上苟不伐善,则不骄矣,下苟不伐
　　善,必亡等矣。·················· 339

大败不诛,上下皆以不善在己,上苟以不善在己,必悔其过,
　　下苟以不善在己,必远其罪。·················· 339

大智不智,大谋不谋,大勇不勇,大利不利。·················· 358

大明发而万物皆照,大义发而万物皆利,大兵发而万物皆服。·················· 359

dan

丹漆不文,白玉不雕。·················· 7

淡然无极而众美从之。·················· 227

dang

当今之时,能去私曲就公法者,民安而国治;能去私行行公法
　　者,则兵强而敌弱。·················· 85

当今之世,为人主忠计者,必无使燕王说鲁人,无使近世慕贤
　　于古,无思越人以救中国溺者。如此,则上下亲,内功立,
　　外名成。·················· 97

dao

道虽贵,必有时而后重,有势而后行。·················· 6

道虽迩,不行不至;事虽小,不为不成。·················· 30

盗名不如盗货。·················· 30

道莫大于无为,行莫大于谨敬。·················· 57

道因权而立,德因势而行,不在其位者,则无以齐其政,不操
　　其柄者,则无以制其刚。·················· 57

道可道,非常道;名可名,非常名。·················· 189

道之为物,惟恍惟惚。惚兮恍兮,其中有象;恍兮惚兮,其中
　　有物。窈兮冥兮,其中有精。其精甚真,其中有信。 …………… 193
道大,天大,地大,人亦大。域中有四大,而人居其一焉。人
　　法地,地法天,天法道,道法自然。 ………………………… 195
道常无名,朴。虽小,天下莫能臣。侯王若能守之,万物将自宾。 198
道常无为而无不为。侯王若能守之,万物将自化。 ………… 200
道生一,一生二,二生三,三生万物。 ……………………… 201
道者,令民与上同意,可与之死,可与之生,而不畏危也。 318

de

德盛者威广,力盛者骄众。 …………………………………… 56
得众而不得其心,则与独行者同实;兵不完利,与无操者同实;
　　甲不坚密,与俴者同实。 ………………………………… 163
德侵则君危,论侵则有功者危,令侵则官危,刑侵则百姓危。 164
德不足以怀人,政不足以惠民;赏不足以劝善,刑不足以防非:
　　亡国之行也。 …………………………………………… 181
德有所长,而形有所忘。人不忘其所忘,而忘其所不忘,此谓诚忘。……… 220
得者,时也;失者,顺也。安时而处顺,哀乐不能入也。…… 222
得民心则贤于千里之地。 …………………………………… 291
德也者,万民之宰也。 ……………………………………… 292
得言不可以不察。 …………………………………………… 311
得贤将者,兵强国昌;不得贤将者,兵弱国亡。 …………… 365

deng

登高不栗,入水不濡,入火不热。 ………………………… 221

di

地利不如人和,武力不如文德。 …………………………… 66
地诚任,不患无财;民诚用,不畏强暴;德明教行,则能以民之
　　有为己用矣。 …………………………………………… 139
地者政之本也,是故地可以正政也。地不平均和调,则政不
　　可正也。政不正则事不可理也。 ……………………… 151
地者,万物之本原,诸生之根苑也,美恶贤不肖愚俊之所生也。……… 167
地得其任则功成,地不得其任则劳而无功。 ……………… 260
敌人之来,荡荡无虑,旌旗烦乱,人马数顾,一可击十,必使无措。……… 372

地薄者大物不产,水浅者大鱼不游,树秃者大禽不栖,林疏者
　　大兽不居。 …………………………………………………………… 411

diao

钓有三权:禄等以权;死等以权;官等以权。 ………………………… 350

dong

动必缘义,行必诚义,俗虽谓之穷,通也;行不诚义,动不缘义,
　　俗虽谓之通,穷也。 …………………………………………… 307

dou

斗则得,服则失,幸以不败,此不意彼惊惧而曲胜之也。 ………… 389

du

睹一蝉,方得美荫而忘其身;螳螂执翳而搏之,见得而忘其形;
　　异鹊从而利之,见利而忘其真。 …………………………… 230
独与天地精神往来而不敖倪于万物,不谴是非,以与世俗处。 ……… 234

duan

短绠不可以汲深井之泉,知不几者不可与及圣人之言。 ………… 31
短莫短于苟得。 …………………………………………………… 407

duo

度法者,量人力而举功。禁缪者,非往而戒来。故祸不萌通,
　　而民无患咎。 ……………………………………………… 173
堕肢体,黜聪明,离形去知,同于大通,此谓坐忘。 …………… 223
多许小与者怨。 …………………………………………………… 409

E

e

恶之者众则危。 …………………………………………………… 37
恶者,美之充也;卑者,尊之充也;贱者,贵之充也。 …………… 157

er

耳闻之，不如目见之；目见之，不如足践之；足践之，不如手辨之。 ············ 76

二心不可以事君，疑志不可以应敌。 ·············· 363

耳威于声，不可不清；目威于色，不可不明；心威于刑，不可不严。 ·············· 376

F

fa

法不能独立，类不能自行，得其人则存，失其人则亡。 ·············· 35

伐树而引其本，千枝万叶莫能弗从也。 ·············· 53

法能刑人而不能使人廉，能杀人而不能使人仁。 ·············· 66

法不阿贵，绳不挠曲。法之所加，智者弗能辞，勇者弗敢争。 ·············· 86

法败而政乱，政乱而民叛，以乱政治败民，未见其可也。且民有
  倍心者，君上之明有所不及也。 ·············· 110

法者，编著之图籍，设之于官府，而布之于百姓者也。术者，藏
  之于胸中以偶众端，而潜御群臣者也。 ·············· 112

法莫如显，而术不欲见。是以明主言法，则境内卑贱莫不闻
  知也；用术，则亲爱近习莫之得闻也。 ·············· 112

法者，宪令著于官府，赏罚必于民心，赏存乎慎法，而罚加乎奸
  令者也，此臣之所师也。 ·············· 114

法之为道，前苦而长利；仁之为道，偷乐而后穷。 ·············· 117

法者所以爱民也；礼者所以便事也。是以圣人苟可以强国，不
  法其故；苟可以利民，不循其礼。 ·············· 129

法令者，民之命也，为治之本也，所以备民也。 ·············· 145

法天合德，象地无亲，参于日月，伍于四时。 ·············· 153

法制不议，则民不相私；刑杀毋赦，则民不偷于为善；爵禄毋
  假，则下不乱其上。 ·············· 158

法立令行，则民之用者众矣；法不立，令不行，则民之用者寡矣。 ·············· 160

法虽不善，犹愈于无法，所以一人心也。 ·············· 268

fan

反本修迹，君子之道也。 ·············· 11

凡事豫则立，不豫则废。 ·············· 13

凡人之患,偏伤之也。见其可欲也,则不虑其可恶也者;见其
　可利也,则不顾其可害也者,是以动则必陷,为则必辱,是
　偏伤之患也。 …………………………………………………………………… 30

凡人之患,蔽于一曲而暗于大理。 ……………………………… 40

凡人莫不从其所可而去其所不可。 ……………………………… 41

凡人之取也,所欲未尝粹而来也;其去也,所欲未尝粹而往也。 …… 42

凡说之难:在知所说之心,可以吾说当之。 ……………………… 88

凡说之务,在知饰所说之所矜而灭其所耻。 ……………………… 89

凡人之生也,财用足则隳于用力,上治懦则肆于为非。 ………… 118

凡治天下,必因人情。人情者有好恶,故赏罚可用,赏罚可用
　则禁令可立,而治道具矣。 ……………………………………………… 121

凡人主之所以劝民者,官爵也;国之所以兴者,农战也。 ……… 131

凡将立国,制度不可不察也,治法不可不慎也,国务不可不谨
　也,事本不可不专也。 …………………………………………………… 138

凡战法必本于政胜,则其民不争,不争则无以私意,以上为意。 …… 139

凡人臣之事君也,多以王所好事君。君好法,则臣以法事君;
　君好言,则臣以言事君 …………………………………………………… 141

凡知道者,势、数也。故先王不恃其强,而恃其势;不恃其信,
　而恃其数。 ……………………………………………………………………… 143

凡有地牧民者,务在四时,守在仓廪。 ………………………… 147

凡将举事,令必先出。曰事将为,其赏罚之数,必先明之。 …… 151

凡国之亡也,以其长者也;人之自失也,以其所长者也。故善
　游者死于梁池,善射者死于中野。 …………………………………… 157

凡君国之重器,莫重于令。令重则君尊,君尊则国安;令轻则君
　卑,君卑则国危。 ………………………………………………………… 159

凡人君之所以为君者,势也……势在下则君制于臣矣,势在上则
　臣制于君矣。 ……………………………………………………………… 161

凡治国之道,必先富民,民富则易治也,民贫则难治也。 …… 170

凡在趣耕而不耕,民以不令不耕之害也;宜芸而不芸,百草皆
　存,民以仅存不芸之害也;宜获而不获,风雨将作,五谷以
　削,士民零落,不获之害也。 ……………………………………… 174

反者道之动;弱者道之用。天下万物生于有,有生于无。 …… 200

凡交,近则必相靡以信,远则必忠之以言。 …………………… 217

凡重外者拙内。 ………………………………………………………… 237

凡生之长也,顺之也;使生不顺者,欲也。故圣人必先适欲。 …… 284

凡音者,产乎人心者也。·················289

凡救守者,太上以说,其次以兵。··········290

凡帝王者之将兴也,天必先见祥乎下民。······297

凡遇,合也,时不合,必待合而后行。·········302

凡人必别宥然后知。····················305

凡战者,以正合,以奇胜。················323

凡先处战地而待敌者佚,后处战地而趋战者劳。故善战者,
致人而不致于人。····················324

凡军好高而恶下,贵阳而贱阴,养生而处实;军无百疾,是谓必胜。·····329

犯之以事,勿告以言;犯之以利,勿告以害。·····332

凡战,智也。斗,勇也。陈,巧也。···········340

凡战之道,位欲严,政欲栗,力欲窕,气欲闲,心欲一。·341

凡马车坚,甲兵利,轻乃重。··············343

凡大善用本,其次用末。·················343

凡胜,三军一人,胜。··················344

凡战,既固勿重。重进勿尽,凡尽危。·········344

凡战,非陈之难,使人可陈难,非使可陈难,使人可用难,非知
之难,行之难。······················344

凡众寡,既胜若否。····················345

凡战,击其微静,避其强静;击其疲劳,避其闲窕;击其大惧,避
其小惧,自古之政也。·················345

凡战之道,用寡固,用众治,寡利烦,众利正。····345

凡战,设而观其作,视敌而举。············345

凡从奔勿息,敌人或止于路,则虑之。·········346

凡近敌都,必有进路,退,必有反虑。·········347

凡战,先则弊,后则慑,息则怠,不息亦弊,息久亦反其慑。·347

凡举兵帅师,以将为命,命在通达,不守一术,因能授职,各取
所长,随时变化,以为纪纲。············361

凡三军,以戒为固,以怠为败。············365

凡用兵之法,三军之众,必有分合之变。········367

凡兵之所起者有五:一曰争名,二曰争利,三曰积恶,四曰内
乱,五曰因饥。其名又有五:一曰义兵,二曰强兵,三曰刚
兵,四曰暴兵,五曰逆兵。··············371

凡兵战之场,立尸之地,必死则生,幸生则死。····374

凡兵有四机:一曰气机,二曰地机,三曰事机,四曰力机。·375

凡战之要,必先占其将而察其才。因形用权,则不劳而功举。 …………… 376

凡攻敌围城之道,城邑既破,各入其宫,御其禄秩,收其器物。

军之所至,无刊其木,发其屋,取其粟,杀其六畜,燔其积聚,

示民无残心。其有请降,许而安之。 …………… 378

凡集兵,千里者旬日,百里者一日,必集敌境。 …………… 390

凡守者,进不郭围,退不亭障,以御战,非善者也。 …………… 390

凡兵不攻无过之城,不杀无罪之人。 …………… 390

凡将理官也,万物之主也,不私于一人。 …………… 393

凡明刑罚,正劝赏,必在乎兵教之法。 …………… 398

凡兴师必审内外之权,以计其去。 …………… 399

fang

方马埋轮,未足恃也。齐勇若一,政之道也。刚柔皆得,地之理也。……… 331

fei

非我而当者,吾师也;是我而当者,吾友也;谄谀我者,吾贼也。 …………… 29

非其士民不能死也,上不能故也。言赏则不与,言罚则不行,

赏罚不信,故士民不死也。 …………… 83

废逆旅,则奸伪、躁心、私交、疑农之民不行。逆旅之民无所

于食,则必农,农则草必垦矣。 …………… 131

非诚贾不得食于贾,非诚工不得食于工,非诚农不得食于农,

非信士不得立于朝。 …………… 152

废其非君,而立其行君道者。 …………… 308

非圣智不能用间,非仁义不能使间,非微妙不能得间之实。 …………… 333

fen

奋于言者华,奋于行者伐。 …………… 7

焚林而田,得兽虽多,而明年无复也;干泽而渔,得鱼虽多,而

明年无复也。 …………… 78

纷纷纭纭,斗乱而不可乱。浑浑沌沌,形圆而不可败。 …………… 323

分险者无战心,挑战者无全气,斗战者无胜兵。 …………… 389

fu

夫妇别,男女亲,君臣信。三者正,则庶物从之。 …………… 4

富贵不足以益,贫贱不足以损。 …………… 5

夫君者,舟也;庶人者,水也。水所以载舟,亦所以覆舟。 ……………… 5

夫君子成人之善,不成人之恶。 ……………………………………… 5

夫好谏者思其君,食美者念其亲。 …………………………………… 5

富贵者送人以财,仁者送人以言。 …………………………………… 8

夫昔者君子比德于玉,温润而泽,仁也。 …………………………… 22

夫火烈,民望而畏之,故鲜死焉。水懦弱,民狎而玩之,则多死焉。 ……… 24

夫寒者利短褐,而饥者甘糟糠,天下嚣嚣新主之资也。 …………… 46

夫知为人子然后可以为人父,知为人臣然后可以为人君,知事
　人然后能使人。 …………………………………………………… 51

夫居高者自处不可以不安,履危者任杖不可以不固。自处不
　安则坠,任杖不固则仆。是以圣人居高处上,则以仁义为
　巢;乘危履倾,则以圣贤为杖,故高而不坠,危而不仆。 ……… 56

辅君安国,非为身也;救急除害,非为名也;功成而受赏,是卖勇也。 ……… 70

夫势者,名一而变无数者也……吾所为言势者,言人之所设也。 ……… 113

父母之于子也,产男则相贺,产女则杀之。此俱出父母之怀
　袵,然男子受贺,女子杀之者,虑其后便,计之长利也。 …… 116

夫严家无悍虏,而慈母有败子,吾以此知威势之可以禁暴,而
　德厚之不足以止乱也。 …………………………………………… 126

夫兵事者危物也,不时而胜,不义而得,未为福也。失谋而败,
　国之危也,慎谋乃保国。 ………………………………………… 163

夫民富则不可以禄使也,贫则不可以罚威也。法令之不行,万
　民之不治,贫富之不齐也。 ……………………………………… 173

兔胫虽短,续之则忧;鹤胫虽长,断之则悲。 ……………………… 223

夫妇节而天地和,风雨节而五谷熟,衣服节而肌肤和。 …………… 256

夫兵有本干:必义,必智,必勇。 ……………………………………… 291

夫未战而庙算胜者,得算多也;夫战而庙算不胜者,得算少也。
　多算胜,少算不胜,而况于无算乎? ………………………… 319

夫钝兵挫锐,屈力殚货,则诸侯乘其弊而起,虽有智者,不能善
　其后矣。 …………………………………………………………… 319

夫王者之道如龙首,高居而远望,深视而审听,示其形,隐其情。
　若天之高,不可极也,若渊之深,不可测也。 ………………… 355

夫存者非存,在于虑亡;乐者非乐,在于虑殃。 …………………… 357

夫天地不自明,故能长生;圣人不自明,故能明彰。 ……………… 359

夫民化而从政,是以天无为而成事,民无与而自富,此圣人之德也。 … 360

夫攻强必养之使强,益之使张,太强必折,太张必缺。 …………… 360

夫人常死其所不能,败其所不便。故用兵之法,教戒为先。 …………… 374

夫总文武者,军之将也。兼刚柔者,兵之事也。 …………………………… 375

夫发号布令而人乐闻,兴师动众而人乐战,交兵接刃而人乐
死。此三者,人主之所恃也。 …………………………………………… 378

夫土广而任则国富,民众而治则国治。 …………………………………… 382

夫将之所以战者,民也;民之所以战者,气也。气实则斗,气夺则走。 …… 385

夫以居攻出,则居欲重,陈欲坚,发欲毕,斗欲齐。 ………………………… 386

夫勤劳之师,将不先己。 …………………………………………………… 387

夫民无两畏也。畏我侮敌,畏敌侮我。见侮者败,立威者胜。 ………… 387

夫不爱说其心者,不我用也;不严畏其心者,不我举也。 ……………… 388

夫城邑空虚而资尽者,我因其虚而攻之。 ……………………………… 390

夫出不足战,入不足守者,治之以市。 …………………………………… 391

夫能无私于一人,故万物至而制之,万物至而命之。 …………………… 393

夫谓治者,使民无私也。民无私则天下为一家,而无私耕私
织,共寒其寒,共饥其饥。 ……………………………………………… 394

夫禁必以武而成,赏必以文而成。 ……………………………………… 395

夫精诚在乎神明,战权在乎道之所极。 …………………………………… 396

夫蚤决先定,若计不先定,虑不蚤决,则进退不定,疑生必败。 ……… 397

夫道、德、仁、义礼,五者一体也。 ………………………………………… 404

G

gai

盖非舟车足力之所及,神游而已。 ……………………………………… 238

gan

甘其食,美其服,安其居,乐其俗。邻国相望,鸡犬之声相闻,
民至老死,不相往来。 ………………………………………………… 207

gao

缟素不能自分于缁墨,圣贤不能自理于乱世。 ……………………… 62

高山仰止,不可极也;深渊度之,不可测也。 …………………………… 352

高之以廊庙之论,重之以受命之论,锐之以逾垠之论,则敌国
可不战而服。 …………………………………………………………… 397

高行微言,所以修身。 …… 405

geng

耕不强者无以充虚,织不强者无以掩形。 …… 61

gong

工有不当,必行其罪,以穷其情。 …… 292

功先名,事先功,言先事。 …… 298

功名大立,天也;为是故,因不慎其人不可。 …… 302

攻其无备,出其不意。 …… 318

攻则屯而伺之。 …… 346

攻强以强;离亲以亲;散众以众。 …… 361

恭敬谦让,所以自守。 …… 405

gou

苟大意得,不以小缺为伤。 …… 155

苟便于主利于国,无敢辞违,杀身出生以徇之。 …… 294

gu

故弓调而后求劲焉,马服而后求良焉,士必悫而后求智能者焉。 …… 5

故君子莅民,不临以高,不导以远,不责民之所不为,不强民之
　　所不能。 …… 16

古者有志,克己复礼为仁,信善哉! …… 23

古之士者,国有道则尽忠以辅之,国无道则退身以避之。 …… 24

故君子耳不听淫声,目不视女色,口不出恶言。 …… 39

故有不能求士之君,而无不可得之士,故有不能治民之吏,而
　　无不可治之民。故君明而吏贤矣,吏贤而民治矣。 …… 49

古者尚力务本而种树繁,躬耕趣时而衣食足。虽累凶年而人
　　不病也。故衣食者民之本,稼穑者民之务也。 …… 61

古者市朝而无刀币,各以其所有易其所无,抱布贸丝而已。后
　　世即有龟贝金钱交施之也,币数变而民滋伪。 …… 62

古之无变,常之毋易,在常古之可与不可。 …… 92

故省刑之要,在禁文巧;守国之度,在饰四维。 …… 147

古之欲正世调天下者,必先观国政,料事务,察民俗,本治乱之
　　所生,知得失之所在,然后从事。 …… 169

故国父母坟墓之所在,固也;田宅爵禄,尊也;妻子,质也。三
　　者备,然后大其威,厉其意,则民必死而不我欺也。……… 170
古之王者,德厚足以安世,行广足以容众,诸侯戴之以为君长,
　　百姓归之以为父母。 ……………………………………… 176
古之善为道者,非以明民,将以愚之。 ………………………… 204
瞽者无以与乎文章之观,聋者无以与乎钟鼓之声。 ………… 211
故为是举莛与楹,厉与西施,恢诡憰怪,道通为一。 ………… 212
古之至人,先存诸己而后存诸人。所存于己者未定,何暇至于
　　暴人之所行。 …………………………………………… 216
古之真人,不逆寡,不雄成,不谟士。 ………………………… 220
古之真人,不知悦生,不知恶死;其出不䜣,其入不距;翛然而
　　往,翛然而来而已矣。不忘其所始,不求其所终。 ……… 221
瞽者善听,聋者善视。绝利一源,用师十倍。三反昼夜,用师万倍。… 246
古者圣王为五刑,请以治其民,譬若丝缕之有纪,网罟之有纲,
　　所以连收天下之百姓不尚同其上者也。 ……………… 256
古者明王圣人所以王天下正诸侯者,彼其爱民谨忠,利民谨厚。 257
古之事君者,必先服能然后任,必反情然后受。 ……………… 300
古者,国容不入军,军容不入国,故德义不相逾。 …………… 337
古者,逐奔不远,纵绥不及,不远则难诱,不及则难陷。 …… 338
故春道生,万物荣;夏道长,万物成;秋道敛,万物盈;冬道藏,
　　万物寻。 ………………………………………………… 354
古之善战者非能战于天上,非能战于地下,其成与败,皆由神
　　势,得之者昌,失之者亡。 ……………………………… 364
鼓鸣旗麾,先登者,未尝非多力国士也,先死者,亦未尝非多力
　　国士也。 ………………………………………………… 383
鼓之前如雷霆,动如风雨,莫敢当其前,莫敢蹑其后,言有经也。 397
孤莫孤于自恃。 ………………………………………………… 408

gua

寡者,备人者也,众者,使人备己者也。 ……………………… 326

guan

观听不参则诚不闻,听有门户则臣壅塞。 …………………… 98
官职所以任贤也,爵禄所以赏功也,设官职陈爵禄,而士自至,
　　君人者奚其劳哉。 ……………………………………… 109

官之富重也,乱功之所生也。 …………………………………… 123

观天之道,执天之行,尽矣。 …………………………………… 245

官无常贵而民无终贱,有能则举之,无能则下之。 …………… 256

gui

贵以身为天下,则可以托天下;爱以身为天下,则可以寄天下。 ……… 225

归师勿遏,围师必阙,穷寇勿追。 …………………………… 328

贵而忘贱者不久。 ……………………………………………… 410

guo

过失,人之情莫不有焉。过而改之,是为不过。 ……………… 17

过而能改,其进矣乎。 ………………………………………… 21

国有贤士而不用,非士之过,有国者之耻。 …………………… 64

国有三不祥,是不与焉。夫有贤而不知,一不祥也;知而不用,
  二不祥也;用而不任,三不祥也。 ………………………… 73

国君蔽士,无所取忠臣;大夫蔽游,无所取忠友。 …………… 75

国无常强,无常弱。奉法者强则国强,奉法者弱则国弱。 …… 85

国有擅主之臣,则群下不得尽其智力以陈其忠,百官之吏不得
  奉法以致其功矣。 ………………………………………… 90

国者,君之车也;势者,君之马也。夫不处势以禁诛擅爱之臣,
  而必德厚以与天下齐行以争民,是皆不乘君之车,不因马之
  利,释车而下走者也。 …………………………………… 103

国者,君之车也;势者,君之马也。无术以御之,身虽劳犹不
  免乱;有术以御之,身处佚乐之地,又致帝王之功也。 …… 106

国平养儒侠,难至用介士,所利非所用,所用非所利。是故服
  其事者简其业,而游学者日众,是世之所以乱也。 ……… 126

国待农战而安,主待农战而尊。 ……………………………… 132

国以善民治奸民者,必乱至削;国以奸民治善民者,必治至强。 … 133

过匿则民胜法,罪诛则法胜民。民胜法,国乱;法胜民,兵强。 … 135

国之所以治者三:一曰法,二曰信,三曰权。法者,臣之所共
  操也;信者,君臣之所共立也;权者,君之所独制也。 …… 140

国多财则远者来,地辟举则民留处。 ………………………… 147

国侈则用费,用费则民贫,民贫则奸智生,奸智生则邪巧作。 … 158

国不虚重,兵不虚胜,民不虚用,令不虚行。 ………………… 159

国无以小与不幸而削亡者,必主与大臣之德行失于身也,官
　　职、法制、政教失于国也,诸侯之谋虑失于外也,故地削而
　　国危矣。　…………………………………………………… 161

国有贤良之士众,则国家之治厚;贤良之士寡,则国家之治薄。……… 256

国虽大,好战必亡;天下虽安,忘战必危。　………………………… 336

国中之听,必得其情,军旅之听,必得其宜,故材技不相掩。　……… 337

国不可从外治,军不可从中御。　……………………………………… 362

国必有礼信亲爱之义,则可以饥易饱。国必有孝慈廉耻之俗,
　　则可以死易生。　………………………………………………… 385

H

hai

海内之势如身之使臂,臂之使指,莫不从制。　……………………… 46

hao

好外者,士死之;好内者,女死之。　………………………………… 25

好利恶害,夫人之所有也。赏厚而信,人轻敌矣;刑重而必,人不北矣。　… 109

好恶在所见,臣下之饰奸物以愚其君必也。明不能烛远奸,
　　见隐微,而待之以观饰行,定赏罚,不亦弊乎。　………………… 111

好面誉人者,亦好背而毁之。　………………………………………… 233

好仁者多梦松柏桃李,好义者多梦刀兵金铁,好礼者多梦簠簋
　　笾豆,好智者多梦江湖川泽,好信者多梦山岳原野,役于五
　　行未有不然者。　………………………………………………… 250

好直辱人者殃。　………………………………………………………… 409

he

何谓人情?喜、怒、哀、惧、爱、恶、欲七者,弗学而能。　………… 21

和氏之璧不饰以五采,隋侯之珠不饰以银黄,其质至美,物不
　　足以饰之。夫物之待饰而后行者,其质不美也。　……………… 94

何忧何啬,万物皆得;何啬何忧,万物皆道。　……………………… 359

heng

衡予气便便,不知势位之荣也;廉予欲恬恬,不知金玉之利也。　…… 278

hou

后生可畏,安知来者之不如今。 ………………………… 69

厚藉敛不以反民,弃货财而笑左右,傲细民之忧,而崇左右之
　笑,则国亦无望矣。 ………………………………… 178

厚而不能使,爱而不能令,乱而不能治,譬如骄子,不可用也。 …… 330

hu

狐假虎威。 ……………………………………………… 68

huan

缓刑罚行宽惠,是利奸邪而害善人也,此非所以为治也。 ……… 108

患在百里之内,不起一日之师;患在千里之内,不起一月之师;
　患在四海之内,不起一岁之师。 ……………………… 383

hui

惠子曰:"子非鱼,安知鱼之乐?"庄子曰:"子非我,安知我不
　知鱼之乐?" ………………………………………… 228

惠施于民,必无爱财,民如牛马,数铧食之,从而爱之。 ……… 361

huo

祸莫大于不知足;咎莫大于欲得。故知足之足,常足矣。 ……… 202

祸兮,福之所倚;福兮,祸之所伏。 ……………………… 203

祸莫大于轻敌,轻敌几丧吾宝。故抗兵相若,哀者胜矣。 ……… 205

火生于木,火发而木焚;奸生于国,奸成而国灭。木中藏火,火
　始于无形;国中藏奸,奸始于无象。非至圣不能修身炼行使
　奸火之不发。 ………………………………………… 246

J

ji

饥寒切于民之肌肤,欲其无为奸邪盗贼,不可得也。 …………… 47

鸡虽有鸣者,已无变矣,望之似木鸡矣,其德全矣,异鸡无敢
　应者,反走矣。 ……………………………………… 229

既雕既琢,复归于朴。 …… 230

骥骜绿耳背日而西走,至乎夕则日在其前矣。 …… 313

计利以听,乃为之势,以佐其外。 …… 318

击其首则尾至,击其尾则首至,击其中则首尾俱至。 …… 331

击其疑,加其卒,致其屈。 …… 346

极反其常,莫进而争,莫退而让。 …… 355

既离其亲,必使远民,勿使知谋,扶而纳之,莫觉其意,然后可成。 …… 361

吉莫吉于知足。 …… 406

jia

家不藏甲,邑无百雉之城。 …… 3

jian

坚甲利兵不足以为胜,高城深池不足以为固,严令繁刑不足
以为威,由其道则行,不由其道则废。 …… 36

建大功于天下者,必先修于闺门之内;垂大名于万世者,必先
行之于纤微之事。 …… 57

俭则伤事,侈则伤财。 …… 152

鉴明则尘垢不止,止则不明也。久与贤人处则无过。 …… 219

见其虚则进,见其实则止,勿以三军为众而轻敌,勿以受命为
重而必死,勿以身贵而贱人,勿以独见而违众,勿以辩说为
必然。 …… 362

见可而进,知难而退也。 …… 372

建城称地,以城称人,以人称粟。 …… 382

见已生者慎将生,恶其迹者须避之。 …… 412

jiang

将欲取天下而为之,吾见其不得已。天下神器,不可为也,不
可执也。为者败之,执者失之。 …… 197

将欲歙之,必固张之;将欲弱之,必固强之;将欲废之,必固兴
之;将欲取之,必固与之。是谓微明。 …… 199

江海之所以能为百谷王者,以其善下之,故能为百谷王。 …… 204

将治大者不治细,成大功者不成小。 …… 243

将听吾计,用之必胜,留之;将不听吾计,用之必败,去之。 …… 318

将军之事,静以幽、正以治。 …… 331

将心,心也;众心,心也。 …………………………………………… 339

将军,身也;卒,支也;伍,指拇也。 ……………………………… 340

将者人之司命,三军与之俱治,与之俱乱。 …………………… 365

将必上知天道,下知地理,中知人事。 ………………………… 366

将之所慎者五:一曰理,二曰备,三曰果,四曰戒,五曰约。 … 375

将之所麾,莫不从移;将之所指,莫不前死。 ………………… 376

将帅者心也,群下者支节也。其心动以诚,则支节必力,其心

　　动以疑,则支节必背。 …………………………………………… 387

将受命之日忘其家,张军宿野忘其亲,援枹而鼓忘其身。 …… 392

jiao

教令不出于闺门,事在供酒食而已。 …………………………… 18

鹪鹩巢于深林,不过一枝;偃鼠饮河,不过满腹。 …………… 210

狡胜贼能捕贼,勇胜虎能捕虎,能克己乃能成己,能胜物乃能

　　利物,能忘道乃能有道。 ………………………………………… 251

教惟豫,战惟节。 …………………………………………………… 339

教约人轻死,道约人死正。 ……………………………………… 343

教战之令,短者持矛戟,长者持弓弩,强者持旌旗,勇者持金

　　鼓,弱者给厮养,智者为谋主。 ………………………………… 374

jie

节俭则昌,淫佚则亡。 …………………………………………… 255

jin

禁奸之法:太上禁其心,其次禁其言,其次禁其事。 ………… 114

今学者之说人主也,皆去求利之心,出相爱之道,是求人主之

　　过于父母之亲也,此不熟于论恩诈而诬也,故明主不受也。 … 116

今以故秦事敌,而使新民作本,兵虽百宿于外,竟内不失须臾

　　之时,此富强两成之效也。 ……………………………………… 141

禁胜于身则令行于民矣。 ………………………………………… 160

今恃不信之人而求以智,用不守之民而欲以固,将不战之卒而

　　幸以胜。此兵之三暗也。 ………………………………………… 168

金玉满堂,莫之能守。富贵而骄,自遗其咎。功遂身退,天之道也。 ……… 191

今有人于此,舍其文轩,邻有敝舆而欲窃之;舍其锦绣,邻有短

　　褐而欲窃之;舍其梁肉,邻有糟糠而欲窃之。 ………………… 259

尽有之,贤非加也;尽无之,贤非损也。·············· 302

进而不可御者,冲其虚也;退而不可追者,速而不可及也。······· 325

进不求名,退不避罪,唯人是保,而利合于主,国之宝也。······· 329

进退以观其固,危而观其惧,静而观其怠,动而观其疑,袭而观其治。······ 346

jing

静者无知,知乃无知,可以言君道也。············ 306

敬则慊,率则服。················ 343

jiu

酒入舌出,舌出者言失,言失者身弃。············ 78

久则钝兵挫锐,攻城则力屈,久暴师则国用不足。········· 319

ju

居下而无忧者,则思不远;处身而常逸者,则志不广。········ 15

拘礼之人不足与言事,制法之人不足与论变。·········· 129

举世而誉之而不加劝,举世而非之而不加沮,定乎内外之分,
辩乎荣辱之境,斯已矣。············· 210

居国惠以信,在军广以武,刃上果以敏。············ 340

居国和,在军法,刃上察。··············· 340

举贤而不用,是有举贤之名,而无用贤之实也。········· 356

举功别德,明如白黑,令民从上令。如四肢应心也。········ 398

聚卒为军,有空名而无实,外不足以御敌,内不足以守国,此军
之所以不给,将之所以夺威也。··············· 401

juan

涓涓不塞,将为江河;荧荧不救,炎炎奈何;两叶不去,将用斧柯。········· 353

jue

绝圣弃智,民利百倍;绝仁弃义,民复孝慈;绝巧弃利,盗贼无有。······ 193

爵高者,人妒之;官大者,主恶之;禄厚者,怨逮之。········· 243

绝嗜禁欲,所以除累。··············· 405

jun

君子祸至不惧,福至不喜。·············· 3

君子不可以不学,其容不可以不饬。 …………………………………… 6

君子少思其长则务学,老思其死则务教,有思其穷则务施。 ………… 7

君子有三患:未之闻,患不得闻;既得闻之,患弗得学;既得学

之,患弗能行。 ……………………………………………………… 8

君子而强气则不得其死,小人而强气则刑戮荐蓁。 ………………… 8

君子当功受赏。 ……………………………………………………… 11

君子慎其所从。以长者之虑,则有全身之阶;随小者之戆,而

有危亡之败也。 ……………………………………………………… 11

君子居必择处,游必择方,仕必择君。 ……………………………… 12

君子长人之才,小人抑人而取胜焉。 ………………………………… 15

君不困不成王,烈士不困行不彰。 …………………………………… 16

君子博学而日参省乎己,则知明而行无过矣。 ……………………… 28

君子居必择乡,游必就士,所以防邪僻而近中正也。 ………………… 28

君子之度己则以绳,接人则用抴。 …………………………………… 32

君子时诎则诎,时伸则伸也。 ………………………………………… 33

君子以钟鼓道志,以琴瑟乐心。动以干戚,饰以羽旄,从以磬

管。故其清明象天,其广大象地,其俯仰周旋有似于四时。 ……… 39

君子能为可贵,不能使人必贵己;能为可用,不能使人必用己。 …… 44

君子正身以俟,欲来者不距,欲去者不止。 ………………………… 44

君仁臣忠,父慈子孝,兄爱弟敬,夫和妻柔,姑慈妇听,礼之至也。 … 48

君子直道而行,知必屈辱而不避也。 ………………………………… 57

君子笃于义而薄于利,敏于行而慎于言。 …………………………… 59

君子以其不受国为义,以其不杀为仁。 ……………………………… 70

君子诎乎不知己,而信乎知己者。 …………………………………… 70

君好之,则臣服之;君嗜之,则臣食之。 …………………………… 73

君子不可以不学。 …………………………………………………… 74

君人者,以百姓为天。百姓与之则安,辅之则强;非之则危,背

之则亡。 …………………………………………………………… 74

君子难言也。且至言忤于耳而倒于心,非贤圣莫能听,愿大王熟

察之也。 …………………………………………………………… 83

君以计畜臣,臣以计事君。君臣之交,计也。害身而利国,臣弗

为也;害国而利臣,君不为也。臣之情,害身无利;君之情,

害国无亲。君臣也者,以计合者也。 ……………………………… 93

君臣之利异,故人臣莫忠,故臣利立而主利灭。 …………………… 99

君有道,则臣尽力而奸不生;无道,则臣上塞主明而下成私。 …… 108

君执柄以处势,故令行禁止。柄者,杀生之制也;势者,胜众
　　之资也。 …………………………………………………………… 121

君之所以尊卑,国之所以安危者,莫要于兵……兵者外以诛暴,
　　内以禁邪。 ……………………………………………………… 163

君屈民财者,不得其利;穷民力者,不得其乐。 ………………… 177

君正臣从谓之顺,君僻臣从谓之逆。今君不道顺而行僻,从邪
　　者迩,导害者远,谗谀萌通,而贤良废灭,是以谄谀繁于间,
　　邪行交于国也。 ………………………………………………… 178

君人者不能自专而好任下,则智日困而数日穷。迫于下则不
　　能申,行随于国则不能持。知不足以为治,威不足以行诛,
　　无以与下交矣。 ………………………………………………… 184

君子不得已而临莅天下,莫若无为。 …………………………… 225

君子之交淡若水,小人之交甘若醴;君子淡以亲,小人甘以绝。
　　彼无故以合者,则无故以离。 ………………………………… 230

君子之谋能必用道。 ……………………………………………… 271

君子必在己者,不必在人者也。 ………………………………… 303

君子责人则以人,自责则以义。 ………………………………… 308

君子计行虑义,小人计行期利。 ………………………………… 311

军争之难者,以迂为直,以患为利。 …………………………… 327

军旅以舒为主,舒则民力足。 …………………………………… 338

君不肖,则国危而民乱;君贤圣,则国安而民治,祸福在君不
　　在天时。 ………………………………………………………… 351

君以世俗之所誉者为贤,以世俗之所毁者为不肖,则多党者
　　进,少党者退。 ………………………………………………… 356

君能使贤者居上,不肖者处下,则陈已定矣。民安其田宅,亲
　　具有司,则守已固矣。百姓皆是吾君而非邻国,则战已胜矣。 ………… 371

军之利害,在国之名实。今名在官,而实在家,官不得其实,家
　　不得其名。 ……………………………………………………… 401

K

kan

堪士不可以骄恣屈也。 …………………………………………… 303

ke

可以有夺人国，不可以有夺人天下；可以有窃国，不可以有窃
　天下也。……………………………………………………………… 38

可怒而不怒，奸臣乃作；可杀而不杀，大贼乃发；兵势不行，故
　国乃强。……………………………………………………………… 356

ken

恳言则辞浅而不入，深言则逆耳而失指。…………………………… 64

kong

孔子有所谬然思焉，有所睪然高望而远眺。………………………… 21

kou

口者机关也，所以闭情意也；耳目者，心之佐助也，所以窥问见奸邪。…… 280

ku

刳胎杀夭，则麒麟不至其郊；竭泽而渔，则蛟龙不处其渊；覆
　巢破卵，则凤凰不翔其邑。………………………………………… 16

苦莫苦于多愿。………………………………………………………… 407

kuan

宽不可激而怒；清不可事以财。……………………………………… 383

L

lai

来世不可待，往世不可追也。………………………………………… 218

lao

劳苦不抚循，忧悲不哀怜，喜则誉小人，贤不肖俱赏，怒则毁
　君子，使伯夷与盗跖俱辱，故臣有叛主。………………………… 97

le

乐不适则不可以存。…………………………………………………… 312

lei

类固相召,气同则合,声比则应。 …………………………………… 297

li

礼之于人,犹酒之有蘖也,君子以厚,小人以薄。 ……………… 21
利出者福反,怨往者祸来。 ………………………………………… 75
礼者,忠信之薄也,而乱之首乎! ………………………………… 94
利之所在民归之,名之所彰士死之。 ……………………………… 100
力不敌众,智不尽物,与其用一人,不如用一国。 ……………… 122
吏民知法令者,皆问法官。故天下之吏民,无不知法者。 ……… 144
利于国者爱之,害于国者恶之,故明所爱而贤良众,明所恶而
　　邪僻灭,是以天下治平,百姓和集。 ………………………… 176
立不教,坐不议;虚而往,实而归。 ……………………………… 219
利害心愈明则亲不睦,贤愚心愈明则友不交,是非心愈明则
　　事不成,好丑心愈明则物不契,是以圣人浑之。 ………… 249
立功名亦有具,不得其具,虽贤过汤、武,则劳而无功矣。 …… 307
力贵突,智贵卒。 …………………………………………………… 310
利而勿害,成而不败,生而勿杀,与而勿夺,乐而勿苦,喜而勿怒。 … 351
利天下者,天下启之;害天下者,天下闭之。 …………………… 358
力分者弱,心疑者背。 ……………………………………………… 387

liang

良药苦于口而利于病,忠言逆于耳而利于行。 …………………… 11
良农不为水旱不耕,良贾不为折阅不市,士君子不为贫穷怠乎道。 … 30
良药苦于口,而智者劝而饮之,知其入而已己疾也。忠言拂于
　　耳,而明主听之,知其可以致功也。 ……………………… 101
良弓之子,必先为箕;良冶之子,必先为裘。 …………………… 241
良金百炼而不失其采,美玉百涅而不渝其洁。 …………………… 278
良马有策,远道可致。贤士有合,大道可明。 …………………… 392

lin

麟之至为明王也。 …………………………………………………… 13

ling

令之以文,齐之以武,是谓必取。 ………………………………… 329

令素行以教其民,则民服;令不素行以教其民,则民不服。 …………… 329
令民背国门之限,决死生之分,教之死而不疑者,有以也。 ……………… 398

long

龙之为虫也,柔可狎而骑也,然其喉下有逆鳞径尺,若人有婴之
　者则必杀人。人主亦有逆鳞,说者能无婴人主之逆鳞,则几矣! ……… 89
龙,合而成体,散而成章,乘云气而养乎阴阳。 ………………………… 227

lu

路无拾遗。 ……………………………………………………………………… 3
路人反裘而负刍也,将爱其毛,不知其里尽,毛无所恃也。 …………… 68

luan

乱之所由生,祸之所自起,皆存于欲善而违恶。 ……………………… 274
乱生于治,怯生于勇,弱生于强。 …………………………………………… 324

lüe

略己而责人者不治。 ………………………………………………………… 409

lun

轮扁斫轮,不徐不疾,得之于手而应于心,口不能言,有数存乎其间。 …… 226

M

man

曼曼绵绵,其聚必散;嘿嘿昧昧,其光必远。 …………………………… 350
慢其所敬者凶。 ……………………………………………………………… 409

mang

芒然彷徨乎尘垢之外,逍遥乎无为之业。 ………………………………… 222
盲者无以与乎眉目颜色之好,瞽者无以与乎青黄黼黻之观。 ………… 223

mao

毛嫱、丽姬,人之所美也;鱼见之深入,鸟见之高飞,麋鹿见之决骤。 …… 213

mei

美言伤信,慎言哉! ·················· 22

美言可以市尊,美行可以加人。·········· 203

美厚复不可常厌足,声色不可常玩闻。······ 242

mi

迷而不返者惑。····················· 408

min

民有好恶之情而无喜怒之应,则乱。········· 39

民勇,则赏之以其所欲;民怯,则刑之以其所恶。··· 135

民愚,则知可以胜之;世知,则力可以胜之。····· 137

民之外事,莫难于战,故轻法不可以使之;民之内事,莫苦于
    农,故轻治不可以使之。············ 143

民不畏死,奈何以死惧之? ············· 205

民有三患:饥者不得食,寒者不得衣,劳者不得息。··· 258

民无常用也,无常不用也,唯得其道为可。····· 308

民知君之爱其命,惜其死,若此之至,而与之临战,则士以尽
    死为荣,退生为辱矣。············· 370

民言有可以胜敌者,毋许其空言,必试其能战也。··· 384

民有轻佻,则欲心兴,争夺之患起矣。······· 394

ming

明镜所以察形,往古者所以知今。·········· 9

明主必谨养其和,节其流,开其源,而时斟酌焉。··· 34

名无固宜,约之以命,约定俗成谓之宜,异于约则谓之不宜。
    名无固实,约之以命实,约定俗成谓之实名。··· 40

明王有三惧,一曰处尊位而恐不闻其过,二曰得志而恐骄,三
    曰闻天下之至道而恐不能行。········· 51

明者因时而变,知者随世而制。··········· 63

明君之道,使智者尽其虑,而君因以断事,故君不穷于智;贤者
    敇其材,君因而任之,故君不穷于能;有功则君有其贤,有过
    则臣任其罪,故君不穷于名。········· 84

明君之所以立功成名者四:一曰天时,二曰人心,三曰技能,四曰势位。····· 98

明主之道,在申子之劝独断也。 …………………………………………… 102

明主畜臣亦然,令臣不得不利君之禄,不得无服上之名。夫利
　君之禄,服上之名,焉得不服? …………………………………… 103

明主者,鉴于外也,而外事不得不成。 …………………………………… 104

明主之道:设民所欲以求其功,故为爵禄以劝之;设民所恶以
　禁其奸,故为刑罚以威之。 ……………………………………… 107

明主之道:一人不兼官,一官不兼事;卑贱不待尊贵而进论,大
　臣不因左右而见。 ………………………………………………… 108

明君见小奸于微,故民无大谋;行小诛于细,故民无大乱。 ………… 110

明君不自举臣,臣相进也;不自贤,功相徇也。论之于任,试
　之于事,课之于功,故群臣公正而无私,不隐贤,不进不肖。 … 111

明主之国,令者,言最贵者也;法者,事最适者也。言无二贵,
　法不两适,故言行不轨于法令者必禁。 ………………………… 113

明主知之,故不养恩爱之心,而增威严之势。 ………………………… 117

明主之治国也,适其时事以致财物,论其税赋以均贫富,厚其
　爵禄以尽贤能,重其刑罚以禁奸邪,使民以力得富,以事致
　贵,以过受罪,以功致赏而不念慈惠之赐,此帝王之政也。 … 118

明其法禁,察其谋计:法明则内无变乱之患,计得则外无死虏之祸。 … 120

明主之国,有贵臣,无重臣。贵臣者,爵尊而官大也;重臣者,
　言听而力多者也。 ………………………………………………… 121

明主之行制也天,其用人也鬼。天则不非,鬼则不困。 ……………… 122

明主之道:臣不得以行义成荣,不得以家利为功,功名所生,必
　出于官法。 ………………………………………………………… 124

明王治国之政,使其商工游食之民少而名卑,以寡趣本务而
　趋末作。 …………………………………………………………… 126

明君不道卑、不长乱也。秉权而立,垂法而治,以得奸于上,而
　官无不赏罚断,而器用有度。 …………………………………… 138

明王之务,在于强本事,去无用,然后民可使富;论贤人,用有
　能,则民可使治;薄税敛,毋苟于民,待以忠爱,而民可使亲。 … 155

明王之所恒者二:一曰明法而固守之,二曰禁民私而收使之。 ……… 169

明主度量人力之所能为,而后使焉。故令于人之所能为,则
　令行。使于人之所能为,则事成。 ……………………………… 172

明主与圣人谋,故其谋得,与之举事,故其事成。乱主与不肖
　者谋,故其计失,与之举事,故其事败。 ………………………… 173

明王之任人,谗谀不迩乎左右,阿党不治乎本朝;任人之长,不
　　强其短,任人之工,不强其拙。 ……………………………… 181

明君居上,寡其官而多其行,拙于文而工于事,言不中不言,行
　　不法不为也。 ………………………………………………… 181

明道若昧;进道若退;夷道若纇;上德若谷;大白若辱;广德若
不足;建德若偷;质真若渝;大方无隅;大器晚成;大音希声;
　　大象无形,道隐无名。 ……………………………………… 201

命者,自然者也。 ………………………………………………… 282

名正则治,名丧则乱。 …………………………………………… 305

明主鉴兹,必内修文德,外治武备。故当敌而不进,无逮于义
　　矣;僵尸而哀之,无逮于仁矣。 …………………………… 370

明赏于前,决罚于后,是以发能中利,动则有功。 ……………… 383

mou

谋深计远,所以不穷。 …………………………………………… 405

mu

木之折也必通蠹,墙之坏也必通隙,然木虽蠹,无疾风不折;墙
　　虽隙,无大雨不坏。万乘之主有能服术行法,以为亡征之君
　　风雨者,其兼天下不难矣。 …………………………………… 91

目贵明,耳贵聪,心贵智,以天下之目视,则无不见也;以天下
　　之耳听,则无不闻也;以天下之心虑,则无不知也。 ……… 171

目视雕琢者明愈伤,耳闻交响者聪愈伤,心思玄妙者心愈伤。 ……… 249

目贵明,耳贵聪,心贵智。 ……………………………………… 352

N

nei

内宠并后,外宠贰政,枝子配适,大臣拟主,乱之道也。 ……… 115

内不得于心,外不应于器,故不敢发手而动弦。 ……………… 240

内无干令犯禁,则外无不获之奸。 …………………………… 397

neng

能言而不能行者,国之宝也;能行而不能言者,国之用也。 …… 65

能爱邦内之民者,能服境外之不善;重士民之死力者,能禁暴国
　　之邪逆;听任贤者能威诸侯;安仁义而乐利世者,能服天下。………… 178
能仁而不能反,能辩而不能讷,能勇而不能怯。　…………………… 239
能使敌人自至者,利之也;能使敌人不得至者,害之也。故敌
　　佚能劳之,饱能饥之,安能动之。 ………………………………… 325

ni

匿人之善者,是谓蔽贤也;扬人之恶者,是谓小人也。 ……………… 53

nian

念旧恶而弃新功者凶。 ………………………………………………… 410

niao

鸟穷则啄,兽穷则攫,人穷则诈,马穷则佚。自古及今,未有穷
　　其下而能无危者也。 …………………………………………… 13
鸟则择木,木岂能择鸟乎? ………………………………………… 24

niu

牛马四足,是谓天;落马首,穿牛鼻,是谓人。故曰,无以人灭天,
　　无以故灭命,无以得殉名。 …………………………………… 228

nong

农赴时,商趣利,工追术,仕逐势,势使然也。 ……………………… 242

nu

怒可以复喜,愠可以复说。亡国不可以复存,死者不可以复生。……… 333

nü

女子者,顺男子之教而长其理者也。是故无专制之义,而有三
　　从之道:幼从父兄,既嫁从夫,夫死从子,言无再醮之端。 ……… 17
女有三不去者:谓有所取无所归,与共更三年之丧,先贫贱后富贵。 ……… 18

P

pi

譬道之在天下,犹川谷之于江海。 …………………………… 198

piao

飘风不终朝,骤雨不终日。孰为此者? 天地。天地尚不能久,
而况于人乎? …………………………………………… 194

pin

贫而如富,其知足而无欲也;贱而如贵,其让而有礼也;无勇而
威,其恭敬而不失于人也。终身无患难,其择言而出之也。……… 52
贫民伤财莫大于兵,危国忧主莫速于兵。 ………………… 161

ping

平地注水,水流湿;均薪施火,火就燥。 ………………… 297

Q

qi

其取人有道,其用人有法。 ……………………………… 35
其臣有奸者必知,知者必诛。是以有道之主,不求清洁之吏,
而务必知之术也。 ……………………………………… 120
其功顺天者天助之,其功逆天者天违之。天之所助,虽小必
大;天之所违,虽成必败。 ……………………………… 149
其政任贤,其行爱民,其取下节,其自养俭;在上不犯下,在治
不傲穷。从邪害民者有罪,进善举过者有赏。 ……………… 180
其用法,为时禁暴,故世不逆其志;其用兵,为众屏患,故民不
疾其劳;此长保威强勿失之道也。 ……………………… 182
企者不立,跨者不行;自见者不明,自是者不彰;自伐者无功,
自矜者不长。 …………………………………………… 194
其好之也一,其弗好之也一。其一也一,其不一也一。 ……… 221

其为物,无不将也,无不迎也;无不毁也,无不成也。 …………… 222

其美者自美,吾不知其美也;其恶者自恶,吾不知其恶也。 ………… 230

杞国有人忧天崩坠,身亡所寄,废寝食者。 …………………………… 237

其知弥精,其所取弥精;其知弥粗,其所取弥粗。 ………………… 293

其善将者,如坐漏船之中,伏烧屋之下,使智者不及谋,勇者不

　　及怒,受敌可也。故曰,用兵之害,犹豫最大。三军之灾,生

　　于狐疑。 ……………………………………………………………… 374

其威、德、仁、勇,必足以率下安众,怖敌决疑。施令而下不敢

　　犯,所在而寇不敢敌。得之国强,去之国亡,是谓良将。 ……… 376

起兵,直使甲胄生虮者,必为吾所效用也。鸷鸟逐雀,有袭人

　　之怀,入人之室者,非出生,后有惮也。 ……………………… 391

乞人之死不索尊,竭人之力不责礼。 ………………………………… 392

其言无谨,偷矣;其陵犯无节,破矣;水溃雷击,三军乱矣。 …… 397

qian

浅不足与测深,愚不足与谋知,坎井之蛙不可与语东海之乐。 …… 38

前事之不忘,后之师也。 ……………………………………………… 46

千金买骨。 ……………………………………………………………… 68

钱财不积则贪者忧,权势不尤则夸者悲。 …………………………… 232

千人而成权,万人而成武。 …………………………………………… 395

qiang

强国战智,王者战义,帝者战德。 …………………………………… 48

强者必治,治者必强;富者必治,治者必富;强者必富,富者必强。 … 139

强大未必王也,而王必强大。 ………………………………………… 311

qiao

巧而好度必攻,勇而好问必胜,智而好谋必成。 …………………… 12

巧诈不如拙诚。 ………………………………………………………… 75

qie

且世人不以肉为心则已,若以肉为心,人之心可知也。 …………… 48

锲而舍之,朽木不折;锲而不舍,金石可镂。 ……………………… 29

qin

亲其所爱,以分其威。一人两心,其中必衰。廷无忠臣,社稷必危。 …… 360

亲谗远忠者亡。 …………………………………… 409

qing

青,取之于蓝,而青于蓝;冰,水为之,而寒于水。 ……… 28

卿相不得众,国之危也;大臣不和同,国之危也;兵主不足畏,
　　国之危也;民不怀其产,国之危也。 …………… 151

轻诺必寡信,多易必多难。 ……………………… 204

青以白非黄,白以青非碧。 ……………………… 263

qiu

求敌若求亡子,击敌若救溺人。 ………………… 388

求而从之,见而加之,主人不敢当而陵之,必丧其权。 …… 396

qu

取于民有度,用之有止,国虽小必安;取于民无度,用之不止,
　　国虽大必危。 …………………………………… 150

曲则全,枉则直,洼则盈,敝则新,少则得,多则惑。 ……… 194

去人滋久,思人滋深。 …………………………… 231

取足于身,游之至也;求备于物,游之不至也。 ……… 239

屈诸侯者以害,役诸侯者以业,趋诸侯者以利。 ……… 328

quan

权势不可以借人,上失其一,臣以为百。故臣得借则力多,力
　　多则内外为用,内外为用则人主壅。 ……………… 99

泉涸,鱼相与处于陆,相呴以湿,相濡以沫,不如相忘于江湖;
　　与其誉尧而非桀也,不如两忘而化其道。 …………… 222

筌者所以在鱼,得鱼而忘筌;蹄者所以在兔,得兔而忘蹄;言者
　　所以在意,得意而忘言。 ………………………… 232

全生者为上,亏生次之,死次之,迫斯为下矣。 ……… 274

权敌审将,而后举兵。 …………………………… 389

权先加人者,敌不力交,武先加人者,敌无威接,故兵贵先。 …… 395

qun

群臣陈其言,君以其言授其事,事以责其功。功当其事,事当其言则
　　赏;功不当其事,事不当其言则诛。明君之道,臣不得陈言而不当。 …… 84

群臣居则修身,动则任力,非上之令不敢擅作疾言诬事,此圣
王之所以牧臣下也。 …………………………………………… 115

群臣之行,可得而察也。择其贤者而举之,则民竞于行。胜任
者治,则百官不乱。知人者举,则贤者不隐。知事者谋,则
大举不失。 …………………………………………………… 186

R

ran

染于苍则苍,染于黄则黄。 ………………………………… 255

染于苍则苍,染于黄则黄,所以入者变,其色亦变,五入而以为
五色矣。故染不可不慎也。 ………………………………… 286

然则一军之中,必有虎贲之士;力轻扛鼎,足轻戎马,搴旗斩将,
必有能者。若此之等,选而别之,爱而贵之,是谓军命。……… 372

rang

让以和,人以洽,自予以不循,争贤以为人,说其心,效其力。……… 345

rao

桡枉者以直,救文者以质。 …………………………………… 64

ren

仁人不过乎物,孝子不过乎亲。 ……………………………… 4

人不独亲其亲,不独子其子,老有所终,壮有所用,矜寡孤疾皆
有所养。 ……………………………………………………… 20

人有三不祥:幼而不肯事长,贱而不肯事贵,不肖而不肯事贤。 … 32

人之所以为人者,非特以二足而无毛也,以其有辨也。 ……… 32

人主不务得道而广有其势,是其所以危也。 ………………… 33

人生而有欲,欲而不得,则不能无求,求而无度量分界,则不能不争。……… 38

人心譬如槃水,正错而勿动,则湛浊在下,而清明在上,则足以
见须眉而察理矣。 …………………………………………… 40

人之性恶,其善者伪也。 ……………………………………… 42

人主无贤,如瞽无相何伥伥! ………………………………… 42

人之于文学也,犹玉之于琢磨也。 …………………………… 44

仁义不施而攻守之势异也。 …………………………………… 46

仁义恩厚,此人主之芒刃也;权势法制,此人主之斤斧也。 ………… 47

人之好色,非脂粉所能饰;大怒之威,非气力所能行也。 ………… 58

人主释法而以臣备臣,则相爱者比周而相誉,相憎者朋党而相非。 92

人主使人臣言者必知其端以责其实,不言者必问其取舍以为
　　之责,则人臣莫敢妄言矣,又不敢默然矣,言默皆有责也。 ……… 92

人主听说不应之以度,而说其辩,不度以功,誉其行而不入关,
　　此人主所以长欺,而说者所以长养也。 …………………… 101

人主不可佯爱人,不可佯憎人。佯憎佯爱之征见,则谀者因资
　　而毁誉之,虽有明主不能复收,而况于以诚借人也。 ……… 106

人主以其清洁也进之,以其不适左右也退之,以其公正也誉
　　之,以其不听从也废之,民惧,中立而不知所由,此圣人之
　　所为泣也。 ………………………………………………… 107

人主虽使人,必以度量准之,以刑名参之;以事遇于法则行,不
　　遇于法则止;功当其言则赏,不当则诛。以刑名收臣,以度量
　　准下,此不可释也。 ……………………………………… 109

任人以事,存亡治乱之机也,无术以任人,无所任而不败。 ……… 118

人,不可不务也,此天下之极也。 …………………………… 154

人主不可以不慎贵,不可以不慎民,不可以不慎富。慎贵在
　　举贤;慎民在置官;慎富在务地。 ……………………… 156

人主好佚欲,亡其身失其国者,殆;其德不足以怀其民者,殆;
　　明其刑而残其士者,殆。 ………………………………… 158

人主之所以令则行禁则止者,必令于民之所好,而禁于民之
　　所恶也。 …………………………………………………… 171

人惰而侈则贫,力而俭则富。夫物莫虚至,必有以也。 ………… 172

人主左右,内则蔽善恶于君上,外则卖权重于百姓,不诛之则乱,
　　诛之则为人主所案据,此亦国之社鼠也。 ……………… 179

人多利器,国家滋昏;人多伎巧,奇物滋起;法令滋彰,盗贼多有。 203

人之生也柔弱,其死也坚强。草木之生也柔脆,其死也枯槁。
　　故坚强者死之徒,柔弱者生之徒。 ……………………… 206

人皆知有用之用,而莫知无用之用也。 …………………… 219

人之不以好恶内伤其身,常因自然而不益生也。 ………… 220

人生天地之间,若白驹之过郤,忽然而已。 ……………… 231

人自生自终,大化有四:婴孩也,少壮也,老耄也,死亡也。 …… 236

人而已矣,奚以名为? ……………………………………… 242

人之所以贵于禽兽者,智虑。 …………………………………… 242

人食五味而生,食五味而死,无有怨而弃之者也。 ………… 245

仁者之为天下度也,非为其目之所美,耳之所乐,口之所甘,身
　体之所安。 ………………………………………………… 260

仁与信,和与道,帝王之器。 ………………………………… 272

人主利源流,非必身为之。 …………………………………… 276

人主出声应容,不可以审。 …………………………………… 306

人主之行与布衣异,势不便,时不利,事仇以求存。执民之命,
　重任也,不得以快志为故。 ………………………………… 309

人既专一,则勇者不得独进,怯者不得独退,此用众之法也。 … 327

仁见亲,义见说,智见悖,勇见方,信见信。 ………………… 336

人戒分日;人禁不息,不可以分食;方其疑惑,可师可服。 … 342

人有胜心,惟敌之视。人有畏心,惟畏之视。两心交定,两利
　若一。两为之职,惟权视之。 …………………………… 342

人方有性,性州异,教成俗,俗州异,道化俗。 …………… 344

人君有必胜之道,故能并兼广大,以一其制度,则威加天下。 … 398

ri

日出而作,日入而息,逍遥于天地之间而心意自得。 ……… 232

日中必彗,操刀必割,执斧必伐。 …………………………… 353

日暮路远,还有挫气,师老将贪,争掠易败。 ……………… 400

rong

容色积威,不过改意。 ………………………………………… 341

rou

柔弱胜刚强。鱼不可脱于渊,国之利器不可以示人。 ……… 200

ru

儒有席上之珍以待聘,凤夜强学以待问,怀忠信以待举,力
　行以待取。 ………………………………………………… 4

汝不知夫螳螂乎?怒其臂以当车辙,不知其不胜任也,是其才
　之美者也。 ………………………………………………… 218

汝志强而气弱,故足于谋而寡于断。齐婴志弱而气强,故少于
　虑而伤于专。 ……………………………………………… 240

入则孝慈于亲戚,出则弟长于乡里,坐处有度,出入有节,男女有辨。 ······ 258

ruo

若夫经制不定,是犹渡江河无维楫,中流而遇风波也,船必覆矣。 ·········· 47
若以誉进能,则臣离上而下比周;若以党举官,则民务交而不
　求用于法。 86
若兵敌强弱,将贤则胜,将不如则败。 139
若一志,无听之以耳而听之以心,无听之以心而听之以气!听
　止于耳,心止于符。 216
若同舟而济,济则皆同其利,败则皆同其害。 358
若车不得车,骑不得骑,徒不得徒,虽破军皆无功。 378

S

san

散其本教而待之刑辟,犹决其牢而发以毒矢也。 52
三王不同服而王,非以服致诸侯也,诚于爱民,果于行善,天下
　怀其德而归其义,若其衣服节俭而众悦也。 177
三十辐共一毂,当其无,有车之用。埏埴以为器,当其无,有器
　之用。凿户牖以为室,当其无,有室之用。故有之以为利,
　无之以为用。 191
三代所宝莫如因,因则无敌。 304
三军可夺气,将军可夺心。 327
三军之戒,无过三日;一卒之警,无过分日;一人之禁,无过瞬息。 ········· 343
三军服威,士卒用命,则战无强敌,攻无坚陈矣。 377

sang

丧亡,与其哀不足而礼有余,不若礼不足而哀有余。 25

sha

杀身以避难则非计也,怀道而避世则不忠也。 58
杀一不辜者,必有一不祥。 258
杀所不足而争所有余,不可谓智。 259
杀敌者,怒也;取敌之利者,货也。 320

杀人安人,杀之可也;攻其国,爱其民,攻之可也;以战止战,虽
战可也。 ·········· 336

shan

善择者制人,不善择者人制之。 ·········· 34

善不可谓小而无益,不善不可谓小而无伤。 ·········· 47

善恶不空作,祸福不滥生,唯心之所向,志之所行而已矣。 ·········· 59

善养者不必刍豢也,善供服者不必锦绣也。以己之所有尽事
其亲,孝之至也。 ·········· 64

山有虎豹,葵藿为之不采;国有贤士,边境为之不害也。 ·········· 65

善为主者,明赏设利以劝之,使民以功赏而不以仁义赐;严刑
重罚以禁之,使民以罪诛而不以爱惠免。 ·········· 91

善为国者,仓廪虽满,不偷于农;国大民众,不淫于言,则民朴一。 ·········· 132

善为政者,田畴垦而国邑实,朝廷闲而官府治,公法行而私曲
止,仓廪实而囹圄空,贤人进而奸民退。 ·········· 154

善人不能戚,恶人不能疏者危。交游朋友从,无以说于人,又
不能说人者穷。 ·········· 180

善行无辙迹,善言无瑕谪,善数不用筹策,善闭无关楗而不可
开,善结无绳约而不可解。 ·········· 195

善人者,不善人之师;不善人者,善人之资。不贵其师,不爱
其资,虽智大迷,是谓要妙。 ·········· 196

善不善,本于利,本于爱。 ·········· 298

善教者,不以赏罚而教成,教成而赏罚弗能禁。 ·········· 301

善用兵者,役不再籍,粮不三载,取用于国,因粮于敌,故军食
可足也。 ·········· 320

善用兵者,屈人之兵而非战也,拔人之城而非攻也,毁人之国
而非久也。 ·········· 321

善战者,能为不可胜,不能使敌之必可胜。 ·········· 322

善守者,藏于九地之下,善攻者,动于九天之上,故能自保而
全胜也。 ·········· 322

善战者,立于不败之地,而不失敌之败也。 ·········· 322

善战者,其势险,其节短,势如彍弩,节如发机。 ·········· 323

善动敌者,形之,敌必从之。予之,敌必取之,以利动之,以卒待之。 ·········· 324

善战者,求之于势,不责于人,故能择人而任势。 ·········· 324

善攻者,敌不知其所守。善守者,敌不知其所攻。 ·········· 325

善战者,不待张军;善除患者,理于未生;善胜敌者,胜于无形;
　　上战无与战。 ……………………………………………………… 363

善战者,居之不扰,见胜则起,不胜则止。 …………………………… 364

善政执其制,使民无私,为下不敢私,则无为非者矣。 ……………… 394

山峭者崩,泽满者溢。 …………………………………………………… 411

shang

赏不欲僭,刑不欲滥。赏僭则利及小人,刑滥则害及君子。 ……… 35

上士可以托邑,中士可以托辞,下士可以托财。 …………………… 78

赏偷则功臣堕其业,赦罚则奸臣易为非。是故诚有功则疏贱
　　必赏,诚有过则虽近爱必诛。疏贱必赏,近爱必诛,则疏贱
　　者不怠,而近爱者不骄也。 ………………………………………… 85

赏罚随是非,祸福随善恶,死生随法度,有贤不肖而无爱恶,有
　　愚智而无非誉,有尺寸而无意度,有信而无诈。 ………………… 96

赏誉薄而谩者下不用,赏誉厚而信者下轻死。 …………………… 99

赏罚共则禁令不行。 ………………………………………………… 103

赏无功则民偷幸而望于上,不诛过则民不惩而易为非,此乱
　　之本也。 …………………………………………………………… 109

上无其道,则智者有私词,贤者有私意。上有私惠,下有私欲。
　　圣智成群,造言作辞,以非法措于上,上不禁塞,又从而尊
　　之,是教下不听上,不从法也。 …………………………………… 116

上古竞于道德,中世逐于智谋,当今争于气力。 ………………… 125

商贾在朝,则货财上流;妇人言事,则赏罚不信;男女无别,则
　　民无廉耻。 ………………………………………………………… 150

上下无义则乱,贵贱无分则争,长幼无等则倍,贫富无度则失。 …… 154

上离其道,下失其事。 ……………………………………………… 165

上离德行,民轻赏罚,失所以为国矣。 …………………………… 176

赏无功谓之乱,罪不知谓之虐。 …………………………………… 177

上不能养其下,下不能事其上,上下不能相收,则政之大体失矣。 … 179

上善若水。水善利万物而不争,处众人之所恶,故几于道。 ……… 190

赏罚自立于上,威恩自行于下也。 ………………………………… 247

上揆之天,下验之地,中审之人,若此则是非可不可无所遁矣。 …… 296

赏罚之所加,不可不慎。 …………………………………………… 302

上兵伐谋,其次伐交,其次伐兵,其下攻城。 …………………… 321

上贵不伐之士,不伐之士,上之器也,苟不伐则无求,无求则不争。 ……… 337

赏不逾时,欲民速得为善之利也;罚不迁列,欲民速睹为不善之害也。 …… 339

上同无获,上专多死,上生多疑,上死不胜。 …… 343

赏一以劝百,罚一以惩众。 …… 356

上令既废,以居则乱,以战则败。 …… 373

上无疑令则众不二听;动无疑事则众不二志。 …… 385

赏如山,罚如溪。 …… 399

伤气败军,曲谋败国。 …… 400

赏如日月,信如四时,令如斧钺,利如干将,士卒不用命者,未之有也。 …… 402

shao

少而好学,如日出之阳;壮而好学,发日中之光;老而好学,如
　炳烛之明。 …… 73

少言者不为人所忌,少行者不为人所短,少智者不为人所劳,
　少能者不为人所役。 …… 251

she

舍天而先人。 …… 282

舍谨甲兵,行慎行列,战谨进止。 …… 342

shen

审其所从之谓孝,之谓贞矣。 …… 7

身已贵而骄人者,民去之;位已高而擅权者,君恶之;禄已厚而
　不知足者,患处之。 …… 77

身在江海之上,心居乎魏阙之下。 …… 233

神遇为梦,形接为事。 …… 238

审近所以知远也,成己所以成人也。 …… 301

sheng

圣人之治化也,必刑政相参焉。 …… 20

圣贤治家非一宝,富国非一道。 …… 61

圣王以贤为宝,不以珠玉为宝。 …… 65

圣贤之君皆有益友,无偷乐之臣。 …… 77

圣人者,审于是非之实,察于治乱之情也。 …… 90

圣王之立法也,其赏足以劝善,其威足以胜暴,其备足以必完。 …… 97

圣人不亲细民,明主不躬小事。 …… 106

圣人之为法也,所以平不夷,矫不直也。 …………………………… 106

圣王明君则不然,内举不避亲,外举不避仇,是在焉,从而举之,
　非在焉,从而罚之。是以贤良遂进而奸邪并退,故一举而能
　服诸侯。 …………………………………………………………… 114

圣人之所以为治道者三:一曰利,二曰威,三曰名。夫利者所
　以得民也,威者所以行令也,名者上下之所同道也。 ………… 115

圣人不期修古,不法常可,论世之事,因为之备。 ……………… 124

圣人议多少,论薄厚,而为之政。故罚薄不为慈,诛严不为戾,称
　俗而行也。故事因于世,而备适于事。 ………………………… 125

圣人明君者,非能尽其万物也,知万物之要也。故其治国也,察
　要而已矣。 ………………………………………………………… 132

圣人之为国也,观俗立法则治,察国事本则宜。 ………………… 137

圣人之为治也,刑人无国位,戮人无官任。 ……………………… 137

圣人不法古,不修今。法古则后于时,修今则塞于势。 ………… 137

圣人之为国也,壹赏、壹刑、壹教。 ……………………………… 141

圣人知必然之理,必为之时势,故为必治之政,战必勇之民,行
　必听之令。 ………………………………………………………… 142

圣人见本然之政,知必然之理,故其制民也,如以高下制水,如
　以燥湿制火。 ……………………………………………………… 142

圣人裁物,不为物使。 …………………………………………… 166

圣君任法而不任智,任数而不任说,任公而不任私,任大道而
　不任小物,然后身佚而天下治。 ………………………………… 168

圣人设厚赏非侈也,立重禁非戾也,赏薄则民不利,禁轻则邪
　人不畏。 …………………………………………………………… 169

圣人后其身而身先,外其身而身存。非以其无私邪?故能成其私。 …… 190

圣人常善救人,故无弃人;常善救物,故无弃物。是谓袭明。 …… 196

圣人欲不欲,不贵难得之货;学不学,复众人之所过;以辅万物
　之自然而不敢为。 ………………………………………………… 204

圣人自知不自见,自爱不自贵。 ………………………………… 205

圣人之用兵也,亡国而不失人心。 ……………………………… 221

生不知死,死不知生;来不知去,去不知来。 …………………… 236

生生死死,非物非我,皆命也,智之所无奈何。 ………………… 242

圣人不察存亡而察其所以然。 …………………………………… 243

圣人以有言有为有思者所以同乎人,以未尝言未尝为未尝思
　者所以异乎人。 …………………………………………………… 249

圣人无所见,故能无不见;无所闻,故能无不闻。⋯⋯⋯⋯ 250

圣人在上,贤士百里而有一人,则犹无有也。王道衰微。暴乱
　　在上,贤士千里而有一人,则犹比肩也。⋯⋯⋯⋯⋯ 271

圣人贵中,君子守中,中之为道也几矣。⋯⋯⋯⋯⋯⋯⋯ 274

圣贤者,以博选为本者也。⋯⋯⋯⋯⋯⋯⋯⋯⋯⋯⋯⋯ 282

圣王有义兵而无有偃兵。⋯⋯⋯⋯⋯⋯⋯⋯⋯⋯⋯⋯⋯ 289

圣人之见时,若步之与影不可离。⋯⋯⋯⋯⋯⋯⋯⋯⋯ 301

胜非其难者也,持之其难者也。⋯⋯⋯⋯⋯⋯⋯⋯⋯⋯ 303

圣人相谕不待言,有先言言者也。⋯⋯⋯⋯⋯⋯⋯⋯⋯ 306

圣人之所以过人,以先知,先知必审征表。⋯⋯⋯⋯⋯⋯ 310

圣王通士,不出于利民者无有。⋯⋯⋯⋯⋯⋯⋯⋯⋯⋯ 310

胜兵先胜而后求战,败兵先战而后求胜。⋯⋯⋯⋯⋯⋯⋯ 323

胜负之征,精神先见,明将察之,其败在人。⋯⋯⋯⋯⋯ 365

圣人绥之以道,理之以义,动之以礼,抚之以仁。此四德者,修
　　之则兴,废之则衰,故成汤讨桀而夏民喜悦,周武伐纣而殷
　　人不非。举顺天人,故能然矣。⋯⋯⋯⋯⋯⋯⋯⋯⋯ 370

胜兵似水,夫水至柔弱者也,然所触丘陵必为之崩,无异也,性
　　专而触诚也。⋯⋯⋯⋯⋯⋯⋯⋯⋯⋯⋯⋯⋯⋯⋯⋯ 392

shi

事或见一利而丧万机,取一福而致百祸。⋯⋯⋯⋯⋯⋯⋯ 59

市之无虎明矣,三人言而成虎。⋯⋯⋯⋯⋯⋯⋯⋯⋯⋯ 68

食其食者死其事,受其禄者毕其能。⋯⋯⋯⋯⋯⋯⋯⋯⋯ 74

士不中而见,女无媒而嫁,君子不行也。⋯⋯⋯⋯⋯⋯⋯ 76

《诗》《书》之不习,礼乐之不修,是丘之过也。若似阳虎,则非
　　丘之罪也,命也夫!⋯⋯⋯⋯⋯⋯⋯⋯⋯⋯⋯⋯⋯⋯ 78

事在四方,要在中央;圣人执要,四方来效。⋯⋯⋯⋯⋯ 87

事以密成,语以泄败。⋯⋯⋯⋯⋯⋯⋯⋯⋯⋯⋯⋯⋯⋯ 88

恃鬼神者慢于法,恃诸侯者危其国。⋯⋯⋯⋯⋯⋯⋯⋯ 92

时有满虚,事有利害,物有生死,人主为三者发喜怒之色,则金
　　石之士离心焉。⋯⋯⋯⋯⋯⋯⋯⋯⋯⋯⋯⋯⋯⋯⋯ 95

使天下皆极智能于仪表,尽力于权衡,以动则胜,以静则安。 96

势不足以化则除之。⋯⋯⋯⋯⋯⋯⋯⋯⋯⋯⋯⋯⋯⋯ 102

恃人不如自恃也,明于人之为己者,不如己之自为也。⋯⋯ 105

使商无得籴,农无得粜。农无得粜,则窳惰之农勉疾;商无得
　籴,则多岁不加乐。 ································· 130

世主之患,用兵者不量力,治草莱者不度地。 ······· 136

使吏非法无以守,则虽巧不得为奸;使民非战无以效其能,则
　虽险不得为诈。 ································· 144

使贤者食于能,斗士食于功。贤者食于能,则上尊而民从;斗
　士食于功,则卒轻患而傲敌。 ················· 160

势者君之舆,威者君之策,臣者君之马,民者君之轮。势固则
　舆安,威定则策劲,臣顺则马良,民和则轮利。为国失此,必
　有覆车奔马折轮败载之患。 ················· 184

适来,夫子时也;适去,夫子顺也。安时而处顺,哀乐不能入
　也,古者谓是帝之悬解。 ····················· 215

是不材之木也,无所可用,故能若是之寿。 ········· 218

世俗之人,皆喜人之同乎己而恶人之异于己也。 ····· 225

饰小说以干县令,其于大达亦远矣。 ··············· 232

施于人而不忘,非天布也。 ························· 234

食不可不务也,地不可不力也,用不可不节也。 ····· 255

视人之国若视其国,视人之家若视其家,视人之身若视其身。 ··· 257

视不得其所坚而得其所白者,无坚也;拊不得其所白而得其
　所坚者,无白也。 ····························· 264

士民与之,明主举之,士民苦之,明主去之。 ········· 271

是是非非之谓士。 ································· 274

始生之者,天也;养成之者,人也。 ················· 284

失乐之情,其乐不乐,乐不乐者,其民必怨,其生必伤。 ··· 288

士议之不可辱者,大之也。 ························· 293

士之为人,当理不避其难,临患忘利,遗生行义,视死如归。 ··· 295

石可破也,而不可夺坚;丹可磨也,而不可夺赤。 ····· 295

世之人主,得地百里则喜,四境皆贺,得士则不喜,不知相贺,
　不通乎轻重也。 ····························· 296

世之听者,多有所尤,多有所尤则听必悖矣。 ········· 298

士有孤而自恃,人主有奋而好独者,则名号必废熄,社稷必危殆。 ··· 301

事之难易,不在小大,务在知时。 ··················· 301

世易时移,变法宜矣。 ····························· 304

失之乎势,求之乎国,危。 ························· 306

使民无欲,上虽贤犹不能用。 ······················· 308

使人大迷惑者,必物之相似也。…………………… 311

事多似倒而顺,多似顺而倒。…………………… 313

视卒如婴儿,故可与之赴深谿;视卒如爱子,故可与之俱死。 330

施无法之赏,悬无政之令,犯三军之众,若使一人。…… 331

始如处女,敌人开户,后如脱兔,敌不及拒。……… 332

事极修,则百官给矣,教极省,则民兴良矣,习惯成,则民体俗

　矣,教化之至也。…………………………… 338

师多务威则民诎,少威则民不胜。………………… 338

势因于敌家之动,变生于两阵之间,奇正发于无穷之源。 363

事莫大于必克;用莫大于玄默;动莫神于不意;谋莫善于不识。 363

事大国之君,下邻国之士,厚其币,卑其辞,如此则得大国之

　与,邻国之助矣。………………………… 366

师出之日,有死之荣,无生之辱。………………… 375

是兴亡安危,在于枹端,奈何无重将也。…………… 391

shou

受人施者常畏人,与人者常骄人。………………… 16

守道不如守官。…………………………………… 23

shu

树欲静而风不停,子欲养而亲不待。……………… 6

书不必起仲尼之门,药不必出扁鹊之方,合之者善,可以为法,

　因世而权行。……………………………… 56

淑妤之人,戚施之所妒也。贤知之士,阘茸之所恶也。… 62

术之不行,有故。不杀其狗则酒酸。夫国亦有狗,且左右皆

　社鼠也。…………………………………… 103

术者,因任而授官,循名而责实,操杀生之柄,课群臣之能者

　也,此人主之所执也。……………………… 113

书约而弟子辩,法省而民讼简,是以圣人之书必著论,明主之

　法必详事。………………………………… 120

疏瀹而心,澡雪而精神。………………………… 231

书亲绝,是谓绝顾之虑。选良次兵,是谓益人之强。弃任节

　食,是谓开人之意。………………………… 347

疏其亲则害,失其众则败。……………………… 354

shui

水行者表深,使人无陷,治民者表乱,使人无失。 …………… 43

水者,地之血气,如筋脉之通流者也。故曰:水其材也。 …… 167

水行莫如用舟,而陆行莫如用车。以舟之可行于水也,而求推
之于陆,则没世不行寻常。 …………… 226

水之性清,土者抇之,故不得清。人之性寿,物者抇之,故不得寿。 …… 284

水因地而制流,兵因敌而制胜。 …………… 327

shun

顺爱不懈可以使百姓,强暴不忠不可以使一人;一心可以事
百君,三心不可以事一君。 …………… 51

顺风而呼者易为气,因时而行者易为力。 …………… 66

舜之事父也,索而使之,未尝不在侧;求而杀之,未尝可得。小
棰则待,大棰则走,以逃暴怒也。 …………… 73

顺者任之以德,逆者绝之以力。 …………… 354

shuo

说西施之美无益于容,道尧、舜之德无益于治。 …………… 64

si

驷马不驯,御者之过也;百姓不治,有司之罪也。 …………… 65

私利塞于外,则民务属于农,属于农则朴,朴则畏令。私赏禁
于下,则民力专于敌,专于敌则胜。 …………… 136

四战之国贵守战,负海之国贵攻战。 …………… 140

死生亦大矣,而不得与之变,虽天地覆坠,亦将不与之遗。 …… 219

四人相视而笑,莫逆于心,遂相与为友。 …………… 222

死,无君于上,无臣于下;亦无四时之事,纵然以天地为春秋,
虽南面王乐,不能过也。 …………… 229

私视使目盲,私听使耳聋,私虑使心狂。 …………… 296

song

宋人有耕者,田中有株,兔走触株,折颈而死,因释其耒而守
株,冀复得兔,兔不可复得,而身为宋国笑。 …………… 124

su

俗主之佐,其欲名实也,与三王之佐同,而其名无不辱者,其实
　无不危者,无公故也。 ………………………………………… 299

sui

虽有尧之智而无众人之助,大功不立;有乌获之劲而不得人
　助,不能自举;有贲、育之强而无法术,不得长胜。 ………… 95
虽战胜而国益弱,得地而国益贫,由国中之制弊矣。 ……… 384

sun

损人自益,身之不祥。 ………………………………………… 25

suo

所谓富者,入多而出寡。衣服有制,饮食有节,则出寡矣。女
　事尽于内,男事尽于外,则入多矣。 ……………………… 142
所谓治国者,主道明也。所谓乱国者,臣术胜也。 ……… 169
所求于下者,必务于上;所禁于民者,不行于身。 ……… 180
所信不忠,所忠不信,六患也。 …………………………… 255
所贵圣人之治,不贵其独治,贵其能与众共治。 ………… 266
所贵辨者,为其由所论也。 ………………………………… 294
所贵信者,为其遵所理也。 ………………………………… 294
所贵勇者,为其行义也。 …………………………………… 294
所贵法者,为其当务也。 …………………………………… 294
所归善,虽恶之赏;所归不善,虽爱之罚。 ……………… 312
所憎者,有功必赏;所爱者,有罪必罚。 ………………… 351

T

tai

太山不辞壤石,江海不逆小流,所以成大也。 …………… 76
太山不立好恶,故能成其高;江海不择小助,故能成其富。故
　大人寄形于天地而万物备,历心于山海而国家富。 …… 98
太疾则前后不相次,不相次则行陈必乱。 ………………… 366

太上无过,其次补过,使人无得私语。 · 399

tian

天无私覆,地无私载,日月无私照。 · 18

天生时,地生财,人其父生而师教之。 · · · · · · · · · · · · · · · · · · · 20

天行有常,不为尧存,不为桀亡。 · 36

天不为人之恶寒也辍冬,地不为人之恶辽远也辍广,君子不为
　小人之匈匈也辍行。 · 37

天地合而万物生,阴阳接而变化起,性伪合而天下治。 · · · · · 38

天有大命,人有大命。 · 86

天时不祥,则有水旱;地道不宜,则有饥馑;人道不顺,则有祸乱。 · · · · · 155

天不为一物枉其时,明君圣人亦不为一人枉其法。 · · · · · · · · 166

天生四时,地生万财,以养万物,而无取焉。明主配天地者也,
　教民以时,劝之以耕织,以厚民养,而不伐其功,不私其利。 · · · 172

天于人无厚也,君于民无厚也,父于子无厚也,兄于弟无厚也。 · · · 184

天下皆知美之为美,斯恶已;皆知善之为善,斯不善已。 · · · · · 189

天地不仁,以万物为刍狗;圣人不仁,以百姓为刍狗。 · · · · · 190

天之道,不争而善胜,不言而善应,不召而自来,绰然而善谋。
　天网恢恢,疏而不失。 · 205

天之道,其犹张弓与? 高者抑之,下者举之;有余者损之,不足
　者补之。 · 206

天下莫柔弱于水,而攻坚强者莫之能胜,以其无以易之。 · · · · · 206

天道无亲,常与善人。 · 206

天下莫大于秋毫之末,而大山为小;莫寿于殇子,而彭祖为夭。
　天地与我并生而万物与我为一。 · · · · · · · · · · · · · · · · · · · 212

天下每每大乱,罪在于好知。 · 224

天地者,万物之父母也,合则成体,散则成始。 · · · · · · · · · · · 229

天地有大美而不言,四时有明法而不议,万物有成理而不说。 · · · 231

天下之辱,莫过于乞。 · 243

天性,人也;人心,机也。立天之道以定人也。 · · · · · · · · · · · 245

天地,万物之盗;万物,人之盗;人,万物之盗。三盗既宜,三
　才既安。 · 246

天地之合离终始,必有巇陷,不可不察也。 · · · · · · · · · · · · · · 280

天不能使人,人不能使天。 · 282

天下非一人之天下也,天下之天下也。 · · · · · · · · · · · · · · · · · 285

天无私覆也,地无私载也,日月无私烛也,四时无私行也,行其
　德而万物得遂长焉。 ……………………………………………… 285
天生人而使有贪,贪有欲,欲有情,情有节。 …………………… 286
天地有始,天微以成,地塞以形。 ………………………………… 296
天地合和,生之大经也。以寒暑日月昼夜知之,以殊形殊能异
　宜说之。 ……………………………………………………………… 297
天地万物,一人之身也,此之谓大同。 …………………………… 297
天下之士也者,虑天下之长利。 ………………………………… 309
天下之贤主,岂必苦形愁虑哉?执其要而已矣。 ……………… 310
天下时,地生财,不与民谋。 ……………………………………… 314
天子之义,必纯取法天地而观于先圣。士庶之义,必奉于父母
　而正于君长。 ……………………………………………………… 337
天下非一人之天下,乃天下之天下也。 ………………………… 350
天有时,地有财,能与人共之者,仁也,仁之所在,天下归之。 … 351
天下治,仁圣藏;天下乱,仁圣昌。 ……………………………… 354
天道无殃,不可先倡;人道无灾,不可先谋。 …………………… 357
天有常形,民有常生,与天下共其生而天下静矣。 …………… 360
天下战国,五胜者祸,四胜者弊,三胜者霸,二胜者王,一胜
　者帝。是以数胜得天下者稀,以亡者众。 …………………… 371
天时不如地利,地利不如人和。圣人所贵,人事而已。 ……… 386

ting

听言不可不察。 ……………………………………………………… 298
听谗而美,闻谏而仇者亡。 ………………………………………… 410

tong

同己不与,异己不非。 ………………………………………………… 4
同患同利以合诸侯,比小事大以和诸侯。 ……………………… 336
同天下之利者则得天下;擅天下之利者则失天下。 …………… 351
同恶相党,同爱相求。 ……………………………………………… 412
同美相妒,同智相谋。 ……………………………………………… 413
同贵相害,同利相忌。 ……………………………………………… 413
同类相依,同义相亲,同难相济,同道相成。 …………………… 413
同艺相窥,同巧相胜。 ……………………………………………… 413

tou

偷安者后危,虑近者忧迩。 …………………………………… 66

投之无所往,死且不北,死焉不得,士人尽力。 …………… 331

投之亡地然后存;陷之死地然后生。 ……………………… 332

tui

推古验今,所以不惑。 ……………………………………… 406

W

wai

外举不避仇雠,内举不回亲戚,可谓至公矣。 …………… 68

wan

万物本于天,人本乎祖。 ……………………………………… 19

万乘之患,大臣太重;千乘之患,左右太信。此人主之所公患也。 ……… 88

万乘之国,兵不可以无主;土地博大,野不可以无吏;百姓殷众,
　官不可以无常;操民之命,朝不可以无政。 …………… 149

万乘之国不可无万金之蓄饰,千乘之国不可无千金之蓄饰,百
　乘之国不可无百金之蓄饰,以此与令进退,此之谓乘时。 ………… 173

万物莫不尊道而贵德。 ……………………………………… 202

万物皆出于机,皆入于机。 ………………………………… 236

万物不同,而用之于人异也。 ……………………………… 293

万乘农战,千乘救守,百乘事养。 ………………………… 391

wang

王术不恃外之不乱也,恃其不可乱也。恃外不乱而治立者削,
　恃其不可乱而行法者兴。 …………………………………… 126

王主积于民,霸主积于将战士,衰主积于贵人,亡主积于妇
　女、珠玉,故先王慎其所积。 ……………………………… 156

亡国之君,非一人之罪也;治国之君,非一人之力也。 ……… 268

亡国之主,必自骄,必自智,必轻物。 ……………………… 310

王人者,上贤,下不肖,取诚信,去诈伪,禁暴乱,止奢侈。 ……… 355

王其修德以下贤,惠民以观天道。 ········· 357

望其垒,即知其虚实;望其士卒,则知其去来。 ········· 366

王国富民,霸国富士,仅存之国富大夫,亡国富仓府。所谓上
满下漏,患无所救。 ········· 386

望敌在前,因其所长而用之,敌白者垩之,赤者赭之。 ········· 393

枉士无正友,曲上无直下。 ········· 411

wei

为政者不赏私劳,不罚私怨。 ········· 23

为人主上者,不美不饰之不足以一民也,不富不厚之不足以管下
也,不威不强之不足以禁暴胜悍也。 ········· 34

为之无益于成也,求之无益于得也,忧戚之无益于几也,则广焉
能弃之矣! ········· 40

为人臣下者,有谏而无讪,有亡而无疾,有怨而无怒。 ········· 43

为威不强还自亡,立法不明还自伤。 ········· 58

未有不能自足而能足人者也。未有不能自治而能治人者也。
故善为人者能自为者也,善治人者能自治者也。 ········· 63

为人主者诚明于臣之所言,则别贤不肖如黑白矣。 ········· 114

为君者有贤知之名,有赏罚之实。名实俱至,故福善必闻矣。 ········· 123

为人君者,修官上之道,而不言其中;为人臣者,比官中之事,
而不言其外。 ········· 164

唯圣人知四时,不知四时,乃失国之基。不知五谷之故,国家乃路。 ········· 167

为国不能来天下之财,致天下之民,则国不可成。 ········· 174

为学日益,为道日损。损之又损,以至于无为。 ········· 202

为善无近名,为恶无近刑。缘督以为经,可以保身,可以全生,
可以养亲,可以尽年。 ········· 214

为鸡狗禽兽矣,而欲人之尊己,不可得也。人不尊己,则危辱
及之矣。 ········· 243

为国者,无使民自贫富。 ········· 266

为而无害,成而不败,一人唱而万人和,如体之从心,此政之期也。 ········· 282

惟不以天下害其生者也,可以托天下。 ········· 285

为师之务,在于胜理。 ········· 287

威不可无有,而不足专恃。 ········· 308

为兵之事,在顺详敌之意,并敌一向,千里杀将,是谓巧能成事。 ········· 332

唯仁有亲。有仁无信,反败厥身。 ········· 341

惟仁人能受正谏,不恶至情。 …………………………………… 350

为上惟临,为下惟沉,临而无远,沉而无隐。 …………………… 352

未见形而战,虽众必败。 …………………………………………… 364

微号相知,令之灭火,鼓音皆止,中外相应,期约皆当,三军疾

　　战,敌必败亡。 ………………………………………………… 366

未有不信其心而能得其力者,未有不得其力而能致其死战者也。 ………… 385

为将忘家,逾垠忘亲,指敌忘身,必死则生,急胜为下。 ……… 399

wen

文繁则质衰,末盛则本亏。 ………………………………………… 61

闻有吏虽乱而有独善之民,不闻有乱民而有独治之吏,故明

　　主治吏不治民。 ……………………………………………… 104

文灭质。 ……………………………………………………………… 227

文所以视利害,辩安危。武所以犯强敌,力攻守也。 …………… 400

闻善忽略、记过不忘者暴。 ………………………………………… 410

wo

我有三宝,持而保之。一曰慈,二曰俭,三曰不敢为天下先。 …… 205

我体合于心,心合于气,气合于神,神合于无。 ………………… 239

我城池修,守器具,樵粟足,上下相亲,又得四邻诸侯之救,此

　　所以持也。 …………………………………………………… 260

wu

无多言,多言多败;无多事,多事多患。 ………………………… 9

吾未见好德如好色者也。 …………………………………………… 22

吾闻忠言以损怨,不闻立威以防怨。 ……………………………… 24

无冥冥之志者,无昭昭之明,无惛惛之事者,无赫赫之功。 …… 29

物盛而衰,乐极而悲,日中而移,月盈而亏。是故聪明睿智守

　　之以愚,多闻博辩守之以陋,武力毅勇守之以畏,富贵广大

　　守之以俭,德施天下守之以让。 …………………………… 54

无鞭策,虽造父不能调驷马;无势位,虽舜禹不能治万民。 …… 63

吾以嗜鱼,故不受鱼,受鱼失禄,无以食鱼;不受得禄,终身食鱼。 …… 70

吾不能以春风风人,吾不能以夏雨雨人,吾穷必矣! ………… 74

物之所谓难者,必借人成势,而勿使侵害己。 ………………… 110

无宿治,则邪官不及为私利于民,而百官之情不相稽,则农有余日。 ……… 130

无以外权爵任与官,则民不贵学问,又不贱农。 ……………… 130

毋全禄,贫国而用不足;毋全赏,好德毋使常。 …………… 165

五色令人目盲,五音令人耳聋,五味令人口爽,驰骋畋猎令人
  心发狂,难得之货令人行妨。 ……………………………… 192

无所可用,安所困苦哉。 …………………………………… 211

吾生也有涯,而知也无涯。 ………………………………… 214

无迁令,无劝成,过度溢也。 ……………………………… 217

吾长见笑于大方之家。 ……………………………………… 228

无财谓之贫,学道而不能行谓之病。 ……………………… 233

吾闻古之士,遭治世不避其任,遇乱世不为苟存。 ……… 233

吾以天地为棺椁,以日月为连璧,星辰为珠玑,万物为济送。 234

物损于彼者盈于此,成于此者亏于彼。 …………………… 236

物不至者则不反。 …………………………………………… 240

吾道如海,有亿万金投之不见,有亿万石投之不见,有亿万污
  秽投之不见。能运小虾小鱼,能运大鲲大鲸,含众水而受之
  不为有余,散众水而分之不为不足。 …………………… 249

勿轻小事,小隙沉舟;勿轻小物,小虫毒身;勿轻小人,小人贼
  国。能周小事然后能成大事,能积小物然后能成大物,能善
  小人然后能契大人。 ……………………………………… 250

物有以同而不率遂同。 ……………………………………… 259

物莫非指,而指非指。 ……………………………………… 263

无法之言,不听于耳;无法之劳,不图于功;无劳之亲,不任于官。 269

无变天之道,无绝地之理,无乱人之纪。 ………………… 284

无丑不能,无恶不知。 ……………………………………… 287

务在事,事在大。 …………………………………………… 300

务本莫贵于孝。 ……………………………………………… 300

物既章,目乃明。虑既定,心乃强。 ……………………… 341

勿妄而许,勿逆而拒。 ……………………………………… 352

无疏其亲,无怠其众,抚其左右,御其四旁。 …………… 353

无智略权谋,而以重赏尊爵之故,强勇轻战,侥幸于外,王者慎
  勿使为将。 ………………………………………………… 355

吴子曰:"昔之图国家者,必先教百姓而亲万民。有四不和:不
  和于国,不可以出军;不和于军,不可以出阵;不和于阵,不
  可以出战;不和于战,不可以决胜。" …………………… 370

武侯问曰:"兵何以为胜?"起对曰:"以治为胜。" ………… 373

武侯问曰:"敌近而薄我,欲去无路,我众甚惧,为之奈何?"起
　　对曰:"为此之术,若我众彼寡,分而乘之,彼众我寡,以方
　　从之。从之无息,虽众可服。" ·· 377

吾用天下之用为用,吾制天下之制为制。 ···························· 384

务善策者无恶事,无远虑者有近忧。 ·································· 412

X

xi

昔者明王之爱天下,故天下可附。暴王之恶天下,故天下可离。 ······ 166

昔之得一者:天得一以清;地得一以宁;神得一以灵;谷得一
　　以盈;万物得一以生;侯王得一以为天下正。 ···················· 200

昔者庄周梦为蝴蝶,栩栩然蝴蝶也,自喻适志与!不知周也。
　　俄然觉,则蘧蘧然周也,不知周之梦为蝴蝶与?蝴蝶之梦为
　　周与?周与蝴蝶,则必有分矣。此之谓物化。 ···················· 214

昔之帝王,所以为明者,以其吏也。昔之君子,其所以为功者,
　　以其民也。 ··· 271

袭其规,因其不避,阻其图,夺其虑,乘其惧。 ···················· 346

xia

狎甚则相简,庄甚则不亲。是故君子之狎足以交欢,其庄足
　　以成礼。 ··· 7

下众而上寡,寡不胜众;寡不胜众者,言君不足以遍知臣也,
　　故因人以知人。是以形体不劳而事治,智虑不用而奸得。 ·········· 111

xian

先观其言而揉其行,虽有奸轨之人无以逃其情矣。 ·················· 52

先王不以勇猛为边竟,则边竟安;边竟安,则邻国亲;邻国亲,则
　　举当矣。 ··· 156

先王重荣辱,荣辱在为。天下无私爱也,无私憎也,为善者有
　　福,为不善者有祸,祸福在为,故先王重为。 ···················· 158

贤主置臣不以少长,有道者进,无道者退。 ························ 276

先王之葬,必俭,必合,必同。 ··· 292

贤主劳于求人,而佚于治事。 ··· 295

贤主于安思危,于达思穷,于得思丧。 303

贤主之畜人也,不肯受实者其礼之。 303

贤主所贵莫如士,所以贵士,为其直言也。 311

贤者之事也,虽贵不苟为,虽听不自阿,心中理然后动,必当义

　　然后举,此忠臣之行也。 312

贤者善人以人,中人以事,不肖者以财。 312

先王知物之不可两大,故择务,当而处之。 312

贤主有度而听,故不过。 313

先王用非其有,如己有之。 313

先圣王之所以导其民者,先务于农。 314

先知者,不可取于鬼神,不可象于事,不可验于度,必取于人,

　　知敌之情者也。 333

先王之所传闻者,任正去诈,存其慈顺,决无留刑。 396

贤人君子,明于盛衰之道,通乎成败之数,审乎治乱之势,达乎

　　去就之理。 404

先莫先于修德。 406

xiang

香饵非不美也,鱼龙闻而深藏,鸾凤见而高逝者,知其害身也。 63

祥者福之先者也,见祥而为不善则福不至;妖者祸之先者也,

　　见妖而为善则祸不至。 289

xiao

小知不可使谋事,小忠不可使主法。 93

小信成则大信立,故明主积于信。赏罚不信,则禁令不行。 100

小惑易方,大惑易性。 224

孝子不谀其亲,忠臣不谄其君,臣子之盛也。 226

小之定也必恃大,大之安也必恃小。 300

小利,大利之残也;小忠,大忠之贼也。 303

小敌之坚,大敌之擒也。 321

xie

挟夫相为则责望,自为则事行。 100

xin

心忧恐则口衔刍豢而不知其味,耳听钟鼓而不知其声,目视黼
　　黻而不知其状,轻暖平簟而体不知其安。 ………………… 41

心中仁,行中义,堪物智也,堪大勇也,堪久信也。 ………… 345

心以启智,智以启财,财以启众,众以启贤,贤之有启,以王天下。… 361

信在期前,事在未兆。 ……………………………………… 388

xing

刑罚之源,生于嗜欲不节。 ………………………………… 19

刑不上于大夫,礼不下于庶人。 …………………………… 19

形相虽恶而心术善,无害为君子也;形相虽善而心术恶,无害
　　为小人也。 …………………………………………… 31

星之昭昭,不若月之瞳瞳;小事之成,不若大事之废。 …… 52

行之于亲近而疏远悦,修之于闺门之内而名誉驰于外。故仁
　　无隐而不着,无幽而不彰者。 …………………………… 56

行小忠则大忠之贼也,顾小利则大利之残也。 …………… 87

行仁义者非所誉,誉之则害功;文学者非所用,用之则乱法。… 125

刑生力,力生强,强生威,威生德,德生于刑。 ………… 136

形不正者德不来,中不精者心不治。正形饰德,万物毕得。… 166

形固可使如槁木,而心固可使如死灰乎? …………………… 211

兴天下之利,除天下之害,令国家百姓之不治也,自古及今未
　　尝之有也。 …………………………………………… 257

行爵出禄,必当其位。 ……………………………………… 287

刑三百,罪莫重于不孝。 …………………………………… 301

形人而我无形,则我专而敌分。 …………………………… 325

形兵之极,至于无形。 ……………………………………… 326

行火必有因,烟火必素具。 ………………………………… 333

行其道,道可致也;从其门,门可入也;立其礼,礼可成也;争
　　其强,强可胜也。 ……………………………………… 358

刑重则内畏,内畏则外坚矣。 ……………………………… 397

行足以为仪表,智足以决嫌疑,信可以使守约,廉可以使分
　　财,此人之豪也。 ……………………………………… 404

xuan

悬牛首于门而卖马肉也。 ·············· 76

选天下之豪杰,致天下之精材,来天下之良工,则有战胜之器矣。 ·········· 170

轩冕立于朝,爵禄不随,臣不为忠;中军行战,委予之赏不随,
　士不死其列阵。 ·············· 174

xue

学不可以已。 ·············· 28

学也者,知之盛者也。 ·············· 287

xun

寻常之沟,巨鱼无所还其体,而鲵鳅为之制;步仞之丘陵,巨兽
　无所隐其躯,而孽狐为之祥。 ·············· 231

循所闻而得其意,心之察也。 ·············· 258

Y

yan

言人之恶,非所以美己;言人之枉,非所以正己。故君子攻其
　恶,无攻人恶。 ·············· 14

言之无文,行之不远。 ·············· 23

言有招祸也,行有招辱也,君子慎其所立乎。 ·············· 29

言必当理,事必当务,是然后君子之所长也。 ·············· 33

严刑重罚者,民之所恶也,而国之所以治也;哀怜百姓,轻刑
　罚者,民之所喜,而国之所以危也。 ·············· 90

言会众端,必揆之以地,谋之以天,验之以物,参之以人。四
　征者符,乃可以观矣。 ·············· 123

言之为物也以多信;不然之物,十人云疑,百人然乎,千人不可解也。 ·········· 123

言中法,则辩之;行中法,则高之;事中法,则为之。 ·········· 143

言是而不能立,言非而不能废,有功而不能赏,有罪而不能诛,
　若是而能治民者,未之有也。 ·············· 152

眼如耳,耳如鼻,鼻如口,无不同。 ·············· 239

言者,以谕意也。言意相离,凶也。 ·············· 307

严罚厚赏,此衰世之政也。 …………………………… 307

言语应对者,情之饰也;言至情者,事之极也。 ……… 350

yang

养志者忘身,身且不爱,孰能累之? ……………………… 70

yao

徭役少则民安,民安则下无重权,下无重权则权势灭,权势灭
则德在上矣。 …………………………………………… 91

ye

野物不为牺牲,杂学不为通儒。 ……………………… 395

yi

以容取人,则失之子羽;以辞取人,则失之宰予。 …… 14

以近知远,以一知万,以微知明。 ……………………… 32

义胜利者为治世,利克义者为乱世。 ………………… 43

以人之所不能听说人,譬以太牢享野兽,以九韶乐飞鸟也。 54

一沐而三握发,一食而三吐哺。 ……………………… 77

以管窥天,以锥刺地;所窥者甚大,所见者甚小。 …… 79

以赏者赏,以刑者刑,因其所为,各以自成。善恶必及,孰敢不信。 87

以强去强者弱,以弱去强者强。 ……………………… 133

以日治者王,以夜治者强,以宿治者削。 …………… 134

以刑去刑,国治;以刑致刑,国乱。 …………………… 134

以刑治则民威,民威则无奸,无奸则民安其所乐;以义教则民
纵,民纵则乱,乱则民伤其所恶。 …………………… 138

以战去战,虽战可也;以杀去杀,虽杀可也;以刑去刑,虽重刑可也。 ……… 141

疑今者察之古,不知来者视之往。万事之生也,异趣而同归,
古今一也。 …………………………………………… 149

一年之计,莫如树谷;十年之计,莫如树木;终身之计,莫如树人。 150

以众击寡,以治击乱,以富击贫,以能击不能,以教卒、练士击
驱众、白徒,故十战十胜,百战百胜。 ……………… 153

一人之治乱在其心,一国之存亡在其主。 …………… 170

以谋胜国者,益臣之禄;以民力胜国者,益民之利……故用智
者不偷业,用力者不伤苦。 ………………………… 178

以道佐人主者,不以兵强天下。其事好还。师之所处,荆棘
　　生焉。大军之后,必有凶年。 ⋯⋯⋯⋯⋯⋯⋯⋯⋯⋯⋯⋯ 197

以指喻指之非指,不若以非指喻指之非指也;以马喻马之非
　　马,不若以非马喻马之非马也。 ⋯⋯⋯⋯⋯⋯⋯⋯⋯⋯ 212

以火救火,以水救水,名之曰益多。 ⋯⋯⋯⋯⋯⋯⋯⋯⋯ 216

意有所至而爱有所亡,可不慎邪! ⋯⋯⋯⋯⋯⋯⋯⋯⋯⋯ 218

以众小不胜为大胜也。 ⋯⋯⋯⋯⋯⋯⋯⋯⋯⋯⋯⋯⋯⋯ 228

以隋侯之珠弹千仞之雀,世必笑之。 ⋯⋯⋯⋯⋯⋯⋯⋯⋯ 233

衣其短褐,有狐貉之温;进其茇菽,有稻粱之味;庇其蓬室,有
　　广厦之荫。 ⋯⋯⋯⋯⋯⋯⋯⋯⋯⋯⋯⋯⋯⋯⋯⋯⋯⋯ 241

以贤临人,未有得人者也;以贤下人者,未有不得人者也。 ⋯ 241

以其所正,正其所不正;以其所不正,疑其所正。 ⋯⋯⋯⋯ 264

义也者,万事之纪也,君臣上下亲疏之所由起也,治乱安危过
　　胜之所在也。过胜之道,勿求于他,必反于己。 ⋯⋯⋯⋯ 290

以富贵有人易,以贫贱有人难。 ⋯⋯⋯⋯⋯⋯⋯⋯⋯⋯⋯ 295

一则治,异则乱;一则安,异则危。 ⋯⋯⋯⋯⋯⋯⋯⋯⋯⋯ 306

以虞待不虞者胜。 ⋯⋯⋯⋯⋯⋯⋯⋯⋯⋯⋯⋯⋯⋯⋯⋯ 321

以力久,以气胜。 ⋯⋯⋯⋯⋯⋯⋯⋯⋯⋯⋯⋯⋯⋯⋯⋯ 342

以轻行轻则危,以重行重则无功;以轻行重则败,以重行轻则
　　战。故战,相为轻重。 ⋯⋯⋯⋯⋯⋯⋯⋯⋯⋯⋯⋯⋯⋯ 342

以饵取鱼,鱼可杀;以禄取人,人可竭;以家取国,国可拔;以国
　　取天下,天下可毕。 ⋯⋯⋯⋯⋯⋯⋯⋯⋯⋯⋯⋯⋯⋯⋯ 350

以天下之目视,则无不见也;以天下之耳听,则无不闻也;以天
　　下之心虑,则无不知也。 ⋯⋯⋯⋯⋯⋯⋯⋯⋯⋯⋯⋯⋯ 352

义胜欲则昌,欲胜义则亡,敬胜怠则吉,怠胜敬则灭。 ⋯⋯⋯ 353

一坐一起,其政以理,其追北佯为不及,其见利佯为不知,如
　　此将者,名为智将,勿与战矣。 ⋯⋯⋯⋯⋯⋯⋯⋯⋯⋯ 377

以一击十,莫善于阨;以十击百,莫善于险;以千击万,莫善于阻。 ⋯ 377

一人之兵,如狼如虎,如风如雨,如雷如霆,震震冥冥,天下皆惊。 ⋯ 392

意往而不疑则从之,夺敌而无前则加之,明视而高居则威之。 ⋯ 396

义者,人之所宜,赏善罚恶,以立功立事。 ⋯⋯⋯⋯⋯⋯⋯ 404

以明示下者暗。 ⋯⋯⋯⋯⋯⋯⋯⋯⋯⋯⋯⋯⋯⋯⋯⋯⋯ 408

以言取怨者祸。 ⋯⋯⋯⋯⋯⋯⋯⋯⋯⋯⋯⋯⋯⋯⋯⋯⋯ 408

yin

饮食男女,人之大欲存焉;死亡贫苦,人之大恶存焉。 ⋯⋯⋯ 21

因可势,求易道,故用力寡而功名立。 …………………………… 95

因事之理,则不劳而成。 ………………………………………… 105

饮食者也,佟乐者也,民之所愿也。足其所欲,赡其所愿,则能
用之耳。 ………………………………………………………… 165

因形而措胜于众,众不能知,人皆知我所以胜之形,而莫知吾
所以制胜之形,故其战胜不复,而应形于无穷。 …………… 326

因其所喜,以顺其志,彼将生骄,必有奸事,苟能因之,必能去之。 ………… 360

ying

盈则藏,藏则复起,莫知所终,莫知所始。 …………………… 354

yong

用器不中度,不粥于市。 ………………………………………… 20

用国者,得百姓之力者富,得百姓之死者强,得百姓之誉者荣。 ……… 34

用兵攻战之本在乎壹民。 ………………………………………… 36

用赏过者失民,用刑过者民不畏。有赏不足以劝,有刑不足
以禁,则国虽大必危。 ………………………………………… 93

用赏者贵诚,用刑者贵必。刑赏信必于耳目之所见,则其所不
见莫不暗化矣。 ………………………………………………… 171

用志不分,乃凝于神。 …………………………………………… 238

用兵之法,十则围之,五则攻之,倍则分之,敌则能战之,少则
能逃之,不若则能避之。 ……………………………………… 321

用兵之法,无恃其不来,恃吾有以待之。无恃其不攻,恃吾有
所不可攻也。 …………………………………………………… 328

用其所欲,行其所能,废其不欲不能。 ………………………… 340

用之在于机,显之在于势,成之在于君。 ……………………… 356

勇则不可犯,智则不可乱,仁则爱人,信则不欺,忠则无二心。 ……… 362

用人不正者殆。 …………………………………………………… 410

you

有文事者必有武备,有武事者必有文备。 …………………………… 3

有阴德者,必有阳报也。 ………………………………………… 75

有生者不讳死,有国者不讳亡。讳死者不可以得生,讳亡者不
可以得存。 ……………………………………………………… 77

有术之主,信赏以尽能,必罚以禁邪,虽有驳行,必得所利。 ……… 102

有高人之行者,固见负于世;有独知之虑者,必见骜于民。 …………… 129

有国之君,苟不能同人心,一国威,齐士义,通上之治以为下
　　法,则虽有广地众民,犹不能以为安也。 …………………………… 159

有道之君者,善明设法而不以私防者也。而无道之君,既已设
　　法,则舍法而行私者也。 ……………………………………………… 164

有物混成,先天地生。寂兮寥兮,独立而不改,周行而不殆,可
　　以为天地母。 …………………………………………………………… 195

有机械者必有机事,有机事者必有机心。机心存于胸中,则纯
　　白不备;纯白不备,则神生不定;神生不定者,道之所不载也。 … 226

有生不生,有化不化。不生者能生生,不化者能化化。 …………… 236

游之乐所玩无故。人之游也,观其所见;我之游也,观其所变。 …… 239

有诸己不非诸人,无诸己不求诸人。 ………………………………… 259

有形者必有名,有名者未必有形。 …………………………………… 266

游士之所以不立于君之朝,以党败之也。 …………………………… 274

有所自而得之,不备遵理,然而后世称之,有功故也。 …………… 302

有道者之言也,不可不重也。 ………………………………………… 304

有道之士,必礼必知,然后其智能可尽也。 ………………………… 304

有名无实,出入异言,掩善扬恶,进退为巧,王者慎勿与谋。 …… 355

有者无之,无者有之,安所信之。 …………………………………… 396

幽莫幽于贪鄙。 ………………………………………………………… 407

有过不知者蔽。 ………………………………………………………… 408

yu

与人交,推其长者,违其短者,故能久也。 …………………………… 6

与善人居,如入芝兰之室,久而不闻其香,即与之化矣;与不善
　　人居,如入鲍鱼之肆,久而不闻其臭,亦与之化矣。 …………… 12

与人善言,暖于布帛;伤人以言,深于矛戟。 ………………………… 31

欲虽不可尽,可以近尽也;欲虽不可去,求可节也。 ……………… 41

欲投鼠而忌器。 ………………………………………………………… 47

鱼失水则死,水失鱼犹为水也。 ……………………………………… 51

余梁肉者难为言隐约,处佚乐者难为言勤苦。 ……………………… 65

予唯不食嗟来之食,以至于此也。 …………………………………… 71

欲富者,务广其地;欲强者,务富其民;欲王者,务博其德。三
　　资者备,而王随之矣。 ………………………………………………… 71

与死人同病者,不可生也;与亡国同事者,不可存也。 …………… 88

欲利而身,先利而君;欲富而家,先富而国。 ……………………… 105

欲治甚者,其赏必厚矣;其恶乱甚者,其罚必重矣。 ……………… 117

欲强国,不知国十三数,地虽利,民虽众,国愈弱至削。 …………… 135

御民之辔,在上之所贵;道民之门,在上之所先;召民之路,在
　　上之所好恶。 ………………………………………………………… 148

欲为天下者,必重用其国;欲为其国者,必重用其民;欲为其
　　民者,必重尽其民力。 ……………………………………………… 150

欲用天下之权者,必先布德诸侯。是故先王有所取,有所与,
　　有所诎,有所信,然后能用天下之权。 …………………………… 162

愚公移山。 ………………………………………………………………… 240

鱼欲异群,鱼舍水跃岸即死;虎欲异群,虎舍山入市即擒。圣
　　人不异众人,特物不能拘耳。 …………………………………… 249

欲逾至德之美者,其虑不与俗同。 …………………………………… 282

欲胜人者必先自胜,欲论人者必先自论,欲知人者必先自知。 … 286

愚之患,在必自用。 ……………………………………………………… 314

与人同病相救,同情相成,同恶相助,同好相趋。 …………………… 358

与之安,与之危,其众可合而不可离,可用而不可疲,投之所
　　往,天下莫当,名曰父子之兵。 …………………………………… 373

欲生于无度,邪生于无禁。 …………………………………………… 395

与覆车同轨者倾,与亡国同事者灭。 ………………………………… 412

yuan

园中有树,其上有蝉。蝉高居悲鸣饮露,不知螳螂在其后也;
　　螳螂委身曲跗欲取蝉而不知黄雀在其傍也;黄雀延颈欲啄
　　螳螂而不知弹丸在其下也。此三者皆务欲得其前利,而不
　　顾其后之有患也。 ………………………………………………… 77

远者视之则不畏,迩者勿视则不散。 ………………………………… 341

yue

乐者,圣人之所乐也,而可以善民心,其感人深,其移风易俗,
　　故先王导之以礼乐而民和睦。 …………………………………… 39

悦众在爱施,有众在废私,召远在修近,闭祸在除怨。备长在
　　乎任贤,安高在乎同利。 …………………………………………… 153

乐与饵,过客止。道之出口,淡乎其无味,视之不足见,听之
　　不足闻,用之不足既。 ……………………………………………… 199

乐所由来者尚也,必不可废。有节有侈,有正有淫矣。贤者
　　以昌,不肖者以亡。 ················· 289

Z

zai

在天者莫明于日月,在地者莫明于水火,在物者莫明于珠玉,
　　在人者莫明于礼义。 ················· 37

zao

早知敌则独行;有蓄积则久而不匮;器械巧则伐而不费;赏
　　罚明则勇士功矣。 ················· 162

ze

泽雉十步一啄,百步一饮,不蕲畜乎樊中。神虽王不善也。 ········· 215

zha

诈谖之道,君子不由。 ················· 300

zhan

战士怠于行阵者,则兵弱也;农夫惰于田者,则国贫也。兵弱
　　于敌,国贫于内,而不亡者,未之有也。 ········· 101
战而惧水,此谓澹灭。小事不从,大事不吉。战而惧险,此谓
　　迷中。分其师众,人既迷芒,必其将亡之道。 ········· 167
战势不过奇正,奇正之变,不可胜穷也。奇正相生,如循环之
　　无端,孰能穷之哉! ················· 323
战胜于外,备主于内,胜备相应,犹合符节,无异故也。 ········· 382
战者,必本乎率身以励众士,如心之使四肢也。 ········· 385
战不必胜,不可以言战;攻不必拔,不可以言攻。 ········· 388
战胜在乎立威,立威在乎戮力,戮力在乎正罚。 ········· 398

zhang

张而不弛,文武弗能;弛而不张,文武弗为;一张一弛,文武之道也。 ········ 18

丈夫居世,富贵不能有益于物,处贫贱之地,而不能屈节以求
　　伸,则不足以论乎人之域矣。 …………………………………… 22

zhao

朝三而暮四。 …………………………………………………… 212
朝气锐,昼气惰,暮气归。 ……………………………………… 328

zhen

真者,精诚之至也。不精不诚,不能动人。 …………………… 234
朕直而推之,曲而任之,自寿自夭,自穷自达,自贵自贱,自富自贫。 …… 241
陈以密则固,锋以疏则达。 ……………………………………… 400

zheng

政在附近而来远。 ……………………………………………… 53
政之不平而吏苛,乃等于虎狼矣。 …………………………… 69
政作民之所恶,民弱;政作民之所乐,民强。民弱国强,民强国弱。 …… 143
政之所兴,在顺民心;政之所废,在逆民心。 ………………… 148
正不获意则权。权出于战,不出于中人。 …………………… 336
政之所施,莫知其化,时之所在,莫知其移。 ………………… 359
争必当待之,息必当备之。 …………………………………… 389

zhi

智莫难于知人。 ………………………………………………… 9
治官莫若平,临财莫如廉。 …………………………………… 10
芝兰生于深林,不以无人而不芳;君子修道立德,不谓穷困而改节。 …… 15
知莫大乎弃疑,行莫大乎无过,事莫大乎无悔。 ……………… 36
知者之言也,虑之易知也,行之易安也,持之易立也。 ……… 41
知善而弗行谓之不明,知恶而弗改必受天殃;天有常福必与
　　有德,天有常灾必与夺民时。 ………………………………… 48
智者之所短,不如愚者之所长。 ……………………………… 57
质美者以通为贵,才良者以显为能。 ………………………… 58
治外者必调内,平远者必正近。 ……………………………… 58
治大者不可以烦,烦则乱;治小者不可以怠,怠则废。 ……… 62
智士俭用其财则家富,圣人爱宝其神则精盛,人君重战其卒
　　则民众,民众则国广,是以举之曰:"俭故能广。" ………… 95

知治之人不得行其方术,故国乱而主危。 …………………… 101

治强生于法,弱乱生于阿。 …………………………………… 104

知下明则禁于微,禁于微则奸无积,奸无积则无比周,无比周
　　则公私分,公私分则朋党散,朋党散则无外障距内比周之患。 …… 111

治国是非,不以术断而决于宠人,则臣下轻君而重于宠人矣。 …… 120

知臣主之异利者王,以为同者劫,与共事者杀。故明主审公私
　　之分,审利害之地,奸乃无所乘。 ……………………………… 122

治世不一道,便国不必法古。 ………………………………… 129

治国者欲民之农也。国不农,则与诸侯争权,不能自持也,则
　　众力不足也。 …………………………………………………… 132

治国能令贫者富,富者贫,则国多力,多力者王。 ………… 134

治世位不可越,职不可乱,百官有司,各务其刑;上循名以督
　　实,下奉教而不违;所美观其所终,所恶计其所穷;喜不以
　　赏,怒不以罚;可谓治世。 …………………………………… 184

治天下有四术:一曰忠爱;二曰无私;三曰用贤;四曰度量。 …… 186

致虚极,守静笃,万物并作,吾以观其复。 ………………… 192

知常容,容乃公,公乃王,王乃天,天乃道,道乃久,没身不殆。 …… 193

知其雄,守其雌,为天下溪。为天下溪,常德不离,复归于婴儿。 …… 196

知人者智,自知者明;胜人者有力,自胜者强;知足者富,强行
　　者有志;不失其所者久,死而不亡者寿。 …………………… 198

知者不言,言者不知。 ………………………………………… 202

治大国,若烹小鲜。 …………………………………………… 203

至人神矣! 大泽焚而不能热,河汉沍而不能寒,疾雷破山而
　　不能伤,飘风振海而不能惊。若然者,乘云气,骑日月,而游
　　乎四海之外。死生无变于己,而况利害之端乎! …………… 213

指穷于为薪,火传也,不知其尽也。 ………………………… 215

治国去之,乱国就之,医门多疾。 …………………………… 216

至人之用心若镜,不将不迎,应而不藏,故能胜物而不伤。 …… 223

至德之世,同与禽兽居,族与万物并,恶乎知君子小人哉! …… 224

至精无形,至大不可围。 ……………………………………… 228

直木先伐,甘井先竭。 ………………………………………… 230

知有所困,神有所不及也。 …………………………………… 232

至道不可以情求矣。 …………………………………………… 237

至信之人,可以感物也。 ……………………………………… 237

至言去言,至为无为。齐智之所知,则浅矣。 ……………… 238

智者之言固非愚者之所晓。 ·· 240

知:闻,说,亲。 ··· 258

知其身之恶而不改也,以贼其身,乃丧其躯,其行如此是谓大忘。 ········· 271

知善不行者谓之狂,知恶不改者谓之惑。 ································ 271

治世之音安以乐,其政平也;乱世之音怨以怒,其政乖也;亡国
之音悲以哀,其政险也。 ·· 288

知生也者,不以害生,养生之谓也;知死也者,不以害死,安死
之谓也。 ·· 292

至忠逆于耳,倒于心。 ··· 293

智所以相过,以其长见与短见也。 ······································ 295

智者之举事必因时,时不可必成,其人事则不广,成亦可,不
成亦可。 ·· 304

智亦有所不至。所不至,说者虽辩,为道虽精,不能见矣。 ·············· 305

治乱存亡,其始若秋毫,察其秋毫,则大物不过矣。 ····················· 305

治川者决之使导,治民者宣之使言。 ···································· 309

智将务食于敌,食敌一钟,当吾二十钟,萁秆一石,当吾二十石。 ········· 320

知彼知己,百战不殆。 ··· 322

治乱,数也;勇怯,势也;强弱,形也。 ···································· 324

智者之虑,必杂于利害。 ··· 328

知兵者,动而不迷,举而不穷。 ·· 330

知彼知己,胜乃不殆;知天知地,胜乃可全。 ····························· 330

执略守微,本末惟权。 ··· 344

鸷鸟将击,卑飞敛翼;猛兽将搏,弭耳俯伏;圣人将动,必有愚色。 ········· 359

至事不语,用兵不言,且事之至者,其言不足听也,兵之用者,
其状不足见也,倏而往,忽而来,能独专而不制者兵也。 ·············· 363

智者从之而不释,巧者一决而不犹豫,是以疾雷不及掩耳,迅
电不及瞑目,赴之若惊,用之若狂,当之者破,近之者亡,孰
能御之。 ·· 364

治者,居则有礼,动则有威,进不可当,退不可追,前却有节,左
右应麾,虽绝成阵,虽散成行。 ······································ 373

制先定,则士不乱,士不乱,则刑乃明。 ································· 383

志不励,则士不死节,士不死节,则众不战。 ····························· 386

知国有无之数,用其仂也。知彼弱者,强之体也,知彼动者,静
之决也。 ·· 393

zhong

中人之情也,有余则侈,不足则俭,无禁则淫,无度则逸,从欲
　　则败,是故鞭扑之子不从父之教,刑戮之民不从君之令。……… 12

终日言,无遗己之忧;终日行,不遗己之患。……………………… 15

众人之所以欲成功而反为败者,生于不知道理,而不肯问知
　　而听能。……………………………………………………………… 94

重罚者,盗贼也;而悼惧者,良民也。欲治者奚疑于重刑! 若
　　夫厚赏者,非独赏功也,又劝一国。……………………………… 118

重刑而连其罪,则褊急之民不斗,很刚之民不讼,怠惰之民不
　　游,费资之民不作,巧谀、恶心之民无变也。…………………… 131

重罚轻赏,则上爱民,民死上;重赏轻罚,则上不爱民,民不死上。… 134

重刑少赏,上爱民,民死赏;重赏轻刑,上不爱民,民不死赏。… 140

众胜寡,疾胜徐,勇胜怯,智胜愚,善胜恶,有义胜无义,有天道
　　胜无天道。凡此七者贵众,用之终身者众矣。………………… 157

重为轻根,静为躁君。…………………………………………………… 195

终其天年而不中道夭者,是知之盛也。……………………………… 220

众已聚不虚散,兵已出不徒归。……………………………………… 388

重可使守固,不可使临阵。贪可使攻取,不可使分阵。廉可
　　使守主,不可使应机。……………………………………………… 412

zhu

主用术则大臣不得擅断,近习不敢卖重;官行法则浮萌趋于
　　耕农,而游士危于战阵。…………………………………………… 89

诛不避贵,赏不遗贱,不淫于乐,不遁于哀;尽智导民而不伐
　　焉,劳力岁事而不责焉。…………………………………………… 180

注焉而不满,酌焉而不竭,而不知其所由来,此之谓葆光。…… 213

主执圆,臣处方,方圆不易,其国乃昌。……………………………… 286

诛不当为君者也,以除民之仇而顺天之道也。…………………… 290

主贤世治则贤者在上,主不肖,世乱则贤者在下。……………… 299

主不可以怒而兴师,将不可以愠而致战。………………………… 333

诸侯未会,君臣未和,沟垒未成,禁令未施,三军匈匈,欲前不
　　能,欲去不敢,以半击倍,百战不殆。…………………………… 372

诛一人无失刑,父不敢舍子,子不敢舍父,况国人乎!………… 384

zhuan

专气致柔,能婴儿乎? 涤除玄览,能无疵乎? ·················· 191

专用聪明则事不成,专用晦昧则事皆悖。 ·················· 246

专一则胜,离散则败。 ································ 400

zhuang

庄子妻死,惠子吊之,庄子则方箕踞鼓盆而歌。 ·················· 229

zi

自知者不怨人,知命者不怨天;怨人者穷,怨天者无志。 ·················· 31

自古至于今,与民为仇者,有迟有速而民必胜之。 ·················· 48

自其异者视之,肝胆楚越也;自其同者视之,万物皆一也。 ·················· 219

自然之道静,故天地万物生。 ···················· 247

子庇子之盖,我庇我之意。 ···················· 278

子不遮乎亲,臣不遮乎君,君同则来,异则去。 ···················· 298

孜孜淑淑,所以保终。 ···················· 406

自疑不信人,自信不疑人。 ···················· 411

zuo

作兵义,作事时,使人惠,见敌静,见乱暇,见危难无忘其众。 ················ 340